སྙེ་མོའི་ལོ་རེམ་ཤེ་ལོང་།

尼木年鉴

2017

（总第6卷）

尼 木 县 人 民 政 府　主办
尼木县人民政府办公室　编

方志出版社
Publishing House of Local Records

数字尼木 2016

辖区面积：3275.84平方千米

年末常住人口：36548人

地区生产总值：6.69亿元

第一产业：1.04亿元

第二产业：2.79亿元

第三产业：2.86亿元

全社会固定资产总额：13.18亿元

全社会消费品零售总额：0.55万元

地方公共财政预算收入：1.12亿元

工业增加值：4755亿元

招商引资到位资金：5.16亿元

农牧民人均可支配收入：10254元

县委书记　杜国君

人大常委会党组书记、主任　尼玛次仁

县委副书记、县长　普　琼

政协党组书记、主席　赵志强

2016年7月27日，北京市委副书记、市长王安顺（前排右二）到尼木县考察藏鸡保种育种基地

2016年10月22日，国务院扶贫开发领导小组赴藏督导组成员、全国总工会党组成员、组织部部长张茂华（右一）到尼木县塔荣镇尚日村督导检查

2016年7月29日，北京代表团，西藏自治区党委常委、拉萨市委书记齐扎拉（前排右二）到尼木县吞巴乡调研

2016年10月28日，西藏自治区副主席多吉次珠（中）到驻点村开展“结对认亲”活动

2016年6月1日，西藏自治区副主席德吉（右三）到林岗村幼儿园与小朋友共度“六一”儿童节

2016年6月1日，西藏自治区副主席边巴扎西（中）到尼木县吞巴乡调研特色小城镇建设工作

2016年5月6日，西藏自治区副主席房灵敏（前排右二）到尼木县调研

2016年6月24日，西藏自治区人大常委会副主任嘎玛（后排左三）到尼木县调研指导工作

2016年3月24日，西藏自治区教育厅党组书记普布次仁（左二）到尼木县中学检查指导工作

2016年12月6日，西藏自治区环保厅党组书记胡为民（主席台右三）到尼木县开展环保考核工作

2016年8月23日，西藏自治区环保厅厅长罗杰到尼木县调研

2016年12月2日，拉萨市委副书记、市长果果（左排左二）到尼木县检查精准扶贫工作

2016年11月8日，西藏自治区住建厅副厅长李健康（左三）到尼木县检查验收2016年乡镇干部职工周转房建设项目

2016年3月11日，西藏自治区脱贫攻坚第二督导组副主任马玉魁（后排左二）到尼木县检查指导工作

2016年5月31日，西藏自治区妇联、驻藏空军部队庆祝“六一”儿童节暨“儿童快乐家园”揭牌仪式

2016年3月18日，拉萨市委副书记马新民（右一）到尼木县捐赠图书、检查指导工作

2016年12月16日，拉萨市副市长朱建红（左二）到尼木县开展文化调研

2016年12月24日，拉萨市副市长扎西白珍（右三）指导尼木净土健康产业

2016年5月13日，拉萨市政协副主席次仁平措（左一）到尼木县卡如乡调研

2016年7月28日，中央电视台外语频道记者一行到尼木县吞巴乡采访

2016年12月29日，县委书记杜国君应邀至北京新华网、中国政府网、国家信访局网站谈信访工作

2016年10月9日，县委书记杜国君主持召开全县产业扶贫项目推进会

2016年6月15日，县委副书记、县长普琼参加拉萨经济技术开发区尼木产业园揭牌仪式

2016年3月12日，县委副书记、县长普琼参观调研乌米农业高新技术产业示范园区

荣誉榜

全国义务教育发展
基本均衡县（市、区）
国务院教育督导委员会
二〇一五年十二月

2016年西藏自治区民族团结进步模范集体
中共西藏自治区委员会　西藏自治区人民政府
二〇一六年九月

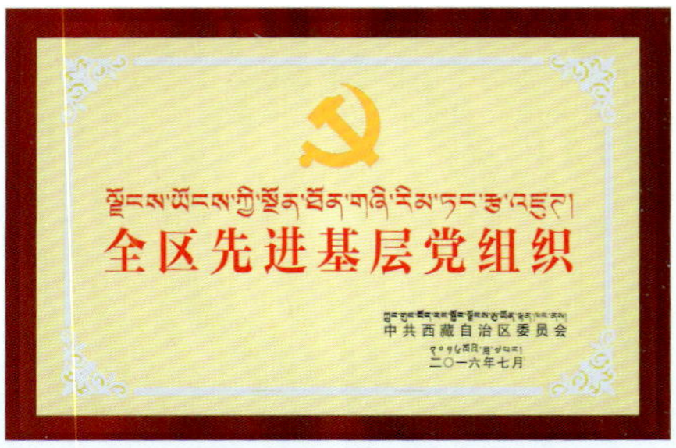
全区先进基层党组织
中共西藏自治区委员会
二〇一六年七月

授予：尼木县塔荣镇妇联
2015年度全区妇联系统
先进集体
西藏自治区妇女联合会
二〇一六年一月

践行强军目标先进团级单位
中国人民解放军　西藏拉萨警备区
二〇一六年一月

拉萨市2016年度民族团结进步
模范集体
中共拉萨市委员会
拉萨市人民政府
2016年9月

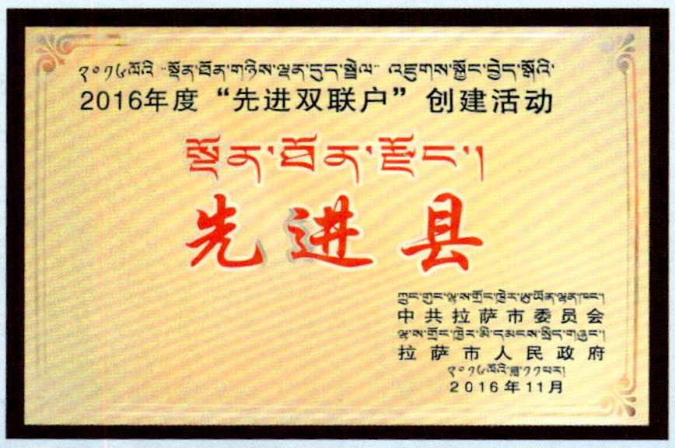
2016年度"先进双联户"创建活动
先进县
中共拉萨市委员会
拉萨市人民政府
2016年11月

拉萨市文化旅游产业
先进单位
中共拉萨市委员会
拉萨市人民政府
二〇一六年十二月

全市先进基层党组织
中共拉萨市委员会
二〇一六年七月

2015年拉萨市政务服务工作
示范乡（镇）
拉萨市人民政府
2016年4月

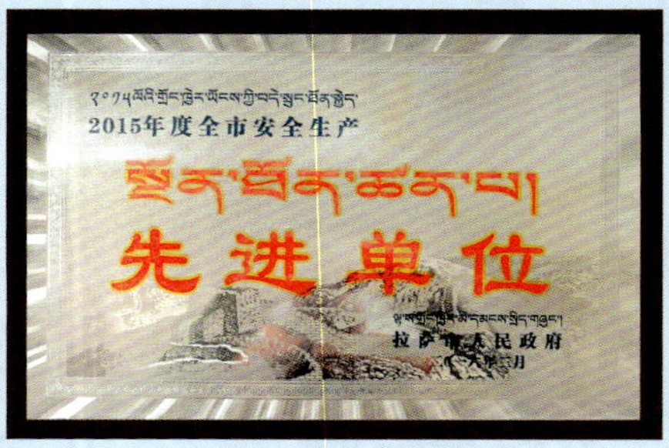
2015年度全市安全生产
先进单位
拉萨市人民政府

拉萨市首届残疾人运动会
团体三等奖
拉萨市人民政府
二零一六年十一月

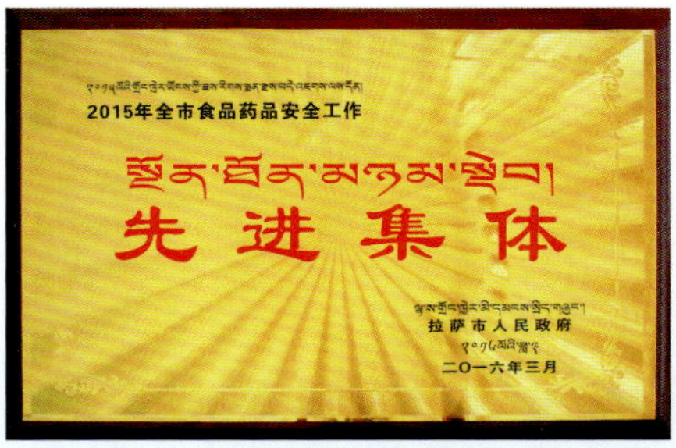
2015年全市食品药品安全工作
先进集体
拉萨市人民政府
二〇一六年三月

全市先进基层党组织
中共拉萨市委员会
二〇一六年七月

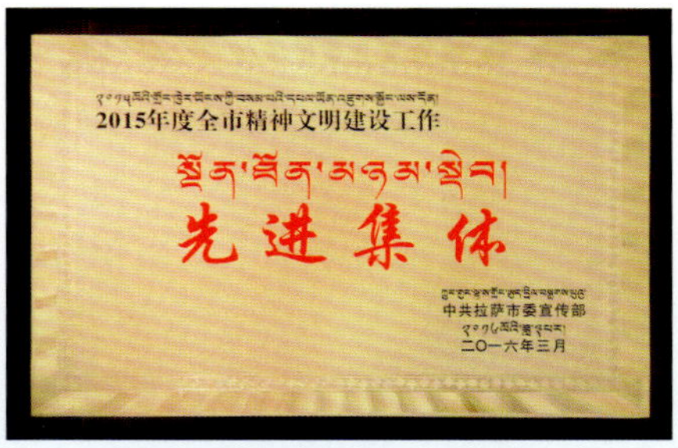
2015年度全市精神文明建设工作
先进集体
中共拉萨市委宣传部
二〇一六年三月

2015年度全市公安机关党风廉政建设工作
先进单位
拉萨市公安局
二〇一六年三月

拉萨法院2016年度民族团结进步
先进集体
中共拉萨市中级人民法院党组
二〇一六年九月

2016年全市法院第一季度办案
二等奖
拉萨市中级人民法院
2016年3月31日

2016年度上半年全市法院办案
先进集体
中共拉萨市中级人民法院党组
二零一六年七月

尼木县麻江乡人民调解委员会
2016年度全市人民调解组织
先进集体
拉萨市司法局
二〇一六年八月

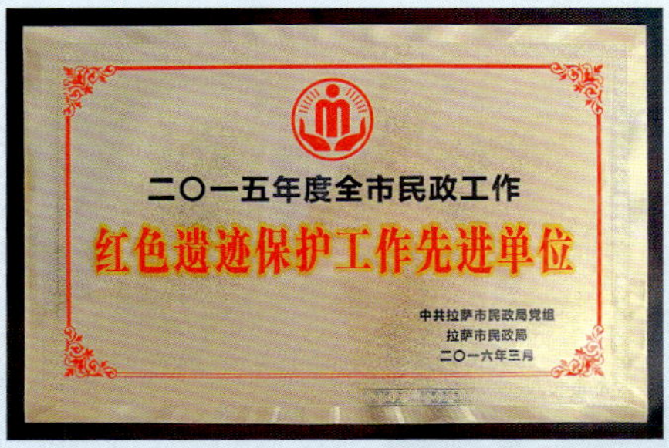
二〇一五年度全市民政工作
红色遗迹保护工作先进单位
中共拉萨市民政局党组
拉萨市民政局
二〇一六年三月

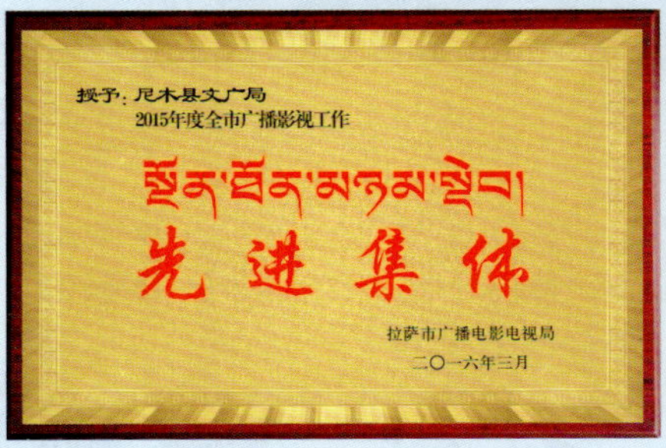
授予：尼木县文广局
2015年度全市广播影视工作
先进集体
拉萨市广播电影电视局
二〇一六年三月

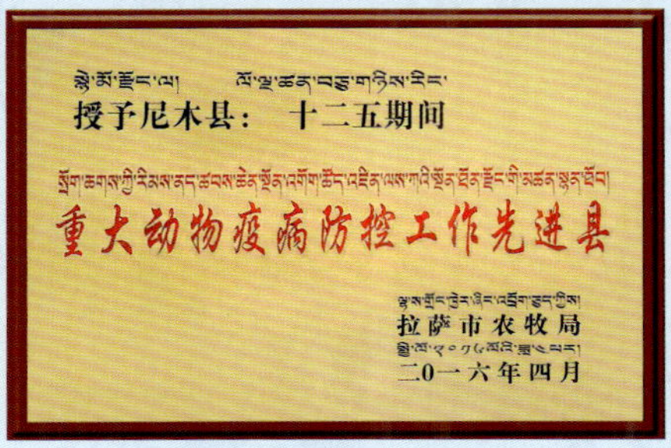
授予尼木县： 十二五期间
重大动物疫病防控工作先进县
拉萨市农牧局
二〇一六年四月

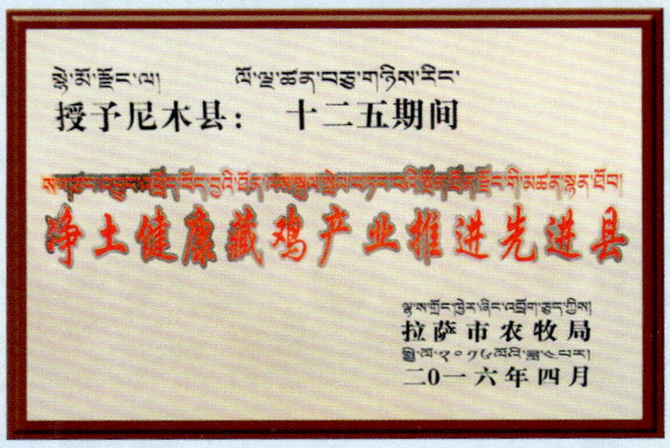
授予尼木县： 十二五期间
净土健康藏鸡产业推进先进县
拉萨市农牧局
二〇一六年四月

编辑说明

一、《尼木年鉴》2012年开始编纂，每年出版1卷，2017年卷为第6卷。

二、《尼木年鉴》以马克思列宁主义、毛泽东思想、邓小平理论、“三个代表”重要思想、科学发展观为指导，深入贯彻落实习近平总书记系列重要讲话精神和治国理政新理念新思想新战略，坚持辩证唯物主义和历史唯物主义的主场、观点、方法，始终坚持“实事求是、质量第一、存史资政、服务大众”的办鉴宗旨，全面、系统、翔实地记述尼木县上一年度政治、经济、文化、社会等各项事业的基本情况，为社会各界与国内外人士了解和研究当今尼木县提供翔实资料。

三、《尼木年鉴》分为正文与彩页两部分。正文采取分类编辑法，以类目、分目、条目为主要框架结构，个别包含多方面资料的条目，则在段落间加插楷体标题提示，方便读者查阅全书。

四、《尼木年鉴（2017）》载录尼木县2016年经济社会发展的基本资料，设有特载、综述、大事记、政治、武装、法治、经济管理、社会事业、城市建设·环保、邮政·通讯、金融、乡（镇）概况、附录等内容，通过这些内容，可以为人们了解尼木县、认识尼木县提供一个全新的窗口。

五、《尼木年鉴》的编辑宗旨，在于求真务实，力求真实生动地反映尼木县在改革开放和现代化建设中取得的崭新成就。

六、《尼木年鉴》所提供的内容和数据，分别来自于尼木县各有关部门和乡（镇）人民政府，经各级领导审核，但由于口径与统计方法不同，恐有不一致之处，但使用时应以县统计局提供的数据为准。

《尼木年鉴》编辑部

2017年8月1日

《尼木年鉴》编纂委员会

主　　任：普　琼

副 主 任：颜泽伦

委　　员：拉　顿　尼玛次仁　旦　曲　扎西平措　师永军

德　琼　张鹏浩　张绪刚　张　伟　侯水军

朗杰平措　洛桑格来　普　琼　嘎旺朗杰　魏乃红

普布扎西　曲　宗　强　巴　多布拉　强措姆

琼　达　洛布次仁　刘春华　田茂飞　丁永红

多吉次仁　李　品　刘　华　其美顿珠　贾宝军

普　布　速绍富　次　珍　平　措　张光明

旦　增　央　青　米　玛　王万宪　蒋西荣

伦　珠　刘卓娅　谭申权　达　娃　葛晓辉

尼　玛　刘　威　李　纲　格桑次仁　吴行兵

刘　斌　拉巴次仁　尼玛次仁　吉迪普都　李容华

玉　珍　格桑达娃

《尼木年鉴》编辑部

主　　编：颜泽伦

副主编：旦　曲

编　　辑：孙　轲　索朗平措

图片编辑：刘泽刚

摄　　影：宁春强

图书在版编目（C I P）数据

尼木年鉴. 2017 / 尼木县人民政府办公室编. -- 北京 : 方志出版社，2017.8
ISBN 978-7-5144-2489-8

Ⅰ. ①尼… Ⅱ. ①尼… Ⅲ. ①尼木县 – 2017 – 年鉴
Ⅳ. ①Z527.54

中国版本图书馆CIP数据核字(2017)第205193号

尼木年鉴（2017）

编　　者：尼木县人民政府办公室
责任编辑：刘方圆

出 版 人：冀祥德
出 版 者：方志出版社
地址　北京市朝阳区潘家园东里9号（国家方志馆 4 层）
邮编　100021
网址　http://www.fzph.org
发　　行：方志出版社图书经销中心
电话（010）67110500
经　　销：各地新华书店
印　　刷：河南匠心印刷有限公司

开　　本：889 × 1194　　1/16
印　　张：26
字　　数：484千字
版　　次：2017年8月第1版　　2017年8月第1次印刷
印　　数：001 ~ 500册

ISBN 978-7-5144-2489-8　　定价：350.00元

目 录

特 载

综 述

大事记

政 治

中共尼木县委员会

尼木县人民代表大会常务委员会

尼木县人民政府

中国人民政治协商会议尼木县委员会

中共尼木县委办公室

尼木县受援工作

中共尼木县纪律检查委员会（监察局）

中共尼木县委组织部（编办）

中共尼木县委宣传部

中共尼木县委统战部（民族宗教事务局）

中共尼木县委政法委员会

尼木县总工会

共青团尼木县委员会

尼木县妇女联合会

武　装

尼木县人民武装部

尼木县公安消防大队

武警尼木县中队

法　治

尼木县人民法院

尼木县人民检察院

尼木县公安局

尼木县司法局

经济管理

尼木县发展和改革委员会

尼木县财政局

尼木县国土资源规划局

尼木县统计局

尼木县农牧（科技）局

尼木县农牧（扶贫）开发建设办公室

尼木县林业绿化局

尼木县水务局

尼木县旅游局

尼木县安全生产监督管理局

尼木县国家税务局

尼木县工商行政管理局

尼木县“四业工程”办公室

尼木县教育（体育）局

尼木县中学

尼木县卫生局

尼木县食品药品监督管理局

尼木县人民医院

尼木县文化广播电影电视（新闻出版、文物）局

尼木县气象局

城市建设·环保

尼木县住房和城乡建设局

尼木县环境保护局

邮政·通讯

尼木县邮政分公司

尼木县电信局

中国移动通信集团西藏有限公司尼木县分公司

联通尼木县分公司

金 融

中国农业银行股份有限公司尼木县支行

乡（镇）概况

塔荣镇

尼木乡

续迈乡

帕古乡

麻江乡

吞巴乡

卡如乡

普松乡

附 录

彩页目录

特 载

坚持从严治党 推动跨越发展 奋力开创尼木经济社会稳定发展新局面

——在中国共产党尼木县第九次代表大会上的报告

中共尼木县委书记 杜国君

（2016年9月13日）

过去五年的工作回顾

五年来，我们坚持以邓小平理论、“三个代表”重要思想和科学发展观为指导，深入贯彻落实习近平总书记系列重要讲话精神，以党的十八大，十八届三中、四中、五中全会，中央第五次，第六次西藏工作座谈会精神为工作指南，结合我县实际，大力实施“六大战略”，推进“六个尼木”建设，实现了经济稳步增长和社会事业协调发展。

（一）综合实力迈上新台阶

五年来，我们全力保增长、调结构、促改革、惠民生，生产总值由2010年的2.99亿元增加到2015年的6.32亿元，年均增长16.15%；地方一般预算财政收入由1154万元增加到5560万元，年均增长36.95%；全社会固定资产投资由2.95亿元增加到10.89亿元，年均增长29.85%；社会消费品零售总额由1512万元增加到4850万元，年均增长26.25%；工业增加值由2630万元增加到4243.24万元，年均增长10.04%；农牧民人均可支配收入由4608元增加到9298.78元，年均增长15.08%。主要经济指标均有较大幅度增长，在全市综合考核中，2015年上升为全市进位第一名，为今后五年奠定了坚实的发展基础。

（二）党的建设得到新加强

始终坚持党要管党、从严治党方针，紧紧围绕“党建统市”战略部署，抓好党建工作。一是抓好班子自身建设。组织领导班子成员认真学习中国特色社会主义理论体系和习近平总书记系列重要讲话精神，不断增强领导干部的思想觉悟、政治素质、理论水平和工作能力。带头开展群众路线、“三严三实”活动，经常下基层调查研究，为群众解决生产生活中遇到的热点难点问题，不断增强干部宗旨意识，融洽党群干群关系，树立良好形象。严格执行民主集中制，加强班子成员沟通，增进了团结，营造了干事创业的良好氛围。二是加强基层组织建设。把提高基层党组织的执政能力建设贯穿于党建工作始终，以开展创先争优强基惠民、基层组织建设年、党的群众路线、“三严三实”专题教育为契机，不断加强党的基层组织建设。2014年开展村“两委”换届选举，32名政治素质高、群众威望高、工作热情高和致富带富能力强、维护稳定能力强、服务群众能力强的“三高三强”型人员被选进村“两委”班子，首次实现212名村“两委”班子成员全部是党员。近几年来，先后选派5批驻村干部和160名下沉干部到村工作，优化了村级组织结构，为各项工作的开展提供了强有力的组织保证。党建带群建、群建促党建工作扎实开展，群团建设成效明显。三是提高党员干部素质。按照控制总量、优化结构、提高质量、发挥作用的总要求，五年来共发展党员1069名，培养入党积极分子2017名，建成了一支政治标准高、素质好的基层党员队伍。同时，严格干部管理，强化教育培训，提升干部执行力，先后选派150余名干部赴北京、成都等地考察学习，培训机关干部、乡村干部、党员3万多人次。按照好干部标准，对表现优异的干部及时提拔重用，五年来共选拔任用干部421人，向市委推荐县处级干部30余人。四是狠抓党风廉政建设。将党风廉政建设和经济社会稳定发展工作同部署、同落实、同检查、同考核，认真落实县委主体责任和纪委监督责任，着力强化政治意识、大局意识、核心意识、看齐意识，切实抓好党风廉政建设。截至2016年6月，共受理问题线索24件，初核了解9件、立案15件，办结14件，目前正在办理1件，给予党纪政纪处分25人，诫勉谈话12人，岗位调整3人，追回资金10余万元。

（三）产业发展实现新突破

坚持把产业发展摆到更加突出的位置，不断优化产业结构，促进特色发展。一是农牧业产业化进程加快。始终把发展农牧业放在各项工作的首位，努力构建新型农牧业经营体系，带动农牧业提质增效、农牧民增收致富。到2015年底，全县粮油总产量由2010年的2628.08万斤增加到2860.5万斤，被评为“全区粮食生产先进县”；仔畜成活率由95.7%提高到97.4%，成畜死亡率由0.98%下降到0.96%，牲畜良种覆盖率达到5.02%。二是净土健康产业快速发展。2013年以来，累计投入1000万元，大力发展净土健康产业，将净土健康产业作为经济发展的支柱产业和重大民生工程抓紧抓实。到2015年，净土健康产业实现产值6598.8万元，解决就业1631人，农牧民平均增收2800元。投资1.22亿元的尼木藏鸡保种育种基地项目开工建设；西藏天润科技有限公司石斛、灵芝种植初现成效，实现年产值860万元。三是文化旅游产业蒸蒸日上。2013年，投资594万元的旅游服务接待中心建成并投入使用，投入4200万元建设吞弥文化博览园和维修吞弥·桑布扎故居、吞巴庄园，修建了全国首座藏文字主题博物馆。2014年，完成如巴湖景区开发建设，吞巴景区获“发现2013年中国最美乡村镇”传承奖，被评为“国家级历史文化名村”，2015年，成功举办西藏首届格桑花文化旅游节、第三届吞弥文化旅游节，吞巴景区完成3A级申报工作，并入选2015年中国特色旅游景观名村。四是民族手工业日新月异。以尼木藏香原产地保护为主的特色产品注册、包装、销售、产品标准定制等工作不断完善，“尼木三绝”等特色民族手工业得到全面发展。到2015年，藏香产值达6712万元，经版、经幡收入达3434万元，尼木藏香成为拉萨市首个国家地理标识，尼木藏香吞弥空灵梵韵系列获第七届中国国际旅游商品博览会银奖、第二届藏博会旅游产品大赛第三名。

（四）项目建设取得新成绩

紧扣“以项目带动促发展”的工作要求，强化项目攻坚，推进投资拉动，发展动力进一步增强。一是项目投资拉动有力。高度重视项目前期工作，加大项目争取、策划、启动、实施力度，项目落地建设情况良好。五年来，共开工建设项目460项，总投资43亿元，全部落地建设，县路网、路灯、水电、通讯等基础设施进一步完善。二是援藏项目带动有力。共开工建设援藏项目22个，总投资达15157.22万元，无论是5年总体投资还是年度投资都是历史之最，完善了县城一环二纵二横的路网架构和路灯照明系统，对我县基础设施、经济社会发展和民生改善起到积极的带动作用。同时做好援藏“十三五”规划项目，总投资1.97亿元。三是基础设施明显改善。县城道路网络体系初步建成，拉日铁路吞巴站配套设施稳步推进，农牧区道路、通讯、用水用电等基础设施逐渐改善。截至目前，全县办公楼建筑面积16820平方米，职工周转房建筑面积27048平方米，人均占有住房面积29.7平方米，县城面积比“十一五”期间增加两倍。

（五）社会事业有了新进展

注重民生保障，提升公共服务，民生福祉进一步改善。一是教育惠民更加深入。八届党代会以来，共投入6000余万元开展教育事业，年均投入比例占县财政40%以上。2012年实施教育体制改革，完成吞巴完小、卡如完小、普松完小合并到县中心小学集中办学的任务，并将“三包”标准提高到人均3000元。2013年完成县中学、麻江乡完小、续迈乡完小、尼木乡完小标准化建设。2015年，义务教育均衡发展工作以92.6分、自治区第二名的好成绩通过国家验收。二是医疗卫生更加改善。进一步完善了全县公共卫生基础设施和服务体系，逐步建成规范化的县卫生服务中心，建成县人民医院急救中心、血液科，完成7个乡镇卫生院改扩建工程，建成32个行政村卫生室和11个偏远自然组卫生室，县、乡、村三级医疗卫生体系逐步完善。全民健康体检、农村合作医疗参合率、覆盖率均达到100%，农牧民群众“看病难、看病远”的难题基本得到解决。三是社保体系更加完备。相继建成社会福利中心、五保集中供养中心和三县福利院，完成烈士陵园改扩建工程，新建救灾物资储备仓库12个，基本形成多层次发展、专业化服务的社会福利事业发展新格局。截至2015年底，五大保险参保人数 27281人，征缴基金1278.8万元，报销、发放资金559.86万元，社会保险实现全覆盖。在农牧民就业创业方面，五年来，共投入411.77万元，累计开展就业培训59期、12208人次，完成转移就业11741人次。四是住房保障更加完善。建设保障性住房816套，总投资10227.91万元，其中，建设周转房488套，廉租房78套，公共租赁住房250套，基本解决了干部职工的住房问题。投资5230万元，为全县学校、医院和职工周转房建设太阳能供暖工程，供暖面积达10万平方米，在拉萨郊远区县率先解决了乡镇职工、学校及医院的冬季取暖问题，改善了干部职工的工作生活条件。

（六）宣传文化呈现新气象

围绕中心，服务大局，牢牢把握正确舆论导向，文化广电等工作呈现新气象。一是主题教育深入人心。在全县深入开展“中国梦”“爱国、团结、发展、文明”“老西藏精神”、社会主义核心价值观等主题宣传教育和“八看、一算账、一揭批、四增强”感党恩教育，进一步坚定了各族干部群众跟党走的信心和决心，筑牢了团结奋斗的思想基础。二是舆论宣传强劲有力。坚持团结稳定鼓劲、正面宣传为主的重要方针，充分发挥好新闻媒体在宣传党的决策部署、弘扬社会正气、通达社情民意、引导社会热点、疏导公众情绪、发挥舆论监督等方面的积极作用，五年来，制作播放《尼木新闻》1000多条，上传新闻稿件1200余条，《西藏日报》《拉萨晚报》共刊登尼木新闻稿件800余篇。三是文明创建引领价值。持之以恒地加强社会主义核心价值观的培育和践行，深入开展学雷锋志愿服务、道德模范评选等活动，不断深化社会公德、职业道德、家庭美德和个人品德教育。推进文明县城、文明单位、文明村镇、文明家庭等群众性精神创建工作，截至2015年底，尼木县继续保留全区文明县城荣誉称号，保留文明单位12个、文明乡村16个、文明家庭56户。四是文化成果共荣共享。深入实施文化惠民工程，完善县、乡、村公共文化服务体系，做到县有文化活动中心、乡有文化站、村有农家书屋，实现党报党刊进村入寺，“村村通”“户户通”建设进一步巩固，广播电视覆盖率分别达到99.99%、99.98%。电影“2131”工程大力推进，年均放映电影1400余场次，观众累计达到11

万人次。

（七）和谐稳定得到新巩固

始终把维护稳定工作作为硬任务和第一责任，不断加强社会管理，筑牢发展根基，安全稳定进一步强化。一是维稳机制逐渐完善。“党政军警民”五位一体联防工作体系日趋完善，全县群防群治人员达到2500多人，群众“五员”工作职能得到充分发挥。维稳责任进一步得到强化，成立综治领导小组9个、治保委41个、调委会41个、创安小组9个、护院队31个、护村队32个、护校队9个，建立应急处突机制110个，开展“护城河”检查140多万人次。同时，平安尼木建设、先进双联户、铁路护路联防等工作扎实有效开展，五年来，全县社会局势保持了持续稳定。二是寺庙管理创新深入推进。在各寺庙成立寺管会，实行干部驻寺常态化，出台县级干部联系寺庙制度，制定宗教领域各类应急预案，深入开展法制教育，健全民间宗教活动工作机制，不断提升依法管理宗教水平。五年来，共投入2100多万元，开展寺庙“六建”“六个一”“9+5”工作。近两年，先后组织30余名僧尼赴北京、山西等地考察学习，强化僧尼对伟大祖国、中华民族、中华文化、中国特色社会主义道路的认同。三是矛盾纠纷调处扎实推进。认真做好来信来访工作，强化源头预防，畅通群众诉求，深入开展矛盾纠纷排查调处。五年来，共接待受理群众来信来访129批件433人次，其中，来信15批件36人次，来访114批件397人次，集体访27批件229人次，个体访89批件168人次，全部办结。排查矛盾纠纷197件，化解197件。

五年的成绩来之不易，这些成绩的取得，是市委、市政府正确领导、大力支持的结果，是全县各级党组织迎难而上、奋力拼搏的结果，也是广大党员干部群众齐心协力、共克时艰的结果。在此，我谨代表中共尼木县第八届委员会，向奋战在各条战线上的同志们，向一切关心和支持县委工作，为尼木经济社会稳定发展，做出贡献的各界人士、离退休老同志、驻地官兵，表示亲切的问候和衷心的感谢！

今后五年的重点工作安排

今后五年是第十三个五年规划实施期，是机遇与挑战并存的五年，是全面建成小康社会，实现第一个百年奋斗目标的五年。做好这五年的工作，对于全面建成小康尼木、实现经济快速发展和社会事业全面进步意义重大。因此，我们要进一步明确目标任务，创新发展思路，强化工作措施，推动各项工作扎实有效开展。

今后五年全县经济社会稳定发展的指导思想是：全面贯彻中共十八大和十八届三中、四中、五中全会、中央第六次西藏工作座谈会精神，以邓小平理论、“三个代表”重要思想和科学发展观为指导，深入贯彻落实习近平总书记系列重要讲话精神，以“四个全面”战略布局和“五大发展理念”为统领，按照尼木县“十三五”规划部署，大力实施“六大战略”，推动全县经济社会又好又快发展。

按照这一指导思想，今后五年我县经济社会发展的奋斗目标是：地区生产总值年均增长12%以上，到2020年达到11.8亿元；地方一般预算财政收入年均增长15%以上，到2020年达到1.2亿元；全社会固定资产投资年均增长18%以上，到2020年达到25亿元；全社会消费品零售总额年均增长15%以上，到2020年达到1亿元；农牧民可支配收入年均增长15%以上，到2020年达到2万元。社会局势持续稳定，经济增长明显提高，产业结构明显优化，公共服务更加健全，社会事业全面进步，人民生活质量大幅提高。

实现上述目标，要完成以下“六个方面”的重点工作：

（一）全面从严治党，着力在“党建统县”战略上积蓄更强能量

毫不放松地坚持党要管党、从严治党，不断夯实基层基础，努力提高党建科学化水平，为推进尼木快速发展提供坚强组织保障。

1.要强化思想建设。解决党建问题，思想建设是龙头和总开关。当前和今后一个时期，党建工作最现实最重要的任务，就是要从思想建设入

手，不断深化对习近平总书记系列重要讲话精神的学习和领会，用党的最新理论成果武装头脑。切实加强党员干部遵守政治纪律和政治规矩的教育，把维护党的政治纪律规矩挺起来、严起来，加大社会主义核心价值观践行力度，培养党员干部坚定的政治信仰、过硬的党性原则和良好的思想品行。坚持解放思想、与时俱进、创新创业的思想境界，坚决破除一切妨碍尼木发展的思想禁锢和陈旧观念。

2.要强化组织建设。落实基层党建责任清单，县委党建工作领导小组要认真履行职责，主动关心、服务基层党建工作，充分调动各方面积极性，确保基层党建高位推进。县委组织部要发挥牵头抓总、协调各方的作用，切实把握好“书记抓，抓书记”和“基层抓，抓基层”两个重点。各成员单位要各司其职、各负其责，密切配合、通力协作，共同做好工作。认真抓好党员活动日、三会一课、软弱涣散党组织整改的落实工作。以扩大覆盖、发挥实效为重点，加大“两新”组织党建工作力度。做好党员发展工作，吸纳更多优秀青年入党，不断优化党员结构。

3.要强化队伍建设。队伍建设是抓好党建工作的重要推动力量。必须牢牢抓住队伍建设，把培养选拔好干部作为基础性、根本性问题来抓。要选好干部，坚持党管干部原则，严格按照干部选拔任用工作条例，把优秀干部选拔出来。要用好干部，考察识别干部要注重平时表现，不仅要看一时一事，还要看全部历史和工作，要把一些年轻干部、后备干部放在项目推进、驻村驻寺一线进行培养锻炼。要管好干部，强化监督教育，突出抓好干部动态管理，注意抓早抓小抓苗头。健全基层党员干部管理考核评价体系，进一步完善谈心谈话、提醒诫勉等制度，推进党员干部有进有出、能上能下，加大对不称职、不胜任、不作为干部的调整处置力度。有计划、分批次开展干部教育培训，增强干部开拓创新、破解难题、化解矛盾、维护稳定、推动发展的本领。

4.要强化廉政建设。深入抓好《中国共产党廉洁自律准则》和《中国共产党纪律处分条例》的学习贯彻和教育培训，进一步唤醒党员干部的纪律意识和规矩意识。严格落实党风廉政建设党委主体责任，把党风廉政建设和反腐败工作摆在重要位置，纳入总体工作部署，把选好用好干部、纠正损害群众利益行为、从源头上防治腐败、支持执纪执法机关工作、党委主要负责同志当好廉洁从政表率等五个方面的主体责任落实到位。大力支持纪委深化“三转”，回归主业。旗帜鲜明反对“四风”问题，对各类腐败现象实行“零容忍”，认真解决群众反映强烈的突出问题，坚决查办各类违纪违法案件，着力营造风清气正的干事氛围。

（二）促进特色发展，着力在“产业强县”战略上实现更大突破

加快推进乌米产业园区和拉萨市经济技术开发区尼木产业园区建设，以建设有机农业示范县为契机，积极发展以藏鸡为主要内容的净土健康产业、以藏香为主要内容的民族手工业，以吞巴景区为主要内容的旅游业和以光伏、矿泉水为主要内容的新能源产业，推动全县经济快速发展。

1.要重点推进藏鸡产业。藏鸡养殖布局除牧业和海拔较高等不适合饲养外，要尽可能涵盖全县各乡村，其中，吞巴乡、普松乡、卡如乡赤朗村、塔荣镇东松村、续迈乡尼续村重点养殖本地藏鸡，其余乡镇、村重点发展雪山草鸡和拉萨白鸡。加强原种藏鸡品种保护，支持鼓励群众采取自然抱窝法繁育原种藏鸡，探索通过孵化机孵化、与孵化企业合作等方式壮大本地原种藏鸡规模，并实行藏鸡规模化养殖补贴政策。有藏鸡养殖的村要集中精力培育1—2个养殖大户，辐射带动藏鸡产业发展。加强与北京德青源公司的合作，建成专业化藏鸡保种育种中心，并建设相应的扩繁、推广鸡场，促进藏鸡规模化养殖，切实建成全国一流水平的全区藏鸡保种育种及养殖中心，到2020年实现藏鸡存栏100万只，出栏300万只，年产蛋4000万枚。

2.要重点做好藏香产业。培育龙头企业，采用“龙头企业+合作社+个体户”的发展模式，促进藏香产业发展壮大。建立藏香研究所，组织专家对藏香的开发利用进行研究，深入挖掘藏香文化，争取在藏香的研究、制作、销售等方面抢占市场制高点，推进民族手工业与文化融合发展，并通过网店、授权等方式扩大销售渠道，让藏香走出雪域高原。发挥好吞巴藏香厂的积极带动作用，通过集中采购原料、统一生产标准、统一品牌、统一销售的方式，促进尼木藏香产业化发展，并依托小城镇建设，把吞巴乡打造成为藏香园区。建成民族手工艺创业园区，发展以“尼木三绝”为主的特色产业，引导和鼓励从事藏香、经幡印刷、藏纸技艺的手工业者，将“作坊”变成工厂，促进产业聚集和科学分工，形成“布局区域化、产业规模化、产品特色化、经营企业化”的现代化民族手工业发展格局。

3.要重点做好旅游产业。大力发展生态人文旅游，打造文化尼木、山水尼木、历史尼木，把尼木打造成文化体验的目的地和时尚旅游的体验地。高标准开发吞巴旅游景区，把吞巴建设成为以景区为核心、以旅游为特色的小城镇，并不断完善城镇功能，在餐饮、酒店、家庭旅馆等方面加快发展，切实将吞巴旅游景区建设成为集净土健康产业、文化产业、旅游产业多重融合发展的特色景区；建成吞巴非物质文化遗产展示区和藏香博物馆，深入挖掘文化底蕴，不断增加藏文文化、藏香文化吸引力，与景区旅游相互烘托，相互辉映。同时，积极开发赤朗沟、如巴湖、琼姆岗嘎、续迈乡温泉湿地公园和温泉度假村等景区，并通过广播、报纸、电视、网络等媒体工具，加大宣传力度，提高知名度和美誉度。

4.要重点发展新能源产业。依托尼木丰富的太阳能、风能、冰川水等资源，积极开发利用光伏发电、光热发电、风能发电和矿泉水资源，加快产业化进程，提高能源转化和利用效率。在冰川水资源开发利用上，继续深化与西藏聚鑫投资有限公司的合作，共同运营好西藏第三极冰川天然饮用水公司，提升全县水资源的开发利用。在风能、太阳能开发利用上，加强与广东瑞德兴阳光伏科技有限公司、西藏藏能有限公司、浙江盾安集团、中国三峡集团等企业的交流与合作，打造普松、帕古、续迈等乡村光伏资源示范基地；推进西藏藏能股份有限公司尚日村二期10MWp并网光伏发电工程建设，切实将尼木打造成为新能源示范县。

（三）坚持绿色发展，着力在“生态立县”战略上迈出更快步伐

坚持在发展中保护，在保护中发展，结合尼木资源状况、经济条件、特色优势和区位功能，积极建设美丽家园，发展生态绿色经济。

1.要积极建设生态美好家园。按照布局美、环境美、建筑美、生活美的要求，建设美丽乡村、幸福家园，开展好人居环境综合整治试点工作。加强生活垃圾处理，规范化设置垃圾收集硬件设施、垃圾中转站。加快推进乡镇生活污水管网、生活污水无害化处理和污水处理厂建设，在聚居点建设沼气池，收集处理生活废水，净化环境卫生。推进通道绿化和新农村绿化工程，重点做好吞达村至吞普村的道路绿化工作。加强森林资源管理，大力开展湿地、尼木国家森林公园和野生动植物保护。强化重点企业和领域环境监测，加大对西藏尼木铜矿等企业的环境监管工作，做到环境监管“零差错”，认真做好环境保护。继续实施退牧还草、人工种草、草原鼠虫害和毒害草防治工程。

2.要发展生态循环绿色经济。在工业领域，全面推行循环型生产方式，围绕新能源、民族手工业、矿产领域和产业园区，加快构建循环型产业链，积极推行清洁生产，提高资源综合利用、节约利用、循环利用水平。在农业领域，加快推动资源利用节约化、生产过程清洁化、产业链接循环化、废物处理资源化，形成农、林、牧多业共生的循环型农业生产方式，加快农业机械化、现代化，改善农村生态环境，提高农业综合效益，力争到2020年，农业灌溉用水有效利用系数达到0.5，秸秆综合利用率提高到80%。在服务业领域，树立绿色低碳理念，减少使用一次性产品，服务主体、服务过程实现绿色化，逐步建立起循环型服务体系。

3.要加强资源能源节约利用。大力推进节能、节水、节材、节地等工作，对资源进行合理开发，并节约利用。加快转变资源能源利用方式，强化全过程管理，实行能源和水资源、建设用地等总量与强度双控行动，降低对资源能源的消耗。加强水资源管理和有偿使用，推广节水技术和高效节水产品，节约生产生活用水。严格管理土地，强化土地利用和标准管控，盘活存量建设用地。开展绿色生活行动，大力推进生活垃圾分类和可再生利用资源回收使用，引导城乡居民形成勤俭节约、绿色低碳、文明健康的生活方式。

（四）繁荣文化事业，着力在“文化兴县”战略上增创更多优势

文化是一个地方的灵魂和血脉，也是一个地方加快发展的核心竞争力。要围绕中心，服务大局，牢牢把握正确舆论导向，努力推进文化事业发展。

*1.要充分挖掘尼木文化。*通过建设吞巴非物质文化遗产展示区和藏香博物馆，深入挖掘文化底蕴，充分展示吞弥桑布扎历史功绩、藏文字创作发展历程、尼木尼字体、藏香制作过程、藏纸制作过程，并运用现代传播技术，全面提升文化遗产展示、展演水平和传播能力，不断提升尼木文化品牌。同时，积极推动文化教育与国民教育、义务教育紧密结合，组织开展文化遗产保护系列宣传展示活动，推动文化遗产教育和传承进校园、进课堂、进家庭，提高全社会文化遗产保护意识。

*2.要推动文化事业发展。*优先发展关系群众切身文化利益的公共设施，进一步加快文化基础设施建设，力争到2020年所有乡镇开通信息资源共享，并提供信息服务，行政村都有电影放映室。积极发展群众性文化事业，推广普及幸福拉萨规范舞、“红色歌曲·拉萨唱”等群众性文化活动，深入开展文化、科技、卫生、法律、爱国爱教“五下乡”活动，全面提升群众文化生活幸福指数，努力形成生动活泼的文化建设新局面。大力发展特色文化，依托尼木民间艺术资源，着力打造一批集思想性、艺术性、观赏性为一体，代表尼木形象，具有尼木特色，在全市、全区有影响的文化艺术精品。

*3.要加大文化宣传力度。*在继承和发扬原有文化宣传方式的同时，高度重视互联网、手机等新兴媒体，在文化产品创作、生产、传播和发展中的作用，掌握网络引导的主动权。切实抓好文化网站的建设与管理，以互联网为主要载体，建设互联网舆情监督和评论队伍，做好网上信息的收集、报告和有针对性的评论，形成网上正面宣传强势，实现文化传播网络化、文化服务信息化。同时，要善于运用现代信息技术，进行文化创造和传播，推进文化科技创新，承担起增强文化软实力、提升文化影响力的重要责任，推动文化事业和文化产业全面发展。

*4.要做好意识形态工作。*加强县级互联网信息管理，开展网上舆论宣传与斗争、网上舆情全时段监测预警、分析研判、分类处置工作，严密防范、有效应对网上攻击和渗透，规范净化网络环境，大力发展健康向上的网络文化。加强文化市场综合执法工作，开展文化市场领域专项治理行动，严密封堵和查缴政治性非法出版物及音像制品，查缴各类违法卫星广播电视地面接收设备，严厉打击分裂分子进藏入境反动宣传，坚决清缴“藏独”反动出版物及宣传品。

（五）增进人民福祉，着力在“民生安县”战略上跨上更高台阶

坚持以人为本，大力保障和改善民生，不断提升社会服务水平。

*1.要加强基础设施建设。*加快交通基础设施建设，以县城至火车站快速交通建设、农村公路和寺庙公路建设项目为重点，全力实施县乡村道路改造工程、改善农村交通基础设施发展水平。将赤朗村、彭岗村、东松村、达琼村、巴果村、根比村、朗堆村列入今后5年通油项目，实现行政村通油率100%。大力支持客运公司发展，继续增加客运车辆，到2020年农村客运要覆盖所有乡镇。全力推进电力建设，建成尼木至麻江35千伏的变电站，并扩建1座110千伏变电站，通过主电网延伸和建设小水电站、离网太阳能光伏电站，以及发放小型发电机等方式，实现用电全覆盖。

2.要优先发展教育事业。继续加大教育投入，确保教育投入每年占财政支出的20%以上。适时调整学校布局、优化教育资源配置，推动义务教育均衡发展。加强中小学标准化建设，推行校长、教师交流制度，通过多种途径提高教学质量。全面普及学前教育，加强村级幼儿园建设力度。大力发展素质教育，创新德育方式方法，促进学校管理制度化、规范化、精细化，切实提高学校管理水平和办学能力。做好“控辍保学”工作，严格落实控辍保学“四书”制，开展“无辍学乡村”创建活动，确保小学适龄人口入学率达到99.85%，初中入学率达到99.95%，初等教育完成率达到96.86%，高中入学率达到90%以上。

3.要提高人民健康素质。建立健全县、乡、村三级卫生网络，实现城乡一体化发展。深化县医院以内涵建设为主要内容的改革工作，进一步健全藏医药机构，设立藏医门诊，推进藏医药特色诊疗技术发展。扎实推进卫生惠民，将儿童先天性心脏病筛查救治工作常态化，做到发现一例救治一例；认真开展城乡居民与在编僧尼免费健康体检工作，积极为65岁以上老人和5岁以下婴幼儿进行健康检查。今后五年，全县人口自然增长率控制在12‰以内，婴儿死亡率控制在18‰，“五苗”接种率达100%以上，孕产妇保健覆盖率达100%，儿童保健覆盖率达100%。同时，要强化公共卫生机构、从业人员、卫生技术应用等方面的准入管理，建立公共卫生和食品药品安全监督检查指标体系。

4.要健全社会保障体系。全面建立覆盖城乡、惠及群众的社会保障体系，实施全民参保登记计划，努力实现基本社会保险100%覆盖，织就基本民生的安全保障网。继续做好城乡居民社会养老保险工作，完善社会统筹和个人账户相结合的基本养老保险制度，推进机关事业单位养老保险制度改革，进一步做好新农保、寺庙僧尼社会养老保险和居民养老保险全覆盖工作。深化城乡社会救助服务体系建设，动态调整城乡“低保”标准和“五保”供养标准，健全临时救助制度。完善残疾人、五保老人、孤儿、留守儿童等群体关爱服务体系，推进社会福利院、老年护理院建设，改善孤残儿童生活条件，逐步拓展社会福利的保障范围。

5.要全力实施精准扶贫。把扶贫开发工作作为重大政治任务来抓，瞄准“两年脱贫、三年巩固”的奋斗目标，举全县之力，争取2017年底，在现行标准下，农牧区贫困人口1259户、5018人全部脱贫，其中2016年实现脱贫645户、2361人，2017年实现脱贫614户、2657人。扶持对象要精准，精准识别贫困户，摸清贫困户底数，建立健全贫困人口档案长期管理机制，严格遵照标准和工作流程，适时准入退出，实行动态管理。项目安排要精准，坚持产业项目与农牧民意愿相结合，造血式扶贫与输血式救济相结合，近期脱贫与长远致富相结合，因村因户分类实施产业扶贫项目。资金使用要精准，统筹使用资金，把扶贫资金与减贫成效挂钩，加强扶贫资金监督检查。措施到户要精准，实施一村一策，通过产业帮扶、企业帮扶、社会组织和个人帮扶等方式扶贫。因村派人要精准，对接发展需要，配强“第一书记”，配优扶贫专干。脱贫成效要精准，坚持静态识别与动态退出相结合，实行最严格的考核督查问责制，逐级立下军令状，层层落实脱贫攻坚责任。

（六）提升治理能力，着力在“依法治县”战略上营造更好氛围

全面贯彻依法治国基本方略，贯彻落实民族区域自治法，坚定不移走中国特色社会主义法制道路。

1.要扎实推进民族团结工作。民族团结是各族人民的生命线。要全面贯彻落实党的民族政策，落实民族区域自治制度，依法管理民族事务。坚持不懈开展民族团结进步教育，扎实推进民族团结“七进”活动，增强各族群众对伟大祖国、中华民族、中华文化、中国共产党、中国特色社会主义的认同。以深化“一宣传、两结对、三连心、四恳谈、五解难”为重点，持续推进共产党员民族团结先锋活动。大力弘扬以爱国主义为核心的中华民族精神、以改革创新为核心的时代精神、以艰苦奋斗为核心的“老西藏”精神和两路精神，着力凝聚人心，汇聚发展力量。大力发展各项民生事业，不断改善群众生产生活条件，夯实长期稳定基础，促进民族大团结。

2.要深入开展反分裂斗争。始终坚持中央对十四世达赖集团的定性和斗争方针，深入揭批十四世达赖集团政治上的反动性、宗教上的虚伪性、手法上的欺骗性，积极应对“后达赖”向“达赖后”转变的重大挑战，教育引导广大党员干部和各族群众自觉与十四世达赖集团划清界限，坚决抵御并依法打击敌对势力渗透颠覆破坏活动、暴力恐怖活动、民族分裂活动、极端宗教活动。切实增强反分裂斗争的主动性和敏锐性，加强对重点部位、重要设施、敏感日期的安全防控，把危害社会稳定的苗头性问题及时、果断地处置在萌芽状态，牢牢掌握反分裂斗争主动权。

3.要依法加强和创新社会治理。认真落实区党委、政府十项维稳措施，深入推进“关口前移、源头治理、网格化管理、群防群治”等工作，实现社会治理体系和治理能力现代化。完善基层管理机制，深化“网格化”“双联户”服务管理模式，推进干部驻村驻寺工作。强化社会治安综合治理，健全立体化社会治安防控体系和城乡维稳防控网络，完善群防群治工作体系。加强和改进信访工作，推进涉法涉诉信访改革，建立县、乡、村调解联动工作体系。深入开展平安创建工作，建设平安县城、平安乡镇、平安寺庙、平安村。强化维稳工作，健全“党政军警民”联防联控工作机制，完善基础信息收集、共享、协调、研判机制。继续实施领导干部维稳分包机制、维稳督查机制、维稳工作机制和责任追究机制。

4.要依法加强宗教事务管理。全面贯彻落实党的宗教工作基本方针和国家法律法规，落实区市党委、政府出台的一系列惠寺惠僧政策，积极引导宗教与社会主义社会相适应。依法管理宗教事务，坚持保护合法、制止非法、抵御渗透、遏制极端、打击犯罪，依法维护宗教正常秩序，依法打击境内外敌对势力利用宗教进行的渗透破坏活动。依法加强寺庙管理，进一步深化和完善寺庙管理长效机制，建立健全寺庙人、财、物、佛事等工作管理制度，落实分级负责的属地管理责任，明确管理主体。深入推进寺庙“9+5”“六个一”“一覆盖”“一教育”“一工程”“三保一低”工作。加强法制宣传教育，广泛开展“爱国爱教、遵规守法、弃恶扬善、崇尚和谐、祈求和平”为主题的法治宣传教育，深入持久地开展和谐模范寺庙暨爱国守法先进僧尼创建评选活动。扎实做好信教群众思想引导工作。

各位代表、同志们，当前及今后的工作任务艰巨而繁重。让我们紧密团结在以习近平同志为总书记的党中央周围，按照这次会议的部署和要求，团结带领全县广大干部群众，齐心协力，顽强拼搏，以新的更大作为实现新的更大发展，为开创我县“十三五”经济社会稳定发展新局面，为建设更加美好的尼木而努力奋斗!

尼木县第十三届人大一次会议闭幕会上的讲话

人大常委会党组书记、主任 尼玛次仁

（2016年9月22日）

尼木县第十三届人民代表大会第一次会议，经过全体代表和与会同志的共同努力，圆满完成了各项议程，即将胜利闭幕。这次大会组织严谨、会风严正、程序严密、纪律严明，是一次民主团结、务实鼓劲的大会，是一次凝心聚力、共谋发展的大会。

这次大会是在县委的坚强领导下，全县上下深入贯彻落实党的十八大，十八届三中、四中、五中全会精神，特别是习近平总书记系列重要讲话精神，在全面深化改革和依法治国、依法治藏、依法治市新常态的引领下，尼木县全面开启依法治县新征程召开的一次十分重要的会议。会议期间，代表们肩负全县人民的重托，以饱满的政治热情和严谨的工作态度，正确行使宪法和法律赋予的权力，充分发扬民主，严格依法办事，积极建言献策，共商发展大计，展示了人大代表解放思想、与时俱进、顾全大局、求真务实的良好精神风貌。会议审议批准的各项报告以及通过的各项决议，是全体人大代表集体智慧的结晶，充分体现了全县人民的共同愿望和根本利益。会议的成功召开，必将激励和鼓舞全县人民，以更加有力的举措、更加务实的作风、更加坚实的步伐，全面深化改革、依法治县，坚定不移地朝着建设“六个尼木”的目标努力奋斗。

刚刚过去的五年，全县人民在市委和县委的坚强领导下，坚持把发展和稳定作为解决一切问题的根本和关键，全力保持社会持续和谐稳定，经济稳步增长。这些成绩来之不易，是全县干部群众共同努力的结果，凝聚着各位人大代表的智慧与辛劳。在此，我代表大会主席团，向全县各族人民和全体人大代表，表示衷心的感谢。

今后五年，我们要以“四个全面”战略布局和“五大发展理念”为统领，按照尼木县“十三五”规划部署、大力实施“六大战略”、推进“六个尼木”建设，在工作中务必做到“一个始终、两个严格遵守、三个抓实见效、四个整体推进”确保“十三五”规划顺利开局。希望各位代表立足本职岗位，发挥表率作用，扎实推进以发展为主题的各项工作，努力完成县委九届一次全委会、2016年全县经济工作会议和本次大会确定的各项任务，奋力开创尼木深化改革和依法治县新常态，进一步加快经济发展步伐，让尼木人民早日实施精准扶贫、精准脱贫，过上更加幸福美好的生活。各位代表要保持与人民群众的密切联系，准确反映社情民意，及时把县委、县政府的重大决策部署传达落实到基层，引导和带动广大群众，共同为尼木经济社会发展贡献力量。县人大常委会将继续认真学习贯彻党的十八届三中、四中、五中全会对人大工作提出新的要求，结合实际推进人民代表大会制度理论和实践创新，充分发挥人民代表大会这一根本政治制度的作用。同时，继续为代表履职创造条件、提供服务，充分调动代表履职的积极性，不断提高代表履职的能力和水平。

各位代表、同志们，抢抓机遇、应对挑战、乘势而上，推动尼木经济社会健康持续发展，即是拉萨市委、市政府的殷切期望，又是县委、县政府的重大责任，也是全县人民的共同心愿。让我们紧密团结在以习近平同志为总书记的党中央周围，高举中国特色社会主义伟大旗帜，振奋精神、团结拼搏，为开创尼木经济社会发展新局面多作贡献、再立新功！

政府工作报告

——在尼木县第十三届人民代表大会第二次会议上

尼木县人民政府县长 普 琼

（2017年4月19日）

2016年工作回顾

2016年是实施“十三五”规划的开局之年。在党中央、国务院的特殊关怀下，在区市党委、政府和县委的坚强领导下，在北京市的无私援助下，我们深入贯彻落实党的十八大，十八届三中、四中、五中、六中全会和中央第六次西藏工作座谈会精神，认真贯彻落实习近平总书记系列重要讲话精神特别是治边稳藏重要战略思想，贯彻落实区市党委和县委八次、九次党代会精神，牢牢把握稳中求快工作总基调，坚持新发展理念，以推进供给侧结构性改革为主线，主动适应新常态，全力实施“六大战略”，凝心聚力、攻坚克难，全县经济快速发展、民生进一步改善、社会局势持续稳定、社会事业协调发展，“十三五”实现了良好开局。

2016年，完成地区生产总值6.69亿元，同比增长4.6%；地方财政收入1.12亿元，同比增长100.97%；社会固定资产投资13.18亿元，同比增长21%；工业增加值4755万元，同比增长12.1%；社会消费品零售总额5500万元，同比增长13.4%；农牧民人均可支配收入10254元，同比增长10.3%。主要经济指标均有较大幅度增长，荣获“2016年度拉萨市目标绩效考核争先进位县区进位三等奖”。

一年来，我们主要做了以下工作。

一是深化供给侧结构性改革，推动经济转型升级。以“四产业两园区”为抓手，坚定不移推进供给侧结构性改革，调结构、补短板，不断提高供给质量，切实增强经济发展竞争力。藏鸡产业初见成效。“尼木藏鸡”和“尼木藏鸡蛋”地理标识保护产品，通过国家工商总局初审。总投资2820万元的尼木藏鸡保种育种项目一期工程于2016年7月底全面竣工，养殖藏鸡1.2万只，其保种扩繁方式得到区内畜禽专家高度认可。总投资9647.06万元的二期工程待复工。藏香文化产业稳步推进。投资400万元，集产品研发、生产、销售和旅游服务为一体的尼木藏香研发中心完成主体工程，于2016年10月份完成设备采购。投资1900万元的非物质文化展示中心完成结构封顶。争取到北京援藏“十三五”规划外资金7991万元，建设藏香文化产业园，并完成用地测量、概念性规划、可行性研究报告编制。全年藏香产值达到5700万元。全域旅游产业成效明显。按照“四菜一汤”全域旅游产业布局，重点推进吞巴特色小城镇建设和藏文化、藏香文化发展，拉萨尼木县卡如乡农牧民搬迁安居精准扶贫和特色经济建设示范项目，麻江乡琼穆岗嘎旅游资源开发，尼木农业高新技术产业示范园区建设，开发续迈温泉、卡如温泉和麻江温泉。全年“一日游”游客达到74800人次，同比增长13%，旅游收入3026.73万元，同比增长16%，荣获全市2016年度“旅游文化产业先进县”称号。有机农业创建工作进展顺利。制定《尼木县有机农业产业发展总体规划》，成立尼木县创建国家有机产品示范县领导小组。与北京同仁堂、杭州博可生物科技有限公司，就藏香开发、药材种植、有机农产品生产达成合作开发初步意向。与北京五洲恒通认证有限公司达成创建有机示范县协议，对藏鸡、藏香、青稞、藜麦、牦牛、土豆、油菜进行有机认证。“两园区”建设扎实开展。争取北京援藏资金1500万元，启动尼木农业高新技术产业示范园区一期建设，示范带动全县农业向现代化方向发展。组建拉萨经开区尼木产业园开发有限公司，注册资本5000万元，规划占地1000亩，开发573亩，3月30日开工建设。总投资4.5亿元的瑞德兴阳40兆瓦光伏发电项目开工建设，总投资2.4亿元的西藏藏能20兆瓦光伏发电项目完工。

*二是推进重大项目建设，拉动经济快速增长。*紧扣“以项目带动促发展”的工作要求，充分发挥重大项目的关键性作用，带动投资增长，支撑经济社会发展。项目投资拉动有力。高度重视项目前期工作，加大项目争取、策划、启动、实施力度，项目落地建设情况良好。全年开工建设项目97项，总投资29.48亿元，完成投资13.18亿元，完成全年目标任务（12.85亿元）的102.57%。援藏项目带动有力。实施援藏项目5个，总投资1.54亿元，援藏项目建设创历史新高；紧密结合脱贫攻坚和产业发展，按照“调一、提二、增三”的融合发展思路，谋划10个“十三五”规划外援藏项目。招商引资推动有力。坚持“亲商”“重商”“安商”“富商”的招商理念，充分利用北京净土招商会、“2016年拉萨雪顿节”经贸洽谈会和“藏博会”等各种节会平台，积极开展招商引资。全年预计招商引资到位资金5.16亿元，同比增长30.3%，“雪顿节”期间与中核尼木新能源有限公司签约100兆瓦光伏发电项目，项目总投资10亿元，预计2017年5月份开工建设。

*三是强化生态文明建设，人居环境更加优化。*以构建国家生态安全屏障为核心，以“改善环境质量、保障生态安全”为目标，坚持绿色发展理念，加强生态建设和环境保护，巩固发展我县良好的生态优势。持续改善生态环境。实施重点区域造林739.7亩、拉萨周边防护林工程5874.3亩（其中封山育林5600亩、造林274.3亩），完成生态安全屏障防沙治沙项目13333.4亩（其中人工育林种草3986.55亩、封育及林间补植9346.85亩），退耕还林65亩。不断强化环境治理。全年投入748.28万元全面开展环境保护工作，大气环境质量达到一级标准，主要河流断面水质保持在国家三类水质标准以上，县城集中式饮用水源地水质达到国家二类水质标准以上。完成6个生态乡镇、24个村生态创建申报工作，并全部通过验收。投入216万元为七乡一镇购买8台压缩式垃圾车，新改扩建各类项目环评执行率达到100%，环评“三同时”制度执行率达到100%。持续提升城乡环境。吞巴乡于2016年10月份被评为第一批中国特色小城镇，特色小城镇示范点规划通过专家评审。完成水利投资10577.79万元，实施灌区工程2个、小农水重点县建设工程50个（其中包括县级投资116.16万元改建乌米开发区内4600余米水渠和部分排水工程）、安全饮水工程3处、中小河流治理工程10个（县级投入资金165万元修建防洪堤200米、排水沟755米），全年解决2100余人、1300余（头、只、匹）牲畜饮水问题；投资7806.27万元修建农村公路64.4公里，已修道路57.24公里，乡镇、行政村通畅率达100%；建成周转房272套、公租房48套，县城供暖三期项目建成运行。投入232.2万元，在318国道和县城主干道沿线安装单立柱广告牌10个。

*四是全力保障改善民生，群众生活质量和水平不断提升。*坚持以人民为中心的发展思想，对标全面建成小康社会的要求，坚持财政资金优先保障民生投入，加快补齐民生短板，让广大群众拥有更多的获得感和幸福感。办实事工作落到实处。在认真落实区、市民生政策的基础上，县财政投入资金4249.3万元，完成10件民生实事。教育事业优先发展。选派教师参加各类培训243人次。小学适龄儿童入学率达到99.93%，初中适龄人口入学率达到99.82%。对上大学的608名贫困农牧民子女，提供全额学费资助202.86万元；投入110.45万元对136名建档立卡贫困户大学生，提供全额学费资助41.33万元和生活补助69.12万元；落实“三

包”、营养改善计划和学前教育补助1667.09万元。医疗卫生持续改善。落实卫生基础设施建设项目4个，投入资金2240万元。发放“一孩双女”困难家庭和“特别扶助”资金70.63万元，农牧区医疗制度参合率、综合覆盖率均达100%。2016年共补偿大病统筹基金1600人次1003.61万元（其中“先诊疗后结算”共852人次381.93万元）。继续开展城乡居民暨在编僧尼免费健康体检并建立健康档案工作，体检率达99.5%。圆满完成北京代表团在尼木县考察期间饮食安全保障工作。在“企业助廉守法承诺书”签订仪式暨动员部署会议上，现场聘请10名食品监管系统党风廉政义务监督员。开展食品安全检查789家次、专项检查268家次、联合检查1188家次，出动执法人员2438人次，对食品安全抽检不合格3家单位处以罚款10300元。实行农牧区聚餐、重大活动集体聚餐自觉申请备案流程。全年，孕产妇零死亡，婴儿死亡率12.7‰，无重大疫情和食品、医疗安全事故发生。公共文化普惠群众。实现了县有文化活动中心、文化信息资源共享中心、新华书店、3D数字电影院，乡镇有文化站，村和寺庙有农家书屋和寺庙书屋，并建立健全了公共文化设施运行保障机制，做到了各类文化设施设备有工作人员、有管理制度、有经常性活动、有经费保障，公共文化服务体系日趋完善。成功申请到投资1200万元的白面具藏戏传习所项目，完成56处文物点立碑保护工作，争取到90余万元对我县文化活动中心进行装修，完成中央藏语频道广播节目覆盖项目的前期工作和广播电视高山台站建设的选址、地勘、设计等前期工作。县文艺队发挥自身优势开展文化下乡（村）活动，丰富了群众文化生活。2016年组织开展50场次文艺演出、178场次“五下乡”活动。社保体系不断健全。建立健全就业服务体系，城镇登记失业率控制在2.2%以内；社会保险扩面不减，参保率持续稳定增长。五大保险参保人数22246人，征缴基金2145.17万元，报销、发放资金528万元。为60岁以上城乡居民3602人发放养老保险金665.04万元；为城乡低保对象991户3032人落实低保金641.11万元；城乡医疗救助638人，兑现救助资金273.4万元；2016年县级财政列支专项集中供养生活补助270.67万元，发放“五保”供养资金93.07万元，为861名残疾人和残障儿童落实护理补贴和生活补贴35.8万元。完成全国第二次地名普查工作，核查、登记地名信息2312条。精准扶贫扎实推进。2016年尼木县精准识别建档立卡贫困户1259户5018人，贫困人口比例16.64%。按照拉萨市“两年脱贫、三年巩固”的目标任务，紧紧抓住“双百攻坚战”重要节点，不断加强组织领导，层层压实责任，强化“六脱”措施，突出以产业扶贫为突破口，以易地搬迁为基础，统筹推进以教脱贫、以补脱贫、以保脱贫、以助脱贫等工作，2016年产业扶贫项目到位资金7164万元，开工建设8个项目，完成100户505人扶贫易地搬迁，989户4096人越过贫困线，2830人落实生态补偿岗位，完成年度脱贫任务（645户2361人）的173.5%，吞巴乡、卡如乡、普松乡3个乡和续迈村、聂玉村等13个行政村，贫困人口比例下降至3%以下，达到退出贫困村的标准，续迈乡荣获拉萨市“2016年度脱贫攻坚成效先进乡（镇）”；建档立卡贫困户人均可支配收入达到4786.9元，同比增长78.1%。就业培训成效明显。创新开展“四业”工程，市级投入60.5万元，本级财政投入24万元，开展农牧民技能技术培训8期，共计705人，培训合格率达到90%以上，农牧民劳动力转移就业572人。基层基础不断夯实。深入开展“强党、固基、扶村”工作，设立村集体经济专项扶持资金480万元，重点对17个经济收入2万元以下的村进行扶持，各级累计投入133万元扶持15名党员创办经济实体。2016年，投入运营的项目28个，增加村级集体经济152万元，带动251名农牧民创业，11个集体经济“空壳”村全部实现零突破。投资10022.77万元对全县30个行政村活动场所进行重建，对2个村活动场所改扩建。其他事业协调发展。一是工会工作开创新局面。乡镇工会“八有”达标2个，通过率100%，新增工会组织32个，新增会员2702人；为考入大学的困难家庭子女198人发放助学金49.2万元；慰问困难职工50人，发放慰问金5万元。二是团县委贡献青春正能量。投入5万元成功举办第二届创新创业大赛“尼木赛区”选拔赛，为16名贫困大学生发放助学金7万元，新成立4家青少年维权岗，8个乡镇直属团组织实现全覆盖。荣获拉萨市2016年度共青团员“民族团结闪光行动”先进集体，在全市2016年度预防青少年违法犯罪工作考核中荣获第二名。三是妇联工作取得新进展。投入10万元建成帕古乡阿佳啦藏鸡养殖合作社基地，投入4万元为续迈乡25名妇女举办手工编织培训，为“两癌”贫困妇女和患病妇女发放救助金4万元，为200余名贫困母亲、寺庙尼姑、孤残儿童赠送价值8万元的慰问品和慰问金，为115名家庭贫困、品学兼优学生发放助学金11.9万元。四是工商、税务积极配合县政府职能部门认真履行职责，在税收、办证、市场监管等方面做出了突出贡献，税收收入首次突破亿元大关。五是气象局千方百计提高气象服务水平，气象服务取得长足进步。六是消防大队深入开展消防安全专项整治活动，共检查单位数889家次，整改火灾隐患896处，圆满完成各项救灾救援任务，形成了齐抓共管的消防工作格局。七是县武警中队协助政法机关积极做好反恐维稳工作。八是人武部深入贯彻落实新时期国防和军队建设思想，高质量完成了民兵预备役工作和依法征兵任务。九是农行尼木支行用好用活“三农”金融优惠政策和惠农利农各项政策，为县域经济快速发展添砖加瓦。2016年共发放涉农贷款2.98亿元。十是移动、联通、电信、邮政及县属企业等积极支持配合县委、县政府工作，取得了新成绩。

*五是推进政府建设和治理创新，社会局势和谐稳定。*坚持运用民主法治思维推动发展、化解矛盾、维护稳定，不断加强政府自身建设、提升社会治理能力。法治建设平稳推进。严格落实党风廉政建设责任制，坚决纠正“四风”，成立尼木县督查领导小组，全面强化政务督查，敢于担当、竞进有为的发展氛围更加浓厚。2016年，“三公”经费同比下降27%，成立6个联合督导组开展督导检查92次，查处违反公车管理规定5起，点名通报曝光2个乡镇、3个县直单位、9名干部职工，县纪检监察机关受理案件问题线索4件，初核了结2件，立案2件，给予党纪政纪处分6人。坚决执行县委决策，依法主动接受县人大及其常委会的法律监督和县政协的民主监督，坚持重大事项向人大报告、与政协协商制度，认真听取工商联以及无党派人士的意见建议，法治政府建设迈上新台阶。2016年，制定政府党组工作规则，办理人大建议84件、政协提案23件，办复率100%，满意率90%以上。全面推进“放管服”改革，成立“权责清单”改革专项工作领导小组，制定《政府工作部门推行权力和责任清单制度工作实施方案》，对全县21个政府工作部门和4个参公事业单位1154项权责事项进行清理，对自治区明确的57类责任事项、72种追责情形进行梳理，理顺部门权责关系。制定《尼木县小型水利工程产权制度改革办法》，深入推进司法领域改革，完成农村土地承包经营权颁证工作、农村宅基地确权登记发证工作，不动产统一登记工作、永久基本农田划定工作稳步推进。不断完善县乡政务服务体系，县政务服务中心顺利搬迁至政府大楼办公，9个单位、19项便民服务集中进驻，累计办理行政审批事项400余件，按时办结率95%以上。“12345有事找政府”服务热线运行良好，接听群众来电16件，办结率、满意率均达100%。社会治理不断深化。完成县、乡、村三级综治信息平台建设，631名联户代表完成认证登记。开展安全隐患联防联控579次、整改隐患215次，开展治安巡逻959次，排查铁路安全隐患13处。宗教领域和谐稳定。不断深化加强和创新寺庙管理工作，寺庙管理教育服务工作逐步迈入制度化、规范化轨道。投入207.38万元为寺庙、僧尼办实事181件；投入15.9万元对6座和谐模范寺庙、124名先进僧尼、8个先进寺管会、19名优秀驻寺干部进行表彰。自2013年以来，先后对卡曲寺、恩布寺、乳巴寺、强才拉康、达吴拉康等寺庙进行修缮。民族团结更加紧密。紧紧围绕“共同团结进步、共同繁荣发展”民族工作主题，深入开展民族团结进步创建工作，形成了爱护团结、珍视团结、争当模范的良好氛围，各民族交往交流交融更加深入。2016年，共

评选表彰16个民族团结模范集体和31名民族团结模范个人。矛盾纠纷妥善化解。深入推进“阳光信访、责任信访、法治信访”工作，不断强化“七化”工作措施，在源头预防、畅通渠道、化解矛盾和夯实基层基础上聚焦发力，矛盾纠纷妥善化解。2016年，共接待群众来信来访14批件29人次，办结14批件，结案率100%；上级转交办5批件7人次，办结5批件，结案率100%。安全生产形势稳定。对非煤矿山、危险化学品、道路交通、建筑施工、食品药品、烟花爆竹等行业领域共检查764次，消除整改安全隐患255处，全县共发生各类安全生产事故29起，未发生较大以上事故。荣获“2016年度全市安全生产先进单位”。

各位代表，过去一年取得的成绩来之不易。这是党中央、国务院特殊关怀的结果，是市委、市政府和县委坚强领导的结果，是县人大、县政协大力支持的结果，是北京市援藏单位无私援助、援藏干部无私奉献的结果，是全县党政军警民团结奉献、拼搏奋进、苦干实干的结果。在此，我代表县人民政府，向全县3.6万各族干部群众，向北京人民表示衷心的感谢！向人大代表、政协委员和离退休干部职工，向驻县人民解放军、武警官兵、政法干警，向关心支持我县各项事业发展的社会各界人士，表示诚挚感谢并致以崇高的敬意！

在肯定成绩的同时，我们也清醒看到，经济社会发展中还存在不少困难和问题。一是经济基础薄弱、经济总量不大、发展不平衡的基本县情没有根本改变。经济活力不足、层次较低，产业带动作用有待提升；在大的项目建设和民生投入方面，因财力有限，存在配套不齐和投入不足的问题。二是特色产业起步晚，规模小、链条短，缺乏龙头骨干企业，示范带动作用不强。三是社会发展短板需要进一步补齐，农牧区基础设施和公共服务设施滞后，村集体经济薄弱，部分群众生活还比较困难。四是生态环境脆弱，环境保护与经济发展的矛盾依然突出。五是在经济工作上，少数干部思想解放不够，思路不清，方法不多，习惯于按照惯性思维想问题。对这些问题我们一定要直面挑战，敢于担当，全力以赴做好政府工作，不辱历史使命，不负人民重托。

2017年主要工作

2017年，是实施“十三五”规划的重要之年，是全面推进供给侧结构性改革的关键之年，是深入贯彻落实党的十八届六中全会、区市县第九次党代会精神的开局之年。扎实做好今年政府工作，深入推进改革开放，促进产业转型升级，维护社会和谐稳定，责任重大，使命光荣。

今年政府工作的总体要求是：高举中国特色社会主义伟大旗帜，以邓小平理论、“三个代表”重要思想、科学发展观为指导，全面贯彻党的十八大和十八届三中、四中、五中、六中全会、中央经济工作会议、中央第六次西藏工作座谈会精神，深入贯彻落实习近平总书记系列重要讲话精神和治国理政新理念新思想新战略，特别是治边稳藏重要战略思想，按照区、市、县第九次党代会和经济工作会议部署，坚持稳中求进、进中求好、好中求快、补齐短板的工作总基调，以深化供给侧结构性改革为主线，以提高发展质量和效益为中心，树牢新理念、适应新常态、引领新发展，深入实施“六大战略”，调整优化经济结构，发展壮大特色产业，全力保障和改善民生，坚决维护社会稳定，全力打赢脱贫攻坚战，奋力推进团结美丽健康幸福新尼木建设，以优异成绩迎接党的十九大胜利召开。

今年经济社会发展的主要预期目标是：地区生产总值增长14%，公共财政预算收入增长16%，全社会固定资产投资增长30%，工业增加值增长30%，社会消费品零售总额增长14.3%，农牧民人均可支配收入增长16%。

实现上述目标，我们要全力做好以下七个方面的工作。

（一）狠抓供给侧结构性改革，增强经济发展活力。围绕“使市场在资源配置中起决定性作用和更好发挥政府作用”这个根本要求，找准着力点和突破口，积极主动推动各项改革，不断释放改革红利，增强经济持续健康发展活力。一是进一步深化“放管服”改革，细化措施，强化责任，转变方式，创新举措，确保各项改革措施落实到位。二是继续深化农牧业供给侧结构性改革。以创建国家有机产品认证示范县为契机，按照“率先在尼木县、曲水县开展禁农药禁化肥试点”的指示要求，严格按照《尼木县创建国家有机农业示范县实施方案》开展好相关工作，提高绿色优质农畜产品的有效供给，打造绿色优质农产品供应基地。鼓励和引导农牧民群众将土地、林地、宅基地入市交易和入股产业发展，推动资源变资金。三是推进国有企业供给侧结构性改革。加快发展城投、净土2家县属企业，高效能经营县域有形资产和无形资产，不断增强县属企业在全县经济社会发展中的作用。

（二）狠抓项目建设，夯实经济发展基础。紧紧围绕抓项目就是抓经济、抓发展的工作理念，始终将项目建设作为推动经济社会发展的首要措施，时时处处谋项目、聚精会神抓项目，以重点项目建设推动大发展。一是狠抓项目建设。扎实做好西藏藏能20兆瓦光伏发电项目、尼木藏鸡保种育种基地一期工程等已建成项目的达产达效工作，全力抓好总投资42.7亿元的114个建设项目进度，力促中核尼木新能源100兆瓦光伏发电项目、县城污水处理厂等项目尽快开工，认真落实好2017年及“十三五”期间我县对上争取项目库建设，力争在全市扩大争资份额。二是加强项目管理。对未开工建设的项目，积极与上级部门沟通衔接，做好项目的前期工作，争取早日开工建设；对已经开工建设的项目，加大推进力度，保证施工进度，充分发挥对税收、就业的带动作用。三是大力招商引资。以“两园区”为平台，全面开发全域旅游为基础，加大招商引资项目推介力度，着力引进一批战略投资者，提高产业支撑能力。同时，进一步强化招商项目落地推进服务机制，跟踪服务好招引企业，切实提高招商项目履约率和资金到位率。

（三）狠抓产业发展，促进产业结构优化升级。以“四产业两园区”为抓手，进一步扩大产业发展规模，优化产业结构，提升产业发展质量和效益，促进产业转型升级。一是狠抓藏鸡产业。坚持把藏鸡产业作为农牧民群众增收致富、巩固脱贫成果的重要渠道。推动原种藏鸡保护基地二期工程建设，以德青源藏鸡养殖为基础，努力实现藏鸡产业化，为2020年规模养殖藏鸡300万只奠定基础。二是狠抓藏香文化产业。坚持把藏香文化产业作为全县经济发展的支柱产业，加快推进藏香文化产业园建设步伐，采用“党支部+企业+合作社+个体户”的发展模式，促进藏香文化发展。以自治区藏香协会在尼木挂牌成立为契机，建成藏香研发中心、藏香文化产业园、非遗展示中心，形成以吞巴为主的水磨手工藏香中心和以县城为主的藏香现代化生产中心。认真做好2017年参加北京藏香产品展销会相关工作，与相关企业签订供销合同，实现销售收入增长。三是狠抓全域旅游产业。把全域旅游产业作为建成小康社会的一个重要抓手，进一步完善发展规划，围绕“四菜一汤”全域旅游产业总体布局，加快推进吞巴特色小城镇建设、卡如沟域经济旅游开发、乌米农业产业园建设、琼穆岗嘎旅游开发、续迈温泉开发，确保全域旅游产业实现新突破。四是狠抓有机农业示范县创建。坚持把有机农业发展作为我县农牧业提质增效和推进生态产业发展的一个重要措施。连片种植1万亩雪菊、6千亩藜麦、1.5万亩饲草料及药材。对照《尼木县创建国家有机产品认证示范区2017年重点工作任务分解表》，按照时间节点有序推进创建全国有机农业示范县各项工作，全面实现尼木县创建有机农业示范县的目标任务。五是狠抓“两园区”建设。加快拉萨经开区尼木产业园区、尼木农业高新技术产业示范园区建设步伐，做好企业入驻、招商引资、企业合作各项工作。通过招商引资、企业合作等方式，把“两园区”打造成为尼木县经济社会发展的新高地，精准扶贫、精准脱贫的新引擎，示范引领一、二、三产业融合发展。

（四）狠抓生态文明建设，促进经济社会可持续发展。良好的生态环境，是人民群众美好生活的一部分。我们要牢固树立“绿水青山就是金山银山”的理念，坚决守住生态底线，坚定不移走好绿色发展之路，筑牢生态安全屏障。一是打造舒适的人居环境。以县城为重点、乡镇为抓手、新农村建设为基础，加快城镇化建设进程。扎实推进吞巴特色小城镇建设，完成村级组织活动场所标准化建设。抓好环卫、绿化、消防设施等基础配套设施建设，完善城乡路网，保护环境卫生，美化亮化县城。二是打造和谐的生态环境。投入413万元，进一步落实好2016年至2019年2.06万亩生态安全屏障防沙治沙工程封沙育草项目。全面推行“河长制”，扎实做好尼木玛曲水环境治理保护饮用水源。全面开展禁化肥、禁农药有机种植。三是加强生态环境治理。加强节能减排，强化环境监管，防治环境污染，抓好项目环评审批与管理，保护好尼木的碧水蓝天。以钉钉子精神，抓好中央环保督察反馈意见的整改落实。以零容忍态度，严厉打击环境违法行为。

（五）狠抓脱贫攻坚，夯实全面建成小康社会基础。坚持把脱贫攻坚作为经济社会发展的头等大事和第一民生工程，紧紧围绕“两年脱贫、三年巩固”目标，扎实推进“六脱”工作，坚决打赢脱贫攻坚战，确保2017年底现行标准下建档立卡贫困人口全部脱贫。一是深入推进以业脱贫。将产业项目纳入全县重点项目，推动产业加快发展，真正让建档立卡贫困户实现搬得出、稳得住、能致富。2017年度计划实施9个产业项目，实现654户908人脱贫。二是深入推进以迁脱贫。及时总结经验，克服不足，认真做好2017年易地扶贫搬迁工作，按时完成400户1655人的搬迁安置任务。同时，认真做好已搬迁群众后续就业、入学、就医等工作。三是深入推进以教脱贫。继续为高等教育阶段农牧民子女提供全额学费资助，对建档立卡贫困户大学生提供全额学费资助和生活补助，全面解决农牧民群众因子女就学致贫问题；加强技能培训，确保建档立卡“两后生”有一项增收项目或掌握一门致富技能。2017年计划对216人“两后生”中符合条件的录用为保育员或厨师。四是深入推进以补脱贫。坚持脱贫攻坚与生态保护建设相结合，进一步加大生态保护修复力度，探索扶贫开发与生态建设的共赢机制，提高贫困人口参与度和受益水平，切实提高贫困群众收入。五是深入推进以保脱贫。完善农村最低生活保障制度，对无法依靠产业扶持和就业帮助脱贫的家庭，实行政策性保障兜底。进一步加强农牧区低保申请家庭经济状况核查工作，推动农牧区最低生活保障制度与扶贫开发政策的有效衔接，建立低保标准、“五保”标准自然调整机制，统筹推进城乡低保工作，实现扶贫标准与低保标准统一。六是深入推进以助脱贫。进一步巩固完善农牧区医疗保障体系，集中开展一次大排查、大救助，对于能一次性治愈的，协调上级部门进行集中治疗，对需要长期治疗和康复的，由县医院、乡镇卫生院在上级医疗机构指导下实施治疗和康复管理，切实让贫困人口看得起病、看得好病，有效解决因病致贫、因病返贫问题。

（六）狠抓民生改善，提升社会建设水平。民生是为政之要，必须时刻放在心头、扛在肩上。在大力开展经济建设的同时，一定要优先保障和改善民生，咬定青山不放松，持之以恒为群众办实事、解难事。一是继续为民办实事。在认真落实区市民生政策和巩固以往民生项目实施效果的基础上，稳步推进本级投入2107.11万元的10件为民办实事项目，切实让农牧民群众更好地享受到教育、医疗、社保、就业、养老等方面的实惠，共享改革发展成果。二是认真做好小康安居试点工作。按照市委、市政府对居住在海拔4500米以上农牧民群众尽量做到整体搬迁的要求，在落实好党政主要领导包乡、分管领导包村措施的基础上，计划对有意愿搬迁的麻江乡朗堆村、强聂村亚米组、卡如乡赤朗村五组、吞巴乡吞达村鲁热组等偏远地区的农牧民644户2379人搬迁至拉萨和县城（拉萨558户，县城86户），切实解决群众就医难、购物难、上学难问题，使高海拔山区群众既方便生活，又能依靠产业稳定就业增收。三是推进教育事业优先发展。继续巩固“两基”成果，加大控辍保学力度，严格落实控辍保学“四书”制，开展“无辍学乡村”创建活动；全面落实“三包”惠民政策，推行校园营养餐配送工程，实现家庭经济困难学生资助全覆盖。不断深化教育领域改革，优化教育资源配置，推进义务教育均衡发展和学前教育协调发展，全面提升中小学教师素质和教育水平；深入做好义务教育均衡复查工作，确保通过自治区“教育均衡发展”验收。我们要发展人民满意教育，使更多孩子成就梦想，更多家庭实现希望。四是扎实推进健康尼木建设。完善公共医疗服务体系建设，统筹城乡卫生协调发展，深化医疗人才组团式援藏和医药卫生领域体制改革，推进县、乡、村三级医疗卫生标准化建设,确保孕产妇分娩率达到100%，农牧区适龄妇女常见病及“两癌”筛查率达到100%，合作医疗覆盖率达到100%。强化食药监管，加大卫生监督执法，整顿规范市场秩序，保障群众饮食用药安全。五是深入实施文化惠民工程。以培育践行社会主义核心价值观为目标，深入开展“中国梦”“社会主义核心价值观”“老西藏精神”等宣传教育，广泛开展群众性精神文明创建活动，提高城市文明指数，增强干部群众的凝聚力，为经济社会发展提供坚强的思想保证和强大的精神动力。推进各项文化惠民工程建设，完善公共文化服务体系，实现文化成果充分共享。扎实开展好“五下乡”活动，不断丰富农牧民群众日益增长的精神文化需求。六是进一步完善保障体系。健全完善城乡社会保险体系和社会救助体系，推动全民参保，各险种参保率保持在95%以上。完善城乡居民基本养老保险制度，推进机关事业单位养老保险制度改革，逐步提高城乡低保特困人员供养标准。有意愿的“五保”户集中供养率、孤儿集中收养率保持在100%的标准。七是大力促进就业创业。健全完善就业保障服务体系，以“四业工程”、以业脱贫为抓手，落实就业政策，强化技能培训，组织有劳动能力和有就业愿望的人员实现转移就业，努力实现广大群众在劳动中创造财富，在奋斗中实现人生价值，确保2017年城镇登记失业率控制在2.1%以内，农牧区劳动力转移就业9688人次，转移就业收入突破2640万元；就业培训220人次，培训合格率达到90%，培训后就业率达到85%以上。

（七）狠抓安全稳定，为经济社会发展创造良好环境。始终把维护安全稳定作为硬任务和第一责任，落实好安全生产相关要求和十项维稳措施，促进尼木经济社会长足发展和长治久安。一是开展反分裂斗争。始终坚持中央对“十四世”达赖集团的定性、斗争方针和工作策略，全面落实自治区十项维稳措施，坚决抵制和打击达赖集团分裂渗透破坏活动，教育引导各族群众自觉与达赖集团划清界限，不断增强反分裂斗争的实践自觉、思想自觉和行动自觉。二是创新社会治理。统筹推进“网格化”和“双联户”工作，与高新区及相关企业开展合作建设维稳防控体系，不断完善维稳防控网络建设。加强社会治理信息化建设，利用大数据平台，健全完善基础信息收集、共享、协调、研判机制。大力开展阳光信访、责任信访、法治信访，健全完善领导包案化解机制、社会稳定风险评估机制、信访矛盾联席督办机制，推进诉访分离，坚决把矛盾化解在萌芽状态，把信访问题解决在基层属地。三是加强民族团结。认真贯彻民族区域自治制度和民族区域自治法，全面实施民族团结进步条例，依法管理民族事务，深入推进民族团结进步创建活动，深化民族团结“七进”宣传教育，促进各族群众和睦相处、和衷共济、和谐发展。四是提升寺庙服务。全面贯彻党的宗教工作基本方针，坚持依法管理、民主管理、社会化管理相结合，持续加强和创新寺庙管理。2017年，计划对溃公拉康、达金寺、卓瓦曲典寺、卓玛普日追、贵热寺进行维修。五是强化安全生产。认真学习贯彻执行《中共中央、国务院关于推进安全生产领域改革发展的意见》，严格落实“党政同责、一岗双责、失职追责”工作要求，将安全生产大排查大整治和打非治违贯穿始终，切实消除安全隐患，减少一般事故，杜绝较大事故，坚决遏制重特大事故，切实保障人民群众生命财产安全。

切实加强政府自身建设

各位代表，适应新形势，完成新任务，对各

级政府提出了新的更高要求。面对新的形势和任务，我们要坚持党的领导，树立“四个意识”，深入贯彻落实新发展理念，把全面建成小康社会使命扛在肩上，把万家忧乐放在心头，努力提高新常态下施政水平和服务能力，加快建设群众满意的廉洁政府、法治政府、效能政府、服务政府，为尼木新一轮跨越发展提供有力保障。

*严明纪律，建设廉洁政府。*坚决落实全面从严治党各项要求，牢固树立“四种意识”，严守政治纪律和政治规矩，在思想上拥戴核心，在政治上信赖核心，在组织上忠诚核心，在行动上捍卫核心。严格落实政府党组党建工作主体责任，切实履行“一岗双责”，认真执行《关于新形势下党内政治生活的若干准则》《中国共产党党内监督条例》《中国共产党问责条例》，严肃党内政治生活，强化党内监督，加大行政监察和审计监督力度，严肃查处各种不正之风和腐败问题，推动党风政风和社会风气进一步好转。广大公务员要持廉守正，干干净净为人民做事。

*依法行政，建设法治政府。*政府及其工作人员要深入贯彻全面依法治县要求，进一步增强法治思维，尊法学法守法用法，使法治成为现代政府建设的重要标志。自觉接受人大监督、政协监督和各方面监督，认真办理人大代表建议和政协委员提案。严格议事决策法定程序，坚持重大决策集体讨论决定。进一步深化政务公开，及时回应社会关切，使群众了解政府做什么、怎么做。作为人民政府，所有工作都要体现人民意愿、维护人民利益、接受人民监督。

*务实创新，建设效能政府。*政府及其工作人员要干字当头，真抓实干、埋头苦干、结合实际创造性地干。严格执行工作责任制，特别是对重点任务，要铆紧各方责任、层层传导压力，确保不折不扣落实到位。广大干部要主动作为、动真碰硬，与人民群众同心协力，以实干推动发展，以实干赢得未来。

*一心为民，建设服务政府。*坚持以发展和民生为已任，诚心诚意为基层服务，尽心尽力为企业服务，全心全意为人民服务。多深入困难突出、情况复杂的地方，敢于破解难题，善于化解矛盾，负责任、不推诿、敢决断、不误事。强化督查问责机制，严厉查处不落实、慢落实、变通落实的事，严厉查处不担当、不作为、慢作为的人，确保各项工作得到有效落实，以优质服务赢得民心。不断健全正向激励机制和容错纠错机制，给改革创新者撑腰鼓劲，让广大干部想干事、敢干事、能干成事。

各位代表，目标已经明确，号角已经吹响。让我们更加紧密地团结在以习近平同志为核心的党中央周围，在区市党委、政府和县委的坚强领导下，矢志改革、锐意创新，撸起袖子加油干，全力推动尼木各项事业不断取得新的更大成就，奋力谱写建设团结美丽健康幸福新尼木的华丽篇章，以优异成绩迎接党的十九大胜利召开！

中国人民政治协商会议尼木县委员会常务委员会工作报告

——在政协第二届尼木县委员会第一次会议上

尼木县政协党组书记、主席 赵志强

（2016年9月22日）

过去五年工作的回顾

过去的五年，在中共尼木县委坚强领导下，在市政协悉心指导下，尼木县政协常委会团结带领全县政协组织和广大政协委员，以邓小平理论、“三个代表”重要思想、科学发展观为指导，深入学习贯彻党的十八大，十八届三中、四中、五中全会精神和习近平总书记系列重要讲话精神，高举中国特色社会主义伟大旗帜，牢牢把握团结和民主两大主题，紧紧围绕县委、县政府中心工作，积极履行政治协商、民主监督、参政议政三大职能，为全面推进“六个尼木”建设作出重要贡献，开创了尼木县政协事业新篇章。

一、加强政治理论学习，不断增强履职能力水平

学习是人民政协的永恒主题，也是推动政协工作实现创新发展的内在动力。政协一届一次会议以来，常委会紧跟各个时期的形势与任务，始终把抓好政治理论学习作为提高委员理论素养和协商监督、议政建言能力的基本途径，从而提高了政协的履职能力和水平。五年来，始终摆正学习与工作的关系，坚持学习制度不动摇。认真组织班子成员、广大政协委员和机关干部职工深入学习邓小平理论、“三个代表”重要思想、科学发展观和党的十八大及十八届三中、四中、五中全会精神，认真学习《政协章程》《中共中央关于加强人民政协工作的意见》《提案工作条例》等相关文件，学习贯彻习近平总书记系列重要讲话精神，特别是“治国必治边，治边先稳藏”的重要战略思想和加强民族团结，建设美丽西藏的重要指示，学习贯彻市、县党委全委会精神，进一步明确政协工作前进方向，把委员的思想和行动统一到县委的决策部署上来。邀请市政协领导和县委领导对委员授课3次；结合实际，组织委员就如何体现委员价值、如何发挥好委员作用等开展座谈讨论6次；围绕委员的权利与义务、履职方法以及如何做一名合格委员等，对政协委员进行培训8次，开展了5次提案专题培训会。通过系统学习，广大政协委员、干部职工进一步深刻理解中央和区、市、县会议的精神实质，提高了在政协工作中把握形势和服务大局的能力，进一步增强了议政建言的针对性，进一步巩固了各族各界人士“共同团结奋斗、共同繁荣发展”的思想政治基础，为开创政协工作新局面奠定了牢固的思想基础。

二、围绕中心，服务大局，为“六个尼木”建设献计出力

1.着眼全局，咨政建言。本届政协充分运用全委会、常委会、主席会等形式对我县的重大事务进行了协商讨论，提出了许多建设性的意见和建议。五年来，重视开好每年一次的全体委员会议，认真听取和讨论《政协常委会工作报告》《政府工作报告》和其他报告。共召开全委会议5次，常委会议14次，主席会议32次，广大政协委员以对党对人民高度负责的政治责任感和使命感，紧紧围绕推进“六个尼木”建设积极建言献策。分别就“十二五”规划、发展“尼木三绝”特色产业、加快转变经济发展方式、创新社会管理、农牧民增收、净土健康产业发展等重点工作进行协商议政。就基础设施建设、特色产业、民生工程、生态建设等方面提出了具有前瞻性、科学性、可行性的意见建议，五年间，向县委、县政府共提交意见建议19件，提案122件。在协商民主方面也不断探索，凡是县委安排、县政府邀请的各类重要会议、重大活动需要政协领导或政协委员参加参与的，按照相关要求，及时安排绝不推诿，而且在听政议政会议上不失时机地提出意见和建议，为全县经济发展、社会稳定、民生改善、社会保障等方面发挥了重要作用。

2.畅通渠道，民主监督。坚持把开展民主监督与推进工作相结合，秉承在参与中支持、在支持中服务、在服务中监督的原则，对加强行风建设、促进工作发挥了积极作用。一是充分发挥委员提案在民主监督中的主渠道作用。认真落实提案办理措施，不断完善办理机制，强化办理责任制，采取跟踪督办、上门督办、限期催办等方式加大提案督办力度，有效发挥了提案的监督督促作用，产生了良好的经济效益和社会效益。二是先后组织召开了4次重点提案实地视察现场汇报会，对重点提案进行现场督办。截至目前，117件提案已全部办结，一届五次会议的提案正在办理之中。县政协成立以来，还向区、市政协和县委、政府报送社情民意信息24篇。

3.突出重点，深入调研。紧紧围绕事关我县发展稳定大局中的重大问题、重大项目、重点工作深入开展以委员调研视察为主体的参政议政活动，力求参政参到点子上，建言建在关键处。五年来，共组织开展政协委员调研视察活动20余次，形成专题调研报告4份：2014年，以如何大力培育和发展农牧业产业化发展，增加农牧民收入，提高农牧民的组织化程度为主题开展调研，提交了“关于农牧民专业合作社的调研报告”。为带领政协领导班子和工作人员以及承办单位充分认识新形势下的提案办理工作的重要意义，邀请市政协提案委员会领导，开办了多次提案撰写培训班，并形成“关于政协提案工作的调研报告”等。

三、关注民生，在履职为民中倾心尽力

1.倾听民声、反映民意。始终坚持把实现好、维护好、发展好最广大人民的根本利益，作为履行职能的出发点和落脚点。根据政协工作实际，积极开展关注民生、强基惠民、精准扶贫等活动。五年来，通过加强委员提案工作、反映社情民意信息、健全政协网络信息平台等方式，进一步畅通了反映社情民意渠道，及时准确、客观全面地反映各阶层、各界别、各团体的意愿和诉求，紧紧抓住事关群众切身利益的问题，深入开展调查研究、研讨论证、监督评议和咨政建言活动，有效维护了群众的合法权益。按照县委、县政府的安排部署，政协领导班子积极响应号召，在各个活动中深化以结对帮扶为主题的一系列扶贫救助活动，据统计，五年来，政协班子成员和办公室为扶贫济困出资8万余元，同时，在每年重要节日来临之际，县政协在自身经费较紧张的情况下，安排资金看望慰问困难政协委员和扶贫点困难群众等。

2.强基惠民，密切关系。五年来，先后深入基层开展了“上下联动两帮扶”“基层建设年”“创先争优强基础惠民生”等一系列强基惠民活动。在开展“创先争优强基础惠民生”活动中，县政协先后入驻普巴村、聂玉村和达琼村，恪尽职守，扎实工作，真正按照驻村工作“四同”要求，扑下身子与当地干部群众共商发展大计，共谋致富门路。通过深入细致的走访调研，对制约当地经济发展、影响群众脱贫致富的主要因素进行认真细致的分析研究，对群众普遍关心的热点难点问题，想方设法尽力帮助解决。同时，紧密结合三个村的实际情况，制定了发展规划，明确了发展目标，理清了发展思路。通过真心实意地帮助群众解决生产生活上的实际困难，使群众切身感受到强基惠民活动带来的新变化、新气象、新实惠，体会到了党和政府的温暖，社会主义制度的优越性，进一步密切了党群关系，受到了当地干部群众的一致好评。

四、开拓创新，在加强自身建设中取得新成效

五年来，我们着力以提高履职能力为目标，不断推进自身建设取得新成效，以此推动政协整体工作水平的提高。

1.*充分发挥委员主体作用*。政协的优势在界别，活力在委员，界别委员活动质量的高低直接关系到政协整体工作的进展。五年来，我们注重加强与委员的沟通联系，坚持开展走访委员活动，关心委员的工作和生活，组织委员开展学习讨论、视察调研、评议监督等活动，不断拓宽委员履职平台。五年来，为充分调动各界别委员参政议政的积极性，提高其参政议政的质量和成效，将各界别委员活动纳入政协的整体工作中，各界别紧密结合各自实际，积极主动开展活动，如：组织党政界委员赴拉萨廉政警示教育基地学习考察；组织民族宗教界委员赴墨竹工卡县直孔梯寺学习交流；组织群团界委员围绕群团工作进行务实恳谈活动；以“双联户”先进典型为依托，组织农牧工商界委员赴尼木县藏鸡养殖合作社和粮油加工厂进行调研；组织全体委员参观考察西藏拉萨市城关区净土健康产业示范基地；组织全体委员参观拉萨市三号水闸工程。通过调研视察，让委员们亲身感受我市日趋壮大的发展与变化。活动的开展既丰富了政协工作内容，又增强了委员履职的积极性。

2.*精心举办各类活动*。五年来，开展了学习实践科学发展观、民族团结宣传教育、创先争优、机关效能建设等活动；先后组织班子成员、政协机关党员干部、党内委员共23人集中观看经典红色影片；组织政协机关干部以及广大政协委员开展一对一藏汉“双语”学习教育活动；在政协机关范围内开展“为了谁、依靠谁、我是谁”大讨论活动；组织全体干部职工和宗教界委员开展以“八看、一算账、一揭批、四增强”为主题，以新旧西藏对比展示和反对分裂教育为载体的感党恩主题教育活动；组织机关干部职工及政协常委，观看《百年潮·中国梦》政论片。通过各类活动的开展，增强了干部职工和政协常委的理想信念，提升了干部职工和政协常委的高尚情操，激发干部职工和政协常委的爱国热情，使干部职工和政协常委的精神面貌得到明显转变，工作作风得到明显改进，同时也使机关干部的工作水平得到不断提高，统筹协调能力得到很好锻炼。

3.*努力改善办公条件*。县政协成立之初，办公条件较差，没有专设会议室，经过反映，2015年在县委的高度重视和大力支持下，县政协搬迁至主办公楼，还设立了专门会议室，干部职工办公条件得到很好的改善，激发了广大干部职工工作的积极性。

回顾五年来的奋斗历程，政协第一届尼木县委员会积极有为开展工作，不断加强履职能力建设，着力提高议政建言质量，突出为民服务宗旨，不断探索政协事业发展的新方法新途径，积累了一些经验和体会，深刻认识到：

（一）做好政协工作，必须始终坚持党的领导。只有自觉主动接受党对政协工作的领导，主动把政协工作融入县委全局工作，坚定不移地把党的重大决策和工作部署贯彻落实到政协的全部工作中，做到重大事项主动请示、重大活动主动报告、重要意见主动反馈，真正与县委思想上同心、目标上同向、行动上同步，才能保持正确的政治方向，才能切实履行好《政协章程》赋予的各项职能，才能使人民政协事业蓬勃发展。

（二）做好政协工作，必须围绕中心、服务大局。政协工作必须围绕中心，服务大局。尼木县政协必须把助推“六个尼木”建设作为自己的工作重点，坚持做到：既着眼于涉及全局、宏观的重大问题，又注意到关系群众切身利益的热点问题；既着眼于跨越式发展的前瞻性问题，又注意到当前工作中的一些难点问题，找准位置，选好角度，发挥委员的智力优势，才能大有作为。实践证明，政协只有贴紧党和政府的中心工作履

行职能，才能找准用力方向，做出积极贡献。

（三）做好政协工作，必须履职为民。人民政协必须始终把实现好、维护好、发展好最广大人民群众的根本利益，作为工作的出发点和落脚点，把解决群众最关心、最直接、最现实的利益问题，作为政治协商的重要议题、民主监督的重要内容、参政议政的重要任务，察实情、求实招、办实事，充分发挥政协优势助推民生改善。

（四）做好政协工作，必须充分发挥委员主体作用。发挥委员主体作用，是人民政协工作的活力所在、优势所在和希望所在。只有切实维护委员民主权利，尊重委员首创精神，提高委员整体素质，搭建委员履职平台，充分发挥委员在政协工作中的主体作用、在本职工作中的带头作用、在界别群众中的代表作用，充分调动广大委员的积极性，才能保证政协各项工作卓有成效地开展。

（五）做好政协工作，必须加强调查研究。只有开展深入细致的调查研究，才能做到协商有计，监督有力，建言有据，参政参到点子上，议政议在关键处。搞好调查研究工作，必须领导重视，加强指导，亲自参与，推动调研工作的开展。要坚持科学的调研方法，深入实际，找准问题，认真研究，反复论证。要集思广益，充分发挥政协整体优势，促成调研成果的落实和转化。只有将调查研究工作做深做细，才能不断提高建言献策的水平。

（六）做好政协工作，必须与时俱进、开拓创新。人民政协只有在继承优良传统和宝贵经验的基础上，牢牢把握时代脉搏，始终保持蓬勃朝气，总结新鲜经验，探索发展规律，丰富工作内容，拓展履职领域，不断推进人民政协理论创新、制度创新、工作创新，才能永葆人民政协事业的生机与活力。

各位委员，过去五年，县政协所取得的每一项成绩、每一次进步、每一个进展都得益于县委的坚强领导、得益于市政协的有力指导、得益于各县直单位的密切配合、团结协作、得益于政协各参加单位、广大政协委员和各族各界人士的积极参与和辛勤付出，在此，我代表政协第一届尼木县委员会常务委员会，向所有关心支持政协事业发展的领导和朋友们，向所有为政协工作付出辛勤努力的同志们表示崇高的敬意和衷心的感谢！

回顾五年的工作，虽然取得了一定的成绩，但我们也清醒地认识到，政协第一届尼木县委员会的工作与中央对新时期人民政协工作的要求相比，与县委和全县农牧民群众的期望相比，与广大政协委员的期待相比，还存在许多不足，主要是：履行职能、服务发展的能力和水平还有待进一步提高；调查研究、建言献策的工作还有待进一步深化；委员主体作用的发挥还有待进一步重视；这些问题，需要在今后的工作中认真研究，切实加以改进。

今后五年的工作建议

各位委员，第一届委员会的任期即满，第二届委员会即将肩负起新的历史重任，继续前进。我谨代表政协尼木县委员会，就新一届政协工作提几点建议。

一、努力把党的意志和政府决策变为社会共识

政协作为统一战线组织，它的第一职能是政治协商。所谓政治协商，其目的是将党的意志和政府决策变为各界代表人士乃至全社会的共识。因此，要按照“协商于决策之前”的要求构建和谐社会，这种协商显得尤为重要。政协则应努力提高委员参与协商的能力，为委员提供知情悉政的机会，让委员了解相关的决策背景和依据，在协商过程中进行正确引导，在决策实施过程中了解和反映社情民意，为党委和政府科学决策提供依据。

二、坚持党的领导，争取党委支持，充分发挥政协作用

坚持党的领导是人民政协事业发展的根本保证。县政协要自觉置身于县委领导下，围绕县委、县政府的中心工作履行职能、发挥作用。建议县委进一步重视政协工作，为政协及时掌握政治、经济、社会、文化等领域的基本态势提供信息支持和体制机制保障。县政协要向县委多联系、多请示、多汇报，以送阅件或政协信息的形式定期上报沟通工作动态，让县委了解政协当前在想什么、做什么、做得怎么样。要积极配合、主动参与县委、县政府的中心工作，充分发挥政协渠道优势，为推进“六个尼木”建设积极建言献策。

三、建立健全工作制度，提升政协工作新成效

推进政协工作的制度化、规范化、程序化建设，有利于提高政协工作水平，提高委员履职能力，从而对增强党的凝聚力、促进决策科学化、民主化以及加快社会主义民主政治进程都具有重大意义。要重视制度构建。建立健全各项管理制度、会议的议事规则和工作程序：包括主席会议、常委会议、专门委员会会议制度，委员视察检查，提案办理、委员监督等方面的制度，广泛听取大家的意见，集思广益、认真分析，该保留的保留，该完善的进一步完善，需要新制定的制度要抓紧制定，使政协工作做到程序清楚，为履行职能提供制度保障。要狠抓制度落实。重视制度权威的确立和执行，建立与之相配套的监督、评价、奖惩机制，防止制度虚置、规范扭曲和程序走样，保障制度的实效性。

四、开拓创新，切实提升履行职能的实效

要立足政协自身工作特色，积极探索履行职能的新形式、新领域、新途径，发挥自身优势，以创新求发展，以实绩树形象，不断提高履职水平。进一步强化委员主体作用。进一步强化界别作用。进一步引导乡（镇）做好配合政协工作。进一步抓好常委会建设。进一步抓好委员队伍建设。进一步抓好政协机关建设。进一步加强对外交往联系。

各位委员：过去的五年，政协第一届尼木县委员会群贤汇聚，履职有为，成绩斐然。展望未来，新一届政协精英云集，协力同心，共担重任。我们相信，政协第二届委员会一定不辱使命，不负重托，在县委的坚强领导下，以更加饱满的精神、更加务实的态度、更加严谨的作风，进一步凝心聚力、勤奋工作，共同谱写人民政协事业发展史上的新篇章，为尼木县早日实现全面建设小康社会的宏伟目标做出新的更大的贡献！

坚守责任担当 认真履职尽责
推动全面从严治党向纵深发展

——在中国共产党尼木县第九届纪律检查委员会第二次全体会议的工作报告

中共尼木县委常委、纪委书记 郝 蕾

（2017年3月20日）

这次全会的主要任务是：深入学习贯彻十八届中央纪委七次全会特别是习近平总书记重要讲话和王岐山书记的工作报告精神，深入贯彻落实自治区和市纪委九届二次全会各项决策部署，认真总结2016年全县纪律检查工作，安排部署2017年任务。县委对这次会议高度重视，刚才，县委书记杜国君同志作了重要讲话，对当前和今后一个时期我县纪律检查工作提出明确要求、指明了方向，我们要认真学习领会，坚决贯彻落实。

一、2016年工作回顾

2016年，在市纪委和县委、县政府的坚强领导下，全县纪检监察机关深入贯彻落实党的十八大、十八届历次全会和习近平总书记系列重要讲话精神，严格按照全面从严治党要求，层层压实管党治党的主体责任和监督责任，推动“两个责任”落到实处，切实加强纪检监察机关自身建设，深入开展党风廉政建设和反腐败工作，持续深化正风肃纪、坚决纠正“四风”，坚决遏制腐败蔓延势头，各级党组织管党治党政治责任明显增强，党的纪律建设全面加强，作风建设成果巩固深化，反腐败斗争压倒性态势已经形成，党风廉政建设和反腐败工作取得明显成效。

（一）以“两学一做”教育活动为契机，深入开展党规党纪教育

强化理论武装，加强自身思想建设。县纪委坚持把贯彻落实六中全会精神同开展“两学一做”学习教育相结合，把深入学习领会习近平总书记系列重要讲话精神作为当前首要的政治任务，在领会深刻内涵、把握核心要义上下功夫，坚持用科学理论武装头脑、指导实践，牢固树立政治意识、大局意识、核心意识、看齐意识，在坚定理想信念中把准政治方向，不断增强政治敏感性和政治鉴别力，在思想上政治上行动上同以习近平同志为核心的党中央保持高度一致，做政治上的“明白人”，不断增强道路自信、理论自信、制度自信、文化自信，坚定不移推进党风廉政建设和反腐败斗争。

强化党规党纪意识，营造全面从严治党良好舆论氛围。结合我县实际，坚持不断创新载体，拓展领域，在实践中探索，在探索中实践，切实发挥廉政文化在反腐倡廉建设中的重要作用，不断完善反腐倡廉宣传教育机制，教育引导党员干部增强政治素质、理论素养、党性修养和廉政从政、遵规守纪意识。坚持每月播放1次《警示教育片》，组织各乡（镇）、县直各单位负责人参观拉萨市廉政警示教育基地；充分利用短信平台

每周定时发送廉政信息累计1万余条，覆盖党员干部700多人；通过“尼木清风”微信公众平台累计发布消息274条，发布党内法规制度和解读36条；认真开展企业《助廉守法承诺书》签订工作，签订76份《企业助廉守法承诺书》；采取以考促学的办法，以《党章》《自律准则》《处分条例》《问责条例》《党内政治生活的若干准则》《党内监督条例》等党内法规为测试内容，组织对全县667名党员干部开展党风廉洁知识测试；联合县妇联开展“廉洁文化进家庭”活动，组织党员领导干部签订《家庭廉洁倡议书》300余份；与各乡（镇）、县直各单位负责人签订《严禁在项目评审中收受红包承诺书》200份；制作《尼木县正确运用“四种形态”开展党风廉政建设和反腐败斗争知识手册》200本，发放到全县各单位主要负责人和纪检监察干部手中，加强学习教育，正确把握“四种形态”内容和内涵；深入贯彻落实《中国共产党问责条例》，研究制定《尼木县党风廉政建设责任追究制度（试行）》，将“有权必有责、有责必担当、失责必追究”的强烈信号释放到每一名党员干部心中；在县委、县政府集体办公地点显著位置制作《中国共产党廉洁自律准则》和《中国共产党纪律处分条例》宣传漫画墙和监督执纪“四种形态”宣传栏，利用标语、短信等形式，积极营造廉洁从政良好氛围。

（二）坚持从严治党，不断完善党内监督

积极协助县委抓实党风廉政建设。县委始终坚持把党风廉政建设责任制的落实摆上重要日程，多次召开常委会研究部署，全年共召开11次县委常委会议对纪委工作23个议题进行研究讨论，召开3次党风廉政建设和反腐败工作领导小组会议，并及时调整充实尼木县党风廉政建设责任制领导小组及反腐败工作协调小组，坚持把党风廉政建设和反腐工作同改革发展稳定各项工作同部署、同推进、同落实、同考核。年初组织召开工作部署会议，深入贯彻落实中央、区、市纪委全会精神，安排部署年度党风廉政建设和反腐败工作任务；3月份印发了《尼木县纪委贯彻落实〈八届拉萨市纪委七次全会工作任务分解表〉的工作措施》，从6个方面53项内容对党风廉政建设和反腐败工作进行任务分解，制定出具体的工作计划和措施，并明确牵头领导、责任部门、落实范围和完成时限要求；4月份对8乡镇的党风廉政建设责任制落实情况进行检查，及时反馈整改意见，其中反馈存在共性问题3条、个性问题19条，要求各乡（镇）明确责任领导、整改措施、完成时限逐条进行整改，并坚持问题导向，对各乡（镇）主要负责人和纪委书记进行约谈；9月份组织全县各单位负责人召开纪检监察工作会，围绕“三个方面”进一步明确“两个责任”，确保落实。

“双述”试点工作取得成效。认真开展党委（党组）书记述责述廉并接受评议质询工作，对8乡（镇）、37个县直各单位党委（党组）主要负责人的述责述廉报告逐一审核，吞巴乡、县农牧局的党委（党组）书记在县纪委八届七次全会上作述责述廉，并接受质询、答复、点评、测评。督促大家增强责任意识，查找工作中的问题，找准下一步工作的着力点，通过述责述廉，全面掌握、科学评定单位党政一把手党风廉政建设履责情况。配合市纪委开展了村党支部第一书记、书记向乡镇纪委述责述廉并接受评议质询试点工作，积极探索基层党组织带头人的监督管理，对村集体经济收入和权力运行起到公开透明的监督作用，通过村民参与达到消除疑虑效果。

推进惩防体系建设。深化廉政风险防控，进一步提高权力运行的透明度，年初，制定下发了《关于进一步推进惩防体系建设的通知》和《关于做好廉政风险防控工作的通知》，安排部署年度工作任务，加强对进一步清理、调整行政事项，强化政府行政职能、强化县政务大厅建设、乡（镇）政务服务中心建设的监督检查，特别是加强对惠民政策落实情况、“三重一大”事项及执行情况、办事流程及时限等相关内容进行全部公开的监督检查。年底，开展落实惩防体系建设专项检查，对发现问题及时反馈，共梳理出共性问题4条，个性问题3条，要求各单位深入分析问题原因，加强组织领导、明确责任，制定整改方案，采取有效措施，确保整改任务的落实，并对下步工作提出明确要求，以“七个强化”进一步推动惩防体系建设的落实，为做好今年迎接2013—2017年惩防体系建设目标考核验收奠定了基础。

（三）严明党的纪律，坚决挺纪在前

坚决正风肃纪确保换届风清气正。设立换届风气监督举报箱42个、监督举报电话10部，坚持24小时值班，把换届纪律监督与日常作风督查相结合，一手抓换届风清气正，一手防“四风”反弹回潮。县纪委成立了县乡领导班子换届风气监督巡回督查领导小组，发动乡镇纪委、村级纪检监督员、村务监督员参与换届风气监督工作，不断优化整合监督检查力量，组织培训换届监督骨干32名，累计开展县乡领导班子换届风气巡回督查32次，组织签订严守换届选举纪律和工作纪律书面承诺书1358份，对100名拟调整任用干部429名乡镇党代表、320名乡镇人大代表候选人进行廉政鉴定，形成考察材料1145份，对1名处于审查阶段的乡镇人大代表候选人及时进行了更换；严格按照“三个提名考察办法”配备乡镇纪委书记、副书记，全县乡镇纪委书记、副书记全部配备到位，调整配备乡镇纪委委员30名；把好监督关，严肃查处跑官要官、拉票贿选等违纪行为，对违反换届纪律的典型案例，查处一起，通报一起，从严从快查处，决不姑息，7月初对各乡（镇）换届工作纪委落实监督责任情况以“回头看”方式，再次深入检查，对发现的问题，现场及时反馈要求整改。

坚决纠正“四风”，强化监督执纪问责。始终坚持从严治党、依规治党，紧盯重要时间、重要节点、重要环节、重要岗位，驰而不息纠正“四风”，坚决查处公车私用、公款吃喝、公款旅游，借婚丧喜庆事宜大操大办收钱敛财等问题，把贯彻落实中央“八项规定”精神和区党委“约法十章”“九项要求”及拉萨市“八项要求”的监督检查作为一项常态化监督检查工作，研究制定《尼木县党风廉政建设责任追究制度（试行）》，建立健全问责制度，维护党的纪律刚性约束力，采取明察与暗访相结合，实地检查相关资料等方式，坚持每周不少于2次的执纪监督检查，全年累计开展执纪监督检查116次，在全县范围内点名通报曝光2个乡（镇）、3个县直单位、9名干部职工，查处了违反公车使用管理规定5起，对违纪人员进行了批评教育，对单位主要领导进行了约谈，严肃查处了干部在项目验收中收受红包违反中央“八项规定”精神典型案件1起，政纪处分1人，批评教育3人，收缴违纪所得1200元，及时在全县范围内点名通报曝光，要求广大干部职工深刻汲取教训，切实发挥案件的警示和威慑作用。

（四）督促巡察整改任务落实

针对拉萨市委巡察一组巡察我县塔荣镇党委、尼木乡党委、县发改委党支部、卓瓦曲碘寺管委会的反馈意见，及时指导督促被巡察单位加强组织领导，及时成立整改领导小组，制定整改方案、细化整改任务、明确整改时限，在整改过程中，认真开展整改落实情况检查，先后3次开展专项检查，现场提出存在问题和整改意见，督促落实，确保事事有回音，件件有着落。目前，整改已基本完成。

（五）坚定不移把党风廉政建设和反腐败斗争引向深入

坚持抓早抓小，从严执纪。正确运用纪律的尺子，切实把纪律挺在前面，坚持纪严于法、纪在法前，通过开展批评和自我批评、约谈函询等方式，及时纠正干部特别是党政领导干部在思想、工作、作风上出现的苗头性、倾向性问题，严格执行《廉洁自律准则》和《纪律处分条例》，把党的纪律刻印在全体党员特别是党员领导干部的心上，坚持有责必问、失责必究，突出抓早抓小、防微杜渐，达到“惩前毖后、治病救人”的目的。研究制定《尼木县纪委监察局约谈制度（试行）》，认真组织开展定期约谈，今年以来，共组织开展定期约谈、提醒谈话和任前廉政谈话党政领导干部126余人次，11月份，由县委书记、副书记、纪委书记作为主谈人，坚持问题导向，紧扣党风廉政建设主题，以落实“两个责任”内容对全县8个乡镇、37个县直单位主要负责人和各乡镇纪委书记进行约谈，共发现并梳理出

14条问题，进一步加强跟踪问效、监督检查，确保整改到位。

坚决查处侵害群众利益的不正之风和腐败问题。发挥群众监督优势，推进作风建设向基层延伸。深入开展群众身边的“四风”和腐败问题大排查、大起底活动，建立群众身边的“四风”和腐败问题线索月报制度，组织召开村务监督工作推进会，督促村“两委”按季度实行“三务公开”，重要事项及时公示；制作便民联系卡，公开县纪委工作人员联系方式，深入基层发放到村务监督员手中，畅通问题线索来源渠道。深入开展专项治理，严肃惩治“微腐败”。开展扶贫项目专项检查，10月份，以政策落实、资金使用、项目推进、纪律作风等为检查重点，对全县8乡镇的扶贫惠民政策落实和资金管理使用情况开展专项检查，及时整理出3点意见，现场反馈问题8个，督促整改落实，为县委、县政府扶贫攻坚工作安排部署的全面落实保驾护航。

健全纪律审查体制机制，持续保持遏制腐败高压态势。严格按照五类标准处置反映问题线索，落实“乡案县办市审”工作机制，坚持线索处置和案件查办在向同级党委报告的同时，必须向上级纪委报告，并以上级纪委为主，深入推进查处腐败案件机制改革，提高查办腐败案件工作能力。全年县纪检监察机关共受理案件问题线索4件，初查了结2起，转立案并办结案件2起，给予政纪处分2人，免予党纪处分3人，免予政纪处分1人，对6人在全县范围内进行了点名曝光通报批评。

（六）加强纪检干部队伍自身建设，深化体制机制改革

严格落实“三转”要求，聚焦中心任务，回归主业主责。加强议事协调机构的清理，做到不越位、不缺位、不错位，共清理出议事协调机构94项，并参照市纪委清理协调机构的具体做法，经报县委同意，不再参与81项，最终保留与纪检监察职责密切相关的13项，清理率为86%。县纪委人员共配备12人，内设综合办公室、党风政风监督室、纪检监察室、案件审理室，根据各科室职责范围，细化任务、明确分工、责任到人，以履行党内监督职责为抓手，认真开展党风廉政建设和反腐败斗争。

强化业务培训，拧紧监督责任“螺丝钉”。联合县委党校举办党风廉政建设专题培训班，对全县各单位党政主要负责人、全体纪检监察干部从四个方面进行培训，强化推动“四种形态”；积极组织纪检监察干部参加上级纪委开办的各类培训班，全年共选派6人参加中央纪委、区纪委举办的各类业务培训，以“以岗代训”“跟案培训”方式，分2批次选派到市纪委锻炼纪检干部13人次，着力提高纪检监察工作理论知识水平，增强业务能力。

加强纪检干部监督和管理，严防“灯下黑”。始终做到正人先正己，在正身律己上更高标准、更严要求，在关键时刻和细小环节上都与党中央保持高度一致，强化责任担当，敢于坚持原则。严格按照“打铁还需自身硬”“信任不能代替监督”的要求，加强监督和管理，制定完善了《县纪委学习制度》《县纪委工作人员考勤管理办法》《尼木县纪委信息工作管理办法》《尼木县纪委廉政档案管理办法》《尼木县纪委工作规则》《尼木县纪委保密工作暂行规定》《尼木县纪委同岗替代制》等规定和制度；坚持把每周四作为学习日，认真开展“两学一做”专题教育活动，对纪检干部经常性谈心谈话，利用党支部组织生活会，组织开展批评与自我批评教育活动，及时发现和纠正纪检干部队伍中存在的问题，做到“常红脸、勤出汗”；以遵守《西藏纪检监察干部行为规范》，按照拉萨市纪委“六要、六带头、六不准、六严禁”要求，认真开展执纪监督问责各项工作，进一步规范纪检监察机关权力运行工作，对纪检监察干部违纪违法行为零容忍，发现一起，坚决严肃查处，切实把“对党忠诚、个人干净、敢于担当”融入党性修养中，贯穿于工作各方面，做让党放心、让人民满意的优秀纪检监察干部。

党的十八大以来，我县纪律检查工作取得的成绩，得益于以习近平同志为核心的党中央旗帜立场鲜明、意志品质顽强，是市纪委、县委正确领导的结果，是坚决贯彻自治区、市纪委和县委决策部署的结果，是全县纪检干部牢记使命、认真履职的结果，是广大党员干部和人民群众大力支持、积极参与的结果。王拥军书记在区纪委九届二次全会工作报告中总结了五点工作体会：即必须提高政治站位，坚决维护以习近平同志为核心的党中央权威；必须强化职能作用，以严肃的党内政治生活净化党内政治生态；必须维护群众利益，不断厚植党在西藏的执政根基；必须强化自我监督，积极回应党内关切和人民群众的期盼；必须弘扬斗争精神，坚定不移把全面从严治党引向深入。是做好纪律检查工作的根本遵循，具有重要的指导意义，必须长期坚持。

在总结成绩的同时，我们也清醒地认识到，我县纪律检查工作中仍存在以下问题：一是少数党组织对全面从严治党紧迫性和“纪在法前、纪严于法”思想认识不到位，落实全面从严治党和党风廉政建设主体责任主动性不强，仍停留在表面和口头上，布置任务多、检查推动少，责任追究“高举轻放”，干部日常管理监督存在宽松软现象；二是少数党员领导干部廉洁自律意识不强，以身作则要求执行不严，导致“四风”问题和侵害群众利益的“微腐败”等顶风违纪行为时有发生；三是少数纪检监察干部的能力素质与党风廉政建设和反腐败斗争的新形势新任务新要求不相适应，“三转”工作落实不到位，对监督执纪“四种形态”等最新执纪理念学习不深、理解不透、把握不准。这些问题，我们必须认真对照检查，在今年的工作中深入研究，采取有效措施和办法，切实加以解决。

二、2017年工作部署

2017年将召开党的第十九次全国代表大会，这是我们党在全面建成小康社会决胜阶段召开的一次十分重要的会议，是党和国家政治生活中的大事，做好今年纪律检查工作意义重大。今年工作的总体要求是：全面贯彻党的十八大和十八届三中、四中、五中、六中全会精神，深入贯彻习近平总书记系列重要讲话精神，贯彻落实十八届中央纪委历次全会和自治区第九次党代会、自治区纪委九届二次全会精神，贯彻落实市第九次党代会、市委九届二次全委会和市纪委九届二次全会以及县九次党代会、县委九届二次全委会精神，坚决向核心看齐，坚持尊崇党章，严明党的政治纪律和政治规矩，严肃党内政治生活，强化党内监督，驰而不息纠治“四风”，保持反腐败高压态势，加强自身建设，践行忠诚干净担当，深化党风廉政建设和反腐败斗争，推动全面从严治党向纵深发展，为建设团结美丽健康幸福新尼木、全面建成小康社会提供坚强保障。

（一）深入学习贯彻党的十八届六中全会精神，加强党内监督

*坚决维护党的政治纪律。*以严明的政治纪律切实维护党的政治原则、政治方向和政治路线，在政治方向、政治立场、政治言论、政治行为等方面，始终与党中央保持高度一致。加强对党的政治纪律执行情况的监督检查，特别是加强对贯彻落实六中全会精神、党的治藏方略和自治区、市纪委九届二次全会以及县委九届二次全委会各项决策部署执行情况的监督检查，确保政令畅通；紧盯重要敏感时期，旗帜鲜明地开展反分裂斗争，严查在反分裂反渗透斗争中立场不稳和搞自由主义、宗派主义、分散主义破坏国家统一以及民族团结等问题，严查乱评乱议、口无遮拦、造谣生事以及妄议中央大政方针等问题，严查拉帮结派、结党营私等问题；深入开展理想信念教育，引导党员干部始终坚定马克思主义的信仰和社会主义、共产主义信念，严守政治纪律和政治规矩。

*坚决把好干部选拔关。*做好廉政把关工作，对被审核对象的廉洁自律、遵纪守法的情况，群众信访举报主要问题初核情况，违纪问题立案调查和处理的情况，其他需要说明的情况等作为审核内容，对反映问题线索具体、情节严重的，作出暂缓考察、取消资格、不予任用等决定，对“带病提拔”“带病上岗”等问题，从严从实严

肃追究责任。

（二）坚持不懈抓好落实，作风建设永远在路上

常抓不懈、久久为功。充分认识长期抓好作风建设的重要性和必要性，不断强化政治担当、责任担当、工作担当，进一步提升党风廉政建设推进力度和责任执行力度，推动党委（党组）主体责任落实，推动“两个责任”良性互动、共同发力，做到不松手、不甩手、不缩手，确保中央八项规定精神和区党委“约法十章”“九项要求”及市委“八项要求”落实地生根，防止“四风”问题反弹，对违纪违规问题从严查处，持续释放执纪监督越往后越严的强烈信号，努力营造风清气正的廉洁从政氛围。

加强制度建设，建立常态化监督检查机制。着力健全选人用人管人制度，以贵在执行重在落实的态度，加强领导干部监督和管理，推行权力清单制度，紧盯重点岗位，强化内部控制，通过明察暗访与纠风整治等多种形式，鼓励群众参与监督，以踏石留印、抓铁有痕的干劲，形成转作风、改作风的常态化、长效化监督机制。

坚定文化自信，以良好的党风促政风、带民风。抓好纪律教育活动，充分发挥领导干部的模范带头作用，利用微信公众平台、廉政宣传栏、宣传手册等发挥舆论的正确导向作用，不断创新载体大力弘扬新风正气，教育引导干部继承发扬“长征精神”和“老西藏精神”“两路精神”，不断增强党员、干部文化自觉和文化自信，以优良党风促政风带民风，形成凝聚党心民心的强大力量。

（三）强化问责，推动管党治党责任落实

增强责任意识，强化责任担当。各单位党委（党组）要深刻认识全面从严治党的重要意义，增强管党治党的责任意识和担当精神，切实担负起全面从严治党的政治责任，要坚持定期向上级党委和纪委书面报告落实主体责任情况，扎实开展“双述”工作，推动述责述廉述出压力、述出成效，推动公开述职述廉常态化，各单位党委（党组）主要负责人要按照“一岗双责”的要求，把履行主体责任作为一项重大政治任务，推动廉政建设层层落实到位，要层层签订党风廉政建设责任书，压实责任，县纪检监察机关将通过实地查看资料、听取汇报、监督指导等方式，督促责任落实，进一步建立健全落实主体责任考核评价办法，年底进行全面考核。

严肃追责问责，强化责任落实。严格落实《西藏自治区贯彻〈中国共产党问责条例〉实施办法》，坚持失责必问、问责必严，以从严追责问责为有利把手倒逼主体责任落实，对违反政治纪律和政治规矩、组织纪律，“四风”问题突出，发生顶风违纪问题，腐败问题严重的，坚持“一案双查”，既追究主体责任、监督责任，又严肃追究领导责任。

（四）正确运用“四种形态”，始终把纪律挺在前面

坚持纪在法前，从“查违法”转向“盯违纪”。监督执纪要把握好“树木”与“森林”的关系，用好“四种形态”特别是前两种形态，要更多运用警示教育、诫勉谈话、组织处理、纪律处分等方式开展执纪工作，在抓早抓小上下功夫。严格执行谈话函询后抽查核实制度，建立健全查谈结合、签字背书、全程留痕工作机制。不断完善约谈提醒、诫勉谈话制度，更多运用逐级约谈、定向约谈、个别约谈和跟踪约谈等方式开展约谈，让咬耳扯袖、红脸出汗成为常态。对发现苗头就及时提醒、触犯纪律及时处理，一般性问题及时与本人见面，要求主动把问题向组织讲清楚，让有苗头性倾向性问题或轻微违纪问题的党员干部，在民主生活会或组织生活会上有针对性地作出说明，党委（党组）书记签署意见。对反映不实的及时澄清；对如实说明且属于一般性问题的进行批评教育，及时了结；对不如实说明、欺骗组织的，要严肃处理，做到真正用纪律管住大多数，防止小错酿成大错，在严明纪律中体现对党员干部的严格要求和关心爱护，切实把“四种形态”的内涵要求落到实处。

坚持纪律底线，严明纪律“红线”。《准则》确立高标准，《条例》划出纪律底线，广大党员干部特别是党员领导干部要习惯在监督下工作，主动接受监督。县纪检监督机关要以《准则》为标尺，以《条例》为戒尺，发挥党内监督专责机关作用，真正把纪律和规矩严起来、执行到位，让纪律成为刚性约束，要建立健全纪律处分与组织处理综合运用的有效衔接机制，按照不同的违纪情况采用不同的处置方式，对问题性质即使比较严重，但能如实向组织讲清楚、认错态度诚恳的，给予相应政策，对“极极少数”严重违纪依然欺骗组织的，要严肃查处，并查找问题症结，堵塞监管漏洞。落实回访教育制度，加强对受处分党员干部的教育管理工作，编撰违纪干部忏悔录，能公开的及时公开，同时发回违纪干部案发单位，把反面“活教材”纳入党员干部教育培训总体规划，加强警示教育，达到惩处极少数、教育挽救大多数的政治效果和社会效果，让监督执纪“四种形态”真正成为“惩前毖后、治病救人”的利器。

（五）以“零容忍”态度严肃惩治腐败，巩固反腐败斗争压倒性态势

坚决减少腐败存量，重点遏制增量。反腐败斗争形势依然严峻复杂，要持续保持惩治腐败高压态势，力度不减、节奏不变，坚持从严治党、坚决惩治腐败，要加强党委对反腐败工作的统一领导，进一步发挥反腐败工作协调小组职能，加强同执纪审查部门的联合办案能力，提升执纪审查质效，坚决减少腐败存量，把增量遏制住，对违纪违规行为，不留情面，坚持零容忍，动辄则咎，使轻处分、组织处理成为大多数；坚持猛药去疴，对顶风违纪行为重拳出击，使重处分和重要岗位调整占少数，坚持刮骨疗毒，对严重违纪涉嫌违法问题线索及时移送，使司法立案审查的占极极少数；突出惩治重点，对不收敛不收手，问题线索反映集中、群众反映强烈，现在重要岗位且可能还要提拔使用的要进行重点审查，严肃查处违反党的纪律特别是政治纪律、组织纪律的行为，严肃查处发生在领导机关和领导干部中插手工程建设、土地出让，干预司法活动，买官卖官、腐化堕落等案件，严肃查处转移赃款财物、销毁证据，搞攻守同盟、对抗审查的行为。

坚决严惩“微腐败”，重点查处群众身边的不正之风和腐败问题。要督促党委（党组）履行管党治党主体责任、基层党支部发挥战斗堡垒作用，加强与相关职能部门的协作配合，把查处侵害群众利益不正之风和腐败问题作为主要任务，充分发挥乡镇纪委和村纪检监督员作用，调动群众参与监督积极性，深入开展扶贫领域专项整治，着力拓宽线索来源渠道，广泛受理举报和发现案件线索，重点查处在扶贫开发、灾后恢复重建、惠民政策落实等领域优亲厚友、私分截留、贪污挪用问题，对侵害群众利益行为从严从快查处，形成强有力的震慑力。

（六）深入推进纪检体制改革，做好监察体制改革前期准备

十八大以来，反腐工作形成高压态势，要实现不能腐、不愿腐需要建立严密的制度体系，深化国家监察体制改革是以习近平同志为核心的党中央作出的事关全局的重大政治改革，是全面依法治国的需要，改革的推进，有助于建立中央统一领导下的国家反腐败工作机构，进一步整合反腐败工作力量，深入推进全面从严治党具有重大意义。要增强“四个意识”，提高政治站位，做好推进监察体制改革的思想和组织准备。

（七）践行忠诚干净担当，增强纪检监察干部的责任感、紧迫感和使命感

明确责任担当，提高履职能力。根据自身职能定位，做到守土有责、尽职尽责，以时不我待、重任在肩的紧迫感和责任感推动纪律检查工作上台阶。深入开展“两学一做”学习教育，加强纪检业务知识学习，通过轮岗交流和挂职锻炼以及参加中央、区、市纪委举办的各类培训，要坚持学用结合，做到学以致用，熟练掌握党纪、政纪条规，党章知识，党的纪律处分条例，党内监督条例，党的基础知识、党员干部管理教育等内容，熟悉处理案件的程序、权限和有关手续，不断提高纪检干部的政治敏感性、政策水平和工作敏锐性，强化政治理论素质，着力增强纪检监察机关执纪监督问责。

巩固深化“三转”，着力打造过硬纪检干部队伍。加强组织建设，要优化纪检内部机构，形成各司其职、相互协调、上下联动的工作机制，要选优配强纪委领导班子，发挥委员作用，整体推进纪律检查工作。加强队伍建设，要严格选人用人标准，不断完善内部监督管理办法，建立健全干部考评工作机制，形成能者上、庸者下、劣者汰的用人导向。纪检干部要从思想上树立纪检工作的重要性意识，努力培养实事求是、不徇私情、严肃认真的精神，牢固树立敢于较真、敢于碰硬的精神，用铁的纪律加强纪检队伍的监督管理，切实做到执纪者必先守纪，监督者必受监督，对不担当、不负责的要调整岗位，对不忠诚、不干净的要严肃查处，对执纪违纪、失职失责造成严重后果的，既要追究当事人的责任，也要对纪委书记问责，对违纪违法行为零容忍，发现一起，坚决严肃查处，坚持以“打铁还需自身硬”要求，努力建设忠诚干净担当的基层纪检干部队伍。

同志们，让我们紧密团结在以习近平同志为核心的党中央周围，在自治区、市纪委和县委的坚强领导下，不忘初心、砥砺前行，以更加坚定的信心，坚守责任担当，认真履职尽责，推动全面从严治党向纵深发展，为推进尼木经济社会发展和长治久安以及全面建成小康社会保驾护航，以优异工作成绩迎接党的十九大胜利召开！

尼木县人民法院工作报告

——在尼木县第十三届人民代表大会第二次会议上

尼木县人民法院党组书记、院长　罗　红

（2017年4月19日）

2016年工作回顾

2016年，尼木县人民法院在县委的坚强领导下，在县人大及其常委会的有力监督下，在县政府的大力支持、县政协的民主监督和上级法院的正确指导及社会各界的关心帮助下，深入贯彻落实党的十八大，十八届三中、四中、五中、六中全会和中央第六次西藏工作座谈会精神，贯彻落实习近平总书记系列重要讲话精神和治国理政新思想新战略，贯彻落实区市县第九次党代会精神，紧紧围绕“让人民群众在每一件司法案件中都感受到公平正义”目标，坚持司法为民、公正司法，坚持“三强一创”工作思路，履职尽责、攻坚克难，各项工作取得新进展。2016年我院共受理各类案件146件（不含非诉类80件），审执结案件146件，结案率100%，结案标的达816.13万元。在涉诉矛盾日益复杂、案多人少日益突出等情况下，审判质效持续提高，取得案件上诉、改判、发回率为0和服判息诉率达100%，案件综合结案率位列全市第一的良好成绩。通过发挥职能作用，努力服务和建设经济社会发展，为县委县政府实施“四产业两园区”发展战略、建成全面小康新尼木提供了强有力的司法保障和优质的司法服务。

一、贯彻维稳综治工作整体部署，积极推进平安尼木建设

依法惩罚犯罪。全年共受理刑事案件4件，审结4件，判处罪犯5人。严厉打击财产型犯罪，审结盗窃罪案件3件4人，在对被告人处以刑罚的基础上均并处罚金。依法惩治贪污贿赂型犯罪，审结行贿罪案件1件1人。注重分析受理案件特点，研判社会治安形势和违法犯罪特点，向村镇、派出所发放司法建议函4份。注重发挥刑罚教育引导作用，落实庭审公开制度，邀请人大代表、纪委委员、机关代表参与庭审旁听张某行贿罪一案，进一步提升我县干部群众法律意识。

加强人权司法保障。全面落实宽严相济刑事政策，对可能判处缓刑的案件向县司法局发出《委托调查评估函》，在综合《社区影响评估意见书》内容和是否具有悔罪、自首等从轻情节后，先后对5名罪犯依法判处缓刑，取得了良好的法律和社会效果。依法保护未成年罪犯合法权益，严格落实未成年案件不公开庭审和犯罪记录封存制度，及时联络县司法局为3名未成年被告人提供司法援助，做好未成年人庭审教育和判后走访工作，2016年荣获共青团拉萨市委员会“青少年维权岗”称号。积极做好被害人财物追缴工作，为刑事被害人挽回经济损失4万余元。

深化平安尼木建设。全力参与维稳综治工作，严格落实区党委十项维稳措施和市、县委系列维稳部署，讲政治、敢担当，整合力量、科学决策，在“三大节日”“两会”“三月敏感月”“萨嘎达瓦节”等一系列敏感节点，积极参与一线值班、院内备勤、重点区域巡逻、矛盾纠纷排查等平安创建工作。全年共投入维稳警力1500余人次，车辆350余台（次），经费12余万，为“三无”“三不出”“三稳定”目标的实现贡献了力量。

二、坚持服务大局，更好地适应和服务经济发展新常态

维护市场经济秩序。从本县经济发展大局出发，充分发挥民商事审判职能，全年共受理民商事案件104件，审结104件，结案总标的达436.93万元。坚决维护务工人员合法权益，审结劳务合同案件49件，及时为56名务工人员追要工资150余万元。坚持保护经济活力与规范经济行为并重，妥善审结民间借贷案件4件。坚持保护非公有经济主体合法权益，审结运输合同案件26件、买卖合同案件13件、租赁合同案件3件，建立市场经济良好运行秩序。

全力服务发展大局。为县域经济发展提供智力支撑，在县净土产业、整体搬迁、重大项目建设提供法律意见10余条。深化矛盾化解工作，充分发挥调解职能，构建完善发改、住建、财政等职能部门参与的“大调解”格局，妥处各类非诉矛盾纠纷80件1100余人，涉及金额1200余万元。建立完善联系法官定点8处，开展乡镇调委会常见法律问题专题培训1次，指导全县七乡一镇调委会开展工作20余次。建立重大情况通报制度，对案件审理和矛盾排查中发现的问题向职能部门发出司法建议30份。

大力开展惠民活动。指派2名干警入驻尼木县普松乡如白村，积极开展党建、维稳、致富、感党恩教育等工作，为群众协调争取温室大棚等项目6个，涉及金额达170余万元，为群众办追要劳务工资3.8万元等好事实事20件，惠及群众500余人（次）。扎实开展精准扶贫工作，先后4次调查了解扶贫对象个人及家庭状况，制定智力扶贫与科技扶贫对策，成立“法官爱心基金”（每人每月捐款100元），研究出台慰问、帮扶制度，为17户扶贫对象发放价值8500元的米面、砖茶等慰问物资，为扶贫点河东村村委会解决价值1.4万元的办公设备等。

三、坚持司法为民，努力满足人民群众多元化司法需求

保护民生权益。把保障民生作为促进经济发展方式转变的出发点和落脚点，用司法裁判引导公众构建和谐有序的经济关系、劳务关系、家庭关系，妥善审理婚姻家庭、劳动争议、追索劳动报酬案件58件。把调解工作贯穿民事审判全过程，注重保护妇女、儿童、农民工等弱势群体的合法权益，剥丝抽茧、法理并举，弱化当事人对抗性、寻求共同解决路径，全年共调解、撤诉结案95件，调撤率达91.35%，取得了良好的社会效果和法律效果。

让司法更加贴近人民群众。着力推进投资总额达1200余万元的吞巴乡、尼木乡人民法庭和县法院诉讼服务中心建设，积极回应群众便捷诉讼的迫切需求。开通远程视频庭审、远程视频接访，抽调业务骨干组成“流动诉讼服务队”，通过“车载流动法庭”等平台开展诉讼、法律咨询、法制宣传、非诉调解等服务，全年累计行程1.5万公里，深入我县七乡一镇巡回办案10件，开展法制宣传16场次，发放藏汉法制宣传资料4000余份，受教育群众达3600余人，先后被西藏晚报等区级媒体报道8次，广受各族群众、上级党委好评。深入了解群众疾苦，强化司法救助，为经济确有困难的当事人缓、减、免诉讼费3.27万元。

努力破解“执行难”。深入开展“执行攻坚”“大会战”等专项活动，加强院内立、审、执协调配合，推动完善“执行联动”“一把手工程”等执行机制，全面分析个案难点，不断强化被执行人财产查找力度，加大强制措施震慑力，全面挤压规避执行者的活动空间，全年共受理执行案件38件，执结38件，综合执结率100%，执结总标的额379.2万元。加大对拒执、抗执人的惩罚力度，利用报纸、网络等媒介曝光失信被执行人13人，已有2名被执行人迫于压力主动履行义务，涉及金额30余万元。积极争取县委、县政府支持，每年为我院划拨执行救助金30万元，全年为5名生活困难的申请执行人发放救助金10余万元。

四、全面深化司法体制改革，努力让人民群众享有改革红利

深入推进审判方式改革。积极适应法官员额制审判员减少新常态，构建“民、刑、执”大审判格局，着力培养“一专多能”型业务骨干。成立审判咨询委员会，研究重大疑难案件12件，为承办法官减负释压。大力推行院、庭长办案制度，院长、副院长、庭长亲自办案62件、开示范庭2次。探索法官办案激励惩戒机制，每季度定期召开全院审判质效工作通报推进会，通报审判工作开展等情况，奖优罚劣、奖勤罚懒。

着力解决立案难问题。以创新司法服务回应人民群众关切，探索建立登门立案、电话或邮件预约立案、短信送达等机制，开通12368诉讼服务热线和尼木法院微信公众平台，完善民生案件立案“绿色通道”，简化立案程序，贯彻落实立案登记制度，当场登记立案142件，当场登记立案率为100%。

积极参与信访改革。认真研究涉诉信访工作特点和规律，严格落实诉访分立制度，理顺入口、畅通出口，建立信访案件复查制度、信访责任首问制度、院庭长接访制度，实行专班制、限时答复，实现信访案件“零搁置”，妥善处理重大信访隐患案件3件，至今未发生越级访、进京访等事件。

积极实施司法公开改革。大力推进司法公开四大平台建设，提高审务公开透明度。落实审判流程公开制度，共公开案件144件，公开案件信息1728项。落实裁判文书公开制度，在中国裁判文书网公开汉文裁判文书12份、藏文裁判文书4份。落实执行信息公开，自2016年12月起，当事人可在中国执行信息公开网上便捷查询我院执行案件办理情况。落实庭审公开，庭审数据接入中国庭审公开网，群众可用外网旁听庭审过程。

五、坚持从严管理，进一步加强法院队伍建设

扎实开展“两学一做”学习教育。尼木法院党组理论中心组利用休息时间开展集中学习28场次，全体干警认真学党章党规、学习近平总书记系列重要讲话，人均撰写心得体会5篇、学习笔记2.5万字。召开专题民主生活会2次，开展手抄党章党规比赛、院长讲党课、党史知识竞赛、廉洁法官宣誓、撰写心得体会、“爱心帮扶”（为烈士遗孀和本县残疾人士捐款6000余元）等活动，极大地增强了广大干警的政治意识、大局意识、核心意识、看齐意识，营造出争做合格党员的良好氛围。

抓党建带队建促审判。进一步强化院党组党建主体责任意识，党建与审判两手抓、两促进，查找整改党建薄弱环节，改选员党支部书记、副书记等成员，加大党建经费投入，组织开展“三会一课”“院长讲党课”“党员法官下基层”“七一”党建文艺会演、“党员先锋岗”等活动，增强干警党员意识、党性修养，发展积极分子1人、预备党员2人，涌现出以全区优秀法官格桑旺青等为代表的一批先进典型。

深入推进党风廉政建设和反腐败斗争。坚决落实全面从严治党主体责任，严格执行《中国共产党廉洁自律准则》和《中国共产党纪律处分条例》，自觉遵守法官法和法官职业道德基本准则，自觉遵守“五个严禁”“八项规定”“九项要求”“十个不准”等党规政纪。完善惩治与防腐体系，建立健全错案防范机制及责任倒查制、审判质量终身负责制，落实防止干预过问案件的“两个规定”，签订“廉洁司法承诺书”，每案填写廉政监督卡，至今未出现任何违法违纪不良现象。

着力提高法院队伍职业素养。研究制定《队伍素质建设方案》和《业务培训计划》等制度，统筹安排队伍建设工作。继续发扬“传、帮、带”优良做法，建立落实“个人导师”制度。积极开展各种岗位练兵业务技能竞赛,制定报销考试费用等奖励措施，2人成功通过国家司法考试，逐渐形成争先比学、团结向上的良好氛围。加大专业技能培训力度，组织各类业务培训30次156人，外派10人（次）参加各类中长期培训、2人赴拉萨中院和堆龙法院跟案学习，业务技能有新提高。开展业务“三评查”4次，评查案件146件，以查促改、以查促学。

自觉接受社会各界监督。依法接受人大监督、认真接受政协民主监督，召开专题座谈会2次。大力加强联络工作，主动邀请区市人大代表、政协委员视察法院2次，建立代表委员专人联络机制。依法接受检察机关法律监督，积极配合检察机关履行法律监督职责。建立法院开放长效机制，邀请70余名代表委员、在校师生、农牧群众参观审判法庭等场所。大力实施人民陪审员“培增计划”，11名人民陪审员参与审理案件11件。

各位代表，过去一年是我县法院工作长足发展的一年，呈现出整体推进、重点突破、全面提升的良好态势。2016年度，我院获得了全市法院办案先进集体等县级以上集体和个人荣誉23项，全市法院目标绩效考核中也位居前列，各项工作受到拉萨中院党组充分肯定。这是县委坚强领导，县人大及其常委会有力监督，县政府大力支持，县政协以及全县两级党政机关、社会各界和人大代表、政协委员关心、支持、帮助的结果。在此，我代表尼木法院向大家表示衷心的感谢和崇高的敬意！

一年来的实践，我们深切地感受到，法院工作要更好、更科学、更持续的发展，必须始终坚持党的领导和人大监督，必须始终坚持司法为民、公正司法，必须深入推进司法体制改革，必须持续推进司法公开，必须不断强化队伍建设和硬件基础建设。同时，我们也清醒地认识到，与新形势、新任务的要求相比，我们还存在着诸多不相适应的地方，法院工作还面临一系挑战和考验：一是法院受理案件数量仍将保持增长势头，法宣、综治和司法公开等信息化新任务也日益繁重。二是伴随“十三五”规划的实施、县委县政府“四产业两园区”等发展战略的推进，土地征用、劳动雇佣、利益分配等产生的纠纷解决难度不断加大，“执行难”、涉诉信访等问题仍将持续，干警年轻化、经验不足问题依然严峻。三是新审判楼、尼木乡和吞巴乡派出法庭建设项目，仍面临配套设备缺少等问题。对这些问题和困难，我们将在各方的关心支持下，以更加有力的措施，努力加以解决。

2017年工作安排

紧紧围绕县委提出的工作新目标，面对新形势、新任务、新要求，2017年尼木法院工作的总体思路是：高举中国特色社会主义伟大旗帜，全面贯彻党的十八大和十八届三中、四中、五中、六中全会及中央政法工作会议精神，以邓小平理论、“三个代表”重要思想、科学发展观为指导，紧密团结在以习近平同志为核心的党中央周围，深入贯彻习近平总书记系列重要讲话精神，贯彻落实区市县第九次党代会精神，贯彻落实孟建柱书记、周强院长、吴英杰书记等重要讲话精神，深入实施“六大战略”部署，紧紧围绕全面建成尼木小康社会、实现“四产业两园区”等发展战略，坚持司法为民、公正司法，坚持强化审务管理、强化司法能力、强化基础设施和创全市一流法院的“三强一创”工作思路，锐意改革、砥砺前行，奋力开创尼木法院工作新局面，为实现尼木经济社会跨越式发展提供有力司法保障。

一是充分发挥职能作用，确保尼木社会经济健康发展。狠抓审执第一要务，主动对接县域经济社会快速发展新常态，从大局出发，为大局服务。依法惩治犯罪，重点打击危害国家安全犯罪、暴力性犯罪、多发性侵财犯罪和扶贫等领域犯罪，积极推进法治稳县，确保尼木长治久安。认真落实县委县政府决策部署，紧紧围绕我县经济社会发展战略，加强司法应对，妥善处理净土、旅游和手工三大产业、藏鸡养殖和扶贫搬迁等重大项目、生态建设等领域民商事案件，为市场主体提供优质高效司法服务。依法审理追索劳务报酬、婚姻家庭等涉民生案件，依法保障精准扶贫、精准脱贫，促进民生改善。深化执行体制机制改革，切实扭转“执行难”被动局面，努力营造良好的经济社会发展环境。

二是全力践行为民举措，切实维护群众合法权益。积极推进诉讼服务楼、派出法庭等基础设施建设，为满足群众司法需求提供物质保障。继续推进诉讼服务中心、“12368”、微信公众平台和网上预约立案“四位一体”诉讼服务建设，继续完善司法救助、巡回办案、以案释法等司法便民利民举措，配合乡镇、村居做好“劳动务工人员”等专题法制宣传，积极参与基层社会创新治理，让人民群众有更多获得感。加大信息化投入力度，重点推进审判流程公开、裁判文书公开、执行信息公开、庭审公开“四大平台”建设，努力建成人民法院信息化3.0版。

*三是大力落实司改举措，切实推动法院科学发展。*坚持上级法院总体部署和基层实践相结合，全面落实司法人员分类管理改革，努力把优质人力资源配备到审判执行一线。推行审判长负责制改革，形成以审判团队为管理单元的运行机制。推行审判方式改革，统筹考虑司法职能和办案需要，重新确立内设审判机构布局。推行以审判为中心的诉讼制度改革，发挥庭审中心作用，严格落实非法证据排除、公开审判、举证质证、法庭辩护等诉讼制度。推行完善矛盾纠纷多元化解、轻微刑事案件速裁程序改革、裁判文书繁简分流，实现繁案精审、简案快审。

*四是强化审务管理，切实提升队伍整体素质。*以政治思想建设为基础，不断增强干警政治意识、大局意识、核心意识、看齐意识。以班子建设为关键，凝聚人心、带好队伍。以提升司法能力为核心，有计划、有针对性地开展分类培训，探索实施邀请上级法院专家来院讲座、赴“友好法院”短期跟案、“一帮一”导师等制度，全面提升干警业务素养。以法院文化建设为引领，开展富有特色的文化活动，在潜移默化中培育干警的职业自豪感、集体荣誉感，增强凝聚力、向心力。

*五是自觉接受监督，不断改进工作。*自觉将法院工作置于党的领导下，做到重大部署、重点工作、重大问题、重大案件及时向上级党委请示汇报，确保党的主张和意图在法院不折不扣贯彻落实。自觉接受各级人大及其常委会监督和政协民主监督，建立完善定向联络、提案办理、庭审旁听、工作通报和信息报送等制度，及时办理提案和意见建议。继续完善人民陪审员制度，积极从各行业中选聘优秀人才扩充人民陪审员数量，加大培训力度增强其业务能力，扩大参审范围，尽可能多的让陪审员参与到案件审判中，最大程度的满足公众对司法的知情权、参与权、表达权和监督权。

各位代表，坚持公正司法，维护公平正义，永远是人民法院的神圣职责和使命光荣。新的一年，我院决心更加紧密的团结在以习近平同志为核心的党中央周围，在杜国君同志为班长的县委领导下，在人大有力监督下，在市中法正确指导下，坚决贯彻本次代表大会精神和代表审议意见，忠实履行宪法法律赋予的职责，不忘初心、攻坚克难、奋发有为，努力为我县率先全面建成小康社会、全面建成富裕和谐幸福法治文明美丽新尼木提供更加坚强有力的司法保障。

尼木县人民检察院工作报告

——在尼木县第十三届人民代表大会第二次会议上

尼木县人民检察院检察长 强巴阿旺

（2017年4月19日）

2016年工作回顾

2016年，我院在县委和上级检察院的坚强领导下，在县人大及其常委会的有力监督下、在县政府大力支持下，县政协民主监督和社会各界的关心支持下，深入学习贯彻党的十八大，十八届三中、四中、五中、六中全会以及习近平总书记系列重要讲话精神，围绕中心、服务大局，认真履行宪法和法律赋予的职责，全面强化法律监督职责，各项检察工作取得新进展,并荣获2016年度西藏自治区检察机关先进集体荣誉称号。

一、充分发挥检察职能，各项检察业务工作有了新进展

（一）刑事检察工作。我院始终把依法打击刑事犯罪、保障人民生命财产安全摆在突出位置，认真履行检察职责，充分发挥批捕、起诉职能。2016年，我院共受理公安机关提请批准逮捕案件2件2人，批准逮捕2件2人。受理审查起诉案件4件5人，向人民法院提起公诉4件5人。

（二）查办职务犯罪及预防工作。2016年受理贪污贿赂职务犯罪案件2件2人，其中上级院指定我院办理涉嫌行贿案件1件1人，涉案金额110.4万元，该案现已侦查终结，并移送审查起诉。与县纪委联合查办涉嫌行贿案件1件1人，由县纪委移送我院审查并立案侦查，该案现已侦查终结依法向法院提起公诉，法院已作出有罪判决。

在查办职务犯罪案件的同时，积极开展职务犯罪预防工作，从源头上预防职务犯罪的发生。2016年，我院与县纪检委联合开展了警示教育活动，组织干部观看了廉政警示教育片两次，受教育干部人数达200人次。

（三）刑事诉讼监督工作。我院以促进公正廉洁执法为目标，积极探索实行多部门协调配合的办案制度，公诉侦查监督科适时提前介入侦查环节，引导侦查取证；严把事实关、证据关、程序关和适用法律关，确保案件的诉讼效果。一是强化立案监督，对公安机关受理立案的8件刑事案件，采取查看案卷材料等方式进行监督，杜绝公安机关有案不立、不应立案而立案的情况发生；二是强化侦查活动监督，我院始终将侦查活动的合法性作为监督的第一要素。2016年，公安机关移送审查批准逮捕的洛某等人涉嫌盗窃一案，因未按法律程序通知未成年犯罪嫌疑人法定代理人到场，以及扎某涉嫌故意伤害案超期办案期限等违法行为，我院及时发出纠正通知书两份。

（四）强化刑罚执行监督。我院按照上级院的统一部署，积极开展刑事执行检察工作，特别是对社区矫正执法环节的法律监督，对全县8名（缓刑8人）社区矫正人员进行了脱管、漏管专项检查活动，及时与县司法局沟通，为下一步社区矫正工作的协作和配合提出意见和建议，促进社区矫正工作依法规范开展。与此同时，为加强对在押人员诉讼时限的监督，今年我院首次启动了羁押必要性审查1件1人，首次启动羁押必要性审查受到了自治区检察院的表扬。

（五）民事行政检察工作。以办案为中心，加大对法院民事行政审判诉讼活动的监督力度，对县法院2016年以来办理的民事案件卷宗材料以及民事案件登记等进行了合法性审查，并在报备材料、定期检查和旁听庭审等方面达成一致。

（六）控告申诉检察工作。我院始终努力推进和拓宽群众诉求表达渠道，来访、来信、举报工作机制，进一步规范了“控告申诉首问首办责任制”“检察长接待日”等行之有效的制度，把执法为民落实到信访接待工作中。2016年，共受理群众来信来访4件4人（其中检察长接待1件1人）。

二、积极参与配合中心工作，为创建和谐幸福尼木做出新贡献

（一）开展维护社会稳定工作。我院始终把维护社会局势稳定作为检察工作的主线和首要任务。积极配合县委县政府的中心工作，为此，我院成立了尼木县检察院维稳防控领导小组，维稳督查小组和护院队，制定了维稳应急处突预案和维稳细化措施，顺利完成了重大节日、敏感节点和宗教佛事活动期间的维稳各项任务。2016年，组织干部值班236余人次，督查检查26余次，投入维稳资金15万余元，确保了“三无”“三不出”，为我县社会稳定做出了积极贡献，并被县委县政府评为“2016年度尼木县综治维稳工作先进单位”。

（二）开展法治宣传工作。结合综治月、检察开放日、“五下乡”等活动，采取在沿街和村委会设立宣传点等方式进行法治宣传。2016年，我院开展法治宣传30余次，发放宣传资料7000余份，接受群众咨询90余人次。

（三）深入开展强基础惠民生活动。一是始终坚持区市县党委工作部署，全年共选派2名干警驻村，在东松村开展了新旧西藏对比、感党恩教育和法治宣传，并为东松村落实资金2万余元。二是紧紧围绕县委精准扶贫工作安排部署，我院干警与东嘎村7户贫困群众“结对认亲交朋友”捐款捐物价值6000余元，采取入户摸底调研、帮助建档立卡等等方式积极配合村委会脱贫攻坚工作，为打赢脱贫攻坚战作出了积极努力。

（四）主动接受人大代表委员和社会各界监督。我院始终把接受人大法治监督、政协民主监督作为促进检察工作全面开展和确保检察权正确行使的重要举措，主动将检察工作置于人大及政协的监督之下，2016年，我院共派出10人次听取人大代表及政协委员对检察工作的意见和建议。

三、狠抓检察队伍管理，干警综合素质有了新提高

（一）切实加强党风廉政建设。坚持党风廉政建设与检察业务工作相结合的管理模式。一是严格落实党风廉政建设主体责任和“一岗双责”，特别是将党风廉政建设纳入廉洁办案的工作中去，年初，院党组与五个科室层层签订了目标责任书。二是进一步改进工作作风，强化纪律作风和工作秩序管理，树立起检察干警的责任意识和担当意识。三是不断加强制度建设。进一步修订了《尼木县人民检察院规章制度汇编》，并完善了《尼木县人民检察院内部管理制度》《财务工作制度》《案件管理制度》《内设机构职责及规范要求》以及绩效考评机制。

（二）切实加强班子队伍建设。一是始终坚持贯彻民主集中制，认真落实党内民主生活。重大事项、重要人事任免等“三重一大”事项均经党组研究决定。二是狠抓制度的执行和落实，加强日常对队伍的“管、教、带”，大力推进法律监督能力和执法公信力建设，同时坚持德才兼备的用人导向。2016年，在县委及组织部的大力支持下，解决了4名干警副科级实职的待遇问题。

（三）扎实开展“两学一做”学习教育。教育引导我院干警牢固树立“四个意识”，特别是核心意识、看齐意识，坚决与以习近平同志为核心的党中央保持高度一致。2016年，我院理论中心组学习12次，交流发言17余人次，党组书记讲党课两次，发放学习材料10余册，撰写心得体会32余篇、个人笔记5本、简报25篇。打牢了听党指挥、忠诚使命、执法为民的思想基础，保证了党的路线方针政策和重大决策部署贯彻落实。

（四）切实强化专业技能培训。多途径、多方式开展教育培训工作，鼓励干警参加司法考试、学历深造、不断提高干警的综合素质。2016年，1名干警参加全区检察机关司法考试培训班，并已通过考试，选派3名干警参加检察专业培训。

（五）切实强化检察宣传工作。通过“两微一端”网络平台，发布我院新动态，增加人民群众对检察工作的参与权、知情权，提高人民群众对检察工作的满意度。2016年，我院撰写简报信息63期、上报检察官说法1篇、西藏法制报刊登新闻1篇、清水源采纳文章1篇、通过“两微一端”发布信息9条。

四、提升检务保障能力，加强基础设施建设

（一）按照全市检察长会议精神的要求，我院积极筹划“一站式”服务大厅和办案工作区改（扩）建工程建设项目。向县委、县政府请示汇报，积极与县财政局沟通联系，经过院党组的努力，得到了县政府的支持，目前，两个项目已修建完工。

（二）为有效、合理的整合资源，打造留人工程，给干警一个舒适和美好的工作、生活环境。在院党组与县政府及相关部门的多方协调沟通下，县政府投入资金将老办公楼改造为后勤服务楼。目前，该项目已改造完工并投入使用。

五、司法体制改革取得新进展

按照中央区市司法体制改革领导小组的统一安排部署，我院积极认真服从上级院的方案要求认真贯彻落实。一是检察官套改工作已于2016年5月全面启动，6月我院八名干警全部套改完毕，10月26日已向区组织部统一备案。二是2016年12月初，区检院全面启动了检察官入额工作，我院已将入额干警的相关材料全部报送上级院，为全面推进我院司法体制改革奠定了良好的基础。

2016年我院各项检察工作取得了较好的成绩。这是县委正确领导、县人大和政协有效监督、以及县政府、社会各界的关心支持的结果。在此，我代表县检察院表示衷心的感谢！

在看到成绩的同时，我们也清醒地认识到工作中存在一些问题和困难，如：法律监督职能作用的发挥与人民群众对反腐败、公正司法的要求与期待还有一定的差距。

2017年工作计划

2017年，我院要以邓小平理论、“三个代表”重要思想和科学发展观为指导，认真贯彻落实十八大、十八届三中、四中、五中、六中全会精神及习近平总书记系列重要讲话精神，紧紧围绕县委和市院的工作部署，树立执法新理念，以改革创新的精神，不断强化法律监督，强化高素质检察队伍建设，努力开创检察工作的新局面，以优异成绩迎接党的十九大的胜利召开。

一、强化政治担当，牢牢把握正确政治方向。始终把检察工作置于党的绝对领导之下，坚持党的集中统一领导，牢固树立“四个意识”，特别是核心意识、看齐意识，坚决维护习近平总书记的核心地位，坚决维护中央权威。深入学习贯彻党的十八届六中全会、区市第九次党代会精神，坚定不移地贯彻落实区、市、县党委和上级院决策部署，切实把对党的忠诚体现到落实会议精神上来，体现到维护祖国统一、维护社会稳定、维护民族团结上来。贯彻落实中央全面从严治党战略，始终把政治纪律和政治规矩摆在前面，坚决执行党的纪律和检察纪律，建设廉洁队伍，推进廉洁司法。

二、强化责任担当，更加坚决惩防职务犯罪。坚持有腐必反、有贪必肃，保持反腐败高压态势，要以猛药去疴、重典治乱的决心以及刮毒疗伤、壮士断腕的勇气，对职务犯罪发现一起、查办一起、绝不姑息，全力推动源头治腐，促进党风廉政建设，营造健康、干净、廉洁的政治生态。今后我院将继续以“零容忍”态度严肃查处那些别有用心、围猎干部、恶意行贿的犯罪分子，严格按照司法程序依法办案。2017年我院还将开通全国招投标企业行贿犯罪档案查询业务，严格把关企业单位准入资格。

三、强化法律监督，切实维护司法公正。顺应群众对公共安全、司法公正、权益保障的新期待，依法公正处理群众诉求，不断提高群众对检察工作的认同感和满意度。全面加强对刑事立案、侦查、审判、执行和民事行政诉讼的法律监督，坚决纠正执法不严、司法不公等突出问题，大力维护人民群众特别是弱势群体的合法权益。加强对监外执行和社区矫正各执行环节的法律监督，提高教育改造质量。

四、强化自身建设，努力塑造检察队伍新形象。推进司法民主和司法公开，保障人民群众参与司法，确保检察权在阳光下运行。增强接受监督的主动性、自觉性，坚持不懈抓业务打基础利长远，以检察改革为契机，加强专业人才引进，切实塑造检察机关坚定忠诚、业务精湛、工作优良的良好形象，不断适应新形势，作出新贡献。

各位代表！2017年，我院将紧紧围绕县委县政府的工作大局和上级检察机关的新要求，以维护社会公平正义为出发点，强化法律监督力度，以深化司法体制改革为方向，大力加强改进检察工作新水平，为建设法治尼木提供强有力的司法保障。

关于2016年国民经济与社会发展计划执行情况和2017年国民经济与社会发展计划草案的报告

——在尼木县第十三届人民代表大会第二次会议上

尼木县发展和改革委员会主任 刘春华

（2017年4月19日）

一、2016年经济社会发展执行情况

2016年是“十三五”开局之年。面对新形势新任务新要求，县委、县政府团结带领全县干部群众，深入贯彻落实党的十八大和十八届三中、四中、五中、六中全会精神，深入贯彻落实习近平总书记系列重要讲话精神和治国理政新理念新思想新战略，深入贯彻落实中央第六次西藏工作座谈会精神和自治区第九次党代会精神、自治区经济工作会议精神，按照尼木县第十三届人民代表大会第一次会议批准的2016年国民经济和社会发展计划草案报告，狠抓稳增长、调结构、促改革、惠民生各项措施，全县经济保持跨越式发展的良好态势，圆满完成各项目标任务，实现了“十三五”良好开局。

（一）坚持科学发展，综合实力显著增强

我们以科学发展观为统领，坚持稳中求快工作总基调，全力实施“六大战略”，全县经济社会保持快速发展，综合经济实力迈上新台阶。2016年，预计完成地区生产总值7.08亿元，同比增长12%；公共财政预算收入1.12亿元，同比增长100.8%；社会固定资产投资13.18亿元，同比增长21%；工业增加值6400万元，同比增长13.78%；社会消费品零售总额5600万元，同比增长15.9%；农牧民人均可支配收入11083元，同比增长19.2%。

（二）优化经济结构，产业发展提质增效

我们坚持创新发展，把促进经济发展与加快转变发展相结合，加大产业建设力度，提出“四产业两园区”的中心思路，培育发展优势产业，经济增长动力不断增强。现代农牧业深入推进。落实各项强农惠农政策，实施总投资1100万元的尼木乡高标准农田建设项目、715万元的塔荣镇农业综合开发土地治理项目、650万元的雪拉村高标准农田建设项目以及黄牛改良项目、人工种草项目、乡镇农牧综合服务站等项目；扎实推进有机农业创建工作，制定《尼木县有机农业产业发展总体规划》，成立尼木县创建国家有机产品示范县领导小组，对藏鸡、藏香、青稞、藜麦、牦牛、土豆、油菜进行有机认证，为农牧业提质增效发挥着重要作用。特色产业不断壮大。立足我县资源优势，着力将资源优势转变为经济效益。建设农业高新技术产业示范园区，完成总投资2820万元的尼木藏鸡保种育种一期工程，养殖藏鸡12000只；总投资9647.06万元的尼木藏鸡保种育种二期工程在顺利推进中。积极争取北京“十三五”规划外援助资金，建设尼木藏香文化产业园和农牧民安居精准扶贫特色经济建设示范

项目，完成了用地测量、概念性规划、可行性研究报告编制，力争今年4月底开工建设；总投资400万元的尼木藏香研发中心、1900万元的非物质文化展示中心已完成主体工程；总投资840万元的续迈温泉山庄项目已开工建设。新兴产业加快推进。与拉萨市经济技术开发区密切合作，组建了拉萨市经济技术开发区尼木产业园开发建设有限公司，注册资金5000万元，规划占地1200亩，先期开发573亩，今年3月开工建设；总投资4.5亿元的瑞德兴阳40兆瓦光伏发电项目开工建设；总投资2.4亿元的西藏藏能20兆瓦光伏发电项目已完工；总投资10亿元的中核尼木100兆瓦光伏发电项目预计今年5月开工建设。

（三）狠抓投资建设，发展基础进一步夯实

我们积极争取国家投资，落实援藏资金，加强项目建设力度，投资规模不断扩大，开（复）工建设项目97个，完成投资13.18亿元。实施农村公路通达工程、乡镇防洪堤工程、重点县小农水工程、东风灌区工程、幸福灌区工程、农村安全饮水工程等项目。完成水利投资10577.79万元，全年解决2100余人、1300余（头、只、匹）牲畜饮水问题；投资7806.27万元修建农村公路64.4公里，已修道路57.236公里，农村基础设施条件明显改善，生产发展能力进一步提高。总投资500万元的县城基础设施建设项目（二期）工程、400万元的县城自来水厂改扩建工程、3000万元的县城供暖三期工程完工投入使用，县城污水处理厂前期工作有序推进，县城基础设施水平进一步提升，城市功能日趋完善。

（四）强化民生改善，人民群众得到实惠多

我们坚持把保障和改善民生作为一切工作的出发点和落脚点，坚持以人民为主体，发展为了人民，发展成果由人民群众共享。民生实事落实到位。县财政投入资金4249.3万元，用于大学生学费全额资助、县城公共道路维修、寺庙维修、精准扶贫资金配套、行政村阵地建设项目等，完成10件民生实事。优先发展教育事业。加大教育投入力度，对考上大学的608名贫困农牧民子女提供全额学费资助202.86万元，对136名建档立卡贫困户大学生提供全额学费和生活费补助110.45万元；开工建设帕古乡小学附设幼儿园、麻江乡中心小学附设幼儿园、尼木县完小教师周转房项目；县小学综合楼建设项目、县中学实验楼建设项目已开工建设。医疗卫生服务能力不断提高。进一步完善全县公共卫生基础设施建设和服务体系建设。普松乡卫生院改扩建工程、尼木县疾病预防控制中心、县医院CT室改造工程及急缺设备购置项目已经完工；藏医院建设项目、援藏专家楼建设项目已经开工。发放“一孩双女”困难家庭和“特别补助”资金70.63万元；补偿大病统筹基金1600人次1003.61万元。社会保障能力明显增强。全县五大保险参保人数 22246人，征缴基金2145.17万元，报销、发放资金528万元；总投资576万元的尼木县公租房建设项目、4080万元的尼木县乡镇周转房建设项目、927万元的尼木县铜业开发有限公司棚户区改造项目等保障性住房工程已经完工，干部职工住房问题基本解决。扶贫开发扎实推进。加强组织领导，深入推进易地搬迁、以业脱贫、以教脱贫、以补脱贫、以保脱贫、以助脱贫等工作。开工建设县城精准扶贫易地搬迁安置区项目、卡如乡卡如村扶贫物业经济项目、塔荣镇林岗村扶贫物业经济项目、续迈乡山岗村物业经济项目等扶贫项目，建档立卡贫困户人均可支配收入达到4786.9元，同比增长78.1%，989户贫困户4096人达到脱贫标准，完成年度脱贫任务的173.5%。就业培训成效明显。创新开展“四业”工程，投入60.5万元（本级财政投入24万元），开展农牧民技能技术培训8期，共计705人，培训合格率达到90%以上，农牧民劳动力转移就业572人。文化事业长足发展。投入46万元对卡曲寺、岗冲寺、达吴拉康进行修缮，完成56处文物点立碑保护工作，投入90余万元对县文化活动中心进行装修，成功申请到总投资1200万元的白面具藏戏传习所项目，藏民族优秀传统文化得到保护和传承。

（五）加强环境保护，生态建设取得新进展

我们始终坚持经济建设与生态环境相协调，高度重视生态环境保护，注重生态文明建设，积极构建国家生态安全屏障。实施拉萨周边造林、尼木县林业生态示范项目、尼木县重点区域造林工程、尼木县防沙治沙项目。完成生态安全屏障防沙治沙项目13333.4亩，退耕还林65亩，重点区域造林739.7亩、拉萨周边防护林工程5874.3亩。投入216万元为七乡一镇购买8台压缩式垃圾车，新改扩建各类项目环评执行率达到100%，环评“三同时”制度执行率达到100%。完成6个生态乡镇、24个村生态创建申报工作，并全部通过验收。

（六）深化改革开放，发展活力持续增强

我们始终坚持把改革开放作为推动科学发展、跨越式发展和长治久安的根本动力，破解发展难题，增强发展活力，社会生产力进一步解放和提高。各项改革进展顺利。全面推进“放管服”改革，成立“权责清单”改革专项工作领导小组，制定《政府工作部门推行权力和责任清单制度工作实施方案》，对全县21个政府工作部门和4个参公事业单位1154项权责事项进行清理，对自治区明确的57类责任事项、72种追责情形进行梳理，理顺部门权责关系。制定《尼木县小型水利工程产权制度改革办法》，完成农村土地承包经营权颁证工作、农村宅基地确权登记发证工作，不动产统一登记工作、永久基本农田划定工作稳步推进。受援工作成效显著。深入贯彻落实中央第六次西藏工作座谈会精神，狠抓援藏项目争取和建设。围绕城乡基础设施建设、民生改善、农牧业发展等领域，开工建设援藏项目5个，总投资1.54亿元，为全县经济社会发展作出了重要贡献。合作开放水平进一步提高。始终把招商引资作为增强县域经济发展的活力，充分利用北京净土招商会、“2016年拉萨雪顿节”经贸洽谈会和“藏博会”等各种节会平台，积极开展招商引资。中核新能源有限公司、博可生物科技公司、中波石油有限公司等一大批企业落户尼木。全年预计招商引资到位资金5.16亿元，同比增长30.3%。

总的来看，我县经济社会发展态势良好。这是县委、县政府统揽全局、正确领导的结果，是北京市无私援助的结果，是全县人民精诚团结、奋力拼搏的结果。同时，我们也要看到，我县还存在着经济基础薄弱、工业经济总量偏小、产业水平不高、抗风险能力不强、基础设施建设相对滞后、城乡发展不够协调、人民生活水平总体不高等困难和问题，我们要高度重视，要在今后的工作中采取有力措施认真加以解决。

二、2017年国民经济和社会发展思路及目标

2017年工作总体思路：以党的十八大和十八届三中、四中、五中、六中全会精神为指导，深入贯彻落实习近平总书记系列重要讲话精神和治国理政新理念新思想新战略，按照中央经济工作会议和中央第六次西藏工作座谈会精神，紧紧围绕区、市第九次党代会和区、市经济工作会议的决策部署，坚持稳中求进、进中求好、好中求快、补齐短板工作总基调，以供给侧结构性改革作为经济工作的主线，以提高发展质量和效益为中心，深化“六大战略”，深入推进“四产业两园区”，攻坚克难补短板、开拓创新求突破、精准脱贫见实效、坚定信心奔小康，确保我县经济社会长足发展和长治久安。

2017年经济社会发展的主要预期目标：地区生产总值增长14%，财政收入增长16%，全社会固定资产投资增长30%，工业增加值增长30%，社会消费品零售总额增长14.3%，农牧民人均可支配收入增长16%。实现上述目标，我们要全力做好以下四个方面的工作：

（一）要全力以赴抓投资

抓住国家加大投资、扩大内需这一有利时机，全力推进“四产业两园区”和“四菜一汤”全域旅游的建设，积极争取各类项目，提升全县基础设施条件，提高产业发展水平，为全面建成小康社会提供有力支撑。一是加快项目前期工作。成立项目前期工作领导小组，召开项目建设前期工作推进专题会议，加紧推进吞巴灌区工程、2017年重点县小农水工程、帕古乡服务脱贫公路工程、普松乡如白村服务脱贫公路工程、吞巴乡吞达村鲁热组服务脱贫公路工程、吞巴特色

小城镇建设等重大项目前期工作，为项目开工打好坚实基础。二是加快项目建设进度。倒排工期，挂图作战，全力推进小康安居工程、精准扶贫易地搬迁二期工程、32个行政村标准化建设工程、经开区尼木产业园、幸福灌区工程、东风灌区工程、尼木县藏医院、农网升级改造工程等重大项目建设进度，确保早完工、早投入使用、早发挥效益。三是提前做好项目储备。加强部门之间的配合，按照投资项目三年滚动计划，深入研究国家投资政策，围绕产业发展、基础设施建设、民生事业、生态资源等领域谋划储备一批项目，为项目申报和争取资金打好基础。四是加强援藏项目建设。用足、用好援藏特殊优惠政策，与拉萨市援藏指挥部加强沟通，加快援藏项目的进度，建设藏鸡保种育种二期工程、农牧民搬迁安居精准扶贫和特色经济建设项目、藏香产业园精准扶贫示范基地、县中心小学综合楼、尼木县高效温室大棚、尼木县非物质文化展示中心陈列设施项目、精准扶贫易地搬迁集体经济建设用房等项目，为全县教育事业、产业发展、脱贫攻坚发挥重要作用。五是加大招商引资力度。完善和落实招商引资政策，积极吸引社会投资。充分利用藏博会、“雪顿节”经贸洽谈会、北京净土招商会、经开区尼木产业园等平台，引进一批吸纳就业多、税收贡献大、低碳无污染、带动能力强的大型企业。六是认真做好重点项目协调。开展经常性调研督查，适时组织召开全县重点项目建设协调会议，对项目建设中存在的困难和问题进行研究，及时协调解决。

（二）要坚持不懈调结构

加快发展现代农牧业。深入推进农牧业供给侧结构性改革，促进农牧业提质增效、农牧民增收。一是不断深化农村产权制度改革，强力推进农村土地承包经营权、林地使用权、农村集体土地和农村房屋所有权等确权登记颁证工作。二是按照《尼木县有机农业产业发展总体规划》《尼木县创建全国有机农业示范县实施方案》《尼木县创建国家有机产品认证示范区2017年重点工作任务分解表》，重点抓好有机藜麦、有机青稞、有机油菜、有机土豆、有机纯种藏鸡养殖、有机牦牛养殖6个有机农业示范基地建设，种植有机藜麦6000亩、青稞7000亩、油菜4822亩、土豆1500亩、雪菊等藏中药材10000亩。三是全力推进农业高新技术产业示范园区建设。园区规划总面积为3153.29平方米，建设植物工厂，发展设施农业，种植特色果品、花卉等植物。同时在生产方式、经营方式方面建立示范体系，辐射带动全县农业向规模化、标准化、专业化、信息化、品牌化发展。四是加强农牧民专业合作组织建设,转变农村经营方式。不断创新农牧业发展新机制，积极培育专业大户、家庭农场、农牧民合作社等新兴经营主体，大力推行“企业+合作社+贫困户”发展模式，着力完善新型农业经营体系。大力发展特色优势产业。一是以藏香文化底蕴为依托，争取北京援藏“十三五”规划外资金打造尼木藏香文化产业园建设，形成以吞巴为主的手工藏香中心和以县城为主的藏香现代化生产中心，实现传统与现代有机结合，促进藏香文化发展。二是狠抓藏鸡养殖业发展，把藏鸡产业作为农牧民群众增收致富、巩固脱贫成果的重要渠道，积极与北京德青源公司合作，推进尼木县藏鸡养殖二期工程建设，建成专业化藏鸡保种育种中心，并建设相应的扩繁、推广鸡场，促进藏鸡规模化养殖。三是加快推进尼木产业园区建设，与拉萨市经济技术开发区紧密合作，建成拉萨经开区尼木产业园区，并通过招商引资、企业合作等方式，积极发展运输、物流、商贸、餐饮、信息、电子商务等现代服务产业，把产业园打造成为尼木县经济社会发展新的经济增长点。培育壮大特色旅游业。坚持“特色、高端、精品”导向，按照“四菜一汤”全域旅游产业布局，全力推进卡如农牧民搬迁安居精准扶贫和特色经济建设示范项目、续迈乡温泉山庄建设项目、麻江乡琼穆岗嘎旅游资源开发项目、尼木高新技术产业园、吞巴特色小城镇建设，提升旅游开放水平。

（三）要扎扎实实惠民生

始终把保障和改善民生作为一切工作的出发点和落脚点，切实让农牧民群众享受到改革发展所带来的实惠。继续办好民生实事。在落实中央、区、市强农、惠农政策基础上，本级财政在教育、交通、水电、卫生、文化、生态保障等领域办实事。优先发展教育事业。加大对教育事业的投入力度，加快实施尼木县七所村级幼儿园建设项目、县小学综合楼建设项目、县中学实验楼建设项目，提升教育教学质量，促进教育均衡发展。不断提高医疗卫生服务能力。深化医疗人才组团式援藏工作，尽快建成尼木县援藏专家楼项目。完善全县公共卫生基础设施建设水平，开工建设尼木县藏医院建设项目，提高基层藏医药服务能力。强化食药监管，加大卫生监督执法，整顿规范市场秩序，保障群众饮食用药安全。着力提升保障水平。健全完善城乡社会保险体系和社会救助体系，推动全民参保，各险种参保率保持在95%以上。完善城乡居民基本养老保险制度，推进机关事业单位养老保险制度改革，逐步提高城乡低保特困人员供养标准。扎实做好防抗灾物资储备库、乡镇农牧综合服务站、乡镇干部职工周转房及附属工程建设。深入实施文化惠民工程。以培育践行社会主义核心价值观为目标，深入开展“中国梦”“社会主义核心价值观”“老西藏精神”等宣传教育，广泛开展群众性精神文明创建活动，提高城市文明指数，增强干部群众的凝聚力，为经济社会发展提供坚强的思想保证和强大的精神动力。建设尼木县广电中心、白面具传习所项目、吞弥桑扎故居维修项目、切嘎曲德寺保护工程等项目，使藏民族优秀传统文化得到传承和保护。认真抓好农牧民劳动力就业和培训。深入推进“四业工程”，大力开展就业技能和技能提升培训，增强农牧民就业能力，努力实现广大群众充分就业，确保2017年城镇登记失业率控制在2.1%以内，农牧区劳动力转移就业9688人次，转移就业收入突破2640万元。全力推进扶贫开发。深入贯彻落实中央扶贫开发工作会议精神和区、市党委关于脱贫攻坚一系列指示精神，开工建设尼木县综合建材市场、清油加工厂、生猪养殖厂、扶贫商品房、小康安居工程、精准扶贫易地搬迁二期工程等项目，千方百计增加贫困群众收入和改善贫困群众居住条件，坚决打赢脱贫攻坚战

（四）要持之以恒守底线

牢固树立“绿水青山就是金山银山”的理念，严守生态保护红线，加强江河源头区、耕地、草原、河流、湿地、天然林、水生态保护，实施好重点区域生态公益林建设项目、拉萨周边造林工程、农村环境整治工程。加强生态环境治理，加强节能减排，强化环境监管，防治环境污染，以零容忍态度，严厉打击环境违法行为，切实保护好尼木的碧水蓝天。

各位代表，2017年是全面实施“十三五”规划、落实自治区第九次党代会精神的重要之年，是如期打赢脱贫攻坚战、全面建成小康社会的关键之年，也是推进供给侧结构性改革的深化之年。我们要紧紧围绕中央第六次西藏工作座谈会和中央、区、市经济工作会议确定的目标任务，坚决贯彻落实区、市第九次党代会和区、市经济工作会议精神，突出稳增长、调结构、强支撑、惠民生、补短板、促改革、守底线、防风险，确保年度目标任务圆满完成，以优异成绩迎接党的十九大胜利召开。

关于尼木县2016年财政预算执行情况及2017年财政预算草案的报告

——在尼木县第十三届人民代表大会第二次会议

尼木县财政局局长　洛布次仁

（2017年4月19日）

一、2016年全县财政预算执行情况

2016年是全面贯彻落实党的十八届三中、四中、五中、六中全会精神的重要之年，也是实施“十三五”规划的开局之年。县财政局的工作人员在县委县政府的正确领导下，牢牢把握发展大势，坚持稳中求进的工作总基调，深化财政体制改革，创新工作思路和方式，全面落实稳增长、调结构、促改革、惠民生、保稳定、防风险等一系列政策措施，全力推进尼木经济社会平稳较快发展，为顺利完成全年目标奠定了坚实基础，财政预算执行情况良好。

（一）2016年预算执行总体情况

2016年全县财政预算安排总财力为8.18亿元（说明：2016年年初总财力预算为4.87亿元；中途上级转移支付追加3亿元；公共财政预算收入超额完成0.31亿元），比上年预算增加1.6亿元，增长24.6 %。其中：一、公共财政预算收入1.12亿元，比去年预算增长100.9 %。二、转移性收入7.06亿元，包括：（一）返还性收入0.4亿元。（二）一般性转移支付收入3.19亿元（其中：体制补助收入0.08亿元、均衡性转移支付收入 1.52亿元；调整工资转移支付补助收入 0.54亿元；农村税费改革转移支付补助收入0.032亿元；教育转移支付收入0.75亿元；医疗卫生转移支付收入0.12亿元；基层公检法司业务经费0.032亿元；其他一般性转移支付收入0.12亿元）。（三）专项转移支付收入3.44亿元。

政府性基金预算收入完成63万元。主要为土地出让金收入。

（二）2016年公共财政支出7.83亿元，比上年增加1.3亿元、增长19.9%，支出分项如下：

1.一般公共服务安排2.9亿元，比年初预算增加1.2亿元、增长70.1%，主要是村集体经济建设、村两委班子误工补贴资金、取暖调标补贴、农牧半脱产技术人员增资、企业扶持资金税收返还、强基惠民专项经费、项目配套资金及基础设施建设支出。（包括通过县长办公会及县委常委会解决各类资金）

2.国防安排0.006亿元。

3.公共安全安排0.64亿元，比年初预算增加0.25亿元、增长62.25%。

4.教育安排1.14亿元，比年初预算增加0.18亿元、增长18.5%，含县级教育投入资金、精准脱贫以教组学生生活补助，大学生学费资助金。

5.科学技术安排0.03亿元，主要用于开展科普活动及其他用于科学技术普及方面的支出。

6.文化体育与传媒安排0.08亿元，比年初预算数增加0.05亿元、增长117.5%，主要为非物质文化经费、文物保护民间艺术团经费、节目创造费等。

7.社会保障与就业安排0.32亿元，比年初预算

增加0.23亿元、增长262.37%，主要为民政三项经费、各类社会保险支出、“五保”户、公益性岗位工资等支出。

8.医疗卫生安排0.54亿元，比年初预算增加0.17亿元、增长45.62%，主要为基层公共卫生、农村合作医疗、食品药品监督事务、全民体检等支出。

9.环境保护安排0.07亿元，主要用于环保部门行政运行及环境监测与监察和退耕还林工程的各项补助支出。

10.城乡社区事务安排0.03亿元，主要为城市维护费用。

11.农林水事务安排1.88亿元，比年初预算增加1.54亿元、增长463.2%，主要为草原生态补贴资金、财政扶贫资金、精准扶贫配套资金。

12.交通运输支出0.01亿元。

13.商业服务业等事务安排0.01亿元，主要用于旅游业管理与服务支出、支持经济发展，安排预算内招商引资经费。

14.国土资源气象等事务安排0.03亿元，主要为县级气象台站运行维护经费、国土专项经费。

15.住房保障支出安排0.13亿元，主要为全县在职干部1117人公积金县级财配。

16.粮油物资管理事务支出安排0.006亿元，主要用于粮油局人员经费和公用经费方面的支出。

二、2016年财政主要工作

（一）抓管理、加强国库管理，积极推进国库集中支付，确保资金拨付及时到位

我局在预算执行上，对每一笔拨款做到及时拨付，始终坚持“保工资、保运转、保稳定”的原则，优化支出结构，严格控制支出，实现了“四个确保”。一是优先保证工资性支出；二是基本保证了政府运转和各项建设事业的资金需求。在保证工资支出的同时，在保证维护社会稳定、不断促进各项建设事业发展等重点支出上给予了充分保证；三是优先保证重点项目支出需要。加大了对农牧业、医疗卫生、教育等事业的支持力度，为和谐稳定提供了财力保障；四是确保财政集中调度资金。及时清理整顿行政事业单位银行账户，有效遏制了“小金库”，增强了财政资金的调控能力。

（二）抓收入，确保目标任务落实

一是狠抓收入任务的落实，年初一开始就在认真分析税源情况的基础上，及时分解下达了今年的收入目标任务。二是努力培植税源，为今年的收入目标争取更多的。三是强化税收征管。进一步规范税收秩序，严格依法治税，依率计征，减少税收流失，保证了税收及时足额入库；四是加强非税管理。规范预算单位罚没收入，行政事业性收费行为，确保罚没资金和各项收入及时上缴入库，实行预算内外资金统筹安排，增强了财政调控能力。通过以上的努力，从而为完成全年财政收入目标任务奠定了坚实基础。

（三）抓支出，优化财政资金供给

一是强化支出约束，保证重点支出。积极调整财政支出结构，按照公共财政的要求，从有限财力中安排资金，全力保证社会保障，支持我县科、教、文、卫等支出的需要。二是严格部门预算。坚持“有预算不超支，无预算不开支“的原则，努力把财政支出控制在财力许可的范围之内。三是加大对重点工程，重大项目资金的支持力度，有效地推动了重点工程、重点项目的建设。四是加强对基础建设工程的财政评审工作，确保政府财政资金使用安全和有效节约；进一步发挥公共财政的职能作用，五是进一步规范采购行为严格采购工作程序，建立健全监督机制。做到兼顾公平与效率。以公开、公平、公正、诚信为基准，在提高财政资金使用效益的同时，着力提高采购工作效率，通过改进政府采购工作方式和方法，提高工作水平，实现采购效率、采购质量、服务水平与财政支出效益的同步提高。我局对各单位报送的政府采购计划进行了汇总，并在此基础上编制了政府采购预算，确保政府采购工作有计划进行。

（四）抓监督，发挥财政资金效益

一是完善预算编制、执行、监督相分离、相

制约的管理机制，认真执行《预算法》等法律法规，自觉接受人大和审计部门对财政预算、执行、决算各个环节的法律监督；二是继续做好会计监督，加大执法力度，加强对财政收支执行情况的监督检查，严肃查处违纪违规行为，提高财政管理水平；三是加强对专项资金使用的管理，强化对重点专项支出的层层监管，进一步规范了民生项目、为民办实事项目等的集中支付，有效防止了挤占挪用、损失浪费的发生，提高了财政资金的使用效益。

（五）抓队伍，提高财政工作水平

建设一支“政治过硬、业务过硬、作风过硬”的财政干部队伍，是实现依法理财、民主理财、科学理财的重要保障。为此我局以全面系统、深入扎实的政治理论学习为导向，在“学深学透、学以致用”上下功夫。做到学有计划、学有记录、学有成果。 实现党员干部精神状态大转变、机关办事效率大提高、各项具体工作大推进。在学习上做到“三结合”：在学习内容上坚持针对性和实用性相结合。围绕财政工作职责，将学习内容定位在创新服务理念、提高服务技能、提升服务水平上。在学习方法上，做到提醒在前，防范在先，坚持提醒与监督相结合。认真落实“八个坚持、八个反对”，严格执行“四大纪律、八项要求”和财政工作的“两个严禁、六个不准”，推动全局人员素质的整体提升。全局未出现一起违法违纪案件。在学习成果检验上，坚持内查与外访相结合。通过检查机关同志学习笔记和学习体会，看财政干部“工作学习化、学习工作化”的执行程度；通过财政研讨论文交流，促使财政干部从点滴小事做起，不断提高自身素质。

我们认真组织实施《政府采购法》，进一步规范和完善政府采购的组织体系、制度体系和运行体系，扩大政府采购范围，制定政府采购预算，提高了财政资金的使用效益。一是积极探索适合市情的政府采购模式，规范完善了政府采购行为。二是坚持由采购业主确定采购标准和质量，不以降低质量去换取节约，政府采购的质量不断提升。三是积极拓宽政府采购实施范围，结合政府采购预算编制，进一步扩大了政府采购范围。

（六）加大财政监督管理力度，坚持依法行政，提高财政管理水平

一是认真贯彻执行《会计法》，加强会计管理。加强会计人员的管理和培训，提高会计信息质量和会计管理水平，从源头上加强税收监管。二是继续加强预算执行的监督，重点是建立大额专项资金的审批程序和规范零星预算追加的审批管理。三是坚决杜绝财政监督的“真空区域”，对一切财政支出，特别是重点支出，实行从核定预算、拨付资金、到安排使用的全过程监督，追踪到底，凡擅自挤占、挪用或损失浪费的，要追究有关负责人的责任。四是强化预算约束，非经法定程序不得做出预算调整，不更改预算支出安排。没有预算的支出项目，非经市人大常委会批准调整预算，一律不予追加支出。

（七）落实民生项目及各项资金情况

2016年落实为民办实事11项，共计资金4249.3万元，（其中：1.维修卡曲寺、岗冲寺、达吴拉康修行房配套资金46.58万元；2. 2015年重点小型农田水利建设项目配套资金169.5万元；3.全县744名新考入及往届在校大学生学费金额资助313.3万元；4.提高村两委班子成员、基层人医、兽医待遇；提高公益性岗位工资待遇485.3万元；5.村务监督委员会、组长误工补贴；表彰优秀双联户及联户长178.66万元；6.为全县残疾人发放生活补助、给予0—16周岁残疾儿童康复救助、把70—79周岁老人列入寿星老人健康补贴范围、提高80周岁以上老人健康补贴标准、解决“五保”老人集中供养生活补助投入资金 160万元；7.提高特殊行业从业人员工资待遇95.56万元；8.县城公共道路维修50万元；9. 32个行政村阵地建设项目2083.2万元；10.精准扶贫产业发展方面配套资金667.2万元。）

三、 2017年全县财政收支预算草案

根据《预算法》的规定和要求，结合我县实际，认真编制完成了2017年全县财政预算草案。

（一）预算编制指导思想

高举中国特色社会主义伟大旗帜，以邓小平理论、“三个代表”重要思想、科学发展观为指导，全面贯彻中共十八大，三中、四中、五中、六中全会，区市第九次党代会和区市经济工作会议精神、贯彻落实习近平总书记系列重要讲话精神和第六次西藏工作座谈会精神，紧紧围绕“四个全面”，牢牢坚守“两条底线”，按照“保运转、保民生、保稳定”的工作要求，扎实推进 “六大战略”，优化财政支出结构，加大“三农”、教育、社会保障和就业、医疗卫生、文化、科技、节能环保、公共安全、强基惠民、创新寺庙管理等重点环节、重点工作和关键领域的投入。从严控制一般性支出，严肃财经纪律。深化财税体制改革，健全政府预算体系，完善预算管理制度，加大预算统筹力度，切实推进预算公开透明。加强地方政府性债务管理，切实防范财政风险，促进经济持续健康发展。

（二）预算编制基本原则

1.预算安排总体坚持量入为出，收支平衡。预算支出安排充分考虑财力可能，按照轻重缓急的顺序，优先考虑刚性及重点支出需求，确保年初预算编制收支平衡，不编赤字预算。

2.收入预算安排坚持实事求是，积极稳妥。收入预算安排充分考虑到国家及自治区政策调整因素，结合预算执行情况，既保证一定增幅，又确保与全市经济社会发展实际相适应。

3.支出预算安排坚持勤俭节约，统筹兼顾、开支节源方面。支出预算安排坚持有保有压、重点突出。按照《中共中央国务院〈关于印发厉行节约反对浪费条例的通知〉》精神，一方面，牢固树立过紧日子思想，严格控制各部门各单位的机关运行经费及相关基本建设支出，公务接待在各单位上年基础按5%、10%不等的程度压缩，另一方面，将财力更多地向“三农”、教育、社会保障和就业、医疗卫生、文化、科技、节能环保、维护稳定等重点领域倾斜，全力做好精准扶贫、强基惠民、维护稳定、促进就业等重点工作的资金保障。三是进一步严肃财经纪律，完善财政监管与内控机制，加大对财政资金的监管检查力度。强化预算管理，提高预算执行的严肃性。开支节源方面：近年来尼木县财政局在县委、县政府的正确领导下，紧紧围绕“开源节流、增收节支”这一主题，开拓性地工作，灵活周密地调剂资金，最大限度地聚集资金，恰当合理地使用资金，开创了尼木县财政工作新局面。

4.预算编制工作力求全面完整，讲求绩效。将政府的收入和支出全部纳入预算管理。及时将自治区、拉萨市下达的转移支付告知各县直单位，将资金尽早地落实到位。并结合预算执行情况，统筹安排预算支出。继续强化部门预算执行主体责任，推进预算绩效管理工作，提高财政资金使用效益。

（三）2017年预算安排总体情况

根据以上指导思想和编制原则，按照我县国民经济和社会发展规划，2017年全县财政预算安排总财力为5.75亿元，比上年预算增加1.01亿元，增长20.8%。其中：一、公共财政预算收入为1.3亿元，比去年预算增长16%。二、转移性收入4.15亿元，包括：（一）返还性收入0.35亿元，（二）一般性转移支付收入3.59亿元（其中：体制补助收入0.08亿元；均衡性转移支付收入1.76亿元；县级财力保障机制奖0.05亿元；结算补助0.04亿元；调整工资转移支付补助收入0.37亿元；基层公检法司转移支付0.06亿元；农村税费改革转移支付补助收入0.07亿元；教育转移支付收入0.94亿元；医疗卫生转移支付收入0.13亿元；其他一般性转移支付收入0.04亿元；重点生态功能转移支付0.06亿元），（三）专项转移支付收入0.2亿元。

政府性基金预算安排70万元，比上年数增长12%。

在优先保证国家机关和事业单位人员工资正常发放和单位正常运转前提下，现拟将主要支出项目安排如下：

1.一般公共服务安排1.88亿元，比上年同期增加0.17亿元、增长10%。

2.国防安排0.01亿元，主要用于县人武部达标建设经费等。

3.公共安全安排0.07亿元，主要用于公检法司消防、中队行政运行经费及专项安排资金。

4.教育安排1.12亿元，主要用于教育事业部门年初预算及县级教育投入资金。

5.科学技术安排0.03亿元，主要用于开展科普活动及其他用于科学技术普及方面的支出。

6.文化体育与传媒安排0.06亿元，主要用于民间艺术团、文物保护、文化事业费、节目创造费支出。

7.社会保障与就业安排0.19亿元，主要为五险一金、民政三项经费、五保户、公益性岗位工资等。

8.医疗卫生安排0.56亿元。主要用于基层卫生院、新型农村合作医疗、全民体检等。

9.环境保护安排0.04亿元，主要用于环保部门行政运行及环境监测与监察和退耕还林工程的各项补助支出。

10.城乡社区事务安排0.04亿元，主要用于提升县城环境卫生改造经费。

11.农林水事务安排0.4亿元，主要为精准扶贫县级12%投入资金、小型农田水利县级配套。

12.交通运输安排0.01亿元，主要为农村道路维护经费。

13.资源勘探电力信息安排0.07亿元，主要用于中小企业扶持资金及安全生产专项经费。

14.商业服务业等事务安排0.02亿元。主要用于旅游业管理与服务支出、支持经济发展，安排预算内招商引资经费。

15.国土资源气象等事务安排0.02亿元。

16.住房保障支出安排0.15亿元，主要用于全县干部职工住房公积金县级财配支出。

17.粮油物资管理事务支出安排0.002亿元，主要用于粮油局人员经费和公用经费方面的支出。

18.预备费0.1亿元。

19.其他支出安排0.35亿元，主要用于村委会建设项目资金。

由于受总财力的限制，2017年财政收支预算作上述安排，除有一些必需开支在预算之外，我们一定坚持不懈地做好增收节支工作，牢固树立过紧日子的思想，艰苦奋斗、勤俭节约，并积极争取上级财政的支持予以弥补。县财政局严格按照《预算法》的规定，强化预算约束，在实际工作中狠抓落实，确保年度预算收支任务的圆满完成。

各位代表，2017年是实施“十三五”规划的开局之年。我们将在市委的正确领导下，自觉接受人大代表的监督，虚心听取政协委员的意见和建议，以高度的责任感、使命感和改革创新精神，切实履行职责，加强协调配合，认真落实各项改革措施，努力推进预算管理制度改革，确保预算圆满完成，为实现2017年经济社会发展目标做出贡献。

综 述

尼木县概况

尼木县地处雅鲁藏布江中游北岸，系前后藏结合部，距离拉萨市140公里，属高原温带半干旱季风气候区，四季分明，夏季雨水集中，太阳辐射强，年日照时数2947.2小时，年无霜期100天左右，年降水量324.2毫米。全县面积约3275.8平方公里，平均海拔4000米，辖32个行政村，127个自然组，总人口36548人。县城驻地塔荣镇，海拔3809米。尼木县以农牧业为基础产业，净土健康产业为支柱产业，藏鸡养殖业为农牧业特色产业。

尼木县拥有丰富的自然资源，矿产资源主要有铜、钼、泥炭等，野生动植物资源主要有豹子、岩羊、狗熊、猞猁、獐子、黑颈鹤、贝母鸡、野鸡及贝母、虫草、黄连、雪莲等。

尼木县位于拉萨和日喀中间节点，民俗、文化兼具两地风格。作为藏文字的发源地，尼木县文化氛围浓厚，民风淳朴。被誉为“尼木三绝”的吞巴藏香、雪拉藏纸和普松雕刻享誉区内外。藏文创始人吞弥·桑布扎故居位于尼木县吞巴乡吞达村境内，距今已有1300多年的历史。吞达村2007年被评为自治区级文物保护单位，2013年被荣获“中国最美村镇”传承奖，并被评为“国家级历史文化名村”，2015年入选年中国特色旅游景观名村，2016年吞巴乡被评为第一批中国特色小城镇。

2016年，全县实现地区生产总值6.69亿元，同比增长4.6%，完成目标任务（7.08亿元）的94.49%；地方财政收入11174万元，同比增长100.97%；社会固定资产投资13.18亿元，同比增长21%，完成目标任务（12.85亿元）的102.6%；农牧民人均可支配收入10254元，同比增长10.3%，完成目标任务（10693.6元）的95.89%；工业增加值4755万元，同比增长12.1%，完成目标任务（4752.43万元）的100.05%；招商引资到位资金5.16亿元，同比增长30.3%，完成目标任务（4.5亿元）的114.7%；实现社会消费品零售总额5500万元，同比增长13.4%，完成目标任务（5529万元）的99.48%。

（孙 轲）

大事记

1 月

1月1日 尼木县文广局召开“民间艺术团迎新茶话会”，通过分工明确化，意见多元化，将民间艺术团各项规章制度健全化，会议由县文广局其美顿珠局长主持。

1月2日 续迈乡开展道路交通安全宣讲活动。

1月3日 尼木县人民法院召开“三严三实”和“忠诚干警担当”专题民主生活会议。

同日 尼木县委老干部局组织召开2016年离退休干部职工座谈会，向离退休干部职工通报2015年全县经济社会发展情况，并按照每人1400元的标准，发放“三大节日”慰问金16.66万元。

1月4日 尼木乡召开年初工作安排部署会。

同日 尼木县公安局召开“2015年度综合考评工作部署会议”，会议由尼玛副局长主持召开，该局办公室、法制科、政工监察室、警务保障室等部门负责人和民警参加了会议。

1月5日 妇联争取到10万元资金帮扶贫困妇女组成的藏鸡养殖合作社生活。

1月6日 尼木县委组织部组织开展“三大节日”慰问活动，到8个乡镇慰问“三老”人员、贫困党员和科技人员共90名，送去慰问金4.5万元。

同日 妇联到塔荣镇比如寺看望慰问尼姑们。

同日 尼木县公安局政委多吉次仁带着局党总支的亲切关怀和祝福，驱车先后到退休老干部和英烈家遗孀家中慰问。多吉次仁政委转达了局党总支对退休老干部、英烈家属新年的祝福和问候，献上了洁白的哈达和慰问金，公安局党总支希望退休干部及英烈家属开开心心过新年，日子越过越好好，在新的一年里竭尽所能为他们排忧解难。

同日 尼木县民政局对贫困户发放慰问品。

1月7日 普松乡开展尼木新年节前安全生产大检查。

同日 县委常委、组织部部长李德明，县人大常委会副主任扎西旺堆到塔荣镇慰问贫困户。

同日 尼木县委常委、统战部部长尼玛次仁带领统战、民宗干部前往卡如乡赤朗村对拉萨市民宗局驻赤朗村工作队进行了慰问。

同日 妇联到妇联驻尼木乡曲林村工作点为该村的10户贫困户进行了走访慰问。

同日 续迈乡领导班子深入各村指导精准扶贫工作。

1月8日 塔荣镇人大主席明久多吉慰问退休老干部。

1月9日 尼木县“四大班子”看望慰问驻村工作队。

1月10日 尼木县公安局在县委、县政府门口举行了以“110联动惠民生，一枝一叶总关情”为主题的110宣传日集中宣传活动，收到了良好的社会效果。

同日 自治区副主席多吉次珠走访慰问尼木

乡聂玉村结对帮扶对象。

同日 以自治区副主席多吉次珠为团长的自治区慰问总团到塔荣镇慰问。

1月12日 续迈乡召开草补工作部署会议。

1月13日 尼木县委统战部、民宗局在县委2楼会议室召开了节前慰问会。会上，向僧尼们兑现了重要僧尼生活补贴、僧尼家访资金、主题教育经费。

同日 吞巴乡进行2015年年末牲畜清点公示。

1月15日 吞巴乡顺利圆满完成2015年度草畜平衡奖。

1月16日 民宗局及时组织各寺庙相关负责人认真学习贯彻《陈全国在联系点寺庙大昭寺看望慰问僧人和驻寺干部时的讲话要点》。

1月17日 吞巴乡兑现草原生态保护补助奖励资金。

1月19日 尼木县今冬明春“三下乡”活动正式启动。

1月20日 妇联干部到原单位退休老干部格桑曲珍家中，看望慰问老干部。

1月20—22日 司法局局长张绪刚带领干部职工去到各乡（镇），逐一兑现人民调解案件补助。

1月21日 司法局局长张绪刚带领局工作人员慰问了多吉等3名社区矫正人员。为他们送上大米、面粉、砖茶等价值1500元的新年慰问品。

同日 妇联组织全体干部职工再一次贯彻学习《中国共产党廉洁自律准则》和《中国共产党纪律处分条例》。

1月22日 发放关爱彩虹行动助学金，共计6000元。

1月23日 吞巴乡召开会议部署2016年春播化肥分配相关工作。

1月25日 全县扶贫开发工作会议召开。会议深入贯彻落实中央和区、市扶贫开发工作会议精神，分析尼木县脱贫攻坚面临的形势和任务，对当前和今后一个时期脱贫攻坚工作做出部署，动员全县各级各方面力量，进一步统一思想，咬定目标，强化措施，埋头苦干，扎实推进脱贫攻坚齐心协力打赢脱贫攻坚战。

1月25日 续迈乡召开精准扶贫领导小组会议。

1月26日 拉萨市教育局文体中心李红主任一行3人到尼木县教育局慰问困难离退休教师、在职困难教师、老党员代表和优秀教师代表。

1月26日 检察院成功召开“三严三实”和“忠诚干净担当”专题民主生活会。

同日 拉萨市教育局文体中心李红主任一行3人到尼木县教育局慰问困难离退休教师、在职困难教师、老党员代表和优秀教师代表。

同日 尼木县召开2015年全县乡镇党委书记、有关行业系统党组织书记抓党建工作述职评议会，对13名基层党组织书记采取“一问一答、一述一评”的方式进行了述职评议。在家县处级领导、县委党的建设工作领导小组成员，有关行业系统党组织负责人，各乡镇党委书记、副书记，县直各单位党组织负责人，部分熟悉了解基层党建工作的党代表、人大代表、政协委员、基层党员干部和群众代表共56人参会。

同日 在春节、藏历新年即将来临之际，尼木县县委常委、政法委书记、公安局局长吴昌军到该局扶贫点麻江乡强尼村开展走访慰问活动，看望慰问了“一对一”结对帮扶对象，代表尼木县政法委和公安局向他们致以诚挚的问候和新年祝福，并送去了慰问金和慰问品。

1月27日 拉萨市监管支队宋涛副支队长针对尼木看守所进行突击检查。

同日 拉萨市委统战部副部长公保太及拉萨市藏胞办负责人到尼木县对归国藏胞进行节前慰问，县委常委、统战部部长尼玛次仁陪同。

同日 尼木县2015年农牧民妇女民族手工艺（藏香制作）培训班在吞巴乡顺利结业。

同日 西藏自治区诗词楹联学会及孔子学堂承办的第二届“藏汉双语春联进万家”活动在尼木县普松乡普松村和尼木乡曲林村举行。

1月28日 尼木县副县长到续迈乡调研村级组织活动场所建设情况。

同日 检察院监所科对看守所进行节前检查。

1月28日 印发《尼木县村级组织活动场所标准化建设工作实施方案》《尼木县发展壮大村级集体

经济工作实施方案》《尼木县加强党员干部教育培训工作实施方案》，全面启动村级组织活动场所标准化建设全覆盖、发展壮大村级集体经济全覆盖、党员干部教育培训全覆盖“三个全覆盖”工作。

1月28日 续迈乡召开安全生产工作部署会议。

1月29日 由拉萨市国土局为尼木县1.5万亩土地开发项目立。

同日 吞巴乡全面开展生活饮用水卫生安全检查工作。

1月31日 吞巴乡全面开展生活饮用水卫生安全检查工档案。

2 月

2月1日 教育局局长洛桑加央一行开展藏历新年、春节期间慰问活动，对56名离退休干部职工、89名临时工、8名公益性人员，28名在职困难教师进行了慰问，发放慰问金11.85万元。

同日 尼木乡召开春节、藏历年维稳工作会议。

同日 为提高干部职工的环境保护意识，营造一个干净舒适的生活环境。组织30余名志愿者在县城周边开展清除白色垃圾活动。

同日 受区党委常委、市委书记齐扎拉，市委副书记、市长张延清的委托，市委常委、市政法委第一副书记、市公安局党委书记次仁旺堆；市公安局党委委员、副局长李斌等一行到尼木县公安局看望慰问了卡如一级检查站一线执勤民警、退休干部及英烈家属。

同日 续迈乡党委班子突击检查各村干部在岗情况。

2月3日 拉萨市检察院德吉卓嘎副检察长一行来检察院慰问全体干警。

同日 尼木县公安局开展春运禁毒宣传活动。

2月4日 尼木县食药监局同县疾控中心执法人员在县食药监局局长刘卓娅的带领下对县城内食品经营单位进行食品安全联合执法。检查中发现6名从业人员的健康证过期未及时办理，执法人员当场下达整改意见及催办通知书。

同日 旅游局开展节前旅游大检查活动。

同日 春节、藏历新年临近之际，县工会委托部（局）领导向驻寺困难干部及高海拔驻寺工作人员进行慰问。

同日 尼木县委常委、统战部部长尼玛次仁及县政协副主席、民宗局长、工商联主席旺杰按照县级干部寺庙联系点开展慰问活动要求，分别到达金、杰吉两座寺庙联系点开展节前慰问活动。

同日 团县委全体干部职工学习团十七届五中全会精神，会上团县委书记要求全体干部职工深入学习理会团十七届五中全会精神，制定好团尼木县委2016年工作，实施好各项工作措施。

同日 普松乡学习贯彻习近平总书记等中央领导重要批示精神。

同日 妇联召开春节、藏历新年维护稳定工作会议。

同日 春节来临之际，法院对10名农民工现场兑现77万元余元的劳务工资。

2月5日 普松乡开展节前安全、卫生、稳定宣传活动。

同日 妇联开展以“新春送祝福，普法进万家”为主题的法治宣传教育活动。

同日 尼木乡组织开展春节、藏历年走访慰问活动。

同日 尼木县召开全县安全生产工作会议，回顾2015年全县安全生产工作，部署2016年全县安全生产工作。县委副书记、县长、县安委会主任普琼在会上作了重要讲话。

同日 尼木县食药监局执法人员在对续迈乡卫生院、河东村卫生院、尼续村卫生院进行药品储藏、养护、出入库登记及医疗垃圾处理情况等，检查中对药品存放摆放等细节性问题提出了要求，其他未发现隐患。

同日 根据拉食安办〔2016〕10号《关于做好2016年“春节、藏历新年”期间食品安全工作的通知》的要求，县食品安全委员会办公室于，组织食安成员单位（农牧局、食药局、工商局、疾控）等执法人员在县食食安委组织安排带领下对尼木县城内超市、食品批发店、中餐、藏餐型及小甜茶馆、农贸市场等进行了为期一天的食品卫生安全联合大检查。

同日 续迈乡召开春节维稳工作部署会议。

2月6日 检察院开展环境卫生整治活动。

同日 尼木公安局召开“春节、藏历新年维稳安保工作视频会议”，尼木县县委常委、政法委书记、公安局局长吴昌军、公安局政委多吉次仁、副局长尼玛和各科、所、队、站负责人参会。

同日 市人大常委会副主任党根一行在县委常委、统战部部长尼玛次仁的陪同下前往帮扶联系点岗仲寺开展节前慰问活动。

2月7日 卡如乡党委、政府“两大节日”前开展慰问活动。

2月8日 尼木县委副书记、政府县长普琼一行慰问一线执勤民警。

2月9日 公安局对采取相关措施应对本次降雪共出动车辆20台次，警力65人次，318国道巡逻11次，各所辖区共巡逻31次，有效地预防了本次降雪可能出现的各类交通事故和隐患，为公安局开展下一步应对恶劣天气交通工作打下了坚实的基础。

2月14日 县委副书记、县长普琼带领相关工作人员到续迈村调研。

2月15日 尼木县文广局开展“户户通”“舍舍通”巡查。

2月16日 检察院“两节”期间维稳工作取得实效。

2月17日 妇联组织开展“我们的节日春节”主题活动。

同日 尼木县司法局开展服在教人员未成年子女排查帮扶工作。

同日 吞巴乡节后查岗督促干部职工“收心归位”。

2月18日 根据拉政办〔2015〕150号《关于拉萨市高原氧气安全专项治理行动方案通知》的要求，食药局同县安委会成员单位对县人民医院制氧储氧室、紫丹玛大药房尼木分店进行监督检查。

同日 净土办对2015年度尼木县净土健康产业政策补贴项目进行再核实并补充相关申报材料，补贴项目涉及藏鸡养殖、金银花种植等5个项目，补贴资金共计276.68万元。

2月20日 尼木团县委按照县委、县政府统一部署，来到扶贫工作对口村曲林村开展“开年问计大走访”活动。团县委全体班子成员实地走访了联系村的群众，团县委书记代表团县委班子为走访群众送上了新春祝福，并听取了民声意见。

2月21日 续迈乡召开精准扶贫结对帮扶研讨会。

2月22日 尼木县委宣传部慰问拉萨市第二届爱国守法道德模范。

2月24日 尼木县农牧局为塔荣镇农民发放春耕用肥。

同日 普松乡开展安全生产检查，确保节日、“三月重要时期”、全国“两会”安全稳定。

2月25日 净土办积极筹备2016年尼木县净土健康藏鸡产业第一次协调推进会议，主要部署2016全县藏鸡养殖工作，会议初步定于3月初召开。

2月26日 尼木乡召开“三月重要时期”维稳工作部署会。

同日 团尼木县委领导班子到精准扶贫村（曲林村）进行调查摸底。

2月28日 尼木县教育局教研室贡桑旺姆老师给全体教师举行了如何“落实三维目标、如何备好课”的讲座。

同日 教育系统召开春季新学期学校开学工作安排部署会议，局长洛桑加央主持了会议。

同日 尼木县政协副主席、民宗局局长旺杰带领县民宗局干部赴吞巴乡吞普村调研精准扶贫工作。

同日 尼木县政协副主席、民宗局局长旺杰到强才拉康新址施工现场检查了工程建设情况。

同日 净土办协调农牧局兽医站做好鸡舍的清洁、消毒等藏鸡进场前期工作。

2月29日 续迈乡召开下沉干部工作交流会。

3 月

3月1日 尼木县教育局组织人员，由县教体局局长洛桑加央带队到尼木县8所中小学及幼儿园对学校开学情况进行督导检查。

同日 为把握精准扶贫的工作要求，切实做好希望工程等各类助学项目的实施工作，让爱心资金真正帮助到品学兼优、家庭贫困的新入学大学生，团县委从“广泛宣传、认真摸底、仔细调查、热情服务”四个方面着手，扎实做好贫困学生助学工作。据统计，团县委开展各类助学活动4次，惠及青少年25人，投入资金9万余元。

同日 尼木县公安局全面加强“三月重要时期”社会面巡逻防控工作。

3月2日 拉萨市教体局副局长毛雅丽一行到尼木县检查开学工作，检查小组到县中学、县完小、续迈乡完小、尼木乡完小、县中心幼儿园等学校，对维稳、安全卫生情况；教师、学生、教材、作业本“四到位”情况；学校教育教学计划、管理等情况进行详细检查。

同日 尼木乡召开精准扶贫工作专题会议。

3月3日 吞巴乡开展科技下乡活动。

同日 尼木县委组织部组织各乡镇陆续对所属村2015年党建工作进行全面考核，主要对村“两委”班子建设、集体经济、社会稳定、党员教育管理，强党固基扶村工作、制度建设等情况，通过听取汇报、查阅材料、打分评比等形式集中进行考核，肯定了成绩，指出了不足，提出了要求，确定考评等次，为2016年抓好村级党建工作奠定基础。

同日 妇联召开“三月重要时期”维护稳定工作安排部署会议。

3月4日 检察院出庭公诉一起共同盗窃案件。

同日 尼木县召开庆祝“三八”国际劳动妇女节106周年座谈会。

同日 尼木乡召开干部结对帮扶安排部署会议。

3月5日 妇联开展“3·5”学雷锋纪念日巾帼志愿服务活动。

同日 检察院组织观看“两会”开幕式。

同日 检察院积极参加“3·5学雷锋”宣传活动。

同日 尼木县中学召开了开学第一课暨法制教育大会，组织学生开展“学雷锋见行动活动”。

同日 尼木县组织党员干部群众集中收听收看第十二届全国人大四次会议开幕会实况，认真聆听国务院总理李克强关于政府工作的报告。会后，并结合报告谈认识、说感想，结合岗位表决心、谋实策。1600余名县乡党员干部、驻村工作队队员和群众党员参加。

同日 是向“雷锋学习”纪念日。根据尼文明办发〔2016〕4号文件精神，为了进一步倡导“文明新风，提升道德境界，培育和践行社会主义核心价值观”的志愿者精神，县卫生系统在尼木县政府大门前举办了宣传活动。

同日 全国“两会”在北京召开，局党支部及时组织全体干警观看了此次全国“两会”直播视频。

同日 尼木县教育局体育局全体干部群众22人齐聚一堂，收看两会直播。

同日 尼木县教育局组织召开了教育系统三月敏感期间维稳工作会议。局机关全体干部职工、各中小学校长，以及幼儿园共32人参加了会议。局长洛桑加央主持了会议。

同日 尼木县司法局以“雷锋学习日”为契机开展了名为“弘扬法制精神，构建和谐社会”的法制宣传活动。

同日 尼木县委组织部成立考核组，通过个人述职、民主测评、交叉考核、实地查看、谈话了解方式对全县任职期满的23名村党支部第一书记进行考核，并按照“优秀、称职、基本称职、不称职”4个等次进行评定排名。

同日 十二届全国人大三次会议在万众瞩目中隆重开幕，团县委组织干部收看两会直播。

同日 塔荣镇开展学雷锋志愿服务活动。

3月6日 尼木县委组织部集中就乡镇领导班子换届、村级组织活动场所、村级集体经济、党员干部教育培训等情况，到8个乡镇32个村进行集中调研，梳理困难和问题13条，收集意见建议23条。

同日 尼木县政府副县长颜泽伦等领导到塔荣镇贫困户家中结对认亲。

同日 尼木乡召开精准扶贫搬迁安置工作会议。

同日 续迈乡召开各村第一书记述职评议会。

3月7日 尼木县食药监局局长刘卓娅及执法人员，一同将“天府火锅底料”检验报告送达该店负责人，并进行现场立案调查工作。

同日 尼木县“第一书记”考核工作领导小组到塔荣镇考核。

同日 尼木县中学主持召开了2015—2016学年度下期开学教学教研工作会，对本学期的教育教学工作进行了安排布置。

同日 尼木县宣传文化系统干部职工召开学习贯彻“习近平总书记在党的新闻舆论工作座谈会上的重要讲话精神”专题学习会。

同日 吞巴乡开展创建生态村的工作部署会议。

3月8日 检察院派员听取人大代表意见和建议。

同日 尼木乡开展“三八”妇女节送温暖活动。

同日 在一年一度的“三八”妇女节，司法局向单位5名女干部职工送去节日的慰问品。

同日 续迈乡召开“三八”国际妇女节表彰大会。

3月9日 农保办完成非贫困户安居建房统计工作，并上报。

同日 民政工作人员兑现2015年残疾人《阳光家园计划》托养服务补助资金。

同日 吞巴乡传达学习《中共中央、国务院关于给予中共天津市委通报批评的通知》和八届市委121次常委会议精神及2月5日县安全生产专题部署会议精神。

3月10日 县委副书记、县长普琼到续迈乡督导维稳工作。

同日 按照县委领导指示要求，全县各部门要深入学习贯彻十八届中央纪委六次全会、八届区市纪委七次全会精神，团县委立即组织，统一思想、提高认识、凝聚共识，传达会议精神，确保尼木县决策部署得到全面贯彻落实，确保完成2016年各项目标任务提供坚强纪律保障。

同日 司法局学习贯彻落实十八届中央纪委第六次全会、八届区市纪委七次全会精神。

同日 尼木县教育局组织局里所有干部职工在局长洛桑加央的带领下，分批到塔荣镇巴古村开展精准扶贫入户走访工作，每位干部职工亲自到自己结对帮扶的困难户家中了解情况，根据各自结对困难户的不同情况制定扶贫计划，为下一步的扶贫工作打好基础。

同日 塔荣镇开展业余党校培训。

同日 塔荣镇学习贯彻十八届中央纪委第六次全会、八届区纪委第七次全会精神。

3月12日 尼木县在武警中队举行了以协调各项武装力量为目的的武装实战演练；县委书记范永红，县政协主席赵志强，县委常委、县统战部部长尼玛次仁，县委常委、政法委书记、公安局局长吴昌军，以及全县副县级以上领导出席了此次活动；公安局特警大队，消防大队，县武警中队，铁路护年“三月综治宣传月”活动护路队和县人民医院参加了此次演练。

3月14日 尼木县教育局开展“三月综治宣传月”活动为主题宣传和普及交通安全等法律法规。向过路行人和机动车驾驶员、摩托、三轮摩托车驾驶员发放藏汉两种语言的交通安全提示语宣传单100多份、校车安全知识手册100多册、未成年人自我保护知识读本100多册、尼木县学前及中小学校教育经费政策明白卡100多册。

同日 尼木县司法局以开展了名为“学法律、用法律、保稳定、促发展”的法律知识宣传活动。

同日 旅游局组织干部职工认真学习《中国共产党第八届拉萨市纪律检查委员会第七次全体会议精神》。

同日 塔荣镇组织干部进行安全巡逻。

同日 团县委联合政法委组织县公安、法院、司法、检察院等单位开展了法制宣传，重点宣传了《中华人民共和国反恐怖主义法》。共发放各类宣传资料1000余份，参与法制宣传志愿者50余名，惠及群众300余人。

同日 尼木县公安局组织机关民警、特警大队、警务站、武警中队、消防大队在城区重点路段、重点区域开展武装巡逻，强化社会面治安防控，进一步维护社会治安秩序。

同日 吞巴乡组织双联户代表开展“三月综治宣传月”加强巡逻。

3月15日 吞巴乡组织干部群众开展农田水利清淤工作。

同日 县委常委、统战部部长尼玛次仁到尼木县各寺庙督查3月份维稳工作。

同日 全面启动2016年软弱涣散基层党组织整顿工作，对2015年软弱涣散基层党组织整顿情况进行“回头看”，安排部署2016年软弱涣散基层党组织整顿。

同日 塔荣镇开展“三月综治宣传月”宣传活动。

同日 尼木乡开展精准扶贫入户调查工作。

同日 续迈乡领导班子到各村检查2015年工作开展情况。

3月15—16日 尼木县教育局联合县防疫站，对全县中小学、幼儿园传染病、食堂卫生、有无健康过期、食堂工作人员个人卫生、学生晨午检、病因追踪和报告制度、健康教育等工作落实情况进行为期两天的大检查、大排查。

3月16日 拉萨市委副书记、组织部长陈军，拉萨市委组织部部务委员杨栋章一行到尼木县开展县乡领导班子换届考察调研工作。对20名在家县级干部、16名乡镇党政正职进行换届考察谈话，并走访2个乡镇进行实地调研。

同日 尼木乡成立换届工作领导小组。

同日 吞巴乡组织民兵开展维稳巡逻。

同日 为进一步加大对全县西部计划志愿者的关怀，使他们共庆西藏自治区成立60周年。团县委积极向县大庆办争取，为全县13名西部计划志愿者发放了13套大庆礼品。

同日 普松乡召开精准扶贫，精准脱贫，结对帮扶工作部署会议。

3月17日 尼木乡开展走村入户结对认亲活动。

同日 尼木县委副书记、县长普琼一行在县委常委、统战部部长尼玛次仁的陪同下到尼木县溃公拉康调研。

同日 水利局技术人员、施工单位及普松村委会负责人对措杰水库除险加固工程进行了试水检查，试水成功。

同日 塔荣镇组织开展精准扶贫专题培训。

3月18日 尼木乡召开换届工作初步动员会。

同日 司法局组织全体干部集中认真学习了《中共中央、国务院关于给予中共天津市委、天津市人民政府通报批评的通知》、八届市委第121次常委会议精神及全县安全生产专题部署会议精神。

3月19日 尼木乡召开选民登记工作部署会议。

3月20日 普松乡2016走村入户结对认亲。

同日 尼木县委组织部成立县乡领导班子换届工作考察调研组，分2个小组实地走访8个乡镇开展考察调研工作，召开乡镇领导班子评议会8场次，发放乡镇领导班子评议表4套160份，座谈考察80人。

3月21日 尼木县委宣传部组织相关单位到麻江乡举办“文化、科技、卫生、法律、爱国爱教”“五下乡”活动启动仪式。

3月21—28日 尼木县各中小学在西藏百万农奴解放57周年纪念日来临之际，开展了不同形式的主题教育活动。

3月22日 由县委宣传部牵头组织的2016年尼木县“五下乡”活动在麻江乡举行。参与活动的县直各单位为麻江乡牧民群众送去了集文艺演出、医疗卫生、法律、科技等知识宣传和义演于一体的形式各样、内容丰富的慰问活动。团县委适时组织法律、医疗卫生志愿服队共60余人参与了活动。

同日 旅游局局长张世杰在吞达村对结对帮扶的贫困户进行走访调研。

同日 司法局参加“五下乡”宣传服务活动，司法局同县卫生局、计生委、人民医院、疾控中心一同前往麻江乡进行“五下乡”宣传工作。

同日 文广局在尼木县麻江乡开展了文化、科技、卫生、法律、爱国爱教“五下乡”——面向农牧民群众爱国爱教宣传活动。

同日 尼木乡召开换届工作部署会议。

3月23日 自治区第二督导组到塔荣镇检查指导精准扶贫工作。

同日 尼木乡召开强化精准扶贫工作专项会议。

3月24日 西藏自治区教育厅党组书记普布次仁到尼木县中学检查指导工作。

同日 自治区教工委副书记、教育厅党组书记普布次仁，在拉萨市教育局局长中楚成，以及尼木县县委副书记、县长普琼，县政协主席赵志强，政府副县长索朗次仁陪同下，到尼木县中学、县完小、吞巴乡小学、麻江乡完小、帕古乡完小，对学校维护稳定、安全卫生、常规管理、课堂教学、师生生活状况、教育教学质量、队伍建设等方面进行详细检查和调研。

同日 拉萨市中级人民法院副院长旦增努布一行到尼木县法院进行检查指导工作。

同日 尼木县委组织部按照“大乡镇1.5万元、小乡镇1万元”的标准下拨党费9.5万元至8个乡镇，用于开展“3・28”西藏百万农奴解放日纪念活动。

同日 精准扶贫领导小组对扶贫点续迈乡河东村开展走访调查活动。

3月25日 旅游局陪同新浪微博、微信、媒体代表采风团20余人，参观吞弥桑布札故居、藏文化主题博物馆、水磨长廊。

3月27日 续迈乡开展春季牧畜疫苗注射工作。

3月28日 妇联召开“忆苦思甜”座谈会。

同日 尼木县委宣传部组织开展纪念西藏百万农奴解放57周年“升国旗 唱国歌”暨文艺会演活动。

同日 为隆重纪念“3・28”西藏百万农奴解放纪念日，展示学生德育教育成果，尼木县各学校以多种形式开展了庆祝活动。

同日 尼木乡举办“3・28”西藏百万农奴纪念日庆祝活动。

同日 尼木县文广局开展电影“六进”活动。

同日 吞巴乡开展“新旧西藏“对比话党恩西藏牧民纪念百万农奴解放纪念日活动。

同日 为庆祝“3・28”百万农奴解放纪念日，迎接西藏民主改革57周年，团县委本着“寓教于乐”的原则组织各乡镇团委开展了一系列文体活动，充分展示了民主改革以来尼木县发生的翻天覆地的变化和人民群众幸福生活，进一步加强了农牧民群众“牢记历史、珍惜现在”的意识。团县委共投入资金4万余元，开展活动9场次，参与青年达2500余人。

同日 尼木县委统战部、县民宗局联合组织全县上下各级干部群众开展“3・28”百万农奴解放57周年纪念日专题活动。

3月29日 政协在普松乡收集精准扶贫对口数据资料，及了解帮扶对口基本情况。

同日 尼木县教育局教研室教研员主任带领全体教研员到麻江乡完全小学进行了为期5天的蹲点指导。

同日 为进一步加强尼木县食品安全工作，保证途经318国道尼木县境内的旅客及当地群众的饮食安全，结合该路段内餐饮店因无自来水供应情况，在县食药监局局长刘卓娅的带队下对国道沿线餐饮单位进行监督检查。

同日 尼木县开展了纪念“西藏百万农奴解放57周年”主题宣讲大会。

同日 续迈乡召开“3・28”西藏百万农奴解放57周年纪念活动。

3月29日—4月2日 尼木县教育局教研室教研员主任带领全体教研员到麻江乡完全小学进行了为期5天的蹲点指导。

3月30日 尼木县卡如乡庆祝“3・28”西藏百万农奴解放纪念日之际，借此机会县食药监局开展药品安全使用、家用医疗垃圾处置和过期药品上交医疗单位等，对在场食品经营者进行《食品安全法》的宣传宣传服务活动。发放宣传资料80余份、受益人群达200余人，

同日 在县卫生局二楼会议室召开“318国道尼木县境内餐饮店饮用水安全治理”征求意见会议。9家尼木县境内国道沿线餐饮店负责人及房屋所有人共18人参会，会议由县食药监局局长刘卓娅主持。

3月31日 尼木县委书记范永红在县委常委、统战部部长尼玛次仁的陪同下到尼木乡卓瓦曲碘寺对文化补习开展督导调研。

4 月

4月1日 尼木县中学、尼木县中心小学和尼木乡完小3所学校的部分学生，在学校老师的带领

下到尼木县烈士陵园，开展“缅怀革命先烈，珍惜幸福生活”清明节扫墓活动。

同日 尼木乡尼木乡召开“萨嘎达瓦”节日期间维稳工作会议。

同日 尼木县公安局祭扫陵墓缅怀先烈。

同日 尼木乡第一书记进行工作交接。

同日 塔荣镇干部职工到烈士陵园扫墓。

4月2日 德教处邀请县人民路警务站站长姚钰伟警官，对全校师生开展了法制、道路交通、综合知识讲座。

4月2—7日 塔荣镇开展春季牲畜疫病防控。

4月4日 尼木县组织党政军学各界代表200多人，在县革命烈士陵园举行“缅怀革命先烈，继承革命传统”为主题的扫墓活动及红色文化教育，有效增强了各界代表的爱国爱党意识。

4月5日 县委常委、政法委书记、公安局局长吴昌军主持召开尼木县2016年信访工作会议，主持召开2016年全县第一次信访工作联席会议。

同日 尼木乡开展精准扶贫入户调查工作。

4月7日 旅游局召开会议，传达学习涉密文件资料保密管理文件。

同日 以樊锋旭副书记、李德明部长为组长的调研考察小组，对8个乡镇进行调研考察，并召开座谈会，发放民主评议系列表格640份，收回有效表格625份，全面掌握乡镇领导班子总体工作运转情况，并对乡镇总体形势综合分析研判。

同日 尼木县农牧局到塔荣镇发放农机具。

同日 尼木乡组织干部到县烈士陵园扫墓。

4月8日 续迈乡发放2015年度完善退耕还林补助资金。

同日 尼木乡召开“两学一做”学习教育动员大会。

4月11日 卡如乡开展辖区内安全生产、社会治安综合治理法制宣传活动，并对道路施工及建筑施工安全隐患排查。

4月12日 尼木乡召开精准扶贫户建档立卡专题会议。

4月13日 妇联组织50余名林岗村妇女和群众代表在塔荣镇林岗村开展“全国三八绿色工程”示范基地项目植树活动。

4月11—13日 为做好特派员机构综合业务用房建设项目和寺庙“9+X”工程项目“五小”工程，在县政协副主席、民宗局局长、工商联主席旺杰的带领下市设计院、县国土局和县民宗局随行的人员5人。到尼木县20座寺庙（杰吉寺和卓瓦曲碘寺除外）开展项目征地选址设计工作。

4月13日 旅游局局长张世杰、边巴卓玛、孙柯等人参加了由拉萨市旅发委组织的“2016年拉萨最美乡村”旅游推介会。

同日 尼体字书法家扎西平措老师应县文化局之邀特来。尼木县中学指导藏文书法。

4月14日 政协干部职工参加净白宣传活动。

同日 续迈乡召开“两学一做”专题教育学习部署会。

4月15日 拉萨市农牧局检查尼木乡草补工作。

4月16日 普松乡开展贫困户入户调查工作。

同日 团县委组织志愿者在全球青年服务日开展了环境大整治活动。活动中，志愿者们表现出了极大的劳动热情，分工明确、相互协作，把318国道到县城之间的白色垃圾清理得干干净净，为建设美丽尼木贡献了自己的力量。

4月18日 续迈乡召开“禁白”工作部署会。

同日 尼木乡开展扶贫工具发放及使用培训工作。

4月19日 市安监局副局长蔡卫旗、监管一科扎平科长带领专家到尼木铜业公司采矿区、电解车间检查指导该公司复产验收工作。副县长李鲲鹏、县安监局、国土局、环保局、治安大队、消防大队等相关单位的负责人一同参加，检查组一行主要对尼木铜业1号采矿区及电解车间进行检查。

同日 尼木县教育系统开展“清洁家园、灭蚊防病”春季爱国卫生运动教育系统统一行动日活动。

4月20日 召开全县基层党建工作安排部署会，县委书记范永红作讲话，县委常务副书记樊锋旭主持，县委常委、组织部部长李德明安排部署年度基层党建工作。

4月22日 县信访分管副县长颜泽伦组织县信

访局、支铁办、护路办、国土局、卡如乡负责人及卡如村村“两委”深入卡如村至康桑村铁路横洞所涉占地再次进行测量和核实。

同日 为进一步增强全县农牧民群众的法制意识，团县委在世界法律日进行法制宣传活动。共发放各类宣传资料1000余份，参与法制宣传的干部和志愿者50余名，惠及群众300余人。在活动现场，志愿者们认真解答了群众的疑难，向他们讲解如何利用法律的武器的维护自己的权益。

4月26日 尼木县采用交叉考核、交叉学习、交叉总结的方法，从组织、纪检部门抽调2名县级干部、4名工作人员，从乡镇抽调4名党建副书记、4名纪委书记成立2个乡村党支部考核工作组，到8个乡镇机关支部、32个村级党支部进行了交叉考核、交叉学习。考核学习结束后，召开会议进行了交叉总结，并相互提出了工作建议。

同日 尼木县公安局组织基层部门在教育培训基地开展公文写作与法律法规培训。

4月27日 普松乡及时发放2015年度“三老”人员生活补贴。

同日 根据拉食安办〔2016〕20号《关于做好2016年“五一”、端午节期间食品安全工作的通知》要求，县食药监局局长刘卓雅同执法人员对县辖区内集体食堂及部分日常监督检查中卫生较差的单位进行专项检查。

同日 卡如乡开展“车霸”“沙霸”“强买强卖”宣传教育工作。

同日 尼木县委书记范永红，在县委办公室主任拉顿和县教育局局长洛桑加央陪同下，到尼木县中学调研教育教学工作，并组织教师进行了座谈，就如何提高教育教学质量进行了深入的探讨。

同日 尼木县教育局根据教育厅和拉萨市《关于开展全国学生资助管理义教资助子系统运用培训工作的通知》精神，县教育局电教室，对全县中小学及幼儿园11名业务操作人员进行培训。

同日 续迈乡发放2015年“三老”人员生活补助。

4月28日 检察院召开“两学一做”学习教育活动动员部署会。

同日 尼木乡召开支部党建年度考核研讨会。

同日 续迈乡召开党建工作部署会。

5 月

5月1日 尼木县中学举办2016年度第7届田径运动会。

同日 检察院召开规章制度征求意见会议。

5月1—2日 尼木县中学成功举办了第七届中学生田径运动会。

5月3日 拉萨市政府特邀教育副督学加永桑丁书记的带领下，由名师送教、专家督学组成的检查组一行12人对尼木县中小学进行了教学专项督导检查与指导。

同日 尼木县公安局组织特警大队民警召开2016年林周县东孜山猴年“转山”民俗宗教活安排部署会议，会议由多吉次仁政委主持。

同日 尼木县委组织部为266名“三老”人员发放2015年度生活补助资金120多万元。

同日 尼木乡开展危房改造前期调查工作。

同日 续迈乡开展“五一”假期期间安全生产大检查。

5月4日 农牧局顺利完成春季重大动物疫病防控免疫效价。监测采样工作，确保不发生重大动物疫病。

同日 尼木县委组织部联合县纪委抽调6名工作人员成立2个干部考察工作组，到18个县直单位8个乡镇，通过民主测评和个别谈话方式对65名拟提任上一级职务和进一步使用的干部进行了考察。

同日 尼木县召开离退休老干部居住区道路维修专题工作会议，传达退休干部人大代表在“两会”上的两项议案的审议结果，并对维修道路及修建下水道问题以民主表决方式征求了民意。

同日 塔荣镇举行纪念“五四”运动96周年系列活动。

5月5日 麻江乡1.5万亩新垦土地开发项目正式开工。

同日 吞巴乡与各乡辖范围内餐饮单位签订

2016年食品安全责任书。

5月6日 尼木县县乡领导班子换届领导小组办公室制发“九严禁”“五个主体责任”宣传卡片1000张，进一步严明换届纪律，有效保障了换届工作的有序进行。

5月7日 续迈乡召开“萨嘎达瓦”维稳工作部署会。

5月8日 县委常委、组织部部长李德明到卡如乡开展精准扶贫、精准脱贫工作调研。

同日 塔荣镇召开“萨嘎达瓦”维稳工作部署会。

5月9日 区公安厅组织召开全区公安机关“两学一做”教育工作动员部署电视电话会议。

5月10日 拉萨市纪委监察局专题调研组组长市纪委常委、监察局副局长普布国庆、县纪委书记次旦贡觉及调研组其他成员一同到尼木乡进行专题调研。

同日 县委副书记、县长普琼在麻江乡1.5万亩土地开发现场进行调研。

同日 司法局全体干部职工在局负责人宗央带领下，到尼木县麻江乡达琼村的各个贫困帮扶户进村入户，全面开展大规模精准扶贫摸底调查工作。

同日 尼木县召开2016年食品药品监管工作会议。县委副书记、县长普琼作重要讲话，赵志强、扎西旺堆、李鲲鹏、旦增江才等在家县领导出席会议。各乡（镇）政府、县食安委成员单位负责人、县级医疗机构、各乡镇卫生院负责人及食品药品监督协管员，共计60余人参会，会议由县委副书记樊锋旭主持。

同日 塔荣镇领导到林岗村检查诺娃水渠工程进度。

5月11日 尼木县发改委工作人员到续迈乡环评村级组织活动场所建设。

同日 市信访局接访科科长米玛扎西到尼木县检查指导信访工作。

5月12日 市司法局社区矫正科科长、基层科科长协同工作人员，到司法局检查指导工作，重点检查社区矫正、安置帮教、人民调解等工作开展情况，并详细查看了档案资料和工作台账。

同日 尼木县组织全县在家县级干部、乡镇领导班子、县直各单位负责人、县乡换届办工作人员共97人，集中观看换届选举警示教育片《镜鉴》，有效增强执行换届纪律的自觉性，为县乡换届工作营造风清气正的换届环境。

同日 市局检查组一行对尼木县司法局业务用房情况进行了检查，对尼木县司法局基础建设工作给予了肯定。

同日 检察院集中学习拉萨市纪委关于违反中央八项规定精神典型问题的通报。

同日 副厅长柯磊一行到尼木县公安局看守所检查指导工作，尼木县县委常委、政法委书记、公安局局长吴昌军和多吉次仁政委、尼玛副局长陪同检查。

同日 塔荣镇发放奖励化肥。

5月13日 召开尼木县第九次党代会代表候选人推荐会。

同日 召开尼木县第九次党代会代表候选预备人选推荐会。

同日 尼木县中学开展教育教学质量分析会。

同日 尼木乡召开尼木县第九次党代会代表候选人推荐会。

5月15日 西藏自治水水利厅水政水资源科技处巴桑赤烈、市水利局、县水务局技术人员以及吞巴乡火车站负责人共8人，组成验收小组到尼木县吞巴乡火车站对该站供水工程进行了验收。

同日 区党委常委、拉萨市委书记齐扎拉到尼木县调研尼木县非物质文化遗产示范区、乌米净土产业园区和扶贫项目推进情况。

同日 尼木县委组织部、县纪委联合组成干部考核组，通过民主测评和个别谈话等方式，对6个单位9名拟选用干部进行了考察。

同日 尼木乡召开乡级人大代表选区安排部署会议。

5月16日 县信访分管副县长颜泽伦组织县信访局、支铁办、吞巴乡乡长及吞达村“两委”班子，对尼木县火车站附属设施占用吞达村村民林地、耕地和藏香水磨问题进行核实。

同日 召开人大代表选举安排部署会议。

5月17日 召开严肃换届纪律教育会。

同日 文广局召开发展和保护尼木县非物质文化遗产交流会。

同日 尼木乡召开严肃换届纪律教育会。

5月18日 自治区督导组到续迈乡督导调研。

同日 召开尼木乡党委第四次会议。

5月19日 召开换届工作监督宣传教育会。

同日 尼木县依法依规制定《县乡领导班子换届风气巡回督查工作方案》《关于加强县乡领导班子换届风气监督工作实施方案》等5套方案，为从严从实加强换届风气监督，营造风清气正的换届氛围提供保障。

同日 尼木乡政府组织为全乡困难户发放救济粮。

5月19—20日 尼木县教育系统成功举办了第二十届小学生春季田径运动会。

5月20日 拉萨市人大常委会副主任党根到塔荣镇检查人大换届筹备工作。

同日 县委宣传部牵头组织的2016年尼木县“五下乡”活动在帕古乡举行。参与活动的县直各单位为帕古乡乡牧民群众送去了集体演出、医疗卫生、法律、科技、温暖等知识宣传和义演于一体的各式各样、内容丰富的活动，真心实意为广大农牧民提供帮助和服务。

同日 续迈乡发放“金秋助学”补助资金。

同日 拉萨市人大常委会主任党根到尼木乡检查人大选举工作。

5月21日 召开尼木乡党委第五次会议。

5月22日 国土局开展农村地上房屋确权工作动员部署会，开始测漏宅基地地上房屋测量工作。

5月23日 尼木县召开乡镇领导班子换届风气监督工作会议，结合“五个主体责任”“九严禁”等要求，从严压实责任、从严督导检查等5个方面安排部署了乡镇换届风气监督工作；尼木县围绕“六必签”工作要求，组织县委组织部长、乡镇党委书记、乡镇纪委书记等人员同相关部门签订了换届纪律责任书。

同日 尼木县组织93名换届人事调整人员集中观看换届警示教育纪录片《镜鉴》。

同日 尼木县组织新提拔副乡（镇）长、组织委员、纪委书记等15名干部到北京海淀区行政学院参加第三十一期副科级公务员任职培训学习。

5月24日 安监局在县政府二楼会议室召开了全县第二季度安全生产例会暨持续深入开展安全生产大检查大排查整治工作动员会。县委副书记、县长、县安委会主任普琼作重要讲话。

5月25日 净土办召开西藏德青源农业科技有限公司董事会第二次会议，研究讨论加快西藏德青源尼木藏鸡养殖基地项目推进相关事宜。

同日 续迈乡召开2016年度成立村居工会工作部署会。

同日 尼木乡召开第一次党员代表大会召集人会议。

同日 尼木乡召开第一次党员代表大会代表团第一次会议。

同日 尼木乡召开第一次党员代表大会预备会议。

同日 尼木乡召开第一次党员代表大会主席团第一次会议。

同日 尼木乡召开中国共产党尼木乡第一次党员代表大会。

5月25—26日 塔荣镇隆重召开第一届党员代表大会。

5月26日 首批从西藏鑫旺公司订购的藏鸡苗发放至吞巴乡加措养殖点，公司负责人表示近期还将陆续发放订购的藏鸡鸡苗。鸡苗发放后，技术员对养殖农户进行了注意事项及饲料管理的相关技术指导。

同日 尼木乡召开第一次党员代表大会。

同日 尼木乡召开第一次党员代表大会代表团第二次会议。

同日 尼木乡召开第一次党员代表大会主席团第二次会议。

同日 尼木乡召开第一次党员代表大会代表团第三次会议。

同日 尼木乡召开第一次党员代表大会主席团第三次会议。

同日 尼木乡召开第一次党员代表大会代表选举大会。

同日 尼木乡召开新一届党委第一次全体会。

5月27日 自治区督导组协同区纪委一行到尼木乡检查换届工作，尼木县委常委、县委书记范永红，县委常委、组织部部长李德明，副部长嘎旺朗杰陪同检查。

同日 自治区督导组协同区纪委一行到尼木乡检查换届工作。

同日 拉萨市换届检查组到尼木乡检查换届工作，县委常委、组织部部长李德明，副部长嘎旺朗杰陪同检查。

同日 尼木乡召开新一届党委第一次全体会议。

5月28日 国务院扶贫开发领导小组办公室委托中国科学院姚予龙教授一行对尼木县2015年度精准扶贫工作成效开展第三方评估，在拉萨市扶贫办主任拉巴顿珠、县委书记范永红、县长普琼、副县长布琼、副县长颜泽伦、县扶贫办主任普布扎西等领导的陪同下，于5月28日—6月1日先后到5个乡镇、5个行政村、101户贫困户的精准扶贫精准脱贫工作进行了全面、系统的评估。

5月30日 尼木县召开防洪工作部署会议。

同日 尼木县中学书记妮玛、总务处主任尼次以及总务处其他成员进行校园安全综合大检查。

同日 文广局对全县范围内的文物保护单位和重要文物点的用火、用电、防盗等情况进行了一次抽查大检查。

同日 尼木县8乡镇以召开党员代表大会形式圆满完成党委、纪委领导班子换届工作，选举产生县级党代表130名；选举产生新一届乡镇党委委员66名，乡镇纪委委员30名、纪委书记8名、副书记8名；选举产生乡镇党委书记8名、副书记24名。

同日 文广局对全县范围内的文物保护单位和重要文物点的用火、用电、防盗等情况进行了一次抽查大检查。

同日 尼木乡召开夏季防洪工作部署会议。

5月31日 根据拉萨市食安办、拉萨市食药监局相关文件及尼食安办〔2016〕5号《关于做好尼木县“萨嘎达瓦”期间食品安全工作的通知》要求，县食药监局同县食安委成员单位（安监局、卫生局、工商局、纪检委、商务局、疾控中心、环保局、住建局、教育局、农牧局、文广局）执法人员对县辖区内餐饮及318国道沿线50余家餐饮单位，批发零售商铺15家，一家农贸市场进行为期2天的食品安全隐患排除工作，检查组分为两组，一组对县城及学校周边食品经营单位、农贸市场进行监督检查，另一组对318国道沿线餐饮单位饮用水卫生及食品安全进行检查。在检查中发现：“杰布超市”中发现15个品种过期产品，货值达1000元以上；2家餐饮店检查中卫生状况较差；冰柜内生熟食混放。鉴于“杰布超市”过期品种较多货值较高等情况县工商局当场没收过期产品及相关证件并决定立案处理，针对其他问题执法人员当场下达整改意见及通知书。

同日 尼木乡召开第十二届第一次人民代表大会。

5月31日—6月1日 塔荣镇成功召开塔荣镇第十二届人大代表大会。

6 月

6月1日 拉萨市安监局副局长何虎啸和危化科科长李军清到尼木县检查指导安全生产工作。

同日 尼木县委组织部联动县纪委、县人大办、县政协办组织12名工作人员成立四个考察组，分别到县（中）直单位、驻县部队、企业、商户等，对中国共产党尼木县第九次代表大会代表候选人、尼木县第十三届人大代表大会代表候选人、政协第二届尼木县委员会委员提名人选进行了考察。

同日 尼木乡组织慰问尼木乡完小学生。

6月2日 尼木乡发放重度残疾生活补助。

6月2—8日 尼木县教育系统开展“我们的节日·端午”主题活动，各学校充分利用宣传栏、红领巾广播站、黑板报等多种形式，加强端午节知识的普及工作，形成浓郁的节日氛围。

6月3日 续迈乡开展“萨嘎达瓦”期间安全

生产大检查。

6月5日 西藏自治区人大常委会副主任张晓华一行到尼木县督查指导县乡人大领导班子换届工作。围绕换届工作程序等内容进行了重点督查，并提出了工作要求。

同日 拉萨市人大常委会副主任、新华社社长张晓华到塔荣镇检查指导换届工作。

6月6日 由团尼木县委组织的2016年尼木县职工篮球比赛正式开始，县委常委、统战部部长尼玛次仁、县委常委、政法委书记吴昌军，县人大副主任扎西旺堆以及县委宣传部、县教育局负责人出席此次开幕式，来自全县各条战线的青年共组成10支球队参加比赛。

6月7日 由县文物局牵头，联合公安、消防、民宗等单位，对全县范围内的文物保护单位和重要文物点是否存在违规使用及用火、用电、防盗等情况进行了一次集中大检查。

同日 妇联开展“精准扶贫送温暖”走访慰问贫困母亲活动。

同日 续迈乡召开上半年下沉干部工作交流会。

6月8日 由县文广局组织，在全县范围内开展了保护文化遗产的宣传活动。

6月12日 根据拉食药监〔2016〕66号《拉萨市食品药品监督管理局安排部署“三大考试”期间食品安全监管工作》文件要求，县食安办组织（县食药局县工商、县疾控中心）监督人员前往县中学、县完小进行食品安全检查工作。

6月12日 尼木县委副书记、县长普琼主持召开永久划定基本农田征求意见会。

6月13日 为加强政府大院环境卫生治理工作，提高干部职工的生活环境水平，营造一个洁净舒适的生活环境。

6月13—15日 尼木县食药监局执法人员对县辖区内化妆品及美容美发单位进行摸底检查工作。

6月14日 拉萨经开区尼木产业园揭牌仪式在尼木县隆重举行。

同日 公安局组织局机关民警收看《祸起贪欲》警示教育片。县委常委、政法委书记、公安局局长吴昌军、政委多吉次仁、副局长尼玛一同观看了影片。

6月15日 拉萨市教体局教科所五位专家教师到尼木县中学进行了为期两天听评课及培训。

同日 拉萨市水利勘察规划设计院高级工程师尼玛扎西、市局建管科科长多吉欧珠、工程师旦增平措一行到尼木县东风灌区建设点检查工程进展情况。

同日 县委副书记、县长普琼到续迈督导“两学一做”工作开展情况。

同日 塔荣镇举行安全生产月启动仪式。

同日 尼木乡金秋助学资金发放。

6月16日 自治区组织部“人才引进”到尼木乡调研。

同日 食药局同其他单位积极参加在县政府门口开展以“排查治理隐患，遏制重特大事故”为主题的宣传活动。

同日 续迈乡开展消防安全知识宣传活动。

6月18日 北京医疗专家到塔荣镇东松村义诊。

6月20日 自治区督导组到续迈乡督导检查换届工作。

同日 为推动全民健身活动在尼木县的深入开展，进一步丰富广大干部群众的业余文化生活，提高全民健身的水平，展现尼木县干部职工对工作积极拼搏、健康向上的精神风貌，团尼木县委组织的2016年尼木县职工篮球比赛圆满闭幕，县委常委、政法委书记吴昌军、县人大副主任扎西旺堆出席此次闭幕式，并为取得优异成绩的球队颁发奖牌。

同日 公安局开始为期两天半，共7个科目的中学升学考试，此次考试有372人参考。根据县委常委政法委书记吴昌军书记的相关工作安排，此次中考安保工作共出动警力18人次，警车9台次，安保工作从20日起一直到22日结束。

6月21日 首批从达孜县订购的纯种藏鸡苗2500只，发放至普松乡普松村、吞巴乡次桑养殖点，公司负责人表示近期还将实时注意藏鸡养殖过程中出现的问题，确保藏鸡养殖的成活率。

同日 尼木县召开了2016年上半年和谐模范寺庙暨爱国守法先进僧尼表彰大会。

6月22日 由李鲲鹏副县长带队，县安监局、纪委、县委办、人大办、政府办、政协办、综治办工作人员参加组成督查组，对尼木乡、塔荣镇、普松乡和县公安局交警大队安全生产大检查大排查大整治工作开展情况进行督查。通过查阅资料、听取汇报的方式进行督查。

6月26日 为让广大农牧民充分认识毒品的危害，从而远离毒品，拒绝毒品，珍爱生命，结合尼木县实际开展了系列禁毒安全宣传教育活动。

6月28日 拉萨市国土局监察支队队长张林到尼木县指导地质灾害排查工作。

同日 在彭松涛副书记带领下参观北京密云区房山区良乡医院先进医疗经验。

同日 农保办上缴了2016年新型农村养老保险费，尼续村、山岗村、河东村、霍德村共计人民币264600元。

6月28日 在县委统战部、民宗局、宗组办和卫生局的共同协调部署下，组织县人民医院骨干医师，对全县僧尼进行健康免费体检。

6月28—29日 尼木县食药局执法人员对尼木县最偏远的（麻江乡、帕古乡）2个乡辖区内的卫生院、餐饮单位和食品经营店进行食品药品安全专项检查同时进行了食品药品安全相关知识的宣传。对2家卫生院药品药械检查中发现：药房药品拜访交混乱；拆零药品同一品种拆零较多；要库内易串味药标示未取消。以上问题均在当场进行整改。

6月29日 尼木乡召开2016年党员发展会议

同日 卡如乡开展“精神残疾病患者”输送救治工作。

同日 塔荣镇长师永军到各村检查防汛工作。

同日 尼木乡召开2016年党员发展会议。

6月30日 尼木县纪委书记次旦贡觉、县综治办主任及工作人员到尼木乡慰问老党员和困难党员。

同日 尼木乡组织慰问老党员和困难党员。

同日 在纪念中国共产党建党95周年之际，尼木县委开展走访慰问老党员和生活困难党员活动，共为40名生活困难党员和20名老党员发放慰问金8万元。

同日 尼木县公安局参加“庆祝中国共产党成立95周年暨庆七一”文艺活动，政委多吉次仁，副局长尼玛、白松涛和各部门民警代表及各单位干部群众近600人观看了演出。

7月

7月1日 尼木县组织“四大班子”领导、各单位、各部门集中收听收看习近平总书记在庆祝中国共产党成立95周年大会上的讲话。

同日 塔荣镇举行感党恩文艺演出暨“七一”表彰大会。

同日 续迈乡召开中国共产党建党95周年庆祝大会。

7月2日 文广局分别到续迈乡、塔荣镇、尼木乡、帕古乡彭岗村5地开始进行文艺下乡活动，此次活动共有20个演职人员。

7月4日 尼木县委副书记、常务副县长彭松涛走访慰问吞巴乡困难党员。

同日 尼木乡举行庆祝中国共产党建党95周年暨“七一”党员表彰大会。

7月5日 尼木县中学总务处和德教处组织全校学生在班主任带领下学习食品安全法最新修订解读以及观看包虫病音频。

同日 尼木县召开庆祝中国共产党成立95周年大会，大会对上半年党建工作进行了小结并对下半年党建工作进行安排部署；8名新发展党员代表进行入党宣誓，128名老党员重温入党誓词；表彰全县优秀共产党员28名，优秀党务工作者28名，先进基层党组织16个，发放奖金10.4万元，受表彰代表作了发言。

同日 召开全县基层党建工作推进会，县委常务副书记杜国君作讲话，县委常委、组织部部长李德明总结上半年工作，安排部署下步工作。

同日 尼木县中心小学礼堂，尼木县教育系统隆重召开了纪念中国共产党成立95周年表彰大会，表彰了教育系统在深入贯彻落实全面从严治党要求，“两学一做”学习教育活动，中共十八大和十八届三中、四中、五中全会精神中涌现出的一大批贡献突出的优秀共产党员18名，优秀党务工作者8名，先进基层党组织2个，共发放奖金3.2万元。

同日 续迈乡领导班子赴各村突击检查上半年党建工作开展情况。

7月6日 吞巴乡委书记走访慰问各村困难党员。

同日 吞巴乡党委书记到强才拉康查看寺庙建设情况。

7月7日 吞巴乡开展建档立卡贫困人口疾病信息摸底调查。

同日 妇联召开“妇女之家”活动经费发放暨工作推进会。

7月8日 吞巴乡开展“两学一做”书记讲党课专题活动。

7月11日 为促进尼木县预防青少年违法犯罪工作有序开展，提高学生的法制意识，增强学生的法制观念，有效预防青少年违法犯罪，进一步强化全县学生的安全意识，团县委联合公安局、司法局在尼木县中学开展法制教育讲座。

同日 尼木县帕古乡、麻江乡突降暴雨，尼木县城通往帕古乡、麻江乡公路多处出现泥石流，导致道路交通中断；尼木县公安局接到报警后，第一时间通知辖区两个派出所、交警等警力赶到现场开展抢险救灾工作。

同日 续迈乡召开汛期安全生产部署会。

7月12日 吞巴乡组织全乡干部学习习近平总书记“七一”讲话重要精神以及陈全国书记“七一”讲话精神。

同日 区市旅游、消防、文化部门领导组成的联合检查组到尼木县吞巴景区指导旅游景区标准化建设工作。

同日 尼木县食药局局长刘卓娅带领食药局执法人员一行5人，对续迈乡辖区内学校食堂、餐饮单位、食品经营店及乡（镇）卫生院开展了食品药品安全专项检查，并就食品药品安全相关知识的进行了宣讲。

7月12—14日 尼木县委党校邀请区委党校4名老师为全县100余名正科级、80余名副科级干部进行了为期3天的轮训，参训人员围绕“如何提高基层领导执政能力和执政水平”进行了讨论交流。

7月13日 尼木县食药局局长刘卓娅带领食安委执法人员一行3人，到续迈乡完小督查餐饮卫生整改落实情况。

7月13—14日 妇联举办“精准扶贫”贫困妇女劳动力技能培训班。

7月14日 普松乡开展道路交通安全宣传活动。

同日 尼木县召开易地搬迁再安排再部署会议，参会人员有旦增江才副县长、各乡（镇）长和扶贫办负责人。会议主要内容为：再次核实易地搬迁户，在原有的236户插画安置户，按照拉萨市脱贫攻坚指挥部以迁推进小组的要求，重新核实插画安置户，将有意愿搬迁县城的搬迁县城，有意愿搬迁拉萨的搬迁至拉萨；剩余的以乡（镇）为单位设立集中搬迁安置点，由乡（镇）统一划地规划集中建设，实现易地搬迁；插画安置户内的脱贫户将不允许列入此次搬迁内，脱贫户将根据实际困难从危房改造指标给予解决。

同日 吞巴乡配合县人社局发放农牧民引导性培训礼品和制作藏香培训补助。

同日 尼木县民间艺术团到曲水县演出，促进公共文化服务体系。

7月16日 尼木县制定印发《深入开展村务公开民主管理示范单位创建活动方案》，方案从6方面28项明确创建内容和评估标准，计划用5年时间使8乡镇32个村全部达到村务公开民主管理示范乡村。

同日 续迈乡开展干部结对帮扶、走访认亲活动。

7月18日 卡如乡组织党员干部座谈会和观看作风建设在西藏。

7月19日 塔荣镇长师永军到林岗村视察受灾情况。

7月20日 尼木县尼木乡乌米组藏鸡原种保护基地建设项目（一期）工地发生1起建筑施工事故，事故造成1人受重伤，1人受轻伤。重伤人员因抢救无效于7月21日凌晨6：50死亡，直接经济损失95.9965万元。

同日 县食品药品监管局监督组织将县人民

医院和各乡（镇）卫生院过期失效药品和医疗器械集中统一送至西藏自治区危险废物处置中心进行集中销毁。

同日 塔荣镇兑现2015年草原生态保护补助资金。

7月21日 尼木县食药局执法人员对尼木县辖区内进行日常监督检查，主要针对平时在监督中发现日常卫生较差，在食品经营和餐饮服务当中单位负责人或者从业人员食品安全意识薄弱，发现食品安全隐患较多的几家餐饮单位，也同时进行了食品安全相关知识的宣传并发放了新版《中华人民共和国食品安全法》。

同日 县委宣传部邀请市委党校讲师团到尼木县开展"两学一做"专题讲座暨学习贯彻习近平总书记"七一"讲话辅导报告。

同日 尼木县委宣传部发放中宣部支持西藏基层宣传思想文化工作设备。

7月22日 人大办整理完成乡第十二届人民代表大会第一次会议代表提出的意见、批评及建议，共计51份，并已上报乡政府。

同日 拉萨市林业局到尼木县调研自净土健康产业开展以来经济林木及花卉产业的开展情况。

7月25日 续迈乡召开征兵工作动员会议。

7月26日 普松乡召开整乡推动物业经济工作部署会。

7月27日 尼木县公安局组织召开拉萨市治安系统迎藏博会治安综合整治部署会，会议由县委常委、政法委书记、公安局局长黄鹤主持，政委多吉次仁、副局长尼玛、白松涛及局直各部门主要负责人参加。

同日 北京市政代表团来尼木县调研考察，主要涉及北京对口支援尼木县工作、"十三五"援建计划等相关工作。

7月27日 续迈乡召开校车安全宣传工作。

7月28日 根据拉萨市食药监局相关文件及县委、县政府安排要求，县食药监局执法人员对北京代表团在尼木县期间饮食安全进行全面、科学、高效监管保障食品安全。

同日 普松乡召开"双联户"低保入户清查工作培训。

7月29日 北京市海淀区妇幼保健医院医疗书籍捐赠仪式。

同日 尼木县司法局将拉萨市司法局配发的600多册《城乡规划法律法规宣传手册》发放至尼木县各乡镇、县直各单位，为下一步全县各乡镇、各单位开展好相关工做好前期准备。

同日 塔荣镇召开小型水利工程管理体制改革动员部署会。

7月31日 吞巴乡第五届吞弥文化旅游节隆重开幕。

8月

8月1日 麻江乡开展为期7天的大型活动"八一赛马节"。

同日 吞巴乡第五届吞弥文化旅游节开展丰富多彩的活动。

8月2日 吞巴乡第五届吞弥文化旅游节圆满闭幕。

同日 吞巴乡召开2016年度牲畜清点工作安排部署会。

同日 尼木县副县长颜泽伦带领旅游局、卡如乡等相关负责人再次对卡如村千佛山风景区进行项目前期立项考察工作。

同日 由共青团拉萨市委员会主办，共青团尼木县委员会承办的拉萨市第七届"红领巾相约中国梦"素质拓展暨民族团结进步教育夏令营活动和传承民族文化夏令营活动在尼木县开展，来自拉萨的50名小学生来到尼木县参加夏令营活动。

8月3日 尼木县主要领导到续迈调研上半年各项工作开展情况。

8月4日 尼木县民间艺术团参加拉萨市雪顿节开幕。

同日 检察院传达县纪委文件精神，改进作风，强化党的廉洁意识。

同日 塔荣镇开展夏季征兵宣传活动。

8月7日 中共尼木县委老干部局组织离退

休干部党组织签订2016—2017年基层党建工作责任书，主要从加强理论武装、组织建设、班子建设、党员队伍建设、创新工作等5个方面17项工作对离退休干部党组织年度性工作作出部署，为压实离退休党组织主体责任、提升基层党建水平、做好新时期离退休干部工作奠定了基础。

8月9日 尼木县召开县乡领导班子换届、“三个全覆盖”和“强党固基扶村”工作推进会暨换届风气监督专题（培训）部署会议，各乡镇对相关工作进行汇报，会议通报了全县换届工作、“三个全覆盖”和“强党固基扶村”工作推进情况，传达了市委副书记、组织部部长陈军在全市县乡领导班子换届工作推进会上的讲话精神，会议还对县乡领导班子换届风气监督工作进行了专题辅导，并对相关工作进行了安排部署。

同日 续迈乡2016年新型农村社会养老保险征缴工作全面启动。

8月10日 尼木县安监局牵头治安、环保、国土部门，陪同县安监局分管领导县委常委、副县长郑同生和副县长张振生组成检查组，对尼木铜业公司采矿区、电解车间安全生产工作进行调研。

同日 尼木县公安局召开党委换届工作会议，按照《中国共产党章程》《中国共产党基层组织选举工作暂行条例》相关规定，选举产生了尼木县公安局第一届党委委员。

同日 塔荣镇开展安全生产大检查。

8月11日 县政府二楼会议室召开尼木县食用农产品市场销售监督管理工作会议。全县涉及经营销售农产品负责人36人参会。

同日 拉萨市教体局副调研员刘咸春一行到尼木县检查开学工作，检查小组到县中学、县完小、尼木乡完小等学校，对维稳、安全卫生情况；教师、学生、教材、作业本“四到位”情况；学校教育教学计划、管理等情况进行详细检查。

同日 吞巴乡纪检书记到各行政村跟踪指导纪检工作开展情况。

8月11—15日 尼木县各中小学开展“开学第一课”活动，邀请法制副校长、法制辅导员和派出所民警，到各学校进行法制宣传。

8月12日 检察院党组书记、检察长强巴阿旺为全院党员干部讲党课。

8月15日 尼木县政府新任分管教育副县长郑同生到县教育局进行专项调研。

同日 尼木乡开展精准扶贫政策宣传解读会。

8月16日 尼木乡召开换届回访工作部署会。

同日 塔荣镇农牧办配合县农牧局测量粮食产量。

同日 续迈乡开展秋收前测产工作。

8月18日 由政府副校长张振生带领尼木县宣传部、卫生局（疾控中心）、安监局、教育局、食药局、工商局、农牧局、住建局、旅游局、商务局等成员单位一行人员，对吞巴乡旅游景区、318国道沿线、县中学、县紫丹玛大药房、县城餐饮店（6—8家）、尼木乡完小、尼木乡卫生院开展了一次食品药品安全联合执法检查。

同日 尼木县举办首批专招大学生下乡实践锻炼专题部署培训会，集中就实践锻炼具体事项进行动员安排，对精准扶贫工作任务、现状及下步工作进讲解，25名专招大学生下乡实践锻炼人员及各乡镇负责人、扶贫专干等共50人参会。

同日 北京大学赵鹏军教授到吞巴乡考察调研特色小城镇情况。

同日 尼木县中学组织开展了2016—2017年度校本培训第二期集中培训活动。副校长邓易才主持了本次培训，校长吕道坤作题为《如何进行有效的课堂教学评价》的校本培训。

同日 纪委、妇联发出“廉政文化进家庭”倡议书。

8月19日 尼木县举办2016年第一期公文写作专题培训班，主要讲授公文行文格式、行政机关公文文种、常用公文写作要点与注意事项等内容，各乡镇专职副书记、组织委员，县直单位党党建负责人共56人参加学习，发放公文写作资料50余套。

8月22日 为提升尼木县各校（园）教师的教学业务素质，努力打造以名师、学科带头人、骨干教师为主体的师资队伍，以点带面促进尼木县各校（园）有效课堂的深化，组织开展了尼木县

2016年课堂教学技能大赛。

8月23日 尼木县委组织部、民政局组织老干部开展“聊家常、谈感情、盼未来”为主的专题交流活动，深入了解退休干部的身体和生活状况，并发放慰问金4000元。

同日 安监局采取“四不两直”方式对吞巴乡聂玉采石场进行突击检查，检查发现：该采石场堆积大量破碎后的石块，存在未经复产验收擅自生产的违法行为，未严格执行《停工通知》（尼安监发〔2016〕03号）的相关要求；现场无安全员；无安全教育和培训记录。针对吞巴乡聂玉采石场存在的安全生产违法行为，安监局立即向吞巴乡聂玉采石专业合作社下发了《整改指令书》，责令该采石场进行关闭整改，对装载机、存放作业工具房间张贴了封条；并依据《中华人民共和国安全生产法》等相关法律法规向该采石场下发了行政处罚决定书，给予3.5万元的行政处罚。

同日 尼木县医院到东松村为农民体检。

8月24日 县委副书记加略及相关人员对尼木乡换届工作进行回访检查。

同日 尼木县组织人员对8个乡镇新一届领导班子开展“回访”工作，共谈话80余人，发放测评表300余份。

同日 尼木县委副书记加略及相关人员对尼木乡换届工作进行回访检查。

8月24—25日 尼木乡党委书记张同格带队到各村检查“两学一做”学习情况。

8月28日 北京农林科学院专家到吞巴乡考察调研。

同日 县委副书记、县长普琼到吞巴乡视察小康安居项目开展情况。

同日 市局用地科卓嘎科长到尼木县了解精准扶贫选址工作。

8月28—29日 由水利厅副厅长扎西平措、农水处工程师洛旦、市水利局副局长腾宝亭、建管科、小农办负责人组成的第二轮水利工程督导巡视组到尼木县检查指导工作，县政府副县长张振生、县水务局局长旦平陪同。

8月29日 尼木县第26个“民族团结宣传月”暨拉萨市第5个“民族团结进步节”活动动员部署会召开。

同日 中共尼木县直属机关工作委员会召开党员大会，会议选举县直机关工委出席中共尼木县第九次代表大会代表71名。

同日 尼木乡开展精准扶贫结对帮扶政策宣讲会。

同日 续迈乡召开中国西藏拉萨雪顿节、中国西藏旅游文化国际博览会期间维稳工作部署会。

8月30日 尼木乡召开雪顿节维稳工作会议。

8月31日 尼木县人民法院组织全院干警部署党风廉政建设和反腐败工作。

同日 检察院集中干警召开“雪顿节”期间廉洁纪律会议。

9 月

9月1—7日 净土办协同拉萨净土商贸公司参加了2016年中国·拉萨雪顿节”嘉年华净土健康产品展销会，此次展销会以集中展出尼木净土健康产品、民族手工艺品、藏香等特色产品。

9月5日 拉萨市审计局驻塔荣村工作队为贫困学生发放奖学金。

同日 尼木乡开展“六脱”政策宣传解读会。

9月8日 塔荣镇为各村发放《西藏自治区农牧民享受财政优惠政策》明白卡。

9月8—9日 尼木县司法局积极行动对所辖在册社区矫正人员和刑释解教人员进行全面走访排查。

9月9日 尼木县司法局局长带领局社区矫正工作人员到续迈乡司法所检查社区服刑人员的基本信息表、归档管理制度、日常。

9月10日 尼木县召开了第32个教师节表彰大会。县委书记杜国君出席了会议，县委副书记、县长普琼主持会议，在家县级领导，各乡镇书记、县直单位负责人、中小学校长、受表彰人员、教育局相关人员，中小学部分教师代表共200余人参加了会议。

同日 吞巴乡开展监督食品安全工作。

9月10—16日 净土办参加以“人间圣地·天上西藏”为主题的第三届中国西藏旅游文化国际博览会（藏博会），本届藏博会涉及尼木商品总体销售突破30万元，多家企业主动就尼木县特色文化产品保护与发展和其他净土健康产品开发进行意向性了解。

9月11日 续迈乡召开“两学一做”专题教育学习强化会。

9月12日 尼木县召开中国共产党尼木县第九次代表大会预备会，会议审议通过了大会主席团名单、大会秘书长名单、代表资格审查委员会名单和大会议程。

同日 妇联“中秋节”爱心慰问特困家庭。

同日 全面完成中央电视台《吉祥拉萨》纪录片摄制组在尼木县的摄制工作。

同日 尼木县委常委、政法委书记、公安局局长黄鹤，县委常委、政府副县长郑同生带领县安监、住建、治安、交通等相关单位对尼木县藏博会期间安全生产工作检查指导、对加气站、尼木桥头检查站、卡如一级检查站进行安全检查。

9月12—14日 尼木县召开中国共产党尼木县第九次代表大会，会议选举产生中共尼木县第九届委员会委员20名、候补委员4名，产生中共尼木县纪律检查委员会委员10名。

9月12—24日 尼木县圆满完成县级领导班子换届选举工作，选举产生中共尼木县第九届委员会、中共尼木县纪律检查委员会、尼木县第十三届人民代表大会常务委员会、政协第二届尼木县委员会。同步依法选举产生出席中国共产党拉萨市第九次代表大会代表、出席拉萨市第十一届人民代表大会人大代表。产生尼木县新一届四大领导班子成员和法检两长共34名，实现了组织意图和代表委员意愿的高度一致。

9月13日 拉萨市检察院督导组到尼木县检察院开展检务督察工作。

9月14日 尼木县召开中国共产党尼木县第九届委员会第一次全体会议，会议通过了选举办法和监票人，以无记名投票的方式，选举产生了中国共产党尼木县第九届委员会常务委员会委员13名，书记1名，副书记1名，常务副书记1名，副书记3名，所有候选人均以全票顺利当选。会议还以举手表决的方式通过了中共尼木县纪律检查委员会第一次全体会议选举结果的报告。当选书记杜国君代表新一届县委班子以《砥砺拼搏 开拓奋进—奋力谱写全县“十三五”转型升级发展新篇章》为题，做出重要讲话。

同日 为弘扬中华民族优秀传统节日，培育和践行社会主义核心价值观，进一步唱响“我们的节日·中秋”这一主题，尼木县中学开展了弘扬传统节日之经典诵读活动。

同日 尼木县食药监局牵头组织县卫生、县疾控组成的食品药品安全联合执法队，对县辖区内的进行了食品药品安全联合执法。当天检查30余家食品经营单位（包括餐饮店及流通行业）。3家药品使用单位，为保障节日期间的食品药品安全工作县食药监局将实行24小时值班制度，在节日期间在日常监督的基础上对部分食品经营单位将进行突击检查。

9月15日 尼木县教育局党委组织开展了对学校党支部书记或者党务工作者的培训活动。

9月16日 自治区副主席多吉次珠走访慰问尼木乡聂玉村结对帮扶对象。

同日 食药局严厉打击非法生产经营“三无”食品及食品添加剂，维护食品消费安全。

同日 尼木县强基办开展“9·16”平安西藏宣传日宣传活动。

9月19日 尼木县司法局在县政府大门口开展“9·16”平安西藏宣传日活动，这次活动主要是宣传平安西藏建设的重大意义、目标任务、主要措施等。

同日 尼木县水利局副局长李品及拉萨市设计院相关人员对尼木乡各村的水利设施进行实地调研。

同日 尼木县食品药品监督管理局在局长刘卓娅带领下，深入开展普法、宣传活动。活动重点就食品安全常识、健康知识问答、餐饮卫生、餐具消毒、食品保质及过期辨别、处理等。

同日 国土局兑现精准扶贫征地补偿费。

同日 尼木县水利局副局长李品及拉萨市设计院相关人员对尼木乡各村的水利设施进行实地调研。

9月20日 尼木县食品药品监督管理局组织“食品安全突查工作队”，对卡如乡幼儿园食堂、乡周边商店、餐饮店进行食品安全、食品是否过期、变质、进货是否规范、餐具消毒、防虫防蚁防鼠等方面突击检查，未发现违法情况。

同日 吞巴乡综治办工作人员对各村外出人员、外省学经人员进行了排查统计。

同日 塔荣镇举行精准扶贫搬迁点征地补偿发放仪式。

9月20—22日 尼木乡开展入户调查搬迁户就业意向。

9月21日 塔荣镇组织农牧民参加拉萨市第三届净土健康产业优良奶牛竞赛，并荣获1个一等奖，1个二等奖，1个优秀奖。

同日 吞巴乡2015年“一孩双女”“特别扶助”死亡退出人员兑现资金4880元。

9月22日 尼木乡召开“两学一做”查改部署会议。

同日 尼木县中学利用第八节课时间在全校范围内，开展了民族团结教育主题活动。

同日 团县委联合县民政局组织50余名志愿者到县福利院开展敬老爱老志愿服务活动。

9月23日 尼木乡开展环境卫生治理活动。

9月24日 麻江乡亚米组公路开工修建。

9月26日 农牧局举办第三届优良奶牛竞赛活动。尼木县塔荣镇雪拉村、林岗村奶牛参赛。此次活动以奶牛竞赛活动会为平台，充分调动了养殖户发展现代奶牛养殖业的积极性。

同日 尼木县食品安全监督管理局在政府二楼会议室，召开“企业助廉守法承诺书”签字仪式暨动员部署会议.

同日 续迈乡主要领导检查全乡秋收工作。

同日 塔荣镇组织学习尼木县第九次党代会精神。

9月27日 水利部质量建设考核组到尼木县东风灌区建设现场考核。

同日 尼木县召开中国共产党第九届委员会第二次常务（扩大）会议，县委书记杜国君、县委副书记尹世强、县委宣传部部长、脱贫攻坚指挥部副指挥长索朗次仁出席会议，县扶贫办副主任旦增主任及精准扶贫“六大专项”推进小组发言代表参加会议。会议强调，在未来的全县精准扶贫双百攻坚战中，找出精准扶贫工作存在的问题，大干200天。找到解决方法，各扶贫工作组积极提出建设性方案。并且对双百攻坚战提出五点要求：坚定打必胜的信心。有信心做好全县脱贫工作；增强机遇、发展意识；做好藏鸡、藏香、有机农业、旅游业四大产业；坚持正确工作汇报思路；明确既定的工作任务，如开展“321”结对帮扶模式；落实工作任务与责任，各级实时跟进工作任务，对贯彻落实不力的单位和主要领导要层层问责并将精准扶贫精准脱贫双百攻坚战纳入年终目标考核，对相关责任单位严格责任追究；强化干部作风建设，全力这助推尼木县的精准扶贫精准脱贫双百攻坚战。

同日 国土局领导班子成员到朗堆村调研指导精准扶贫工作。

同日 国土局班子成员到麻江乡1.5万亩土地开发项目现场督察指导工作。

同日 塔荣镇农牧办到各村检查箭舌豌豆种植情况。

9月28—29日 尼木县教育局在副县长索朗次仁的带领下开展“以教脱贫”在校大学生和两后生的数据核对工作。

9月29日 尼木乡开展精确核对六大专项脱贫数据工作。

同日 检察院积极参加“暨庆祝第26个民族团结宣传月”文艺会演。

同日 开展全国第14个“公民道德宣传日”宣传活动。

同日 开展迎国庆暨庆祝第26个民族团结宣传月文艺会演。

9月30日 检察院组织干警召开“国庆节期间”严明纪律会议。

同日　尼木县各中小学组织学生开展“向国旗敬礼”的教育实践活动。

同日　吞巴乡开展“敬老爱老”慰问活动。

同日　尼木县为贯彻落实区党委常委、组织部部长曾万明关于对驻村干部“多一份关怀、多一份叮嘱”指示和“各级各部门要在国庆期间广泛开展走访慰问驻村干部”要求，在岗县级领导到32个村、22个寺庙、3个护路队对驻村工作队、下沉干部、村“两委”、驻寺干部和护路队进行慰问，涉及资金12万余元。

10月

10月1日　尼木县中学全体师生举行了“迎国庆，促维稳”红歌比赛活动，庆祝中华人民共和国成立67周年。

同日　塔荣镇举行国庆节升旗仪式。

10月3日　自治区党委常委、拉萨市委书记齐扎拉专程前往琼穆岗嘎雪山实地开展调研工作，并与县委、县政府形成了开发琼穆岗嘎雪山自然风景区的初步设想。

10月8日　尼木乡召开党建七项任务安排部署会。

10月9日　普松乡召开2016藏汉“双语”学习培训工作部署会议。

同日　塔荣镇举行“最美夕阳红 爱暖老人心”文艺会演。

同日　塔荣镇召开“第一书记”下沉任职会。

10月10日　尼木县组织15名科级干部到北京海淀区行政学院参加第三十二期副科级公务员任职培训学习。

10月10日　在县政府五楼会议室召开2016年贫困户、贫困村退出动员大会举暨培训会。会议强调此次关于贫困户脱贫贫困村退出贫困县摘帽的工作已经到了刻不容缓的时候，各乡镇、各部门要通力配合，实施责任到人的工作办法，对于懈怠工作的领导干部坚决严惩，务必要打好此次扶贫攻坚战，按时完成2016年度贫困县脱贫摘帽考核任务。

10月11日　普松乡积极开展外出人员摸底调查登记工作并顺利完成。

同日　吞巴乡卫计工作人员计统计并上报2016年度计生信息。

10月12日　尼木县人民法院再夺全市法院结案率第一名。

同日　续迈乡民政工作人员核对低保人员名单，共计134户507人（A类76人，B类31人，C类400人），并整理低保档案及审批表。

同日　尼木县人大常委会副主任、旅游局局长张世杰带领全局党员干部到吞达村走访结对贫困户群众。

同日　尼木县人大常委会副主任、旅游局局长张世杰带领相关工作人员，对续迈温泉开发项目进行实地指导检查。

同日　住建部城镇供水规范化管理考核组熊易华一行到尼木县自来水厂考核工作。

同日　尼木县教育局软弱涣散基层党组织整顿工作领导小组到吞巴乡完小，对吞巴乡小学党支部软弱涣散党组织整改工作进行考核验收。

同日　续迈乡发放2015年受灾农田涉农保险赔款资金。

10月13日　县教育局组织全体中小学书记、校长，以及局机关干部职工30余人参加了党风廉政建设专题会议。

同日　尼木县教育局党委召开学习会议，各学校书记、校长、局机关全体干部职工集中学习《中国共产党问责条例》和习近平主席在中共中央学习《胡锦涛文选》报告会上的讲话精神、吴英杰书记在自治区党委理论学习中心组“两学一做”学习教育系列讲话专题学习研讨会上的讲话精神摘要，齐扎拉书记在拉萨市召开精准扶贫精准脱贫“双百攻坚战”动员部署大会上的讲话精神。

同日　续迈乡扶贫办工作人员上报2016、2017年预脱贫人员名单（2016年155户644人，2017年51户153人），并组织村两委、下沉干部、驻村工作队开展贫困户退出前期准备工作。

同日　续迈乡党群办工作人员上报2016年三老人员名单、党员手机号、借调人员名单，并撰写党建促脱贫项目工作开展情况。

10月14日 尼木县委书记杜国君到塔荣镇调研精准扶贫工作。

同日 续迈乡农牧办工作人员监督2016年牲畜防疫工作，核对精准扶贫以补人员信息，发放2015年山岗村农田受灾赔款资金。

同日 尼木县在教育局召开2016年新分配教师座谈会，县委常委、县政法委书记、公安局局长黄鹤，县委常委、副县长郑同生、教育局局长洛桑加央、副局长尼玛和2016年新分配教师共30人参加了会议。

同日 普松乡2016年度创建优秀乡级联户代表评选活动。

同日 尼木县文广局干部到江苏省参观学习。

10月15日 普松乡举办2016年度乡、村两级先进“双联户”创建评选表彰暨培训活动。

10月16日 尼木县中学邀请尼木县法制副校长到学校举行禁毒知识竞赛。

10月17日 尼木县政协副主席、民宗局局长旺杰到普松乡如白村慰问3户精准扶贫结对帮扶户。

同日 市信访局调研员法德玛、市信访联合接访中心主任米玛潘多到尼木县检查指导工程建设领域矛盾纠纷排查化解工作。

同日 由县委、县政府主办，县教育体育局承办的尼木县第七届琼穆岗嘎杯足球比赛在县中学正式开幕。

同日 续迈乡召举办辖六村产业经济发展座谈会。

10月18日 尼木县采取党支部自查、党委检查、县委组织部抽查的形式，通过查阅台账、召开座谈会、民主测评等方式对10个软弱涣散党组织整顿情况进行考核验收，并针对整改不到位的情况集中进行了整顿工作“回头看”，查漏补缺、深化成效。

同日 县委常委、组织部部长杜开凡带领组织部全体党员干部，到卡如乡卡如村看望慰问结对帮扶贫困户，了解他们生产生活、经济收入、子女上学、医疗救助、自我脱贫、困难需求等，并发放价值3600元的生活用品。

同日 尼木县开办第一期机关干部藏汉双语学习培训班，46名机关干部参加了培训班。此次培训由县委组织部委托中学藏文老师每周二晚上为机关汉族干部讲解藏语文基础和常用藏语口语。

同日 续迈乡干部对精准扶贫结对户进行走访。

同日 续迈乡农牧办人员陪同北京谷田公司科技专家下村宣传科普推广工作。

同日 精准扶贫交叉督导组到塔荣镇检查指导精准扶贫工作。

10月19日 尼木县教育局在会议室召开精准扶贫以教脱贫工作推进会，会议由洛桑加央局长主持，县委常委、副县长郑同生、副局长田茂飞、以教脱贫办工作人员、县人社局及各乡镇扶贫工作人员参加了会议。

同日 续迈乡精准扶贫办工作人员再次核对六脱数据，并走村入访了解贫困户的家庭经济状况。

同日 续迈乡农牧办发放微耕机14台，监督牲畜疫苗工作。

同日 续迈乡农保办发放60岁存折，养老保险。

同日 尼木县食药局联合县委党校举办食品GSP和药品药械不良反应培训班，县卫生局、县医院、县防疫站、乡镇卫生院39名工作人员参加此次培训。

同日 尼木县食品药品安全监督管理局组织县卫生局、疾控中心、县医院、各乡镇卫生院在县医院医技楼会议室，开展了药品GSP和药品药械不良反应培训，参加此次培训人员共39名。由自治区药品及医疗器械不良反应监测中心王雪梅老师授课。

10月20日 续迈乡民政办核对2016年首届残疾人运动会参赛人员。

同日 尼木县教育局党员干部到结对认亲困难家庭调研慰问，发放价值7200余元的慰问物资。

10月21日 续迈乡民政办核对2016年集中纳入“五保”的名单，并补写相关申请材料；共计8户11人。

同日 尼木县委常委、统战部部长普布次仁带领统战部、宗教办全体党员干部到帕古乡帕古村看望慰问9户精准扶贫结对帮扶户。

同日 自治区领导到吞巴乡验收干部职工周转房。

同日 北京谷田农业科技发展有限公司到雪拉村开展科普宣传。

10月21—22日 尼木县教育局对全县各级各类学校教工之家主厨和学生食堂主厨，塔荣镇和尼木乡20—40岁有学习烹饪技能意愿的“两后生”，在尼木县中学教工之家，开展2016年精准扶贫以教脱贫第一期烹饪技能短期培训班。

10月22日 续迈乡综治办开展乡跟村级优秀联户代表评选工作。

同日 拉萨市“党建统市”战略课题调研组到尼木县调研，6名北京物资学院专家、2名市委党校专家与尼木县43名党建负责人召开了座谈会，并到麻江乡、吞巴乡、杰吉寺对党建工作进行了实地调研。

同日 尼木县强基办联合组织部、扶贫办等相关单位到32个驻村点，通过听取工作汇报、查阅文件资料、实地查看项目、到农家牧户、问卷民主测评等方式，对各驻村工作队进行全面考核。

同日 尼木县教育体育局发放农牧民和城乡低保户子女大学生资助金，2016年尼木县资助农牧民子女和城镇低保子女大学生744名（新考入190人），共计资助资金317.11万元，其中为尼木县高等教育阶段农牧民子女612人提供了全额学费资助金209.71万元，对138名精准扶贫大学生提供全额学费资助41.33万元，提供生活补助69.6万元，共计资助107.39万元。

同日 国务院扶贫办开发领导小组赴藏调查组到尼木县展开为期3天的精准扶贫精准脱贫工作调研。督查小组分别抽查尼木县塔荣镇、吞巴乡、续迈乡的脱贫攻坚情况。

10月23日 拉萨市水利局副局长觉旦带领区市水利部门一行8人对尼木县2014年小农水重点县进行竣工验收，并通过了验收。

10月24日 拉萨市委常委、市政府党组副书记、北京援藏指挥部副指挥暴剑一行到卡如乡进行旅游产业调研。

10月25日 尼木县委常委、宣传部部长索朗次仁到吞巴乡督查调研宣传思想文化工作。

同日 续迈乡组织干部观看焦裕禄先进事迹教育片。

10月26日 续迈乡举办家电下乡宣讲会。

同日 尼木县人大常委会副主任、县旅游局局长张世杰和拉萨市域上和美有限公司一行，到卡如乡实地调研旅游产业。

同日 为提升教师教育教学能力，深入贯彻落实市委、市政府“振兴教育教学质量”的决策部署，充分发挥教研员的引领、示范作用，促进城乡教育均衡发展，搭建城乡教育联系的桥梁，缩小城乡教育差距，加强城乡教师的交流与沟通，全面提升教学质量，拉萨市教研所（初中组）由安世林老师带队，一行6人（安世林、顿珠、李成义、关键林、吴玲、次旦卓玛）在拉萨市尼木县教育局教研室副主任德琼老师的带领下，到尼木县中学组织开展了为期两天的蹲校视导活动。

10月26—27日 拉萨市教研所（初中组）由安世林老师带队，一行6人到尼木县组织开展为期两天的蹲校指导活动。

10月27日 妇女群众实地参观搬迁点，推动易地扶贫搬迁工作。

10月28日 市委党建改革办领导到续迈检查“夜校班”开展情况。

同日 拉萨市国土资源局副局长朱万江带领专家组到尼木县对麻江乡1.5万亩土地开发项目进行验收。

同日 尼木县文明办联合县教育局、县财政局到麻江、续迈、尼木乡小学开展乡村学校少年宫考评验收工作。

10月31日 西藏德青源农业科技有限公司负责人到吞巴乡查看养殖藏鸡是否达到收购标准。

11月

11月1日 西藏自治区未成年人工作组组长杨华、市文明办格桑卓玛等领导在县宣传部薛勇、教育局德育室负责人格桑尼玛的陪同下到帕古乡完小乡村少年宫进行实地检查验收并指导工作。

同日　县纪检书记到续迈检查指导工作。

同日　尼木县委组织部联合扶贫办对12名专招大学生进行藏语笔试和听力考试，增强专招大学生学习藏语的积极性和自觉性，使其在脱贫攻坚工作中发挥更大作用。

11月2日　区文明办未成年人工作组组长杨华一行到尼木县帕古乡完小就乡村学校少年宫项目建设及运行情况进行检查验收。

同日　县委常务副书记赵金祥和拉萨市域上和美有限公司一行到卡如乡进行旅游产业规划实地调研工作。

同日　县委常委、组织部部长杜开凡到信访局调研指导信访工作。

同日　尼木县委组织部从组织建设、人员现状、班子运行等情况对县教育局等5家单位进行了党建调研。

同日　普松乡开展对“三会”期间及年底生产安全大检查。

同日　塔荣镇综治办联合镇经社办开展矛盾纠纷排查及安全大检查。

11月3日　尼木县2016年下半年和谐模范寺庙暨爱国守法先进僧尼表彰大会隆重召开。

11月4日　副县长米玛潘多一行到卡如乡赤朗沟进行旅游产业调研。

同日　尼木县人民法院成功举办2016年度人民陪审员、人民调解委员会培训班。

同日　塔荣镇成立精准扶贫审核验收小组并开展交叉验收工作。

同日　尼木乡干部集中学习中共十八届六中全会公报内容。

11月5日　德青源农牧科技有限公司到吞巴乡收购藏鸡。

同日　尼木县草补奖办领导小组到塔荣镇自验牲畜清点工作和资金兑现工作。

11月7日　尼木乡召开年终考核工作部署会。

11月8日　尼木县各级党组织相继组织开展《榜样》专题节目学习活动，全县105个基层党组织认真组织观看，3000余名党员受到了教育。

同日　吞巴乡妇联联合扶贫办召开贫困妇女技能培训开班仪式，培训为期一个月。

同日　吞巴乡扶贫办工作人员对乡155户建档立卡贫困户脱贫人员名单进行公示。

11月9日　吞巴乡综治办召开优秀联户代表表彰大会。

同日　公安局加强应急民兵训练提高执行维稳能力。

同日　拉萨市水利局副局长觉旦一行对尼木县2015年小农水重点县进行竣工验收。

11月10日，县委副书记、县长普琼主持召开信访工作推进会。

同日　麻江乡麻江组公路竣工，正式投入使用。

同日　尼木县召开创先争优强基础惠民生活动第五批驻村工作总结表彰暨第六批驻村动员大会。

11月11日　县团委开展以“青春相约·缘启尼木”为主题的青年联谊活动。

同日　团县委、县妇联积极为曲林村贫困儿童及残疾老人争取到慰问资金，对曲林村3名贫困儿童和2户长期卧病在床的妇女进行了慰问。

同日　续迈乡组织汉族干部学习藏语。

11月12日　尼木县中学邀请勉唐派第四代传承人西藏大学艺术学院唐卡专业教师、西藏美术家协会会员、西藏丹巴饶旦艺术学校校长、西藏卡多艺术传播有限公司创建人旦增平措老师为大家进行《唐卡艺术的现状》专题讲座。

11月13日　自治区“两学一做”第一督导组到尼木县8个乡镇32个村就“干部驻村工作”“两学一做”及党建七项重点任务排查情况进行检查指导，共组织13名县级干部、8名组工干部对基本党务知识和基本政治常识进行考试测评。

11月14日　尼木县食品安全委员会在县食品药品监督管理局召开会议，部署农村食品安全专项治理工作，安排“清源”“静流”“扫雷”“利剑”四大行动。县食安办、县公安局、县农牧局、县畜牧兽医站、县工商局、县食品药品监督局六部门相关负责人参加会议。各相关部门要加强协作，突出风险管控，加大日常监管，严抓重点区域、重点业态、重点时段，净化农村食品生产经营环境，保障农村群众“舌尖上的安全”。

同日 北京良乡医院老师指导县医院院创建“二级乙等”医院推进会。

同日 拉萨市中级人民法院副院长王东军到尼木县法院检查指导工作。

同日 检察院旧楼改造顺利通过验收。

11月14—16日 拉萨市素质教育督导评估组到尼木县开展素质教育督导评估。督导组通过听取学校汇报、听评课、召开座谈会、实地考察、查阅资料等方式，对尼木县素质教育开展情况进行了全面督导检查，由于尼木县准备不到位，被评定为不合格。

11月15日 尼木县委副书记次旦贡觉及考核组其他成员一同到尼木乡进行年终考核。

同日 县委维稳副书记加略主持召开全县建筑工程领域“双拖欠”情况专题会议。

同日 尼木县农开办到尼木乡检查指导精准扶贫相关工作。

同日 尼木县各单位对尼木乡进行年终考核。

同日 尼木县考核领导小组到塔荣镇考核。

11月16日 尼木县委组织部正式启动全县事业单位网上登记和党政群机关统一社会信用代码赋码换证工作。

同日 市委常委、统战部部长阿努次仁，市政协副主席、民宗局党组书记拉巴顿珠，市委统战部常务副部长拉琼次仁一行到尼木县调研宗教工作开展情况。

同日 吞巴乡对拥组公路开工放线工作进行调研。

11月17日 拉萨市中级人民法院副院长陈杰到尼木县法院检查年底考核工作。

11月21日 尼木县琼姆康嘎建筑有限公司，西藏君泰工程设施有限公司，西藏金鑫工程项目监理公司等施工和监理单位的领导、专家，对尼木县数字电影建设项目进行初验。

同日 尼木乡开展贫困户房屋图片和视频数据采集工作。

同日 吞巴乡领导到雍组新修公路沿线查看前期工作筹备情况。

同日 尼木县委组织部邀请市委组织部组织科业务骨干为全县乡（镇）党委书记、村第一书记、县（中）直单位党支部书记进行基层党建重点任务业务推进培训会，120余名党建工作人员参加了培训。

11月22日 尼木县人民检察院职务犯罪检察科针对“三包”“营养餐改善计划”经费落实情况开展调研工作。

11月23日 尼木乡开展各村建档立卡户帮扶责任人信息核实与系统录入工作。

同日 拉萨市民宗局副局长次仁昌菊局一行到卡如乡赤朗村结对认亲。

11月24日 自治区换届回访组到尼木乡检查换届工作。

同日 县委副书记加略到卡如乡赤朗村结对认亲。

同日 尼木县教育局组织各中小学校长、教务主任、德育主任、办公室负责人共计30余人在县中心小学教工之家召开素质教育督导评估推进会议，会议由教育局副局长田茂飞主持，县委常委、政府副县长郑同生出席了此次会议。

11月25日 尼木县委组织部筹备万名村（居）干部文化素质提升工程考试工作。

11月26日 市考核组到尼木县展开为期两天的考核，考核对象为尼木县脱贫攻坚指挥部、各个乡镇。

同日 为切实帮助尼木县中学加强师资队伍建设，更新教师观念，提高教师技能，提升教学质量。拉萨二中按照城乡结对计划，在赵秀林校长的带领下，副校长刘月英和城关区级的两位骨干教师，到尼木县中学进行实地指导。

11月27日 拉萨市脱贫攻坚指挥部书记普布顿珠及相关人员到尼木乡进行精准扶贫考核验收工作。

11月28日 尼木县委组织部联合县纪委分派4个组对全县8个乡镇党委和40个基层党支部基层党建重点任务推进情况进行检查，对存在的问题进行指导。

同日 尼木县印发《中共尼木县委员会关于

成立尼木县社会组织工作委员会的通知》，通知明确了机构设置、主要职责和领导职数及人员组成。党工委配备书记1名、副书记2名、委员6名。

同日　副县长布琼到吞巴乡查看农村公路修建情况。

同日　续迈乡召开第三季度下沉干部交流会。

11月29日　在尼木县教体局的组织下，尼木县各中小学进行了关于“素质教育督导评估整改”的互查工作。

同日　拉萨市扶贫办组织扶贫（农发）项目考核小组到尼木县集中验收2014年续建项目、2015年申报实施的扶贫（农发）项目。通过实地查看、检查资料、资金使用情况，对尼木县的扶贫（农发）项目进行验收。

同日　持续9天（11月20—29日）的卡曲寺古朵法会佛事活动以摸顶仪式顺利结束。

同日　拉萨市扶贫办主任次仁、扶贫办科长及尼木县副县长旦增江才到尼木乡进行扶贫开发项目考核验收与指导。

同日　检察院工作人员到东嘎村调研精准脱贫工作。

11月30日　尼木县委党校举办为期2天的“2016年初任干部培训班”，共有37名干部参加此次培训。

12月

12月1日　尼木县委组织部开展为期两天的初任公务员培训班，37名新分配干部、志愿者参加培训。

同日　尼木县人民检察院对涉嫌故意伤害致人死亡的犯罪嫌疑人扎某依法做出批准逮捕决定。

同日　尼木县妇联携手拉萨恒大医院开展民族团结巾帼添彩行动之“送医送药送温暖”活动，向尼木县95名尼姑赠送毛毯，开展义诊。

12月2日　尼木县团委积极响应共青团拉萨市委员会下发的关于志愿服务自行车试行方案，尼木县8位志愿者每人配置了一辆志愿服务自行车。

12月4日　团县委联合司法局、公安、检察院、政法委、宣传部等部门的志愿者开展了法制宣传活动。

同日　阿里考察团一行20人到尼木县参观考察创业项目。

同日　尼木县举办第六批驻村工作队队长岗前培训班。

12月5日　普松乡举办精准扶贫生态补偿转移就业岗位补贴发放仪式。

同日　普松乡为建档立卡贫困户开展免费健康体检活动并建立健康档案。

同日　吞巴乡扶贫办工作人员以及财务工作人员在乡纪检工作人员的监督指导下，兑现以补人员工资共计134.1万元。

同日　在尼木县教育局二楼会议室，尼木县中小学、幼儿园的10名非师资教师，开展了由尼木县教育局教研室主办的说课测试活动。

同日　续迈乡举办乡未来五年产业发展规划采集民意座谈会。

12月6日　尼木乡开展“健康体检促脱贫”村民健康体检活动。

同日　团县委将内地爱心人士捐赠的价值5000元的80套棉服送去帕古乡完全小学，为贫困地区学生送去温暖。

同日　尼木乡开展2016年以补人员工资发放部署会议。

同日　塔荣镇召开党建工作推进会。

12月7日　尼木乡开展2016年以补脱贫工资发放工作。

同日　尼木县委常委、政府副县长、县安委会常务副主任郑同生牵头县安监局在公安局召开会议，与县公安局协调生产安全事故信息统计联网直报事宜。县委常委、政法委书记、公安局局长黄鹤、安监局局长王万宪以及县交警大队负责人等相关人员参加了此次会议，会议对生产安全事故统计信息归口直报工作进行了协调安排部署。

12月12日　西藏自治区党委组织部组织一处处长张平，拉萨市委副书记、组织部部长陈军到尼木县检查指导基层党建“七项重点任务”清理整改情况。县委书记杜国君，县委副书记、县长普琼，县委常委、组织部部长杜开凡陪同。

同日 尼木县委党校举办村干部能力素质培训班，各村党支部书记、副书记、村委会主任、副主任及乡镇部分组织委员、扶贫专干共137名干部参加此次培训

12月13日 尼木县政协委员到达孜县精准扶贫异地搬迁地开展视察活动。

同日 拉萨市督导评估组由拉萨市教育局副调研员毛雅丽带队、拉萨市第三中学校长王浩波任组长，一行9人在县委副书记、县长普琼，县委常委、宣传部部长索朗次仁，县委常委、组织部部长杜开凡，副县长郑同生及教育局副局长田茂飞等的陪同下，对尼木县中学进行素质教育督导复查。

同日 尼木乡召开“两学一做”民主生活会。

12月14日 尼木县举办创先争优强基础惠民生活动第六批驻村工作队队长岗前培训班。县委常委、组织部部长，县创先争优强基础惠民生活动领导小组副组长、办公室主任杜开凡出席开班仪式并讲话；县委常委、纪委书记郝蕾主持会议。

同日 尼木乡干部年终考核。

12月14—15日 西藏自治区第一巡回检查组副组长、林芝市政协副主席崔晓东一行4人，到尼木县检查指导基层党建工作七项任务落实情况、“两学一做”学习教育开展情况及驻村工作队轮换交接情况。

12月15日 县卫生局医生到续迈为建档立卡贫困户免费体检。

同日 卡如乡开展精准扶贫户开展免费健康体检活动。

同日 乡领导班子开展批评与自我批评。

12月17日 卡如乡党委政府到村组开展十八届六中全会精神宣讲工作。

12月18—24日 尼木县通过召开述职评议会议，发放民主测评表、实地察看、查阅资料、个别座谈等方式，对32个村“两委”班子进行年度考核，集中从自身建设、综治维稳、七项党建任务和“三个全覆盖”工作、村干部队伍建设情况等8个方面47项内容逐项进行了量化打分和等次排名，共评选出10个先进村“两委”班子。

12月19日 拉萨市副市长朱建红到尼木县开展文化调研。

同日 尼木乡召开2016年县脱贫攻坚指挥部工作检查部署会议。

同日 塔荣镇组织学习《胡锦涛文选》和传达《党的十八届六中全会、区市第九次党代会精神农牧民宣讲提纲》文件精神。

12月21日 尼木县教育局召开全体干部职工会议，学习贯彻“党的十八届六中全会、区市第九次党代会精神”和“精准扶贫精准脱贫、小康安居工程政策”，以会议精神为动力进行研究部署抓好宣讲工作，真正达到家喻户晓、人人皆知和统一思想认识、凝聚智慧力量的预期目标。

同日 吞巴乡为保证燃灯节期间和谐稳定，平安度过，陆续召开了燃灯节维稳部署会议，并在白天对各处进行燃灯节安全隐患进行了大排查，夜间组织相关人员下到各村、寺庙进行了夜间巡逻。

同日 吞巴民政工作人员兑现各项惠明资金277640元。

同日 塔荣镇村“两委”班子工作考核领导小组到辖区各村考核。

同日 尼木乡召开村“两委”考核述职评议大会。

12月22日 尼木县教育系统开展教育系统学习中共十八届六中全会、区市第九次党代会精神和“精准扶贫精准脱贫、小康安居工程政策”宣讲活动。

同日 国土局开展尼木县不动产首发仪式。

同日 拉萨市妇联到尼木县检查验收2016年妇联妇儿工委工作。

12月23日 塔荣镇召开2016年村“两委”述职评议会。

12月27日 卡如乡党委、政府到各村组开展“十八届六中全会、区市第九次党代会精神和精准扶贫小康安居工程”宣讲活动。

12月28日 普松乡学习中共十八大六中全

会、区市第九次党代会精神、精准扶贫精准脱贫和小康安居工程政策。

同日 尼木县食药监局局长刘卓娅带队对县级医院、药店、县人民医院对外诊所及各乡（镇）卫生院药品使用进行专项监督检查。检查中发现紫丹玛大药房尼木县分店内：11盒新复方大青叶片（厂家：黑龙江乌苏里江制药有限公司哈尔滨分公司）；尼木县人民医院对外诊所发现7盒新复方大青叶片（厂家：山东健民药业有限公司，生产批号：140318，生产日期：2014.3.31），对以上产品执法人员当场做登记笔录，要求负责人下架封存，做好退货工作并将退货清单上报食药监局，县辖区内未发现进口注射用头孢哌酮钠。

12月29日 县委书记杜国君应邀做客新华网、中国政府网、国家信访局网站谈信访工作。

12月29—30日 食药局积极参加县食品安全委员会组织的联合执法，县委副书记、常务副县长彭松涛的亲自带领，对县辖区内的进行食品安全联合执法。鑫旺批发部内检查过程中执法人员发现1个品种的过期产品，儿童食品（打狗棒品牌30余小包）对此工商执法人员当场进行没收。

政 治

中共尼木县委员会

【概况】 2016年，尼木县深入贯彻落实中共十八大，十八届三中、四中、五中、六中全会和区市第九次党代会精神，认真贯彻落实习近平总书记系列重要讲话精神和中央第六次西藏工作座谈会精神，全力实施党建统县、环境立县、文化兴县、产业强县、民生安县、依法治县“六大战略”，凝心聚力、攻坚克难，全县经济快速发展、民生进一步改善、社会局势持续稳定、社会事业协调发展，实现了“十三五”规划开门红。

【健康发展】 2016年，全县地区生产总值实现6.69亿元，同比增长4.6%；公共财政预算收入1.12亿元，同比增长100.97%；社会固定资产投资13.18亿元，同比增长21%；农牧民人均可支配收入10254元，同比增长10.3%；工业增加值4755万元，同比增长12.1%；招商引资到位资金5.16亿元，同比增长14%；实现社会消费品零售总额5500万元，同比增长13.40%。

【“三农”工作】 2016年，全县粮油播种面积36562.22亩，粮油总产量1436.5万公斤，比2015年增产6.25万公斤，粮经饲比例调整为72.1：15.4：12.5，牲畜存栏109100头（只、匹），猪牛羊肉产量3000吨，奶产量4100吨，禽蛋产量110吨，牲畜良种覆盖率5.02%。2016年，农牧业总产值实现3.78亿元，同比增长11.3%，畜牧业产值2.12亿元，同比增长10.5%，占农牧业总产值达到56%；农牧业产业化经营率达到45%；农牧业科技贡献率达到46.8%；培训农牧民23期1500余人次，增加劳务收入650余万元；农牧民人均可支配收入11360元，同比增长22.17%。

【产业提升】 年内，大力实施“产业强县”战略，重点推进“四产业两园区”建设。藏鸡产业方面：尼木藏鸡和尼木藏鸡蛋地理标识保护产品，通过国家工商总局初审。总投资1.22亿元的尼木藏鸡保种育种项目一期工程于2016年7月底全面竣工，养殖藏鸡12000只，其保种扩繁方式得到区内畜禽专家高度认可。藏香文化产业方面：争取北京援藏“十三五”计划外资金7991万元打造尼木藏香文化产业园。投资400万元，集产品研发、生产、销售和旅游服务为一体的尼木藏香研发中心完成主体工程，10月，完成设备采购；投资1900万元的非物质文化展示中心完成结构封顶，明年可投入使用；全年藏香产值达到5700万元。全域旅游产业方面：重点打造尼木县“四菜一汤”全域旅游产业总体布局：“四菜”是指吞巴特色小城镇建设和藏文化、藏香文化发展，卡如乡沟域经济建设，麻江乡琼穆岗嘎旅游资源开发和乌米农业高新技术产业示范园区建设；“一汤”是指以续迈温泉为主、卡如温泉和麻江温泉等多点开发的温泉项目建设。2016年全年“一日游”游客74833人次，同比增长13%，旅游收入3026.73万元，同比增长16%。有机农业产业方面：尼木县坚持把有机农业发展作为农牧业提质增效和推进生态产业发展的一个重要措施，及时成立尼木县创建国家有机产品示范县领导小组，制定实施方案；邀请农业部相关专家赴尼木就有机农业示范县创建进行专业技术指导；邀请北京同仁堂科技发展股份有限公司和杭州博可生物科技有限公司到尼木县就藏香开发、药材种植、有机农产品生产进行实地考察，洽谈合作方式，达成开发合作初步意向。“两园区”建设方面：在乌米农业高新技术产业示范园区建设上，自筹800万元建设1万平方米高效温室，开发食用菌生产，扩大石斛、灵芝种植面积。与西藏天润农牧业开发有限公司合作，在乌米净土健康产业园区建成270亩特色药材种植基地，新种植石斛10万株，灵芝10万株，蓝莓3000株，与市净土公司合作试种藜麦60亩。在拉萨经开区尼木产业园区建设上，组建了拉萨经开区尼木产业园开发建设有限公司，完成了产业园公司注册、银行账户开户等工作。正在编制产业园区总体规划和可研报告，预计2017年3月开工建设。

【**项目拉动**】 2016年，全县开工建设项目97项，总投资29.48亿元。其中续建项目40项，新建项目57项，已完成投资13.18亿元，完成全年目标任务（12.85亿元）的112.71%。

【**教育事业**】 年内，选派教师参加国家培训123人次，区级培训14人次，市级培训53人次，县级培训43人次，小学适龄儿童入学率达到99.93%，初中适龄人口入学率达到99.82%；为高等教育阶段农牧民子女744人提供全额学费资助金209.71万元，对138名精准扶贫大学生提供全额学费和生活补助110.9万元。

【**文化事业**】 年内，以“3·28”西藏百万农奴解放纪念日、“5·23”西藏和平解放纪念日、中国共产党建党95周年、民族团结宣传月、国庆节、红军长征胜利80周年等节点为契机，深入、持续、广泛地开展“中国梦”“老西藏精神”“两路精神”“反对分裂、维护稳定”感党恩主题宣传教育，筑牢共同团结奋斗思想基础。投入35862元制作“讲文明、树新风”户外公益广告60余个，开展以习近平总书记系列重要讲话、中央第六次西藏工作座谈会精神、党中央治国理政新理念新思想新战略等为主要内容的各类宣传宣讲活动100余场次，开展文艺演出35场次，科技下乡6场次，卫生下乡23场次，法律下乡32场次，爱国爱教宣传服务下乡22场次。文化产业共建共享。圆满完成中央电视台外语频道，对尼木县吞巴乡的宣传报道工作和中央电视台《吉祥拉萨》在尼木县的拍摄工作。成功申报380余万元的尼木县民俗文化展馆外宣点建设项目。公共文化服务普惠群众。实现了县有文化活动中心、文化信息资源共享中心、新华书店、3D数字电影院，乡镇有文化站，村和寺庙有农家书屋和寺庙书屋，并建立健全了公共文化设施运行保障机制，做到了各类文化设施设备有工作人员、有管理制度、有经常性活动、有经费保障，公共文化服务体系日趋完善。成功申请到投资1200万元的白面具藏戏传习所项目，完成56处文物点立碑保护工作，争取到90余万元对尼木县文化活动中心进行装修，完成中央藏语频道广播节目覆盖项目的前期工作和广播电视高山台站建设的选址、地勘、设计等前期工作。

【**医疗卫生**】 年内，争取到卫生基础实施建设项目4个，资金达2240万元。发放“一孩双女”困难家庭及“特别扶助”资金70.632万元，补偿大病统筹基金1424人次886.33万元，农牧区医疗制度筹资率100%，综合覆盖率达100%。开展食品安全检查789家次、专项检查268家次、联合检查1188家次，出动执法人员2438人次，对食品安全抽检不合格的3家单位处以罚款10300元。2016年，无重大疫情和食品、医疗安全事故发生，孕产妇零死亡。

【就业和社保】 2016年，努力推进全民参保，五大保险参保人数达到21796人，征缴基金1942.05万元，报销、发放资金601.02万元。为城乡低保对象991户3032人落实低保金641.11万元，城乡医疗救助683人，兑现救助资金273.4万元，发放五保供养资金84万元，为862名残疾人落实护理补贴和生活补贴65.4万元。

【扶贫工作】 2016年，尼木县精准识别建档立卡贫困户1259户5018人，贫困人口比例16.64%。按照拉萨市“两年脱贫、三年巩固”的目标任务，尼木县紧紧抓住“双百攻坚战”的重要节点，不断加强组织领导，层层压实责任，强化“六脱”措施，突出以产业扶贫为突破口，以易地搬迁为基础，统筹推进以教脱贫、以补脱贫、以保脱贫、以助脱贫等工作，2016年产业扶贫项目到位资金7164万元，截至年底，全县已达到脱贫标准的贫困户有989户4096人，完成年度脱贫任务（645户2361人）的173.5%，吞巴乡、卡如乡、普松乡3个乡和续迈村、聂玉村等12个行政村，贫困人口比例下降至3%以下，达到退出贫困村的标准；建档立卡贫困户人均可支配收入达到4786.9元，同比增长78.1%。

【生态环境】 年内，实施重点区域造林739.7亩、拉萨周边防护林工程5874.3亩，完成生态安全屏障防沙治沙项目13333.4亩，退耕还林65亩。先后投入748.28万元全面开展环境保护工作。完成6个生态乡镇、24个村生态创建申报工作，并全部通过验收。投入216万元为七乡一镇购买8台压缩式垃圾车，新改扩建各类项目环评执行率达到100%，环评“三同时”制度执行率达到100%。

【维稳工作】 年内，完成县、乡、村三级综治信息平台建设，631名联户代表完成认证登记。开展安全隐患联防联控579次、整改隐患215次，开展治安巡逻959次。排查铁路安全隐患13处，组织队员自行修补、加固铁路设施12次，完成重要列车安保任务2次，未发现一起偷盗损坏铁路设施设备行为，未发生一起铁路安全事故。宗教领域和谐稳定。积极做好寺庙“六建”工作，认真开展寺庙“六个一”活动，不断完善“9+5”工程，寺庙管理服务工作逐步迈入制度化、规范化轨道。2016年，投入资金207.375万元，为寺庙、僧尼办实事181件；投入资金15.9万元，对6座和谐模范寺庙、124名先进僧尼、8座先进寺管会、19名优秀驻寺干部进行表彰；将20座寺庙专职管理干部机构业务用房纳入民生工程并按计划进行建设。民族团结更加紧密。紧紧围绕“共同团结进步、共同繁荣发展”民族工作主题，在全县范围内深入开展民族团结进步创建工作，形成了爱护团结、珍视团结、争当模范的良好氛围，各民族交往交流交融更加深入。2016年，共评选表彰16个民族团结模范集体和31名民族团结模范个人，兑现表彰资金9.5万元。矛盾纠纷妥善化解。深入推进“阳光信访、责任信访、法治信访”工作，不断强化“七化”工作措施，在源头预防、畅通渠道、化解矛盾和夯实基层上聚焦发力，矛盾纠纷妥善化解。2016年，为法院“调诉对接中心”拨付资金5万元，“大调解”格局初步形成，划拨执行救助金30万元，为生活困难案件当事人进行救助提供可靠保障。截至年底，全县人民调解委员会共受理调解案件53起，同比减少45%，调处53起，调解成功53起，调解率100%。共接待群众来信来访9批件11人次，比上年分别下降52.9%和41%，办结9批件，结案率100%；市局转送3批件5人次，办结3批件，办结率100%。

【安全生产】 年内，坚持“安全第一、预防为主、综合治理”方针，按照“党政同责、一岗双责、齐抓共管”的要求，严格落实安全生产责任，深入开展消防安全、生产安全、交通安全、食品药品安全等领域大排查大检查大整治活动，共检查764次，发现隐患255处，已全部整改。全年共发生各类生产安全事故29起，未发生较大以上事故，全县安全形势整体向好。

【受援工作】 年内，在市委、市政府和北京市援藏指挥部的正确领导下，尼木县援藏工作小组认真落实中央第六次西藏工作座谈会精神，充分发挥援藏干部作用，认真履行岗位职责，助推尼木经济社会发展。积极做好带班值班工作，经常深入群众、深入基层及联系点调研指导，维稳看望基层干部群众，广泛开展“传、帮、带”，认真解决群众关心的热难点问题。2016年，援藏项目建设创历史新高，总投资达1.54亿元。其中，总投资9600万元尼木县藏鸡保护与繁育基地工程二期工程已开工建设；实施完成了总投资3000万元的尼木县县城供暖三期工程；总投资1900万元尼木县非物质文化遗产展示示范区基本完工；总投资600万元的县人民医院急缺设备购置已完成；总投资300万元的县人民医院专家楼工程已经开工建设。积极争取落实“十三五”规划外援藏资金和项目，紧密结合脱贫攻坚和产业发展，按照“调一、提二、增三”的融合发展思路，谋划了“十三五”规划外援藏项目10个。现已完成尼木县农牧民搬迁安居精准扶贫和特色经济建设示范项目、尼木县藏香产业园精准扶贫示范基地项目的用地测量、可研报告等前期工作，力争2017年3月开工建设。

【党建工作】 年内，深入开展“两学一做”学习教育。县委理论中心组共开展专题学习讨论16场次，邀请区市党校教授进行专题辅导9场次，组织600余名党员干部参加自治区“两学一做”学习教育知识竞赛，全县各级党组织开展专题学习交流500余场次，开展书记讲党课120余场次。不断夯实基层基础。配备乡镇党委组织委员8名、宣统政委员8名，选派128名乡镇干部和32名民警下沉到村工作，推选32名优秀干部担任村民服务中心主任；设立村集体经济专项扶持资金480万元，重点对17个经济收入2万元以下的村进行扶持，各级累计投入133万元扶持15名党员创办经济实体。截至年底，投入运营的项目有28个，增加村级集体经济146万元，带动251名农牧民创业，11个集体经济“空壳”村全部实现零突破。投资10022.77万元对全县30个行政村活动场所进行重建，对2个村活动场所改扩建。圆满完成换届工作。选举产生中国共产党尼木县第九次代表大会代表216名，尼木县第十三届人大代表90名，政协第二届尼木县委员会委员90名，选举产生新一届县领导班子成员32名，8个乡镇首次以召开党员代表大会形式，共选举产生党员代表429名，新一届乡镇班子成员80名。持续转变作风。制定下发《尼木县党风廉政建设责任追究制度（试行）》，县委理论中心组学习党风廉政建设20次，坚持每月播放观看1次《警示教育片》，召开县委常委会议专题安排部署党风廉政建设和反腐败工作10次，制作发放各类党风廉政建设教育资料600余册，成立6个联合督导组开展督导检查92次，查处违反公车管理规定5起，点名通报曝光2个乡镇、3个县直单位、9名干部职工，县纪检监察机关受理案件问题线索3件，初查了结1件，转办案并办结2件，给予党纪政纪处分2人。

（杨 阆）

【领导名录】

县委书记 范永红（7月免）
杜国君（8月任）

县委副书记、县长
普 琼（藏族）

县委常务副书记
高 军（1月免）
樊锋旭（3月任，5月免）
杜国君（6月任，7月免）
赵金祥（北京援藏，8月任）

县委副书记、常务副县长
彭松涛（北京援藏，7月免）
尹世强（北京援藏，8月任）

县委副书记 次旦贡觉（藏族，8月任）
加 略（藏族，8月任）

县委副书记、人大常委会主任
洛桑赤列（藏族，1月免）

人大常委会主任
尼玛次仁（藏族，8月任）

政协主席 赵志强

尼木县人民代表大会常务委员会

【概况】 2016年，尼木县人大常委会全面贯彻落实中共十八大和十八届历次全会精神，习近平总书记系列重要讲话精神和“治国必治边、治边先稳藏”重要战略思想，中央第六次西藏工作座谈会精神，以及区、市党委八届八次全委会精神，坚持人民代表大会制度不动摇，坚持党的领导、人民当家做主和依法治国有机统一。认真履行宪法和法律赋予的职责，不断加强和改进人大工作，着力推动经济发展，维护社会稳定，改善民生，加强社会主义法制建设，各项工作取得了新的进展，为全县经济社会发展和民主法治建设做出了应有的贡献，全县的经济、社会发展日益更新，人民群众的生活质量越来越好，人民代表大会制度更加深入地根植于全县各族人民群众的心中。

【召开尼木县第十二届人民代表大会第七次会议】 3月7—9日举行，会期3天。会议听取和审议了政府工作报告、县人大常委会工作报告、县人民法院工作报告、县人民检察院工作报告、尼木县第十二届人民代表大会第六次会上代表所提建议、批评和意见办理情况的报告、尼木县“十三五”规划纲要（草案）、计划报告、县财政预算报告。选举任命尼木县人大常委会副主任1名，选举任命尼木县人民检察院检察长1名。

【召开尼木县第十三届人民代表大会第一次会议】 9月19日—9月22日举行，会期4天。会议听取和审议了县人民政府2012—2015年工作报告；县人民政府关于2012—2015年国民经济和社会发展计划执行情况及今后五年国民经济和社会发展计划草案的报告；县人民政府关于2012—2015年财政预算执行情况及今后五年财政预算草案的报告；县人民政府关于尼木县十二届人民代表大会一次会议以来代表提出的建议、批评和意见办理情况的报告；县第十二届人民代表大会一次会议以来人大常委会工作报告；县人民法院2012—2015年工作报告；县人民检察院2012—2015年工作报告。会议选举任命常委会主任1名、副主任4名、常委委员15名；选举任命政府县长1名、副县长9名；选举任命人民法院院长、人民检察院检察长；选举24名同志为出席拉萨市十一届人民代表大会代表。

【召开人大常委会9次】 年内，对“一府两院”干部的任免职80多人次，审议政府资金变动外项目7件。

【切实加强对社会热点问题监督】 年内，常委会从全县工作大局出发，积极组织四级人大代表对群众反映的热点、难点问题，开展视察、调研，先后对“尼木三绝”、乌米农业综合开发、吞巴旅游景区建设、中小学教育基础设施建设、“两河”（尼木玛曲河和夏曲河）治理建设、农牧民安居工程建设、农村人居环境建设、农村水利设施建设、干部职工周转房建设、环城路建设、村卫生所建设以及征地拆迁补偿、农村低保政策落实情况等13个民生项目开展了集中视察和专题调研，常委会开展集中视察、专题调研共5场次，向政府职能部门交办调研报告3份，及时向相关部门提供工作意见和建议。县政府及职能部门非常重视人大工作，积极采纳常委会和代表提出的建议，自觉查找不足、切实加以整改，有效地推进了政府依法行政。

【化司法监督、规范司法行为】 年内，常委会坚持定期听取和审议县县法院和检察院工作报告以及法律监督和关于干部队伍建设情况报告，并对存在的问题提出意见和建议。常委会还通过组织代表旁听庭审，加强对司法部门工作的监督，支持“两院”依法行使职权，树立司法权威，规范执法，创新社会管理、化解社会矛盾。十二届以来，县法院和检察院自觉接受人大监督，为建设“法治尼木”做出了积极贡献。

【始终坚持代表主体地位】 年内，常委会采取初任培训、专题培训、以会代训等多种形式，培训代表3批80人（次），全力提升代表素质。为了促进和服务代表依法履职，先后制定并实施了代表列席常委会会议、代表联系选民等项工作制度。邀请40人（次）县人大代表列席常委会会议，50人（次）四级人大代表参加视察、调研和执法检查，有效拓宽了代表知情、知政、参政议政渠道。还向代表发放区、市人大下发的《中国人大》《西藏人大》《拉萨人大》以及区、市“人大工作法规汇编”等杂志和刊物400余份，为代表知情知政提供服务。

【创建“代表之家”】 为方便代表学习交流和开展活动，常委会按照自治区人大常委会关于推广创建“代表之家”的指示精神，从2016年1月开始，组织乡镇人大开展“代表之家”创建工作。在县政府的全力支持下，经过县、乡人大的共同努力，共建成“代表之家”9个（县1个，乡镇8个），投入资金88.37万元。为县乡代表利用“代表之家”广泛开展学习交流、议事议政、信访接待等形式多样的代表活动提供了平台，坚信“代表之家”在服务代表履职方面必将发挥不可替代的作用。

【推进乡镇人大规范化建设】 年内，常委会按照区、市人大关于加强乡镇人大规范化建设要求，结合尼木县实际，指导各乡镇积极推进人大机构建设工作。为“七乡一镇”配备了专职人大主席1名和兼职干事1名，确保了乡镇人大工作的有序开展；为了全面推进乡镇人大工作，制定出台了“三个办法”“四个职责”和“八个制度”，使乡镇人大各项制度日趋完善。此外，常委会还不断加强对乡镇人大工作的联系和指导，主动邀请人大负责人列席常委会会议、参加视察、调研和执法检查等活动，促进了其人大工作水平的提升。乡镇人大在推进重点工作落实，加强自身建设等方面做了大量工作，取得显著成绩。

【自身建设】 年内，常委会“两学一做”专题教育为契机，不断加强机关干部的思想建设、作风建设，切实提高了机关干部的履职能力和水平。组织常委会组成人员和机关干部，认真学习了中共十八大、十八届历次全会、习近平系列重要讲话精神和法律、法规知识。进一步增强了全体机关干部的政治定力，提升了履职能力。同时注重结合工作实际，善于运用学习成果指导实践、推动工作。按照县委部署，常委会扎实开展群众路线和“三严三实”“忠诚干净担当”“两学一做”专题教育，认真查摆工作中的“不严不实”问题，并立行立改，继续强化机关作风建设，严格执行中央“八项规定”、区党委“约法十章”“九项要求”和市委“八项要求”，增强了机关干部的纪律意识和责任意识。

【参与全县中心工作】 常委会主任和一位副主任长期分管综治维稳、“强基惠民”“四业工程”等工作，班子成员积极参加村“两委”换届选举工作；常委会组成人员和机关工作人员先后对全县20多个贫困户开展结对帮扶，促使帮扶对象生产、生活和居住条件得到显著改善。常委会还积极完成了县委交办的其他各项工作任务。

【始终把换届工作作为头等任务】 年内，常委会按照区、市党委和人大关于换届选举工作的总体部署，在县委的统一领导下，严格依照《中华人民共和国宪法》《中华人民共和国全国人民代表大会和地方各级人民代表大会选举法》《中华人民共和国全国人民代表大会和地方各级人民代表大会代表法》《中华人民共和国地方各级人民代表大会和地方各级人民政府组织法》以及自治区出台的“三法”实施细则和办法，精心组织、周密部署了县乡两级人大换届选举工作。并按照“坚持党的领导、坚持发扬民主、坚持严格依法办事”原则，加强检查指导，认真落实广大选民的参与权、选举权和监督权，确保了县乡两级人大换届选举工作依法有序开展。自2016年4月初开始，经过建立换届选举工作机构、划分选区、分配代表名额、宣传发动、选民登记、提名酝酿协商、确定代表候选人和投票选举以及召开新一届人民代表大会第一次会议等工作，于2016年6月1日，顺利完成了乡镇换届选举工作。依法选举产生了新一届县人大代表89名，乡镇人大代表320名。选出的新一届县乡人大代表结构合理，整体素质明显提高，为做好县乡人大工作奠定了坚实的基础。

（安 燃）

【领导名录】

主 任 洛桑赤列（藏族，3月免）
尼玛次仁（藏族，9月任）

副主任 扎西旺堆（藏族，9月免）
边 巴（藏族，9月免）
颜泽伦（3月免）
米玛潘多（女，藏族，9月免）
李必焱（9月任）
张世杰（9月任）
张同格（9月任）
旦 平（藏族，9月任）

尼木县人民政府

【概况】 2016年，尼木县人民政府深入贯彻落实中共十八大和十八届四中、五中、六中全会精神，区市党委全会和区市经济工作会议精神，认真贯彻落实习近平总书记系列重要讲话精神和中央第六次西藏工作座谈会精神，紧紧围绕“四个全面”，牢牢坚守“三条底线”，扎实推进“六大战略”，致力稳增长、调结构、促改革、惠民生，经济社会健康发展，全县经济社会发展步入了一个新的阶段。

年内，全县实现地区生产总值6.69亿元，同比增长4.6%，完成目标任务（7.08亿元）的94.49%；地方财政收入11174万元，同比增长100.97%，社会固定资产投资13.18亿元，同比增长21%，完成目标任务（12.85亿元）的102.6%；农牧民人均可支配收入10254元，同比增长10.3%，完成目标任务（10693.6元）的95.89%；工业增加值4755万元，同比增长12.1%，完成目标任务（4752.43万元）的100.05%；招商引资到位资金5.16亿元，同比增长30.3%，完成目标任务（4.5亿元）的114.7%；实现社会消费品零售总额5500万元，同比增长13.4%，完成目标任务（5529万元）的99.48%。

【农牧业】 年内，全县粮油播种面积36562.22亩，粮油总产量1436.5万公斤，比2015年增产6.25万公斤，粮经饲比例调整为72.1∶15.4∶12.5，牲畜存栏109100头（只、匹），猪牛羊肉产量3000吨，奶产量4100吨，禽蛋产量110吨，牲畜良种覆盖率5.02%；顺利完成奶牛示范工程、示范村、示范户和2016年黄牛改良基础母牛筛选工作；农牧民专业合作社达到51家，辐射带动761户778人增收；草补工作顺利通过区、市验收，农村土地承包经营权确权颁证工作、1.5万亩土地开发项目通过拉萨市验收。

【净土健康产业】 年内，尼木藏鸡和尼木藏鸡蛋地理标识保护产品，通过国家工商总局初审，“尼木清油”地理标识保护产品，正在办理前期相关手续；总投资1.22亿元的尼木藏鸡保种育种项目一期工程于2016年7月底全面竣工，截至年底养殖藏鸡12000只，其保种扩繁方式得到区内畜禽专家高度认可；与西藏天润农牧业开发有限公司合作，在“乌米净土健康产业园区”建成270亩特色药材种植基地，新种植石斛10万株，灵芝10万株；与市净土公司合作试种60亩藜麦。

【旅游业】 年内，积极参加“最美乡村旅游推介会”，深度展示丰富的乡村旅游资源和文化内涵，全面打造全域旅游，进一步促进旅游业快速发展。2016年，续迈温泉项目开工建设，琼穆岗嘎雪峰、卡如赤朗特色沟域新景点正在做前期工作，吞巴乡于2016年10月，被评为第一批中国特色小城镇。全年“一日游”游客74800人次，同比增长13%，旅游收入3026.73万元，同比增长16%。

【特色民族手工业】 年内，投资400万元，集产品研发、生产、销售和旅游服务为一体的尼木藏香研发中心完成主体工程，10月，完成设备采购；投资1900万元的尼木县非物质文化展示中心完成结构封顶，明年可投入使用；整合县内5家民族手工艺企业成立西藏珠穆岗嘎传媒有限公司，为特色手工业发展壮大奠定了基础，3200人参与藏香、藏纸、雕刻等民族手工业发展，实现总收入2000万元。全年藏香产值5700万元，经版、经幡收入2000万元。

【招商引资】 年内，招商引资到位资金5.16亿元，同比增长30.3%，完成目标任务（4.5亿元）的114.67%。

【教育事业】 年内，选派教师参加国培123人次，区级培训14人次，市级培训53人次，县级培训43人次，小学适龄儿童入学率达到99.93%，初中适龄人口入学率达到99.82%；为高等教育阶段农牧民子女744人提供全额学费资助金209.71万元，对138名精准扶贫大学生提供全额学费和生活补助110.9万元。

【医疗卫生】 年内，争取到卫生基础实施建设项目4个（尼木县藏医院项目1100万元、创二级医院援藏专家楼项目300万元、县医院CT室600万元、县疾控中心240万元），资金达2240万元；发放“一孩双女”困难家庭及“特别扶助”资金70.632万元，补偿大病统筹基金1424人次886.33万元，全民体检及建立健康档案工作圆满完成，农牧区医疗制度筹资率100%，综合覆盖率达100%。圆满完成北京代表团在尼木县考察期间饮食安全保障工作，开展药品GSP和药品药械不良反应培训工作，召开“企业助廉守法承诺书”签字仪式暨动员部署会议，现场聘请10名食品监管系统党风廉政义务监督员，并与各企业代表签订《企业助廉守法承诺书》，实行农牧区聚餐、重大活动集体聚餐自觉申请备案流程，开展食品安全检查789家次、专项检查268家次、联合检查1188家次，出动执法人员2438人次，对食品安全抽检不合格3家单位处以罚款10300元。全年，无重大疫情和食品、医疗安全事故发生，孕产妇零死亡。

【文化事业】 2016年，圆满完成中央电视台外语频道对尼木县吞巴乡的宣传报道工作和中央电视台《吉祥拉萨》在尼木县的拍摄工作；成功申报380余万元的尼木县民俗文化展馆外宣点建设项目，同时申报两位尼木县新闻发言人；投入资金1.8万元，为县民间艺术团演职人员制定统一团服，县民间艺术团编排新节目5个，完成演出35场次，观众达18370人次。全年放映电影1685场、观众达12.74万人次，广播电视覆盖率均达到99%。邀请藏戏传承人和戏师，排练蓝面具剧目“卓瓦桑姆”，成功申请到投资1200万元的白面具藏戏传习所项目，完成56处文物点的立碑保护工作，争取90余万元对尼木县文化活动中心进行装修，完成中央藏语频道广播节目覆盖项目的前期工作和广播电视高山台站建设的选址、地勘、设计等前期工作。

【社会保障】 年内，五大保险参保人数达到22246人，征缴基金2145.17万元，报销、发放资金528万元（其中，医疗和工伤保险118.09万元，城乡居民养老金482.93万元）；城乡低保对象991户3032人落实低保金641.11万元（其中城镇低保对象308户425人落实低保金267.67万元；农村低保对象683户2607人落实低保金372.44万元）；城乡医疗救助683人，兑现救助资金273.4万元；年初县政府把“五保”集中供养资金纳入财政预算，共预算270.67万元，实际支出136万元，“五保”对象161人，集中供养率达85%，意愿集中供养率100%，发放“五保”供养资金84.3367万元；实施临时性救助293人次，发放救助金55.4万元，实施流浪乞讨人员救助26人，发放救助金0.27万元，完成高校特困生资助26人，落实资助金6万元；救济1383户6192人，发放救济口粮55.15万公斤，砖茶1320条，折合人民币204.43万元；为83名残疾人“阳光家园计划”托养服务对象发放补贴4.98万元，为重点关爱对象落实特护补贴28.2万元，为110名残疾人发放残疾人机动车燃油补助4.18万元，为862名残疾人落实护理补贴和生活补贴65.4万元，落实县级生活补助资金28.05万元，为73名残障儿童落实康复补贴17.52万元，对残疾人培训2次35人，落实培训经费1.75万元。

【扶贫开发】 2016年，产业扶贫项目到位资金7164万元，申报建设8个项目；开展“订单式”转移就业培训5个和实用技术培训2个、创业培训1个，培训人次705人，建立政府资助合作社、施工企业，合作社带动贫困户模式，实现转移就业210人；2016年100户505人集中搬迁至县城工程基本完工，12月实现入住；对138名建档立卡贫困大学生兑现资助资金110.93万元，其中学费资助41.33万元，生活费资助69.6万元，同时6名贫困两后生参加“3+1”“1+1”学历提升，26名参加机动车驾驶培训，10名参加厨师培训；对2614名建档立卡贫困人员安排落实以补岗位2808个（包括2016年尼木县建档立卡“以补脱贫”调整岗位206人），签订了岗位责任书，并兑现2016年以补岗位工资842.4万元（3000元/人·年）；全面清查核查农村低保户家庭，158户305人纳入社会保障兜底对象；进一步巩固完善农牧区医疗保障体系，让贫困人口看得起病、看得好病，2016年全县贫困户农村合作医疗参合率100%，建档立卡贫困户中以助脱贫对象131人，为4名以助脱贫救助对象通过农牧区医疗保险、大病保险报销、民政救助等途径报销医疗费用450701.16元；为了更好推进尼木县精准扶贫工作，对334户建档立卡贫困户发放“四卡”贷款1298.7万元；按照“321”党员干部结对帮扶贫困户的要求，建立了领导挂点、部门包村、干部帮扶制度，县委、县政府、人大、政协“一把手”和4名县委常委分片包干8个乡镇，全体县级干部每人联系1个贫困村和3户贫困户，每个县直部门挂钩1个行政村，科级干部联系2户贫困户，其他干部每人联系1户贫困户，共结成帮扶对子1236个，实现了党员干部结对帮扶工作全覆盖，全县结对帮扶干部至少两次深入结对帮扶贫困户家中详尽的了解贫困户家庭状况，宣传政策、想办法、出主意、“两智”扶贫、慰问等力所能及的解决贫困户实际困难，结对帮扶慰问、捐款、捐物达到75.6万元；动员企业、合作社开展帮扶活动，确定了8家企业帮扶8个乡镇，实现100人转移就业。截至2016年底，全县已达到脱贫标准的贫困户有989户4096人，完成年度脱贫任务（645户2361人）的173.5%，吞巴乡、卡如乡、普松乡3个乡和续迈村、聂玉村等12个行政村，贫困人口比例下降至3%以下，达到退出贫困村的标准；建档立卡贫困户人均可支配收入达到4786.9元，同比增长78.1%。

【“四业工程”】 年内，创新开展“四业”工程，投入60.5万元（本级财政投入24万元），开展农牧民技能技术培训7期，共计705人，培训合格率达到90%以上，农牧民劳动力转移就业572人。

【生态环境】 2016年，实施重点区域造林739.7亩、拉萨周边防护林工程5874.3亩（其中封山育林5600亩、造林274.3亩），完成生态安全屏障防沙治沙项目13333.4亩（其中人工育林种草3986.55亩、封育及林间补植9346.85亩），退耕还林65亩。先后投入748.28万元全面开展环境保护工作，大气环境质量达到一级标准，主要河流断面水质保持在国家三类水质标准以上，县城集中式饮用水源地水质达到国家二类水质标准以上。完成6个生态乡镇、24个村生态创建申报工作，并全部通过验收。投入216万元为七乡一镇购买8台压缩式垃圾车，新改扩建各类项目环评执行率达到100%，环评“三同时”制度执行率达到100%。

【城乡建设】 年内，完成水利投资10577.79万元，实施灌区工程2个、小农水重点县建设工程50个（其中包括争取县级资金116.16万元改建乌米开发区内4600余米水渠和部分排水工程）、安全饮水工程3处、中小河流治理工程10个（县级投入资金165万元修建防洪堤200米、排水沟755米），全年解决2100余人、1300余（头、只、匹）牲畜饮水问题；投资2702.39万元修建农村公路47.33公里，已修道路33公里，乡镇、行政村通畅率达100%；建成周转房272套、公租房48套，县城供暖三期项目建成运行。投入232.2万元，在318国道和县城主干道沿线安装单立柱广告牌10个。

【“十三五”规划编制】 聘请西藏自治区社科院专家，科学编制《尼木县“十三五”时期国民经济和社会发展规划纲要》。此外，质检工作获得“2015年度全市质检工作一等奖”；全市农村宅基地确权登记发证工作有序进行，农村土地确权工作已进入收尾阶段；2016年，征地26宗84.46亩，兑现征地补偿资金329.61万元，并解决失地农民就业198人。

【社会综合治理】 年内，共投入维稳经费1437.62万元，圆满完成了重要节点和维稳时段的安保任务。深化“平安创建”活动，顺利完成全县6条界线，全长449.1公里、8颗界桩历年年检任务。全面推广使用三级综治信息平台建设。完成县、乡（镇）、村三级综治信息平台建设工作，631名联户代表完成认证登记，联户代表平均每天微信报送信息300余条、每日微信报平安率达到60%左右，安全隐患联防联控579次、整改隐患215次，开展治安巡逻959次。强化铁路护路联防工作。截至年底，共排查铁路安全隐患13处，排查可疑人员18次32人，及时发现、制止车辆停靠铁路沿线500余次，清查铁路沿线闲杂人员32次120人，制止、清理牲畜上道3900余次6000余头（只、匹），组织队员自行修补、加固铁路设施12次，完成重要列车安保任务2趟次，未发现一起偷盗损坏铁路设施设备行为，未发生一起铁路安全事故。

【矛盾纠纷化解】 年内，深入推进“阳光信访、责任信访、法治信访”工作，不断强化“七化”工作措施，在源头预防、畅通渠道、化解矛盾和夯实基层上聚焦发力，矛盾纠纷妥善化解。2016年，为法院“调诉对接中心”拨付资金5万元，“大调解”格局初步形成，划拨执行救助金30万元，为生活困难案件当事人进行救助提供可靠保障。截至年底，全县人民调解委员会共受理调解案件53起，同比减少45%，调处53起，调解成功53起，调解率100%。共接待群众来信来访9批件11人次，与上年同期的17批件44人次相比分别下降52.9%和41%（均属初访），办结9批件，结案率100%；市局转送3批件5人次，办结3批件，办结率100%。

【民族宗教】 全面落实民族宗教政策，规范健全寺庙管理制度，驻寺干部及僧尼住宿条件不断完善，寺庙管理工作逐步迈入了制度化、规范化轨道。年内，共投入资金207.375万元，为寺庙、僧尼家庭办实事181件；投入资金15.9万元，对6座和谐模范寺庙、124名先进僧尼、8座先进寺管会、19名优秀驻寺干部进行表彰；将20座寺庙专职管理干部机构业务用房纳入民生工程并按计划进行建设。共评选表彰16个民族团结模范集体和31名民族团结模范个人，兑现表彰资金9.5万元。

【安全生产】 年内，深入开展大排查大检查大整治活动，安全生产责任实现县、乡、村“三级五覆盖”，安全形势整体向好。2016年，对非媒矿山、危险化学品、道路交通、建筑施工、食品药品、烟花爆竹等行业领域共检查764次，参加检查人员8510人次，发现隐患255处，整改255处。截至年底，全县共发生各类生产安全事故29起，未发生较大以上生产安全事故，死亡1人，伤13人，直接经济损失133.33688万元。与上年同期（事故38起，无人员死亡，伤5人，直接经济损失14.11万元）相比，事故起数下降23.68%，死亡人数有所增加，受伤人数上升160%，事故直接经济损失上升844.98%。

【政府自身建设】 年内，结合“两学一做”专题教育学习，牢固树立群众观点，全心全意服务人民。“12345有事找政府”服务热线运行良好，接听群众来电4件，办结率、满意率均达100%。不断加强作风建设，着力解决不作为、慢作为、乱作为问题。2016年，会议同比下降23.5%，下发文件同比下降19%，公务接待费用同比下降59%，公车配置及运行费用同比下降38.6%，召开县长办公会8次，研究解决相关单位提交事项98件。坚持县委核心领导，自觉主动接受人大、政协、人民群众和新闻舆论的监督，虚心听取工商联、无党派和人民团体意见，认真办理人大议案、代表建议及政协提案。2016年，办理人大意见、建议和政协提案共计111件（其中县级人大建议84件、政协提案23件；市级人大建议1件、政协提案3件）。

（孙 轲）

【领导名录】

县委副书记、县长

普 琼（藏族）

县委副书记、常务副县长

彭松涛（北京援藏，7月免）

尹世强（北京援藏，8月任）

县委常委、副县长

王 斌（5月免）

张文明（8月任）

郑同生（8月任）

副县长 李鲲鹏（北京援藏，7月免）

索朗次仁（藏族，7月免）

泽仁旺姆（藏族，5月免）

张振生（北京援藏，8月任）

颜泽伦（1月任）

米玛潘多（女，藏族，7月任）

贺 东

旦增江才（藏族）

布 穷（藏族）

中国人民政治协商会议尼木县委员会

【概况】 2016年，尼木县政协委员会紧紧围绕县委的中心工作和发展大局，牢牢把握团结和民主两大主题，以饱满的政治热情和强烈的社会责任感，认真履行职能，切实发挥协调关系、汇聚力量、建言献策、服务大局作用，为全县各项事业的发展积极献计出力，政协工作呈现出团结和谐、务实进取、蓬勃发展的良好局面。并注重在继承中发展，在发展中创新，不断探索实践，为富有成效地履行政治协商、民主监督、参政议政职能提供了有力保障。

【全体委员会议】 3月6日至3月9日，政协第一届尼木县委员会召开一届五次会议。应出席人数51人，实际到会43人。会议主要议程：听取和审议政协第一届尼木县委员会常务委员会工作报告；听取和审议政协第一届尼木县委员会常务委员会关于政协第一届四次会议以来提案工作情况的报告；审议通过政协第一届尼木县委员会第四次会议提案审查情况报告；列席第十二届尼木县人民代表大会第七次会议，听取并讨论“一府两院”报告，《尼木县“十三五”时期国民经济和社会发展规划纲要》及其他报告；审议通过《政协第一届尼木县委员会第五次会议政治决议》《常委会工作报告决议》《提案工作报告决议》；传达学习政协第十届拉萨市委员会第五次会议精神。

9月18日—9月22日，政协第二届尼木县委员会召开二届一次会议。应出席人数90人，实际到会87人。会议主要议程：听取和审议政协第二届尼木县委员会常务委员会工作报告；听取和审议政协第二届尼木县委员会常务委员会关于政协第一届五次会议以来提案工作情况的报告；审议通过政协第二届尼木县委员会第一次会议提案审查情况报告；列席第十三届尼木县人民代表大会第一次会议，听取并讨论“一府两院”报告，县发改委国民经济和社会发展计划草案的审查结果报告；县财政预算执行情况及今后五年财政预算报告；审议通过《选举办法》；协商选举新一届政协主席、副主席、办公室主任和常务委员；审议通过《政协第二届尼木县委员会第一次会议政治决议》《常委会工作报告决议》《提案工作报告决议》。

【常务委员会会议】 第12次常委会议：2016年3

月2日，政协尼木县委员会第十二次常务委员会在县委常委会议室召开。会议主要内容为一届五次全体会议筹备工作及审议各项名单；第19次常委会议：2016年9月18日，政协尼木县委员会第十九次常务委员会在县委常委会议室召开。会议内容主要为：审议通过《提案审查情况的报告（草案）》《常委会工作报告决议（草案）》《提案工作情况报告决议（草案）》和《政治决议（草案）》；审议通过《大会选举办法（草案）》；审议通过选举政协第二届尼木县委员会常委、主席候选人名单；审议通过总监票人、监票计票人建议名单。

【慰问精准扶贫】 3月21日，政协主席赵志强带领办公室结对干部，深入普松乡如白村对结对帮扶贫困户加措、强巴、德吉、归桑，每户进行开展走访活动，与贫困户亲切交谈，嘘寒问暖，实地了解帮困户的家庭经济收入、生产生活并为每户送去了慰问金1000共4000元慰问金，希望贫困户早日实现脱贫致富。

【提案交办】 政协第一届尼木县委员会第五次会议召开之后，于2016年4月13日，同县人大办联合召开人大、政协提案交办会，将23件提案交办给相关承办单位，圆满完成了提案交办各项工作任务。

政协第二届尼木县委员会第一次会议召开之后，于2016年11月14日，同县人大办联合召开人大、政协提案交办会，将24件提案交办给相关承办单位，圆满完成了提案交办各项工作任务。

【“两学一做”专题教育实践活动】 4月7日，尼木县政协成立“两学一做”专题教育实践活动领导小组并召开动员大会，随后从动员部署、学习教育、查摆问题、整改落实等几个阶段将教育实践活动落到实处。

【视察调研】 4月20日，拉萨市达孜县政协委员对尼木县进行开展调研活动，尼木县政协主席赵志强及旺杰、仁金罗布副主席的陪同下，对吞巴乡吞达村、尼木县古宝藏香有限公司、吞弥圣香销售点、尼木“三绝”展示园进行了调研，对尼木县的旅游文化给予高度评价，顺利完成了对尼木县开展调研工作任务；2016年6月22日，拉萨市政协副秘书长张勤一行在尼木县政协主席赵志强及副主席仁金罗布的陪同下到卡如乡的经济林进行考察，对经济林提出了有力指导。

【参观调研】 12月13—14日，由尼木县政协副主席旺杰带队，组织农牧科技界委员赴达孜县及墨竹工卡县，分别对达孜县及墨竹工卡精准扶贫异地搬迁点进行开展调研活动。尼木县政协委员们了解达孜、墨竹精准扶贫异地搬迁工作情况，与两县委员积极进行了交流发言，并参观了异地搬迁现场。懂得了两县的异地搬迁工作有特色、有亮点、充分利用可以使用的资源和条件，值得尼木县政协委员们借鉴和学习。

【常委会工作报告（摘要）】 政协第一届尼木县委员会第五次会议，听取和审议《政协第一届尼木县委员会常务委员会工作报告》；听取和审议《政协第一届尼木县委员会常务委员会关于政协第一届四次会议以来提案工作情况的报告》；审议通过《政协第一届尼木县委员会第五次会议提案审查情况报告》；列席第十二届尼木县人民代表大会第七次会议，听取并讨论“一府两院”报告、《尼木县“十三五”时期国民经济和社会发展规划纲要》及其他报告；审议通过《政协第一届尼木县委员会第五次会议政治决议》《常委会工作报告决议》《提案工作报告决议》；传达学习政协第十届拉萨市委员会第五次会议精神。

政协第二届尼木县委员会第一次会议，听取和审议《政协第二届尼木县委员会常务委员会工作报告》；听取和审议《政协第二届尼木县委员会常务委员会关于政协第一届五次会议以来提案工作情况的报告》；审议通过《政协第二届尼木县委员会第一次会议提案审查情况报告》；列席第十三届尼木县人民代表大会第一次会议，听取并讨论“一府两院”报告，县发改委国民经济和社会发展计划草案的审查结果报告；县财政预算执行情况及今后五年财政预算报告；审议通过《选举办法》；协商选举新一届政协主席、副主席、办公室主任和常务委员；审议通过《政协第二届尼木县委员会第一次会议政治决议》《常委会工作报告决议》《提案工作报告决议》。

【政协提案工作报告（摘要）】 五年来，尼木县政协坚持以邓小平理论、“三个代表”重要思想、科学发展观为指导，深入学习贯彻中共十八大，十八届三中、四中、五中全会精神和习近平总书记系列重要讲话精神，从尼木县改革发展稳定大局出发，始终围绕县委、县政府中心工作，牢牢把握团结和民主两大主题，通过提案履行政治协商、民主监督、参政议政职能，对尼木县经济社会发展中的重大问题和人民群众普遍关心的热点、难点问题建言献策。五年内，委员共提出意见建议19件，委员提案133件，经提案审查委员会审查，立案122件，委员个人提案104件，占立案总数的85.2%；联名提案18件，占立案总数的14.8%；经济、民生方面的提案50件，占立案总数的41%；科教文卫方面的提案14件，占立案总数的11.5%；民族宗教方面的提案25件，占立案总数的20.5%；其他方面的提案33件，占立案总数的27%。

从提案内容来看，提案重点关注尼木县改革发展大局、人民群众切身利益、社会和谐稳定等突出问题，切实反映社会各界意愿和广大人民群众的期盼。

【高度重视、明确分工】 政协提案工作在县委、县政府的关心重视下，在各承办单位的大力支持和配合下，在政协各参加单位、各界委员的共同努力下，提案工作取得了一定成绩，但与新形势、新任务的要求相比，还有一定的差距。如：委员知情渠道还不够宽，提案的整体质量还有待提高，特别是围绕县委、县政府中心工作提出建设性的意见建议较少，重点不突出；界别小组的集体提案较少；部分承办单位对提案办理工作不够重视，提案办理机制不够健全等。

【今后工作建议】 提案工作要在县政协常委会的正确领导下，全面贯彻落实中共十八届三、四、五中、六中全会，区、市、县第九次党代会的精神及习近平总书记系列讲话精神，紧紧围绕拉萨市“六大战略”、精准扶贫、小康安居工作来开展提案办理工作，不断提升提案工作科学化水平，进一步提高提案质量、办理质量和服务质量。

【提高提案质量】 首次要加强培训。继续开展委员提案撰写培训工作，一方面由经验丰富的委员或市政协专家对委员如何撰写提案进行培训，另一方面印发提案相关文件资料，让委员进一步了解提案，认识提案。同时，通过优秀提案的点评、选登等方式，提高委员重视提案质量的意识，提高委员撰写提案的能力。另外要进一步发挥政协和界别优势，通过专项调研视察，更好地反映界别群众呼声，当好县委、县政府的桥梁，提出一批有分量的提案。同时要通过优秀提案评比和表彰，促进提案整体质量的提高。做好提案的示范宣传工作，发挥优秀提案的示范宣传作用，使提案更具规范性。

【强化提案办理】 提案承办单位要按照《关于进一步加强尼木政协提案办理工作的实施意见》要求，建立健全提案办理工作机制，制定年度提案办理方案，明确任务分工、时限要求和质量标准，确保提案办理质量；建立承办单位、提案者、政协组织三方协商沟通机制，协商解决提案办理过程中遇到的问题；建立提案主办单位与会同办理单位之间协作配合制度，防止提案办理“推诿扯皮，无人问案”现象发生；进一步健全和规范提案答复机制，推动提案承办单位及时开展提案工作梳理，推进提案办理落到实处。

【提高提案服务质量】 县政协提案委将进一步增强责任意识、大局意识、服务意识，规范提案受理、立案、归类和办理程序，提升提案委工作人员的工作能力和水平，确保提案“受、立、归、办”各项工作有序开展；主动加强与县委、县政府、提案承办单位、相关部门及委员的沟通和联系，发挥各方在提案办理过程中的积极作用，形成提案工作强大合力，提高提案办理水平。

【组织概况】 政协第二届尼木县委员会第一次会议通过赵志强任尼木县政协党组书记、政协主席，马洪、仁金罗布、旺杰、强巴四名同志任政协副主席。

（达 努）

【领导名录】

党组书记、主席

赵志强

副主席 马 洪（藏族）

仁金罗布（藏族）

旺 杰（藏族）

强 巴（藏族，9月任）

中共尼木县委办公室

【概况】 2016年，尼木县委办公室认真组织“两学一做”学习教育，紧紧围绕县委各项中心工作，以“抓一流管理，带一流队伍，创一流业绩，树一流形象”为目标，充分发挥综合协调和参谋助手职能作用，不断完善服务理念，全面提升服务水平，狠抓各项工作任务落实，使办公室与县委在决策上合谋，节奏上合拍，工作上合心，圆满完成了各项工作任务，保证和促进了县委及全县各项工作快速高效运转。

【文秘工作】 办公室对干部提倡“伏案能写、上台能讲、与人能处、遇事能办、对己能严”，文秘写作力求人人想质量，谋质量，抓质量。对于综合材料，坚持集体讨论拟定提纲，文秘人员分组起草，全员参与修改，办公室主任审核，以老带新，扶持新手，使文秘人员都在积极参与中得到锻炼和提高。全年起草领导讲话稿、发言稿、工作汇报等200余篇；整理印发领导讲话及录音30多分；编发大型会议材料40余篇，包括党代会、全委会、经济工作会、精准扶贫精准脱贫“双百攻坚战”推进会大型会议的各项重要材料。公文处理不断规范和完善。建立了“县委办收发文登记制度”，明确职责和责任人，提高收发文效率。各部门的发文汇集到办公室时，对每篇发文进行认真审核，保证发文的规范性。全年共收文623份，其中中央、国务院文件138份，自治区文件175份，拉萨市文件310份；共发文192份（尼委/尼委发148份；尼委办/尼委办发44份）。

【机要保密】 年内，尼木县机要局在县委及区、市机要局的领导下，按照“安全、畅通、及时、准确”的工作原则和“慎之又慎”的工作要求，明确任务，强化责任，加强值班及安全防范工作，确保密码安全和通信畅通。坚持24小时值班制度，全年共收发电报780份、5973页，其中特提电报160份、1017页；特急电报551份、3758页；加急电报41份、237页；平急电报43份、166页，都已办结，密码工作未发生一起错漏、迟办、泄密等事故。2016年10月份顺利通过市委保密局的检查。组织机要人员进行业务培训，全年共组织两次培训，并赴市保密局学习先进经验。在技术建设上及时跟进。完成机要屏蔽室建设项目。已于2013年10建设完成机要屏蔽室，面积24.08平方米，工程总造价356384元（14800元/平方米），其中中央专项资金支付经费148000元，其余208384元由尼木县财政支付。完成了“520”加密视频会议室项目。“520”加密视频会议室建在县委三楼会议室，基础设施齐全，设备运行正常。推进县乡党政信息网建设。县财政拨付18万元，为各乡镇、县直各单位购置了多功能一体机44台，并要求各单位均配置了县乡党政信息网专用电脑、专用扫描打印一体机，安装了涉密计算机及移动存储介质保密管理系统，为尼木县保密工作的开展提供了坚实的保障。经常检查保密设备运转情况。完成了全县涉密计算机、非涉密计算机和上网机的品牌型号、配发日期及硬盘序列号的统计工作及尼木县核心保密要害部门的办公自动化设备进行摸底调查。2016年，尼木县机要局网络运行维护经费3万元，密码事业运行经费10万元，保密局检查经费2万元，新机要局办公设备采购3.05万元。

【督查工作】 围绕县委中心工作，突出督办重点，改进工作方法，有力促进了上级和县委重大决策及重要工作部署的贯彻落实。全年就围绕“四产业两园区”建设、精准扶贫精准脱贫、重点项目建设、农村环境整治等，加大督查力度，确保县委重大决策及重点工作部署落实到位。做到了一事一办、一事一查、一督一报，杜绝了漏报、重报、迟报现象的发生。全年共收到市委、市政府督查文件34份；按规定要求上报《督查专报》共90期，办理《领导批示》287件，办结率100%，下发《督查通报》18期、《党办通报》10期、《督查通知》36期。年内，共梳理汇总各单位需要县委、县政府协调解决问题61件，回复率达到100%；对107件县人大、政协建议提案进行认真督查督办，办结率100%。开展了党风廉政建设责任制、脱贫攻坚专项督查，并形成报告。健全了督查运行机制，完善了关于进一步加强督查工作的一系列文件，印制了催办查办、决定事项办理督查通知单以及领导批示件督查通知单，对全县的督促检查工作从立项到反馈都做出了明确的规定，使全县的督查工作走向了制度化、规范化、网络化的轨道。

【信息工作】 信息是及时、全面反映整个县委的精神面貌和工作动态。重大局。围绕县委领导抓大事、谋大局的思维方向，按照县委的工作重点，把握各个时期的热点难点，采取约稿和调研相结合的办法，理清思路，拓宽领域，做到“供需对路”，为县委决策提供可靠依据。重制度。2016年，县委办进一步规范了全县信息报送工作，完善了各项信息报送制度。先后下发《中共尼木县委办公室关于进一步加强信息工作的通知》《关于进一步加强紧急信息报送工作的通知》，每季度向各乡（镇）、县（中）直各单位下发了信息报送要点，并与政府办定期召开信息工作协调会，加强信息工作交流。重考核。对各乡（镇）、县（中）直各单位信息报送和采用情况按时进行通报，安排专人负责信息编撰、审校和上报工作，通过健全信息工作制度，配强信息工作人员，从乡镇选取工作人员到县委办跟踪学习一个月，信息工作得到了全面改善。截至年底，县委办信息工作不仅及时反馈了尼木县社情民意，还对一些社会热点问题进行了深入分析，不仅为县委、县政府及时了解全县工作动态提供了及时便捷的途径，还提供了决策参考依据，同时还为各乡（镇）、县（中）直各单位之间交流工作经验，推广好的做法，起到了积极作用。及时将尼木县好的经验做法反馈到上级部门。全年编发《尼木信息》76期、微信《尼木发布》107条，上报尼木信息共计1032条。

【档案工作】 2016年，在围绕进一步加强档案法制建设上，多次在全县开展《中华人民共和国档案法》学习宣传活动。同时，先后制发《关于加强新农村建设档案工作的通知》《关于做好创先争优强基惠民活动中形成的文件材料归档工作的通知》《关于做好驻寺活动中形成的文件材料归档工作的通知》《关于做好农村土地承包经营权确权登记颁证档案工作通知》等档案工作规范性文件，对8个乡镇、37个县（中）直单位档案工作进行全面检查指导。紧贴全县不同阶段的重点工作，加大了对档案的主动征集力度。结合尼木县的历史人文特点，主动开展土登老人历史文献资料征集工作，加大对历史文献的保护和利用。进一步做好安居工程档案和草场承包经营权登记档案，重点项目建设档案，民俗档案，非物质文化遗产档案、援藏工作档案，精准扶贫精准脱贫档案、农村“五保”户供养档案，强基惠民，“四业工程”“双联户”及婚姻档案。共收集整理归档了663盒、12458件文书档案，刻录光盘121张，照片档案527张，确保全县重点工作形成的档案都能及时完成归档。

（杨 闯）

【领导名录】

县委办公室主任、机要局局长

拉 顿（藏族）

副主任 李 林

索朗卓玛（女，藏族）

尼木县受援工作

【概况】 2016年7月，北京市第八批援藏指挥部党委第七支部到受援地——尼木县，在这高寒缺氧的“第二故乡”正式开始了三年的援藏历程。第七支部共有8人，援藏干部3人、援藏医生5人。他们带着嘱托和期盼在这里扎营，克服严重的高原反应和身体不适，加强党性修养，坚持工作在反对分裂、维护稳定、促进发展的边疆地区第一线，正用实际行动打造成一支“坚定信念，无私奉献，播撒大爱”的援藏队伍。

【项目援藏】 为尽快摸清吃透县情，迅速理清发展思路，第七支部到尼木县第一天起，就开展了深入调研，确定了对口援助工作思路和具体措施，明定了援藏工作总体思路：全力做好经济建设、社会事业建设、生态环境保护、社会主义精神文明建设、法治文明建设和加强基层党组织建设“六件大事”，加快“四产业两园区”建设，以产业项目建设推动精准扶贫精准脱贫，促进尼木经济社会持续健康发展，确保与拉萨市其他兄弟县区一道，在全区率先建成小康社会的总体发展思路；制定了《尼木县申请北京援藏“十三五”计划外资金项目方案》。做到了干劲足，氛围好，融入快，定位准，信心足，带领尼木县第八批援藏工作取得了良好开端。2016年，实施援藏项目5个，总投资1.54元，援藏项目建设创历史新高。总投资9600万元尼木县藏鸡保护与繁育基地工程已开工建设；实施完成了总投资3000万元的尼木县县城供暖三期工程；总投资1900万元尼木县非物质文化遗产展示示范区基本完工；总投资600万元的县人民医院急缺设备购置已完成；总投资300万元的县人民医院专家楼工程已开工建设。积极争取落实“十三五”规划外援藏资金和项目，紧密结合脱贫攻坚和产业发展，按照“调一、提二、增三”的融合发展思路，谋划了“十三五”规划外援藏项目10个。现已完成尼木县农牧民搬迁安居精准扶贫和特色经济建设示范项目、尼木县藏香产业园精准扶贫示范基地项目的用地测量、可研报告等前期工作，力争2017年3月开工建设。

【智力援藏】 利用援藏优势，积极牵线搭桥，为尼木本地干部争取到北京、赴内地各种培训学习机会。2016年，先后安排15县级干部赴内地参加各类培训；60名县乡干部在北京、成都培训；14名乡镇党政负责人赴四川省委党校参加“抓党建、促脱贫”专题培训；分3批次98名乡村干部、164名小学文化村干部参加拉萨市精准扶贫培训和文化素质提升培训。在推进有机农业产业发展方面，邀请农业部相关专家赴尼木就有机农业示范县创建进行专业技术指导；邀请北京同仁堂科技发展股份有限公司和杭州博可生物科技有限公司到尼木县就藏香开发、药材种植、有机农产品生产进行实地考察，洽谈合作方式，达成开发合作初步意向。

【医疗卫生援藏】 第七支部5名援藏医疗队员用自己的行动彰写了可歌可泣的青春诗篇。在他们的时间表上没有节假日，没有白天和黑夜，没有上班与下班。队员们都24小时开机待命，有急诊随时到场，8—11月，共参加急诊会诊30多次，急诊抢救5次，急诊手术10多台。在短短的几个月，尼木县人民医院正潜移默化地发生着改变。开设了专家门诊，转诊率下降了60%，门诊量增加了1000人次。完成了由不满床到住院预约的过渡，一部分原本需要辗转上百里去拉萨的患者回归到县医院，真正做到了小病不出县。成立了医疗质量控制小组，严格把握手术适应证、禁忌证。安全地开展手术、新技术、新项目。共开展手术97例，其中80%的手术种类填补了原来的空白。像胆囊切除术、胆总管探查+T管引流术、肝包虫囊肿切除术、大隐静脉剥脱术、痔PPH术、小儿斜疝疝囊高位结扎术、脂肪肉瘤切除术、胃穿孔修补术、卵巢囊肿切除术、CT定位异物取出术、B超引导胸腔积液穿刺引流术、无痛人流、无痛胃镜等。开展了各种麻醉方法：气管插管全麻、静脉麻醉、腰麻、连硬外麻醉及神经阻滞麻醉。开展了计算机静脉把控全麻、术后镇痛、疼痛治疗等新技术。这些先进的技术有的走在国内前沿，让老百姓享受到舒适医疗的服务。开展了各种培训。通过讲课及带教模式，积极培养本院医务人员。规范了常见病的诊治流程、接台手术流程、抗生素的合理应用，优化了住院病人的诊治流程。培养出一批优秀的医疗人才。县医院医生已可独立完成一部分手术，旨在留下一个带不走的医疗队。

（杨　闯）

中共尼木县纪律检查委员会（监察局）

【概况】 2016年，中共尼木县纪律检查委员会（监察局）认真学习贯彻习近平总书记系列重要讲话精神，深入贯彻落实中共十八大、十八届历次全会和中央第六次西藏工作座谈会精神，贯彻落实十八届中央纪委历次全会精神，贯彻落实区、市、县委和区、市纪委八届历次全会精神，加强纪检监察机关自身建设，严格按照全面从严治党要求，持续深化“三转”，聚焦监督执纪问责，贯彻落实中央“八项规定”精神，持之以恒纠正“四风”问题，着力解决群众身边的不正之风和腐败问题，坚决遏制腐败蔓延势头，扎实开展党风廉政建设和反腐败斗争，取得新进展新成效，为推动尼木长治久安和跨越式发展提供坚强有力的政治保障。

【强化廉政教育】 年内，协助县委理论中心组20次将党风廉政建设纳入学习内容，组织全体县级领导及各乡镇党委、部门党委（党组）书记系统全面深入学习党章、十八届中央纪委历次全会，特别是习近平总书记系列重要讲话精神和八届区、市纪委历次全会精神，督促各单位掌握精神实质，坚决抓好贯彻落实。结合党的“两学一做”学习教育，加强监督检查，督促各单位抓好教育任务的贯彻落实，持续灌输廉政知识。坚持每月播放1次《警示教育片》，组织各乡（镇）、县直各单位负责人参观拉萨市廉政警示教育基地，充分利用短信平台每周定时发送廉政信息，开通“尼木清风”微信公众平台并下发通知要求全县所有干部职工关注，截至年底，累计发布消息274条，并坚持每个工作日进行更新，强化廉政教育宣传广度和深度，编印下发《尼木县把握运用“四种形态”知识手册》200册，引导和督促干部树立高标准、守住底线。采取以考促学的办法组织开展党风廉政知识测试，以《中国共产党章程》《中国共产党廉洁自律准则》《中国共产党纪律处分条例》《中国共产党问责条例》《关于新形势下党内政治生活的若干准则》《中国共产党党内监督条例》等党内法规为测试内容，增强广大党员干部党员廉洁自律意识，牢固树立纪律“高压线”，筑牢“廉洁防火墙”。大力推进机关廉政文化建设，联合县妇联开展“廉洁文化进家庭”活动，利用家庭阵地促进廉政文化纵深发展；在县委、县政府集体办公地点显著位置制作《中国共产党廉洁自律准则》和《中国共产党纪律处分条例》宣传漫画墙和监督执纪“四种形态”宣传栏，利用标语、短信等形式，积极营造廉洁从政良好氛围，不断完善反腐倡廉宣传教育机制。

【发挥组织协调作用】 协助县委召开11次县委常委会议对纪委工作23个议题进行研究讨论，协助县委召开3次党风廉政建设和反腐败工作领导小组会议，召开反腐败工作协调小组会议4次，并及时调整充实尼木县党风廉政建设责任制领导小组及反腐败工作协调小组，坚持把维护党的集中统一，把检查党的路线、方针、政策和中央、区市、县委、县政府的重大决策部署贯彻执行情况作为重要职责，增强贯彻执行的自觉性和坚定性。年初，协助县委与各单位层层签订《党风廉政建设责任书》，压实责任，组织召开县纪委八届七次全会，深入贯彻落实中央、区市纪委全会精神，安排部署年度党风廉政建设和反腐败工作任务，认真完成市纪委试点在尼木开展党委（党组）书记述责述廉并接受评议质询工作，各乡（镇）、县直各单位党委（党组）主要负责人向全会作述责述廉，并接受质询、答复、点评、测评，通过述责述廉，全面掌握、科学评定单位党政一把手党风廉政建设履责情况，督促大家增强责任意识，查找工作中的问题，找准下一步工作的着力点。

【推动党风廉政建设责任制落实】 3月，印发《尼木县纪委贯彻落实〈八届拉萨市纪委七次全会工作任务分解表〉的工作措施》，从6个方面53项内容对党风廉政建设和反腐败工作进行任务分解，制定出具体的工作计划和措施，并明确牵头领导、责任部门、落实范围和完成时限要求。4月，联合县委办对8个乡镇的党风廉政建设责任制落实情况进行检查，及时反馈整改意见，其中反馈存在共性问题3条，各乡（镇）存在个性问题19条，要求各乡（镇）明确责任领导、整改措施、完成时限逐条进行整改，并坚持问题导向，对各乡（镇）主要负责人和纪委书记进行约谈。9月，组织全县各单位负责人召开纪检监察工作会，围绕“三个方面”进一步明确党风廉政建设党委（党组）主体责任和纪委监督责任，确保“两个责任”的落实。

【强化党内监督制约】 年内，严格按照《中国共产党党内监督条例》要求，深入开展党内监督工作，组织党员领导干部签订《家庭廉洁倡议书》300余份，不断强化自我监督管理。加强干部选拔任用的监督。认真参与干部选拔任用民主推荐、民主测评、廉政考察、公示公开等各环节的监督工作，对2016年100名拟提拔任用干部做出纪律审查和廉政鉴定，深入开展任前廉政谈话。认真落实领导干部个人有关事项报告制度，积极探索基层党组织带头人的监督管理，配合拉萨市纪委开展了村党支部第一书记、书记向乡镇纪委述责述廉并接受评议质询试点工作，对村集体经济收入和权力运行起到公开透明的监督作用，通过村民参与达到消除疑虑效果。严格落实约谈制度。研究制定《尼木县纪委监察局约谈制度（试行）》，认真组织开展定期约谈。2016年，共组织开展定期约谈、提醒谈话和任前廉政谈话党政领导干部126余人次，11月，由县委书记、副书记、纪委书记对全县8乡镇、37个县直单位主要负责人和各乡镇纪委书记进行约谈，并坚持问题导向，紧扣党风廉政建设主题，对落实“两个责任”进行全面约谈，共发现并梳理出14条问题，加强跟踪问效、监督检查，确保整改到位。

【推进惩防体系建设】 深化廉政风险防控，进一步提高权力运行的透明度。制定下发《关于进一步推进惩防体系建设的通知》和《关于做好廉政风险防控工作的通知》，安排部署年度工作任务，加强对进一步清理、调整行政事项，强化政府行政职能、强化县政务大厅建设、乡（镇）政务服务中心建设的监督检查，特别是加强对惠民政策落实情况、“三重一大”事项及执行情况、办事流程及时限等相关内容进行全部公开的监督检查。年底，对惩防体系工作情况进行专项检查，对发现问题及时反馈，共梳理出共性问题4条，个性问题3条，要求各单位深入分析问题原因，加强组织领导、明确责任，制定整改方案，采取有效措施，确保整改任务的落实，并对下步工作提出明确要求，以“七个强化”（强化宣传教育、强化制度建设、强化监督制约、强化体制机制改革、强化作风建设、强化查办案件能力、强化组织领导）进一步推动惩防体系建设的落实。

【强化县、乡两级换届风气监督】 年内，设立换届风气监督举报箱42个，设立换届风气监督举报电话10部，坚持24小时值班，把换届纪律监督与日常作风督查相结合，一手抓换届风清气正，一手防“四风”反弹回潮。成立了县乡领导班子换届风气监督巡回督查领导小组，发动乡镇纪委、村级纪检监督员、村务监督员参与换届风气监督工作，不断优化整合监督检查力量，组织培训换届监督骨干32名，累计开展县乡领导班子换届风气巡回督查32次，组织签订严守换届选举纪律和工作纪律书面承诺书1358份，对1名处于审查阶段的乡镇人大代表候选人及时进行了更换；严格按照“三个提名考察办法”配备乡镇纪委书记、副书记，全县乡镇纪委书记、副书记全部配备到位，调整配备乡镇纪委委员30名；把好监督关，严肃查处跑官要官、拉票贿选等违纪行为，对违反换届纪律的典型案例，查处一起，通报一起，从严从快查处，决不姑息，7月初对各乡（镇）换届工作纪委落实监督责任情况以“回头看”方式，再次深入检查，对发现的问题，现场及时反馈要求整改。换届期间，累计开展集体谈话1234人次，个别谈话1503人次。

【作风建设】 年内，始终坚持从严治党、依规治党，严明党的纪律，坚决防止“四风”反弹，紧盯重要时间、重要节点、重要环节、重要岗位，驰而不息纠正“四风”，坚决查处公车私用、公款吃喝、公款旅游，借婚丧喜庆事宜大操大办收钱敛财等问题，把贯彻落实中央“八项规定”精神和区党委“约法十章”“九项要求”及拉萨市“八项要求”的监督检查作为一项常态化监督检查工作，紧盯重要节点，坚持一个时间节点一个时间节点地抓，节前及时下发通知，督促各单位党委（党组）严格落实党风廉政建设主体责任，第一责任人切实履行“一岗双责”。强化监督执纪问责，建立常态化监督检查机制。成立尼木县纪委深入贯彻中央“八项规定”精神、驰而不息纠正“四风”常态化监督检查小组，联合县督查室、县委组织部、政法委、统战部、民宗局及强基办成立了6个督导小组，采取明察与暗访相结合，实地检查相关资料等方式，坚持每周不少于2次的执纪监督检查，特别是在重要节点期间，坚持每天督查，整合监督力量，充分发挥村务监督委员会和村级纪检监督员作用，公布监督举报电话，鼓励引导群众举报问题线索，对违反自治区纪委“十个严禁”行为，坚决严肃处理，发现一起、严查一起，并在全县范围内点名道姓通报曝光。2016年，累计开展执纪监督检查92余次，在全县范围内点名通报曝光2个乡（镇）、3个县直单位、9名干部职工，查处了违反公车使用管理规定5起，对违纪人员进行了批评教育，对单位领导进行了约谈，严肃查处了在项目验收中收受红包违反中央“八项规定”精神的典型案件，及时在全县范围内点名通报曝光，并在县委理论中心组上组织学习，要求各单位要传达到所有干部职工，深刻汲取教训，切实发挥案件的警示和威慑作用。建立健全问责制度，维护党的纪律刚性约束力。研究制定《尼木县党风廉政建设责任追究制度（试行）》，对落实党风廉政建设责任制不力，贯彻落实中央“八项规定”精神、区党委“约法十章”“九项要求”和市委“八项要求”以及纠正“四风”工作不提醒、不警示、不研究、不部署、不检查、不督促的党委（党组），严格按照《中国共产党问责条例》，严肃追究主体责任，对监督流于形式、执纪失之于宽松软的乡（镇）纪委，严肃追究监督责任。发挥群众监督优势，推进作风建设向基层延伸。深入开展群众身边的“四风”和腐败问题大排查、大起底活动，建立群众身边的“四风”和腐败问题线索月报制度，督促村“两委”按季度实行“三务公开”，重要事项及时进行公开。组织召开尼木县纪委监督执纪问责深入纠正“四风”问题推进会，坚持每月统计上报发生在群众身边的“四风”和腐败问题线索汇总表，制作出便民联系卡，公开县纪委工作人员联系方式，深入基层发放到村务监督员手中，组织召开村务监督工作推进会，畅通问题线索来源渠道。

【开展专项检查】 年内，开展公车专项治理，制定《尼木县关于加强公务用车管理使用的通知》，对公车派遣、日常使用管理进行规范，对全县234辆公车进行了清理登记，与50名科级以上领导干部签订《领导干部严禁公车私用承诺书》，经常性对公车私用等现象进行督查，重点查处领导干部“用公车接送孩子上学、用公车婚丧嫁娶、用公车就餐娱乐、用公车走访亲友、用公车旅游”等问题；开展扶贫项目专项检查，10—11月期间，对全县8个乡镇的扶贫惠民政策落实和资金管理使用情况开展专项检查，以政策落实、资金使用、项目推进、纪律作风等为检查重点，坚持纪在法前、抓早抓小，认真践行“四种形态”，及时反馈出3点意见，现场反馈督促整改问题8个，要求各乡镇要全面抓好问题的整改，进一步严明党的纪律，确保政令畅通，为县委、县政府扶贫攻坚工作安排部署的全面落实保驾护航；开展“三公”经费专项治理，通过查看账务、与干部谈话和走访群众等方式，重点查找各单位在使用“三公”经费中是否存在公款大吃大喝、以会议培训名义报销接待费用、违规购车、超编超配公车以及违规发放津贴补贴和奖金等违规违纪行为，针对一些单位财务制度执行不到位，在账务处理上没有做到及时性、规范性，落实相关财经制度不严，账务管理混乱，监控不严，容易滋生腐败等问题，及时进行了情况反馈，明确提出3点整改要求，下一步将把各单位“三公”费用管理工作纳入综合监督检查范围，作为一项常态化监督检查内容。强化工程建设领域项目的监督，严肃惩处违规违纪问题。与各乡（镇）、县直各单位负责人签订《严禁在项目评审中收受红包承诺书》200份。

【督促巡察整改任务落实】 对拉萨市委巡察一组巡察尼木县塔荣镇党委、尼木乡党委、县发改委党支部、卓瓦曲礅寺管委会的反馈意见，及时督促被巡察单位加强组织领导、制定整改方案、细化整改任务，以强有力的有效措施对存在的4个方面问题加予整改，并加强指导，认真开展整改落实情况检查，督促落实。

【严肃惩治腐败并形成有力震慑】 年内，始终坚持以零容忍态度、坚持“老虎、苍蝇”一起打的原则惩治腐败。严肃查办案件。严肃查办发生在领导干部中贪污贿赂、失职渎职及严重违反政治纪律和组织人事纪律的案件，严格按照“四种形态”处置问题线索，重点查处发生在群众身边的不正之风和腐败问题，严肃惩治“微腐败”。强化责任追究。在查处案件中，严格落实“一案双查”，逐步完善和规范责任追究工作。建立责任追究案件情况报告制度和典型案件通报制度；健全检查考核制度，加强对落实党风廉政建设责任制检查考核工作的组织领导。健全纪委监督责任报告制度，实行党风廉政建设双报告制度，全县各级纪委每年以书面报告形式，向同级党委和上级纪委报告履行监督责任情况，及时向县委和上级纪委报告党风廉政建设和反腐败工作开展情况，加强党内执纪监督工作，认真开展党风廉政建设和反腐败工作。健全纪律审查体制机制。在案件来源渠道上，坚持以往传统的来信、来访、来电等方式收集信访信息，同时，注重从专项检查、纠风整治等方面广泛受理举报发现案件线索，创新方法，着力拓宽案件来源渠道，并从严从快查处各类案件，强化对违纪违法案件的自办、督办和查办工作，形成良好的工作格局。在案件查处上，坚持线索处置和案件查办在向同级党委报告的同时，必须向上级纪委报告，并以上级纪委为主，即“两报告”，深入推进查处腐败案件机制改革，提高查办腐败案件工作能力。

【纪检监察自身建设】 年初，内设综合办公室、党风政风监督室、纪检监察室、案件审理室，根据各科室职责范围，细化任务、明确分工、责任到人，以履行党内监督职责为抓手，认真开展党风廉洁建设和反腐败斗争，严格落实“三转”要求，聚焦中心任务，回归主业主责。加强议事协调机构的清理，做到不越位、不缺位、不错位。清理出议事协调机构94项，并参照市纪委清理协调机构的具体做法，经报县委同意，不再参与81项，最终保留与纪检监察职责密切相关的13项，清理率为86%。按照“打铁还需自身硬”“信任不能代替监督”的要求，加强对纪检监察干部的管理，严格教育、严格监督，强化日常监管，严防“灯下黑”现象的出现，每季度组织召开一次纪检工作会议，将每周四定为理论学习日，加强纪检业务知识学习，熟练掌握党纪、政纪条规，党章知识，党的纪律处分条例，党内监督条例，党的基础知识、党员干部管理教育等内容，熟悉处理案件的程序、权限和有关手续，不断提高纪检干部的政治敏锐性、政策水平和工作敏锐性，强化政治理论素质，着力增强纪检监察机关执纪监督问责，提高履职尽责能力，充分发挥乡（镇）纪委履职效能。积极组织纪检工作人员参加上级纪委开办的各类培训班，2016年，共选派6人参加了中央纪委、区纪委举办的各类业务培训，开展“以岗代训”“跟案培训”实践锻炼活动，分2批次选派到市纪委锻炼干部13人次，着力提高纪检监察工作理论知识水平，增强办案能力。在县委、县政府高度重视和大力支持下，委局经费全部从县财政中拨付，2016年，县财政预算人员经费共117968元、办案专项经费100000元，落实纪检专职人员220元/月办案补贴，进一步加大了对纪检机关查、办案件和开展专项工作的经费投入和支持力度，确保纪检监察机关工作的正常开展与经费保障。

（邱 涛）

【领导名录】

书 记 次旦贡觉（藏族，6月免）
郝 蕾（女，6月任）
副书记 普 琼（藏族，5月任）
监察局副局长
德吉曲珍（女，藏族，5月任）

中共尼木县委组织部（编办）

【概况】 中共尼木县委组织部深入学习贯彻十八届六中全会、习近平总书记系列重要讲话和区市县第九次党代会精神，以全面推进从严治党为主线，以全面实施“党建统市”战略为抓手，突出“抓基层、打基础”这个主题，强化问题导向，下大力气用严实举措把工作往实里抓、往前面赶、往细处做，不断增强党组织整体功能、提高党员干部素质、落实党的建设各项部署，为“十三五”规划开好局起好步，为打赢脱贫攻坚战、全面建成小康社会提供坚强组织保证。

【县乡领导班子换届】 年内，把县乡领导班子换届作为年度首要政治任务、党建组织工作的重头戏，全面加强组织领导，充分调研筹备，严肃换届纪律，依法组织实施，采取自下而上、适当集中、党委在先的方式，倒排时序，压茬进行。5月份，全县8乡镇首次以召开党员代表大会形式一次性依法依规选举产生新一届乡镇领导班子成员80名。9月12日至24日，历时13天，圆满完成县领导班子换届工作，选举产生中共尼木县第九届委员会委员20名、候补委员4名，常委13名，书记1名，副书记1名，常务副书记1名，副书记3名；选举产生中共尼木县纪律检查委员会委员10名，常委4名，书记1名，副书记1名。同时，对人大、政府、政协领导班子换届工作进行全程指导，选举产生尼木县第十三届人大常委会委员20名，主任1名，副主任4名；人民政府县长1名，副县长9名；人民法院院长1名；人民检察院检察长1名；选举产生政协尼木县第二届委员会常务委员19名，政协主席1名，副主席4名。换届期间，全县未收到任何违反换届纪律相关举报，实现了领导班子结构换优、能力换强、面貌换新的目标，实现了组织意图和代表意愿的高度一致。

【党建工作】 强化“抓好党建就是最大的政绩”的理念，年初召开全县基层党建工作部署会，聚焦基层党建面临的突出问题，从7个方面28项内容明确全县年度基层党建工作要点，县委与各党（工）委签订2016年基层党建工作责任书，1月份开展全县党（工）委书记抓基层党建工作述职评议考核，并延伸到村级党组织，全县32名村党支部书记、28名第一书记向乡镇党委进行述职。不断发展壮大党员队伍，按照“成熟一个、发展一个”的原则，发展党员185名，其中农牧民党员121名，占65.4%；女党员67名，占36.2%；30岁以下党员113名，占61.1%；初中及以上学历56

名，占30.3%；举办入党积极分子培训班9期，培养入党积极分子350余名。深入实施“强党固基扶村”工作，调整选派128名乡镇干部、32名干警下沉到村工作，作为乡镇派出机构成立村民服务中心，推选32名优秀乡镇下沉干部担任村民服务中心主任，设置党群办公室，经济发展和社会保障办公室，维护稳定和综合治理办公室。认真贯彻落实《中组部关于集中推进非公企业和社会组织党的组织和工作覆盖的通知》和中组部、教育部党组《关于加强中小学校党的建设工作的意见》等系列意见通知，将公安、教育2个系统党总支升格为基层党委；对全县8家国有企业、10家非公企业、43家社会组织经营运行情况、党员队伍情况、组织隶属关系、党建工作进行了调研摸底、清理整顿，调整充实县直机关工委、非公企业党工委和社会组织党工委班子成员。按照“消除零元村、扶持薄弱村、壮大一般村”的思路，县委县政府设立县级专项扶持资金480万元，32个村制定壮大村级集体经济实施项目42个，投入运营项目28个，增加村级集体经济146万余元，带动251名农牧民创收，11个集体经济“空壳”村全部实现零突破。按照“新建一批、改（扩）建一批、修缮一批”的思路，采取市县两级筹资的方式，投资10041.55万元对全县30个村级组织活动场所推倒重建，对2个村级组织活动场所改扩建，积极打造集便民服务、教育培训、文化娱乐“三位一体”村级组织活动场所。按照年内党员干部全部轮训一遍的目标，大力实施“领导干部能力素质提升”工程、“乡村党员干部文化素质提升”工程、精准扶贫培训和藏汉“双语”培训工程，先后安排15名县级干部到区外参加各类培训，14名乡镇党政负责人到四川省委党校参加“抓党建、促脱贫”专题培训；分3批安排98名乡村干部、158名小学文化村干部参加拉萨市精准扶贫培训和文化素质提升培训，安排60名县乡干部在北京、成都培训；举办精准扶贫培训、新任职干部岗前培训、入党积极分子培训、经济投资专题培训、村干部能力素质提升培训等各类培训班29期，累计教育培训乡村党组织书记216人次，“双联户代表”631名，农牧民党员1900余名，科级干部283名，全县党员干部培训总数达到3752名，覆盖率达到100%。扎实开展“党员组织关系集中排查”和党费收缴工作专项检查，累计对93个党支部3156名党员组织关系和信息进行核实，整治党员组织关系接转不及时、组织活动开展不经常、党费收缴不规范、流动党员管理教育不严格等问题7项，共登记流动党员117名，经查找取得联系并已纳入党组织的党员2名，152名党员补交党费19891.69元。

【党建促脱贫】 年内，坚持党建与扶贫工作“两手抓、双推进”，使党建优势转化为扶贫优势、党建活力转化为攻坚动力，选拔有拼劲、懂扶贫、能吃苦的优秀干部进乡镇领导班子，换届后，16名乡镇党政正职中13名从乡镇一线培养成长起来，占81.3%；80名乡镇领导班子成员中，具有乡村一线2年以上工作经历有58人，占72.5%；共选派128名党员干部驻村，帮助县乡按“村不漏户、户不漏人”要求做好建档立卡精准识别工作；结合调整期满村党支部第一书记，安排25名乡镇领导班子成员兼任村党支部第一书记，配强村级党组织带头人；160名下沉到村干部，按照“依贫定案、一户一策”的原则，累计协助所驻村提出帮扶计划1053个，制定一户一策帮扶方案618个，推进扶贫工作差异化施策、精细化用力、“滴灌式”帮扶，带动196户909名群众增收致富，助推84户354人脱贫。拓展“321”党员干部结对帮扶法，建立领导挂点、部门包村、干部帮户制度，在区市领导和12家区市驻村工作队派出单位对点帮扶的基础上，8名县级主要领导分片包干8个乡镇，25名县级领导每人联系1个贫困村、3户贫困户，每个县直部门挂钩1个贫困村，科级干部每人联系2户贫困户，其他干部每人联系1户贫困户，结成帮扶对子1205对，实现党员干部挂钩帮扶全覆盖。

【编制工作】 把行政审批改革作为全面深化改革的“牛鼻子”来抓，年初成立专项工作领导小组，全面筹划权责清单统筹协调工作，在摸底调研基础上，制定《政府工作部门推行权力和责任清单制度工作实施方案》，两次召开专题部署会，集中时间、人员和力量，对全县21个政府工作部门、2个参公事业单位和1家中直单位3445项权责事项进行清理，对西藏自治区明确的57类责任事项、72种追责情形进行梳理，做到“清单之外无权力，清单之内有严规”，避免责任模糊化，理顺部门权责关系。同时，为全县8个乡镇、33个县直行政单位、7个县直事业单位、2个参公事业单位办理了事业单位网上登记和党政群机关统一社会信用代码赋码换证工作。

【老干部工作】 年内，通过举办老干部春节藏历年茶话会、重阳节座谈会，定期通报全县政治经济形势和县乡领导班子换届、精准脱贫、重大项目等，让老干部及时了解全县新变化、新成就；组织130名老干部参加百万农奴解放纪念日、参观拉萨教育城、柳梧新区、八廓商城、清政府驻藏大臣衙门遗址陈列馆、尼木县乌米现代农业综合开发示范区，让老干部感受到市县近年来的巨大变化，增强对经济社会发展的信心；组织4个离退休党支部积极开展“两学一做”学习教育，累计召开专题讨论学习会6场次，举办书记讲党课4场次，参学人数达700余人次；“三大节日”期间，为每名离退休干部发放慰问金1400元；发放14.58万元保障离退休党支部日常学习和娱乐活动，借助各类节日组织离退休干部参与区市各类文艺活动，观看大型实景剧《文成公主》、拉萨市河变湖夜景等，不断丰富离退休干部生活文化；聘请6名退休干部担任退休干部校外德育辅导员，安排4名退休老干部为县乡领导班子换届监督员，全程参与换届工作。

（洪镜伟）

【领导名录】

部　长　李德明（6月免）

　　　　杜开凡（6月任）

副部长　嘎旺朗杰（藏族，5月任）

老干部局局长

　　　　平措群培（藏族）

中共尼木县委宣传部

【概况】 2016年是实施“十三五”规划的开局之年，是全面建成小康社会的关键一年。尼木县宣传思想文化工作在县委、县政府的坚强领导和区、市党委宣传部的有力指导下，按照高举旗帜、围绕大局、服务人民、改革创新的总要求，紧紧围绕县委、县政府中心工作，扎实推进宣传思想文化各项工作创新发展，取得显著成效，为推进全县跨越式发展和长治久安提供了强大的思想保证、舆论支持、文化条件、精神动力。

【理论中心组学习】 年内，制定实施《中共尼木县委理论学习中心组2016年度理论学习安排意见》，结合“两学一做”学习教育，以中国特色社会主义理论、习近平总书记系列重要讲话精神、中央和区、市党委重要会议精神等为重点学习内容，以专题研讨会、专题辅导报告会等形式，精心实施、大力抓好抓实县委理论学习中心组的学习。截至年底，县委理论中心组共开展集中学习18次，在县委理论中心组的引领示范下，全县各党委（党组）中心组、党支部和广大党员干部积极跟学，有效增强了各级党员干部用理论武装头脑、指导实践、推动工作的能力，有力推动了学习型党组织建设取得新成效。

【理论宣传教育】 年内，在加强理论学习，推进学习型党组织建设中，尼木县还注重结合、充实内容、提升成效，将理论学习与开展的“每月一课”“两学一做”学习教育相结合，并在学好既定内容基础上，还投入4.7万余元资金为广大党员干部征订了《党建》《大讲堂》《时事报告》《党委中心组学习》《胡锦涛文选》等学习资料，并按期及时发放至县委理论中心组各成员及各乡镇党委理论中心组和各单位部门。系列举措，使党员干部职工的知识结构进一步优化、思路进一步开阔，创新思维能力进一步提高，学习实效进一步提升，做到适应新形势新任务的需要。同时，有效整合县、乡（镇）、村、学校、驻寺干部各级力量，建强面向群众、学生、僧尼的宣讲员队伍，紧紧围绕区市县党委、政府决策部署，坚持贴近实际、贴近生活、贴近群众同时，以集中宣讲、面对面宣传等方式广泛开展宣传宣讲活动，并深入开展“党的十八届六中全会、区市第九次党代会精神、精准扶贫精准脱贫小康安居政策”宣讲活动。截至年底，全县共开展各类宣传宣讲活动135场次，受众达2.3万余人次，真正使党的科学理论成果和路线方针政策家喻户晓、深入人心。

【爱国主义教育】 以“3·28”西藏百万农奴解放纪念日、“5·23”西藏和平解放纪念日、中国共产党建党95周年、民族团结宣传月、国庆、红军长征胜利80周年等节点为契机，以悬挂横幅标语、开展纪念活动、主题宣讲等方式，在全县深入、持续、广泛地开展了“中国梦”“老西藏精神”“两路精神”“反对分裂、维护稳定”和感党恩主题宣传教育，有效坚定各族干部群众理想信念，筑牢共同团结奋斗、共同繁荣发展思想基础，汇聚起实现中国梦尼木篇的强大精神力量。

【文明创建引领价值】 常态抓好文明创建活动，组织开展第一届全国文明家庭评选推荐活动，推荐上报第一届全国文明家庭1户；推荐上报“第三届拉萨市道德模范和第五届西藏自治区道德模范”12人，其中1人成功评选了第三届拉萨市道德模范；在全县各乡村、各单位常态更新“善行义举好人榜”，推荐上报8名“拉萨好人”；推荐上报“最美志愿者”2名和“最佳志愿服务组织”2个；以“春节·藏历新年”为契机，深入开展关爱道德模范活动，同时在尚日村、普松乡开展了道德模范、“身边好人”巡讲活动。认真组织诚信建设、志愿服务、文明交通、文明旅游、文明餐桌、网络文明、道德讲堂活动，全年共投入35862元制作“讲文明树新风”户外公益广告60余个。全面配合拉萨市做好2016年全国文明城市迎检测评工作，扎实做好各类资料收集上报。系列创建活动，有效弘扬了良好社会风尚，提升了全县文明程度。

【未成年人思想道德建设】 年内，在全县未成年人中广泛开展“我的中国梦”和“做一个有道德的人”“经典颂读”“我们的节日”“学雷锋”“国旗下讲话”“传唱优秀童谣”“童心向党”“网上祭英烈”“美德少年”等系列主题实践活动，把培育和践行社会主义核心价值观贯穿工作全过程，全面加大未成年人思想道德建设力度，提升工作实效，截至年底，向市文明办推荐上报“美德少年”8个。全面完成帕古乡完全小学乡村学校少年宫项目，并投入运行。截至年底，全县获得中央福利彩票公益金支持建设乡村学校少年宫项目学校已达4所。

【“五下乡”活动】 截至年底，全县共开展文艺演出50场次，受众达2.3万余人次；科技下乡7场次，受众1700余人次；卫生下乡44场次，免费发放价值6万余元药品，受众达10000余人次；法律下乡55场次，受众达1.3万余人次；爱国爱教宣传服务下乡22场次，僧尼受众达800余人次。2016年累计发放各类宣传资料1.2万余份、制作宣传展板45块。“五下乡”活动扎实有效开展，弘扬了社会主义先进文化，丰富了农牧民群众精神文化生活，同时更让农牧民群众在寓教于乐中增长了知识，得到了实惠。

【文化事业】 年内，进一步完善县、乡、村三级公共文化服务网络，建立纵向到底、横向到边的公共文化服务体系。截至年底，做到了县有文化活动中心、文化信息资源共享中心、新华书店，乡乡有文化站、各村（各寺）有农家书屋（寺庙书屋），并建立健全了公共文化设施运行保障机制，做到了各类文化设施设备有工作人员、有管理制度、有经常性活动、有经费保障，充分发挥了其应有功能和效用；实现党报党刊“进村入寺”，广播电视“村村通”“户户通”“舍舍通”建设进一步巩固，广播电视覆盖率均达到

99%；电影“六进”活动扎实开展，截至年底，放映电影1342场次，受众达10万余人次。

【文化产业】 在发展文化事业的同时，尼木县立足资源优势发展好文化旅游业、民族工艺业等产业，并统筹兼顾促进歌舞娱乐、音像、打印、网上服务等文化产业繁荣发展。10月28日，尼木县与拉萨市和美布达拉文化创意发展有限公司就推进尼木文化旅游开展召开了推进会，就相关事项进行了磋商。

【非物质文化遗产】 文物和非物质文化遗产保护力度进一步加强。全面做好了全县范围内各文物保护单位和重要文物点的保护工作，确保了文物安全；成功申请到1200万元的白面具藏戏传习所项目，投入1900余万元援藏资金的尼木县非遗展示中心和投入400万元的尼木县扶贫藏香研发中心建设项目已初步建成。

【外宣工作】 年内，做好《尼木新闻》采编播工作。截至年底，制作播放《尼木新闻》91条；上传各类新闻稿件160条，截至年底，西藏电视台、拉萨电视台共刊播尼木县新闻45条，西藏日报、拉萨晚报共刊登尼木县新闻71条；认真做好新闻接访工作，截至年底，共接待中央驻藏媒体和区、市主流媒体记者14批次、90余人次到尼木县采访报道。尤其是按照拉萨市的工作部署，圆满完成中央电视台外语频道对尼木县吞巴乡的宣传报道工作和中央电视台《吉祥拉萨》在尼木县的拍摄工作，有力增强了尼木县知名度。上报了2名尼木县新闻发言人，并选派1人参加了拉萨市委托国新办举办的新闻发言人培训班，为做好外宣接访和新闻发布工作奠定了基础。

【文化执法】 年内，深入实施“西新工程”，推进广播电视“户户通”“舍舍通”全覆盖工程，全面遏制空中渗透。加强文化市场管理和执法工作。加大日常和维稳敏感时段的文化市场集中清理整治工作力度，加大对网吧、各类文化娱乐场所的监管力度，全面开展查堵“藏独”宣传品、政治性有害出版物和整治互联网、手机媒体传播淫秽色情及低俗信息等专项整治行动，严厉打击各类侵权盗版行为，有效净化文化市场。截至年底，共检查各类文化场所255家次，其中文化娱乐场所81家次、网吧84家次、音像制品销售店90家次，查缴盗版光盘14盘。

【网络宣传与管理】 年内，牢固树立善建网络、善用网络、善管网络意识，做到知网懂网、善用善管，全面提高互联网宣传管理水平。调整充实尼木县委网络安全和信息化工作领导小组，把网络安全和信息工作摆在维护意识形态安全和社会稳定的高度抓紧抓好；新开通“网信尼木县”微信平台，并继续做好“尼木县政务信息网”信息发布工作，截至年底，两个平台累计发布尼木县经济社会发展图文信息1000余条，充分发挥了网络即时、迅速、面广的传播特点，扩大了宣传覆盖面，增强了宣传实效；全面加强网络舆情监控，加强对手机媒体、社交网络、即时通讯工具的引导和管理，累计组织县乡两级专兼职网评员160余人次参与评论、跟转帖300余条，有效做到用正面的声音占领网络阵地，用正确的舆论引导广大网民，形成昂扬向上、团结奋进的网上正面舆论强势。

（杨秀花）

【领导名录】

部　　长　索朗次仁（藏族，8月任）
副 部 长　魏乃红（5月任）
　　　　　薛　勇
主任科员　杨秀花（女，回族）
网信办主任　曹大权
文化执法副队长
　　　　　拉　吉（女，藏族，5月任）

中共尼木县委统战部（民族宗教事务局）

【概况】 中共尼木县委统战部共编制8人（含工

商联），实际人数5人（其中统战部3人，工商联2人）：部长1名（县委常委）、副部长1名（正科级）、工商联主席1名，副主任科员1名；宗组办编制5人，实有1人：副主任1名，民宗局共有编制8名，实际人数7人：局长1名（副县级），副局长2名，主任科员1名，副主任科员1名，科员2名。

【寺庙基本情况】 2016年，尼木县辖区内共有22座寺庙（其中拉康6座、日追1座），14座为僧寺，7座为尼姑寺，1座为僧尼混合寺。员额核定编制249人，现有212名编内僧尼，僧人117名，尼姑95名。全县境内5大教派共存，分别为10座噶举派、6座宁玛派、4座格鲁派、1座苯教派、1座萨迦派。

【确保全县民族宗教领域持续和谐稳定】 2016年，尼木县委统战部、县民宗局、县工商联在区市县委政府的坚强领导下，在上级业务部门的关心指导下，深入学习贯彻落实中共十八届四中、五中、六中全会精神和区市第九次党代会精神以及习近平总书记系列重要讲话精神特别是"治国必治边、治边先稳藏"重要战略思想和"坚持依法治藏、富民兴藏、长期建藏、凝聚人心、夯实基础"的重要指示，严格按照中央关于统战民宗工作的决策和区市党委的部署，牢牢把握大团结大联合主题，最大限度地团结一切积极因素，全力确保了全县民族宗教领域持续和谐稳定。

【创建评选活动】 尼木县2016上半年评选出和谐模范寺庙先进集体4个、爱国守法先进僧尼有60名、先进寺管会（专职特派机构）有3个、先进涉宗干部1名，共兑现表彰资金7.7万元；下半年评选出和谐模范寺庙的先进集体3个，获得爱国守法先进僧尼64名，获得先进集体的寺管会（专职特派机构）4个，获得先进驻寺干部9名，获得先进涉宗干部1名，表彰资金7.3万元。2016年，共兑现表彰资金15万元。

【法制宣传教育】 将涉宗领域学习宣传贯彻落实会议精神作为当前一项"政治任务"来抓，及时成立领导小组，深入寺庙和僧尼中开展学习贯彻十八届六中全会、区市第九次党代会精神系列宣讲活动。11月25日，县委邀请西藏自治区党校马列教研部主任副教授苏山开展"尼木县学习贯彻中共十八届六中全会、区市第九次党代会精神"宣讲会，县级领导、县直部门、驻寺驻村干部参加。以县民宗局组成宣讲组，深入杰吉寺、卓瓦曲碘寺开展了"学习贯彻落实党的十八届六中全会精神及区市第九次党代会精神"专题讲座。还利用县级财政年初主题教育活动预算资金1万元，为全县僧尼购买了笔记本、中性笔、文件包，及时将藏汉双语宣讲提纲印发至各寺管会（特派员），深入开展学习贯彻落实"党的十八届六中全会精神及区市第九次党代会精神"系列宣传活动，基本实现了学习宣传全覆盖。

【藏胞工作】 进一步加强国外藏胞工作，使国外藏胞工作能够更好地为尼木县经济发展和社会稳定服务，做到探亲藏胞随时有人登记、管理；随时有人掌握定居藏胞和滞留藏胞动态，中共尼木县委统战部对本县回国定居藏胞进行了统计整理，严格掌握探亲藏胞动态。2016年12月，向卓玛普日追、卓瓦曲碘寺两位定居藏胞各慰问2000元，共计4000元，并密切关注其动向和思想动态；做好国外藏胞办理探亲、旅游手续的调查摸底工作和在藏期间的联系管理工作。

【寺庙僧尼服务管理】 年内，按照自治区僧尼管理办法，严格落实寺庙各类传统惯例宗教活动审批制度，认真准备前期各项工作方案，依法有效加强对寺庙僧尼的管理，做到从严掌握、控制规模、规范管理，确保宗教活动手续齐全，宗教秩序良好。加强僧尼外出审批登记制度，严格僧尼请销假制度；尼木县四位领袖像进寺庙、进僧舍、悬挂国旗、广播电视、报纸进寺庙率分别达100%；全县22座寺庙实现广播电视"舍舍通"，已安装256套广播电视，共放映爱国主义教育影片20余场次；开展法制宣传教育22场次，集中学习19场次，参学僧尼165人，撰写心得体会146份；

寺管会（专职特派机构）家访212次，覆盖率达到100%，驻寺干部累计为寺庙、僧尼办实事176件，投入资金28万余元，协助完成县乡两级人大、政协换届工作，推选党外人大代表6人、党外委员56人。全年共兑现家访资金10.7万元。

【精准扶贫】 年内，深入学习贯彻习近平总书记扶贫开发重要战略思想和中央扶贫开发座谈会精神，把脱贫攻坚作为重大任务，完善机制推进脱贫，建强组织引领脱贫。统战部（民宗局）结对帮扶对象16户，分布在帕古村、吞普村和如白村，通过实地调研、走访，建立贫困原因分析表，并全部建档立卡。建立帮扶指导机制，领导干部直接联系贫困户，通过包联帮扶推动脱贫攻坚工作；以建强基层组织、为民办事、发展农业产业等三个主要目标为己任，逐户制定扶贫计划和扶贫台账；整合组织党员干部与精准扶贫户结成帮扶对子，调整优化帮扶力量，做到精准发力、聚力攻坚；建立了督查考评机制，纳入干部年中考核；加强干部队伍建设，加强对党员干部的培训教育，提升服务脱贫攻坚的能力；加强对贫困群众的教育指导，通过培训教育提高贫困户的实用技能；定期开展帮扶联系活动，组织多种形式的慰问活动，累计发放慰问品、慰问金折合5000余元。

【民族团结宣传教育】 以“3·28”百万农奴解放纪念日活动为契机，牢牢把握各民族“共同团结奋斗、共同繁荣发展”的主题，围绕“讲团结谋发展、保稳定促和谐”这条主线，牢固树立“三个离不开”的思想，多措并举，大力表彰奖励为民族团结进步事业做出突出贡献的模范集体和个人。上半年，召开尼木县2016年度民族团结进步表彰大会，大力表彰了为尼木县民族团结进步事业做出突出贡献的16个模范集体和31名模范个人。向16个模范集体发放奖金6.4万元；31名模范个人发放奖金3.1万元；共兑现表彰资金9.5万元。

9月，全县范围内组织了民族团结进步宣传教育活动，以“6+6”为主要内容。“6”，即开展学习各类民族政策、法律法规，中央民族工作会议精神、城市民族工作会议精神以及习近平总书记系列重要讲话精神；开展“9·16”平安宣传日上街宣传活动；召开2016年民族团结进步模范表彰大会；开展“媒体助推民族团结进步宣传”活动；举办讴歌尼木县各民族和睦相处、和衷共济、和谐发展为内容的文艺晚会；深化共产党员民族团结先锋活动。“+6”，即开展群众性民族团结进步文化体育活动；举办一场民族团结专题知识竞赛；开展“三个离不开”“四个认同”“八看、一算账、一揭批、四增强”教育活动；深化《拉萨市民族团结进步条例》“七进”；召开一次以“中华民族一家亲”为主题的民族团结座谈会；开展民族团结巾帼添彩行动。

【项目情况】 2016年，县政府投入资金141万元对5座寺庙（岗仲寺、卡曲寺、卓瓦曲碘寺、达吴拉康、贵热寺）经堂、修行房、偏殿进行了修缮。

【工商联党建工作】 截至年底，尼木县非公企业共11家（以公司为标准），其中建筑业5家、制造业4家、种养殖业2家。注册资金共10760万元；就业人员844人。产值3250万元。规模以上非公企业一家都没有。共有党员51名，入党积极分子1名，党建联络员1名。由于各企业党员都是挂靠到各所属村支部，个别党员的组织关系还在内地，故各企业没有成立党支部。

2016年，尼木县和谐建筑安装有限公司组织尼木村贫困户10户36人，在桥头采石场进行大型机械（挖掘机、装载机、吊车、板车）培训，投资17.1万元，帮助曲林村2户贫困户解决水泥2吨，更换家具共计1.9万元；西藏农牧业开发有限公司组织尼木乡500余人，培训铁皮石斛、蓝莓、灵芝、食用菌等的种植，共投入培训资金70万元。

（尼玛仓决）

【领导名录】

部　　长　尼玛次仁（藏族，8月免）
　　　　　普布次仁（藏族，8月任）
副 部 长　普布扎西（藏族）

宗教办副主任
　　　　米玛琼达（女，藏族）
工商联主席　王 超 飞
民宗局局长　旺　　杰（藏族）
副 局 长　尼玛仓决（女，藏族）
　　　　曲　　宗（女，藏族，5月任）

中共尼木县委政法委员会

【概况】 尼木县委政法委下设综治办、维稳办、流管办四块牌子一套班子。单位人员实际编制10名；2016年有正式干警8人，工人3人。其中，政法委书记1名（不占编制），政法委副书记、综治办主任1名，综治办副主任空缺，护路办主任1名，科员6名，驾驶员3名（不占编制）。

【深化社会治安综合治理】 年内，尼木县政法委大力实施“党建统县、环境立县、文化兴县、产业强县、民生安县、依法治县”六大战略，以加强和创新社会管理为抓手，大力实施“源头治理、关口前移、网格化管理、群防群治”方面措施，通过开展“联户平安、联户增收”工作模式，社会基本公共服务和保障能力明显提升，人民群众安全感、幸福感和满意度明显提高，社会大局和谐稳定，社会治安明显好转，综合治理工作取得新突破。2016年，县政府共计投入综治维稳经费1437.6234万元，占上年全县财政收入的29%；其中：预算政法委、护路办经费290.112万元，包括各乡（镇）综治和双联户经费27万元，并按期予以拨付，为更好地完成综治维稳工作提供了经费保障。

【维护社会稳定】 年内，尼木县始终坚持“旗帜鲜明、针锋相对、主动治理、强基固本”的反分裂斗争工作方针，高度重视维护稳定工作，多次召开维稳工作专题会议，分析研究维护社会稳定工作，并作出具体的工作安排和部署：政法委积极协调相关情报信息部门畅通情报信息渠道，组织各单位通过全方位、多渠道收集敌社情动态及其他维稳情报信息，努力实现维稳工作重心下沉，充分发挥基层综治信息员的作用，提高情报信息工作的前瞻性和时效性；全面做好区外学经返回人员集中教育管理工作，确保教育管理工作责任到位、措施到位、人员到位。政法委牵头组织相关单位先后召开了3次专题会议，研究讨论区外学经返回人员集中教育管理工作，成立了以县委书记为组长、县委副书记、县长为常务副组长的工作领导小组，制定《尼木县区外学经返回人员集中教育培训及管控工作实施方案》，设立领导小组办公室，下设9个专项组，确保区外学经人员一旦返回，相关集中教育培训办工作衔接到位；加强预防和处置突发事件工作预案的演练。2016年3月12日，政法委牵头组织公安、消防、中队、护路联防等应急处突队员，开展“反自焚、防爆孔”应急处突演练行动，提高了尼木县预防和处置突发事件的能力，确保一旦发生突发事件，能够及时反应、快速出动，就地封控、果断处置。

【强化矛盾纠纷排查调处】 年内，政法委高度重视矛盾纠纷排查调处工作，各综治成员单位、各乡（镇）按照“发现得早，化解得了，控制得住，处置得好”的工作原则，始终将矛盾纠纷排查调工作作为日常工作的一项重要内容来抓，妥善化解人民内部矛盾，努力把各种矛盾和问题化解在基层，消灭在萌芽状态。截至年底，尼木县共排查调处各类矛盾纠纷55起，已化解55起，化解成功率100%。共受理群众来访13批（件）、25人次，办结13批（件），办结率达100%。

【高度重视精神障碍患者救治救助】 年内，根据《自治区综治办 自治区卫计委关于进一步做好全区严重精神障碍患者摸排诊断和救治救助工作的通知》精神，政法委组织卫生、公安、民政等相关职能部门先后召开3次协调会议，就做好尼木县严重精神障碍患者摸底调查、诊断、救治救助工作进行详细的安排部署。组织动员公安、卫生、乡镇综治等人员力量，利用一周时间，走村入户，对全县所有的疑似精神病人、智障患者、癫痫病患者进行一次全面细致的排查，截至年底，尼木县共有疑似精神障碍患者共计43人，并对摸底调查出来的疑似精神障碍患者基本信息录入公安系统和综治信息网，确保人员信息全面、详细，切实做到了疑似精神障碍人员“底数清、情况明”，为下一步救治救助和管控工作奠定了坚实的基础。

【全面推广使用三级综治信息平台建设】 2016年5月，尼木县已经完成县、乡（镇）、村三级综治信息平台建设工作，通过综治信息化的建设，不断建立完善辖区人、地、事、情、物、组织等各类基础信息，及时掌握基层工作动态、及时处理群众反映强烈的突出问题具有重要的作用。截至年底，尼木县631名联户代表均已认证登记，联户代表平均每天微信报送信息300余条、每日微信报平安率达到60%左右，开展矛盾纠纷排查391次，调解255起纠纷，安全隐患联防联控682次、整改隐患236次，开展治安巡逻1063次，登记流动人口395人，搜集情报信息1572条，环境卫生联管联治613处，困难家庭联帮联扶181户，投入帮扶资金30520元，创办合作组织6家，年底每户增收1.5万元。

【加强“三、六、九”综治宣传】 年内，政法委以“三月综治宣传月”“六月综治宣传周”“9·16”平安西藏宣传日活动为契机，发动8个乡（镇）、各综治成员单位开展了形式多样、内容丰富的综治宣传活动，切实营造“人人参与综治、人人共享综治”的宣传氛围。期间，共悬挂横幅128条、展示宣传展板100多个、展示宣传图片300余张、设立咨询台20多处、发放各类宣传手册60多种、10000余份、免费就诊农牧民群众100余人、免费发放各类宣传品1000余套，累计受教育群众达6000余人。

【平安创建全覆盖】 政法委始终高度重视平安创建工作，强化责任落实，结合工作实际，建立完善了《平安创建推选标准》《深化平安创建奖惩办法》和《平安单位摘牌制度》等一系列机制和制度，成立了以县委副书记、县长为组长的深化平安创建工作领导小组，加强深化平安创建工作的指导和协调能力。自全区平安创建工作开展以来，政法委把“深化平安创建、构建和谐尼木”作为工作目标，在全县范围内深化平安乡（镇）、平安村、平安寺庙、平安校园、平安单位、平安旅游景区等各种形式的基层平安创建活动，实现了平安创建全覆盖。自平安创建工作开展以来，经过不懈努力，政法委共评选出市级平安乡镇8个、平安村32个、平安校园7所、平安寺庙11座、平安单位22家。评选出县级平安乡镇8个、平安村32个、平安校园7所、平安寺庙32座、平安单位24家、平安企业1家、平安旅游景区1家、平安家庭90户。2016年，审核推荐自治区级平安校园3所、平安医院1家、平安家庭10户、平安边界线1家。

【注重基层群访群治队伍建设】 建立健全基层综治、创安组织及“两会一队”等群防群治队伍建设，不断壮大基层组织力量。截至年底，政法委建立健全综治领导小组9个，治保委41个、调委会41个、创安小组9个、护院队31个、护村队32个、护校队9个，群防群治人数达2500余人。

【充分发挥联户代表作用】 在各敏感节点和重大节假日期间，全县631名联户代表按照“属地管理”原则，凭借“人熟、事熟、地熟”的三大优势，发挥了群众信息员、宣传员、调解员、治保员、致富带头员的“五员”工作职能，不仅筑牢了维护稳定的第一道防线，而且为加快经济发展，实现共同富裕创造条件、搭建平台。

【加强与邻县沟通协作、共创平安边界】 为进一步加强与邻近县行政边界地区社会治安综合治理协作、治安联防，增强行政边界地区治安防控能力，尼木县每年年初与邻近的南木林、仁布、当雄、班嘎、曲水6个县签订《创建平安边界协议书》，共创平安边界地区，确保边界地区社会局势和谐稳定。

【深化“先进双联户”创评】通过“一书”（尼木县深化“联户平安 联户增收”工作目标管理责任书）将责任落实到乡（镇）、村、联户代表。通过“三会”（年初安排部署会、年中“双联户”工作专题会、年底总结表彰大会）的形式，从深化推进“先进双联户”工作、创新工作模式、促进联户平安、联户增收方面重点进行了研究和部署，总结经验，推广典型做法，将经验和成效向全县分享。通过“四件”，《尼木县县委、县政府关于进一步深化“先进双联户”创建活动的意见》《尼木县年度深化“双联户”工作实施方案》《尼木县星级“先进双联户”创建评选实施意见》《尼木县“幸福家园”双联户微信平台信息报送奖惩办法》四个重要文件，严格执行“一把手”负责制，为如何开展好各项工作以及工作成效的考核奖惩等方面有了充实的依据，指明了方向。

【拓宽渠道、促进增收】尼木县继续通过政府扶持、基层党委政府积极教育引导群众、联户代表带头、联户家庭参与等方式，在上年联户单位创建集体经济组织的基础上，2016年新创建续迈乡双联户短期育肥基地，吞巴乡联户家庭藏鸡养殖场、藏香手工艺合作社、联户单位小型施工队，麻江乡联户家庭砖厂、普松乡联户单位经幡合作社共6家联户单位经济合作社，参与联户家庭85户，年底每户平均增收1.5万余元。

【推进“先进双联户”创建评选表彰活动】通过综合考核各联户代表“十联”“十星”和幸福家园微信平台上联户代表每月微信报平安率等工作，2016年12月，政法委召开“先进双联户”创建评选活动表彰大会，共推选产生村级“先进双联户”117个、1164户，兑现奖励资金11.62万元；推选产生乡级“先进双联户”27个、279户、兑现奖励资金13.95万元；评选产生县级“先进双联户”10个、100户、兑现奖励资金10万元；推选县级先进集体10个、兑现奖励资金3.4万元，创建评选活动经费（荣誉证书、哈达等）2.1775万元，以上奖励资金共计41.1475万元。

【流动人口服务与管理】把出租房屋和流动人口服务与管理工作纳入综治和城市建设规划，与综治工作同部署、同检查、同考核，形成一级抓一级、层层抓落实的工作格局。截至年底，尼木县共有出租房屋总数264户、937间，常住人口33970人、流动人口2428人，全部均已登记造册，做到了“以房管人、以证管人”。

【铁路护路联防】自拉日铁路开通以来，尼木县铁路护路联防工作始终按照区、市关于铁路护路联防工作部署和要求，从讲政治、顾大局、保稳定的大局出发，大力整治铁路治安安全隐患，加强巡逻巡线力度，排查化解各类涉铁矛盾纠纷，深入基层宣传各类铁路相关安全知识，强化队伍自身素质建设，建立高效管理机制，确保拉日铁路尼木段的安全畅通。截至年底，共排查铁路安全隐患13处，及时发现、制止车辆停靠铁路沿线500余次，清查铁路沿线闲杂人员32次120人，制止、清理牲畜上道3900余次6000余头（只、匹），组织队员自行修补、加固铁路设施12次，完成重要列车安保任务2次，未发现一起偷盗和损坏铁路设施设备行为。

【精准扶贫】年内，按照县委、县政府扶贫攻坚指挥部工作部署要求，积极主动联系政法委扶贫精准扶贫联系点麻江乡强聂村，先后4次深入联系村，详细了解和掌握全村基本情况和贫困户总数和建档立卡情况，按照乡党委、政府“3.2.1.”的结对帮扶工作安排，2016年5月带领全体党员干部职工共9人前往麻江乡强聂村亚米组开展结对认亲活动，深入贫困户家中拉家常谈、详细询问结对户生产、生活和经济来源，致贫原因、制定一户一脱贫工作计划。截至年底，政法委开展看望慰问联系村和精准扶贫结对户3次，为强尼村和贫困户送去了面粉、大米、砖茶、衣物等慰问物资（折合人民币2万余元），党员干部自掏腰包给贫困户送去了慰问金1.1万元；积极教育引导贫困户、改变陋习和陈旧思想，走出山沟、依靠自己勤劳双手摘取贫困帽子，实现全面建成小康社会目标。同时，政法委党员干部把“为民做好事、做实事、解难事”作为工作出发点和落脚点，力所能及地解决了贫困户提出的实际困难，通过多方渠道、为贫困户寻找致富门路，解决了1名贫困人员在城关区环卫局保安的就业岗位，现每月工资4000元，年收入达到48000元，4名强尼村贫困人员招录了铁路护路联防队伍，其他帮扶2次。

【强基惠民】 年内，按照县委、县政府和强基惠民活动办工作要求，政法委及时召开干部大会，选派身体素质好、工作责任心强、有基层工作经验的年轻干部，深入吞达村开展“创先争优、强基惠民”活动。通过驻村工作队员的经常深入驻村联系点了解吞达村热点难点问题，力所能及地解决该村实际困难。2016年，政法委筹集1万元资金为吞达村水磨糌粑加工厂进行维修；关心关爱驻村干部、让干部驻的安心。2016年，政法委先后对驻村工作队开展慰问活动3次，送去蔬菜、大米、面粉、饮料等慰问品（折合人民币5000元）和慰问金6000元。

（次仁群培）

【领导名录】

书记、公安局局长

吴 昌 军（6月免）

黄　 鹤（6月任）

副书记、综治办主任

旦　 增（藏族，6月免）

次仁罗布（藏族，6月任）

护路办主任

强　 巴（藏族）

维稳办负责人

尹 晓 芬（女）

尼木县人民代表大会常务委员会办公室

【概况】 2016年，尼木县人大办公室紧紧围绕尼木县中心工作，按照人大常委会年初制定的工作计划，不断强化责任意识、服务意识，组织筹备召开人大常委会各项会议，丰富闭会期间活动，开展视察调研，积极响应和全力配合县委、县政府开展的各项工作。

【进一步加强代表工作】 年内，为提高尼木县人大代表履职水平，以常委会组成人员、机关工作人员、乡（镇）人大主席、四级人大代表为对象，以《中华人民共和国宪法》《中华人民共和国全国人民代表大会和地方各级人民代表大会代表法》《中华人民共和国全国人民代表大会和地方各级人民代表大会选举法》《西藏人大工作法规汇编》为内容，开展了为期三天的人大业务理论知识普及培训，组织代表参加区、市人大举办的代表培训5场，共10人次，开阔基层人大代表的视野，拓宽工作思路，增强了人大代表履职的责任。

【召开建议交办会】 2016年的两次人代会上，人大代表以高度的责任感和使命感，围绕各项工作报告，认真讨论审议，积极建言献策，提出了许多好的建议。尼木县十二届七次人代会共收到代表建议84件，尼木县十三届一次人代会共收到代表建议90件。4月13日和11月14日，人大办、政府办联合分别召开了建议交办会。会议要求，承办单位要进一步提高思想认识，讲民主、懂国体，继续发扬求真务实、真抓实干的工作作风，以解决问题和推动发展为根本目标开展好建议办理工作；要强化责任落实，加强组织领导，各部门一把手负总责，把建议办理工作纳入单位重要议事议程；要加强主协办单位之间的沟通对接工作，摸清情况，深入研究，抓住重点，注重实际效果和可操作性；要按照县人大常委会、县政府和县政协的统一部署，加强与代表、委员沟通，办理结果必须要得到代表和委员们的认可。为全面了解尼木县十二届人民代表大会第七次会议上代表所提建议的答复和办理情况。11月30日—12月8日期间，县人大深入各乡镇就代表建议办理情况开展了跟踪督查工作，对办理过程中存在的问题提出了整改意见，推进了代表建议的依法办理，促使代表提出的问题得到解决，代表建议办结率和满意率不断提高。

【为代表参会提供服务】 年内，认真收集整理拉萨市十一届人大一次会议议案、建议、批评和意见，并组织代表参加拉萨市十一届人大一次会议。为开好本次人代会做好相关准备工作，并积极做好有关建议、批评和意见的收集、整理和上报工作，从年初开始，县人大办公室对尼木县七乡一镇、县直相关部门和人大代表进行了前期走访调研。11月1—5日，拉萨市召开十一届人大一次会议，县人大办派出工作人员负责会场布置、代表接送、文件撰写、会议记录等各项服务工作。会议期间，代表们认真审议报告，踊跃发言，为尼木县发展建言献策。尼木团代表向大会提交建议、批评和意见11余条。

【科学组织开展视察调研】 为更好地落实县委决策，促进全县法治建设，县人大抓住法律实施中的关键问题，组织开展执法检查。几年来，针对《拉萨市民族团结进步条例》实施情况开展执法检查，巩固和发展了平等、团结、互助、和谐的社会主义民族关系，推进了民族团结进步事业大繁荣、大发展；针对《中华人民共和国工会法》《中华人民共和国法律援助条例》《中华人民共和国妇女权益保障法》《中华人民共和国劳动法》开展执法检查，不断的保障和维护了劳工、职工和妇女的合法权益；针对《土地管理法》《环境保护法》开展执法检查，强化了对国土资源和生态环境的管理、使用和保护；针对《中华人民共和国安全生产法》《中华人民共和国药品管理法》开展执法检查，防止和减少了生产安全事故，保障了公众用药用械安全；针对《中华人民共和国教育法》开展执法检查，推动了尼木县义务教育“均衡”发展。县政府及其职能部门非常重视县人大组织开展的执法检查，积极采纳常委会和代表提出的建议，自觉查找不足、切实加以整改，使相关法律法规在尼木县得到了较好的贯彻执行，有效地推进了政府依法行政。

【加强自身建设、提高履职能力】 强化思想政治教育，确保人大机关每位人员不缺席县委理论中心组学习和“每月一课”，保证学习时间和学习质量，促进机关工作人员自觉运用中国特色社会主义理论武装头脑，坚持社会主义道路，进一步增强道路自信、理论自信和制度自信；坚持民主集中制，常委会会议、主任会议所议事项都坚持集体决策、集体执行，民主氛围浓厚；始终坚持把落实党风廉政建设责任制作为贯彻落实党的群众路线的重要内容，把反腐倡廉摆在突出位置，努力营造人大机关团结合作、积极向上的工作氛围，切实转变了工作作风。

（安 燃）

【领导名录】

主　　任　尼玛次仁（藏族，9月免）

副主任科员　益西措姆（女，藏族）

尼木县人民政府办公室

【概况】 2016年，尼木县人民政府办公室紧紧围绕县委、县政府各项工作部署，与各部门密切配合，把增强整体服务功能放在重要位置，本着“服务领导、服务单位、服务群众”的原则，朝着办文、办事、办会零差错的目标努力奋斗。加强文秘、督查、信息等工作，积极履行服务协调、督促检查、法制建设等各项工作职责，有效保障了县人民政府办公室工作的有序正常运转，为尼木县经济社会跨越式发展作出了积极贡献。

年内，撰写《尼木政务信息》480期，被拉萨市人民政府办公厅采用率30%以上。编写县内政务信息70期。收到各类文件800余件，制发政府文件289件（其中政府文件160件、函35件、批复24件、办公室文件70件）。起草各类工作汇报、领导讲话70余件；上报政务督查70期，下发督办通知60余期；筹办、协办各类会议100余场次，其中，县长办公会议8次，其他各类会议90余次。围绕政府中心工作，开展督查100余次，确保了重点工作任务的及时完成。办理人大意见、建议和政协提案共计111件（其中县级人大建议84件、政协提案23件；市级人大建议1件、政协提案3件）。

【文件处理】 年内，严格要求每位工作人员要具备较强的责任心和事业心，具备文秘工作人员最基本的素质。在公文处理上，坚持从严、从精、及时、时效的原则，同时，规范发文行为，精简文件数量，努力做到少行为、行短文、行到文。进一步规范公文处理程序，认真执行《国家行政机关公文处理办法》，严格履行收文登记、传阅、交办及发文审核、签发、印制等公文处理程序，同时，认真抓好“依据关、内容关、格式关”，认真校对，有效保证了每一份公文的质量，也提高了办理效率。

【会务工作】 年内，严格执行会议审批制度，认真审查会议议题，努力做到少开会、开短会。同时，狠抓会前准备、会中服务、会后落实三个环节，力求会议主题明确，中心突出，务求实效。对市政府办公厅下达的会议通知，按照要求认真布置会场，及时有效的传达到位，并上报参会人员名单，全年无一起会议重大失误情况出现。

【督查工作】 围绕政府中心工作，把落实作为督查工作的出发点和落脚点，加大力度，改进方式，提高实效。办公室通过电话督促、实地督查等形式定期不定期到各乡（镇）、县（中）直各单位督查文件、会议落实情况，对没有落实或落实不到位的责令限期予以尽快落实。同时，及时落实市政府督查处专项督查及电话督查，确保在最短的时间内圆满完成各项督查事项。

【信息工作】 紧紧围绕民生工程、城市建设、招商引资、特色产业、农民增收、创新环境、社会稳定等中心工作和群众关注的热点难点问题，及时反映工作思路、工作措施和进展情况。攻破难点，透过现象看问题，编写有情况、有分析、深层次、高质量信息。深挖特点，发挥信息导向作用，编写一些有思路、有特色、有突破，对指导工作有重要参考价值的信息。

【法制工作】 年内，始终坚持把审查规范性文件、行政复议、执法监督作为首要工作来抓，成效显著。截至年底，函复市政府法制办规范性文件20余份，审查规范性文件60余份，受理行政复议案件0起，办理行政应诉案件0起。同时，严格审查和清理行政执法证，健全和完善行政执法工作。认真履行行政执法监督，落实和完善行政执法制度，未发生一起行政执法行为。

【应急工作】 年内，办公室高度重视应急工作，始终坚持“反应迅速、减少损失、及时救援”。要求办公室所有成员必须24小时开机，遇到突发事件、自然灾害等紧急事件必须第一时间上报，同时办公室在接到通知后迅速汇报主要领导并启动应急预案，及时组织相关部门赴现场进行勘察，并在确保信息不泄密的情况下，迅速向市政府上报信息情况。

【电子信息】 按照拉萨市电子政务中心的安排，依托网络资源，将尼木推向全市、全区乃至全国，同时让群众了解、参与尼木政府工作。指派专人参加市政府电子政务管理培训，并按要求及时开展电子信息公开工作；充分利用好拉萨市政府门户网站，及时公开尼木政务信息；严格做好保密安全工作，做到电脑专用、人员专设。年内，共上传各类信息450期。

【建议、提案办理高质量】 始终把人大代表、政协委员的意见、建议、提案办理工作作为政府发扬民主、体察民情、联系群众、服务群众的大事、实事来抓，提高思想认识、办理质量，狠抓交办、督办两个关键环节，突出工作重点，确保工作落实，较好地完成了人大意见建议和政协提案的办理工作。经过回访，代表和委员们的满意率达90%以上。

【党建工作】 年内，认真学习贯彻中共十八大和十八届四中、五中、六中全会精神，不断巩固党的群众路线教育实践活动成果，深入开展“两学一做”专题学习教育活动，不断加强办公室自身建设，充分发挥党员先锋模范作用。

【“两学一做”专题学习教育】 年内，党支部召开动员部署会10场次，征求意见座谈会0场次，走访农牧民群众30余人，发放《征求意见表》160余份，汇总梳理意见建议10条；支部主要负责同志与支委成员之间交心谈心10人次，征求意见建议3条；支委成员之间相互谈心谈话9人次，交换意见2条；支委成员与支部党员谈心谈话30余人次，收到意见建议5条，交换意见2条。

（孙　轲）

【领导名录】

主　任　旦　曲（藏族）

副主任　强措姆（女，藏族，5月免）

尼木县信访局

【概况】 按照尼委办发〔2008〕13号文件精神，于2008年7月成立尼木县人民群众来信来访接待室；2010年1月，根据《尼木县人民政府机构改革方案》，设立尼木县人民政府办公室，挂尼木县信访局牌子，为尼木县政府工作部门（至今未正式设立机构）。现有干部4人，主任科员1名、副主任科员1名、科员2名。

【指导思想及目标】 年内，尼木县信访局在市信访局的具体帮助和悉心指导下，坚定不移地贯彻落实习近平总书记、李克强总理等中央领导同志关于信访工作的重要指示精神，不折不扣地贯彻执行区、市、党委政府关于信访工作一系列决策部署和市信访联席会议指示精神，紧紧围绕信访案件“零搁置”目标，着力推进“七化”工作机制，全力打造“责任信访、法治信访、阳光信访”，为维护全县改革发展稳定大局和人民群众合法权益提供有力保障。

【办信接访】 年内，坚持把“两学一做”学习教育与提升信访工作整体水平结合起来，认真办理群众来电来信，热情接待群众来访，运用法治思维、法治方式化解信访问题、设身处地解决群众实际问题。全年受理群众来电来信来访14件29人次，办结14件，办结率100%；上级转交办件4件6人次，办结4件，办结率100%，实现了信访案件“零搁置”的工作目标。年内，信访事项主要集中在：农民工工资、工程材料款、工程质保金、工伤等方面问题。

【加强组织领导】 针对尼木县县乡领导班子换届人事变动情况，及时报请县委、县政府对县信访工作领导小组作出调整，全县信访工作由县委总揽全局、政府牵头负责、部门分工落实，县直各部门“一把手”既挂帅又出征，定期分析信访形势、准确把握信访苗头、及时研究应对措施，形成“主要领导亲自抓、分管领导具体抓、班子成员配合抓、职能部门落实抓”的工作机制。

【健全机制】 继续巩固城镇信访网格管理和领导干部接访下访工作成果，发挥信访机构，责任部门、调处中心、联户代表、网格长的作用，形成上下贯通、内外衔接、环环相扣、无缝对接的协调联动工作格局。先后制定《尼木县社会矛盾纠纷联动排查工作制度》《尼木县信访事项预防源头化工作制度》《尼木县矛盾纠纷排查常态化工作制度》《尼木县信访渠道畅通化工作制度（试行）》《尼木县信访事项化解实效化工作制度（试行）》《尼木县信访事项处置法制化工作制度（试行）》《尼木县信访干部队伍规范化工作制度（试行）》《尼木县信访工作责任追究实施细则》和《尼木县信访工作联席会议关于实行信访工作约谈制度的规定》九项制度，为做好信访工作提供了遵循。

【强化责任落实】 始终把落实主体责任作为做好信访工作的重要抓手，进一步压实属地部门责任，推动问题及时、就地解决。年初，县政府与

8个乡（镇）、33家县（中）直单位一把手签订《尼木县2016信访工作目标管理责任书》；大力表彰信访工作先进单位、先进个人，并拿出36250元对2015年信访工作2家进行单位和15名先进个人进行表彰，进一步激励基础单位和广大干部积极投身信访工作，进一步增强做好信访工作的责任感和紧迫感；坚持定期召开会议分析形势、研判信息，加强对社会矛盾纠纷和信访热点难点问题的排查、梳理及时交办、督促工作，充分发挥部门联合接访、共同会商等整体联动开展工作的积极作用，对一个月内未化解的突出疑难矛盾纠纷和信访事项，按照“属地管理、分级负责”“谁主管、谁负责”的原则，对疑难重大的矛盾纠纷和信访事项，实行县级包案工作制度。全年排查梳理疑难矛盾纠纷和信访事项20件，通过采取领导包案、召开联席会议和信访工作专题会议等措施，成功化解20件，化解率100%。

【县联合接访中心建设】 为方便信访群众反映问题、表达诉求，避免信访群众走弯路、走冤路以及多头上访等问题发生，县委、县政府高度重视联合接访中心（以下简称“大厅”）建设，投资6.652万元、划拨200多平方米，配备了办公电脑、打印机、照相机等设施。按照尼委办发〔2016〕32号文件要求，大厅设置涉法涉诉接待窗口，抽派政法委、国土、人社、住建、教育5家单位入驻，每个单位派驻1名干部入驻，实行全日制“坐班”，对口接待群众来访，协调处理所属信访事项。重大活动和敏感节点七乡一镇派出工作人员，入驻大厅，就属地范围内的信访事项就地开展接访工作；大厅内设管理办公室，办公室主任由县信访局负责人兼任，副主任分别由政府办副主任和综治办副主任兼任，配足配强“大厅”力量，配备工作用车。建立健全各项制度，加强“大厅”管理，制定《县联合接访中心接访制度》《县涉法涉诉联合接访服务中心工作职责》《县联合接访中心日常管理和考勤奖惩制度》《人民群众上访须知》《来访接待流程图》《依法逐级走访示意图》，对信访事项办理等程序做出了明确要求和规范，有力推动了尼木县信访工作向法治化轨道和涉法涉诉信访改革进程。

【畅通信访渠道】 延续拓展县领导和职能部门领导接待上访群众制度，每个工作日均安排了一名县级领导到县联合接访中心接待群众来访，县委书记、县长每月安排1天时间接待群众来访，将每周三确定为联合接访日，以县联合接访中心为平台，形成县领导接访调度、县联合接访中心协调，涉及民生的相关部门共同参与的信访接待模式；在公开接访电话、开通“12345”政府热线服务平台的同时，以设立岗位公示牌的方式公开信访干部手机号，时时加强与信访群众的沟通和交流，融洽了干群关系；依托联合接访中心的建成，进一步完善了接待场所，彻底改变了以往办公、接待用房紧缺的历史；注重发挥县级领导干部接访下访的示范带动作用，采取重点约访、专题接访、带案下访、领导包案等方式，把行政资源集中用于解决重大疑难复杂问题，对苗头性、倾向性矛盾纠纷不定期开展下访活动，全年4名县级领导对5件信访事项面对面接访、听诉求，通过领导干部接访下访、主动靠前协调等方式，使一些久拖不决的矛盾纠纷和信访问题得到了妥善化解；注重发挥网络信息化平台便捷高效的优势，方便群众从走访变为网上信访，降低群众投诉成本和政府行政成本，在全县各乡（镇）网上信访信息系统建立的基础上，对28家县直机关单位配备了网上信访信息系统加密锁，并对其展开业务培训40余人次，实现了所有的信访事项网上受理、网下办理、网上流转，办理过程和结果在网上可查询。

【排查调处】 建立矛盾纠纷和信访热点难点问题定期排查机制，完善四级矛盾纠纷排查调处中心网络体系，绘制了矛盾纠纷排查调处流程图，人民调解与司法调解、行政调解对接工作流程图，以县、乡（镇）、村、组四级矛盾纠纷排查调处中心，双联户排查调处和网格化管理两个机制为依托，将日常排查和节假日等敏感节点的排查结合起来，形成大排查的工作格局。对排查出的问题，坚持能调则调、案结事了原则，综合运用人民调解、司法调解、行政调解等手段和“调诉对接”在诉讼与各类非诉讼纠纷解决方式之间的衔接组织机制，将人民调解、司法调解和行政调解贯穿于矛盾纠纷调处的全过程，促进人民调解与司法调解、人民调解与行政调解、行政调解与司法调解的对接联动，使各类矛盾纠纷得到有效化解。全年共排查出各类矛盾纠纷55件，化解55件，以月报形式上报市局具代表性的纠纷31件，调处率达100%。

【强化宣传力度】 紧密结合“七五”普法工作要点，突出抓好《信访条例》《依法逐级走访办法》等法律法规的宣传教育工作，把办信接访的每一个工作环节作为宣传《信访条例》精神的最佳节点，教育引导群众依法有序上访，就地就近反映信访问题；在年初或工程开工前，联合建设单位、企业用工单位、民工代表，开展“信访见面日”活动，督促用工单位与民工签订劳动合同。同时，向用人单位和民工宣传相关法律法规，促使项目单位按时支付民工工资，切实保障民工合法权益。

【“两学一做”学习教育】 年内，坚持把处理信访问题和维护群众合法权益贯穿学习教育始终，深入贯彻落实中央和区、市党委政府关于信访工作决策部署，着力打造“阳光信访、责任信访、法治信访”，推进“网上信访”建设，规范和简化办理程序，将学习成效转化为处理信访突出问题、维护群众合法权益的新思路、新举措、新成果，主动营造为民务实、清廉的良好氛围，深入开展信访工作群众满意度评价活动，使党的宗旨观念切实落实到维护信访群众的合法权益上来。

【精准扶贫】 年内，按照县委、县政府精准扶贫工作的安排部署，坚持把精准扶贫工作作为全年工作重中之重，统一思想认识，强化组织领导，按照精准扶贫、精准脱贫的要求，认真落实干部包户工作制度，对缺少劳力或致富门路，又有致富要求的贫困户，重点在帮助发展种养项目、农产品销售、劳动力就业等方面给予积极支持。全年4名干部共联系5户贫困户，开展走访慰问活动2次，送去慰问金2000余元，联系帮扶户的5户贫困户中，1户发展了特色养殖、4户找到了就业门路，全部实现脱贫。

（胡 刚）

【领导名录】

主任科员　多吉普桑（主持工作）

中国人民政治协商会议尼木县委员会办公室

【概况】 2016年，尼木县政协紧紧围绕县委的中心工作和发展大局，牢牢把握团结和民主两大主题，以饱满的政治热情和强烈的社会责任感，认真履行职能，切实发挥协调关系、汇聚力量、建言献策、服务大局作用，为全县各项事业的发展积极献计出力，政协工作呈现出团结和谐、务实进取、蓬勃发展的良好局面。并注重在继承中发展，在发展中创新，不断探索实践，为富有成效地履行政治协商、民主监督、参政议政职能提供了有力保障。

【指导思想】 2016年，尼木县政协在尼木县委的坚强领导下，深入贯彻落实中共十八大及十八届三中、四中、五中、六中全会精神和习近平总书记系列重要讲话精神，区、市第九次党代会精神，要坚持以邓小平理论和“三个代表”重要思想为指导，进一步加强中国共产党领导的政治协商制度建设，全面贯彻科学发展观，牢牢把握团结和民主两大主题，紧紧围绕发展这个第一要务，紧贴县委、县政府的中心工作，为构建和谐、平安尼木做出新的贡献。

【“两学一做”实践活动】 年内，在全县上下开展“两学一做”学习实践活动以来，县政协围绕“政治协商、民主监督、参政议政”这一主线，坚持集中教育和推动工作相结合，统筹兼顾，合理安排，激励政协全体党员干部自觉学习党章，严格遵守各项纪律，切实改进工作作风，努力建设一支政治坚定，纪律严明的政协队伍，为尼木县的和谐稳定提供切实有效的建议意见。

【慰问精准扶贫】 3月21日，政协主席赵志强带领办公室结对干部，深入普松乡如白村对结对帮扶贫困户加措、强巴、德吉、归桑，每户进行开展走访活动，与贫困户亲切交谈，嘘寒问暖，实地了解帮困户的家庭经济收入、生产生活并为每户送去了慰问金，希望贫困户早日实现脱贫致富。

【强化提案办理实效】 年内，为进一步提高提案办理工作效率，尼木县政协办公室收到提案后汇总提案并撰写了提案审查报告情况，建立并坚持主席、副主席领衔督办重点提案，办公室主任、副主任落实办理提案的制度，提升提案督办的层次和力度。围绕经济社会发展的重点，精心筛选出重点提案，由政协领导按照分工具体督促落实，严把时限关、答复关和质量关，使提案工作与政协经常性工作融为一体，推动提案办理工作有力开展。

【强化民主监督作用】 年内，为充分发挥人民政协民主监督职能，更好地服务党委、政府中心工作，根据政协章程和中央、区、市党委加强人民政协民主监督工作的一系列文件精神，尼木县政协办公室加强考察参观学习工作，丰富视察内容，突出视察监督功能。围绕尼木县旅游业发展、农业产业结构调整、难点问题，开展知情性、议政性、跟踪性视察，发挥好政协视察咨政建言、反映民意、民主监督的重要作用。

【视察调研】 4月20日，拉萨市达孜县政协委员对尼木县进行开展调研活动，尼木县政协主席赵志强及旺杰、仁金罗布副主席的陪同下，对吞巴乡吞达村、尼木县古宝藏香有限公司、吞弥圣香销售点、尼木“三绝”展示园进行了调研，对尼木县的旅游文化给予高度评价，顺利完成了对尼木县开展调研工作任务；6月22日，拉萨市政协副秘书长张勤一行在尼木县政协主席赵志强及副主席仁金罗布的陪同下，到卡如乡的经济林进行了视察，对经济林提出了有力指导。

【学习交流座谈会】 2016年县政协办公室开展多次委员学习交流活动，学习“两学一做”相关内容，学习落实十八大及十八届三中、四中、五中、六中全会精神和习近平总书记系列重要讲话精神，区、市第九次党代会精神，切实提高广大政协委员的理论素养，为政协工作开展提供坚强保证。

【参观调研】 12月13—14日，由尼木县政协副主席旺杰带队，组织农牧科技界委员赴达孜县及墨竹工卡县，分别对达孜县及墨竹工卡精准扶贫异地搬迁点进行开展调研活动。尼木县政协委员们了解了达孜、墨竹精准扶贫异地搬迁工作情况，与两县委员积极进行了交流发言，并参观了异地搬迁现场。懂得了两县的异地搬迁工作有特色、有亮点、充分利用可以使用的资源和条件，值得尼木县政协委员们借鉴和学习。

【作风建设】 转变工作作风，加强自身建设。以履行政协三大职能和推动政协日常工作为重点，切实加强调查研究，转变工作作风，不断认识和把握政协工作新规律，探索履行职能的新途径、新方法，实现政协工作在新形势下创新发展。还经常组织深入群众，听取群众对党和政府的心声，并且把一些确实存在的问题及时向上级反映。

（达 努）

【领导名录】

主 任 扎西平措（藏族）

尼木县创先争优强基础惠民生活动领导小组办公室

【概况】 尼木县辖7乡1镇，32个行政村，32个驻村点。区直单位派驻驻村点2个、8名队员，市直单位派驻驻村点12个、48名队员，县直单位派驻驻村点18个、72名队员。

【工作思路】 年内，32支驻村工作队128名驻村队员以强烈的责任感和使命感，秉承为民宗旨和爱民情怀，发扬艰苦奋斗和奉献精神，紧紧围绕七项重点任务，扎根基层、坚守岗位、履职尽责，为尼木改革发展、民生改善、民族团结、社会稳定、精准脱贫做出了突出成绩，把忠诚写在了尼木广袤大地上，把温暖送到了群众的心坎上，受到了全县广大干部群众普遍拥护和热烈欢迎。

【创新机制，加强管理】 年内，县强基办建立了日报、周报、月报“三报”制度，制定《尼木县驻村工作约谈制度》，大力实施“争旗创先”活动，以细的规定促进严的管理，形成“比学赶帮超”的工作机制。年内，先后约谈驻村工作队员13人，通报批评2个驻村工作队；有6个驻村工作队赢得当月工作先进“流动红旗”，赤朗村工作队、霍德村工作队多次摘得“流动红旗”。

【注重服务，全力保障】 年内，认真贯彻区党委常委、组织部部长曾万明关于对驻村干部“多一份关怀、多一份叮嘱”指示，县强基办经常对海拔高、路途远、条件差的驻村工作队员生活上给予关照、精神上给予关怀。年内，县强基办共为赤朗村、朗堆村、霍德村等偏远艰苦村送去蔬菜、大米、肉类等生活物资，改善生活条件。“三大”节日期间走访慰问驻村下沉干部，累计发放慰问金9.6万元，十一“国庆”期间为驻村工作队员发放慰问金3.2万元，确保驻村干部下得去、待得住、干得好，使驻村工作更加健康有序推进。

【加强督查，提高质效】 年内，着力围绕重点、热点、难点问题开展督导检查，采取明察暗访、巡回检查、重点抽查、电话查岗、突击检查、联合查等方式对8乡镇32个驻点村的驻村干部在岗在位情况、办实事资金使用情况、“万名村干部文化素质提升工程”开展情况、“两学一做”学习教育开展情况、党建七项重点任务和完成“5+2”工作任务情况进行跟踪督导检查。尤其在重大节日和敏感时期加大督导检查力度，在督导检查的同时对各驻村工作队各项工作进行帮扶指导，发现问题及时纠正，确保尼木县“三无”和“三不出”目标。截至年底，县委8个督导组、县强基办巡回检查组共督导检查365次、抽查61次，撰写督导检查材料9份，下发督查意见反馈单15份，19名驻村工作队员进行了书面检讨。

【抓学习】 年内，各驻村工作队始终把“两学一做”学习教育作为驻村工作的首要政治任务，紧紧抓在手中、落在实处，以严的精神、实的作风，在推动32个村党支部、2200余名农牧民党员学起来、做起来同时，结合日常工作任务，制定自学计划，坚持向书本学习、向群众请教、在实践中锻炼，自觉加强自身建设。截至年底，各驻村工作队结合“两学一做”学习教育，开展学习《党章》《党规》和“七一重要讲话”“不忘初心跟党走、恪尽职守报党恩”等专题学习会356场次，集中研讨265场。

【提素质】 加强驻村干部培训，不断提升驻村干部的理论素养和实际工作能力。年初安排32名驻村工作队队长参加拉萨市强基办的驻村队长培训班，帮助他们熟悉强农惠农富农政策；7月，县委组织部邀请区市党校教授讲师，先后举办2期专题培训班，着力就精准扶贫、领导艺术、时事形势等内容进行了讲解，32名驻村工作队队长全程参加。选派3名驻村工作队队长到四川农科村参观学习。

【转作风】 128名驻村干部自觉在实践中摔打成长、在岗位上锻炼进步，能够“以村为家”“以民为亲”，按规矩办事、依制度执行，讲政治、顾大局、重修养、懂珍惜、勤奉献，形成团结一心干事业、齐心协力抓工作的良好局面，为村干部和农牧民党员做出了表率、树立了标杆。年内，驻村干部平均在位率达到96%以上，32名工作队队长带头入户精准识别扶贫对象，广大队员亲力亲为解决群众难题2000余件。

【培养后备骨干】 结合“三个培养”工程，加快村后备干部培养，不断发展壮大党员队伍，为基层发展稳定储备人才。截至年底，协助村“两委”培养入党积极分子420名，发展党员121名，把致富能手培养成党员8名，把党员培养成致富能手10名，把党员致富能手培养成村组干部4名，培养村后备干部28名；累计举办党员培训班42期，培训农牧民党员2100余人次。

【政策法规学习】 年内，经常组织村干部和农牧民党员学习党的方针政策、时事政治和科学文化知识，不断提升村干部和农牧民党员政治觉悟和理论水平，结合“七五”普法，累计召开政策宣讲大会129场次、受教育群众2.1万余人次。

【不断规范村务制度】 年内，驻村工作队把完善村务制度、规范村务工作、强化执纪力度作为重要抓手，累计协助村党支部健全完善党务村务、村规民约267条，党风廉政建设规章制度32项，有力推动村级工作制度化、规范化。

【夯实驻村组织基础】 年内，成立驻村工作队临时党支部32个，制定《临时党支部工作制度》，确保重大事务能够联议联商科学决策，为有序稳步推进驻村工作提供坚强组织保障。

【抓培训、强素质】 充分发挥自身优势，通过请进来办班教、送出去参观学的方式，帮助村干部和农牧民党员长知识、开眼界，转观念、谋出路。自治区妇联驻林岗村工作队和市人社局驻普松村、曲水村工作队，先后4次组织75名村干部和农牧民党员、“联户”代表、群众代表到城关区智能温室大棚、白朗县编制加工厂、江孜县现代农业科技示范点等兄弟县区参观学习；举办各类农牧民技能培训班36期，培训农牧民1500余人次；投入25万元开展送科技、送技术、送卫生、送信息、送法律活动23场次。

【创方式、求实效】 通过发放便民联系卡、设立便民服务站等形式，畅通群众诉求渠道，方便为民服务。截至年底，累计发放便民联系卡5000余张，为群众办实事3000余件。

【共帮扶、解困难】 年内，以开展“结对认亲交朋友”“党员先锋模范志愿服务”活动为契机，广泛开展慰问帮扶活动，不断密切党群干群关系。在各大节日期间慰问“三老”人员和困难群众2240余人次，发放慰问金95.51万元。参与植树绿化、春播秋收、抢险救灾等义务劳动158次。群众看在眼里、暖在心上，纷纷送上“雪中送炭暖人心、心系百姓显真情”等锦旗。

【抓载体、赶帮超】 开展“一树两抓三比四提高”活动，营造赶超氛围。一方面树标杆，立榜样。以庆祝建党95周年为契机，推优表彰农牧民优秀共产党员、村级优秀党务工作者28名，先进村党支部9个，受区市表彰的村党支部2个。另一方面抓重点、解难题。自治区建行、市民宗局驻村工作队为驻在村各争取1900万元的项目，着力解决霍德村、赤朗村出行难、通信难等问题。第三，比三项、激活力。在村干部中大力开展比技能、比奉献、比作风三比活动，先后评选出3名致富能力强、表率作用好、群众威望高的村干部，营造学先进、赶先进、当先进的浓厚氛围，激活广大村干部和农牧民党员谋事创业的活力。

【抓教育，稳人心】 年内，通过入户走访宣传、召开大会宣讲、新旧西藏对比、举办主题讲座等方式，广泛宣传党和国家的富民惠民政策和反分裂斗争警示教育，让群众明白惠从何来、惠在何处，团结稳定是福、分裂动乱是祸，坚定群众听党话、跟党走的信念，夯实群众反对分裂维护稳定的思想基础。年内，开展感党恩教育105次，举办揭批十四世达赖集团分裂祖国专题教育46次，入户宣讲5700余户，发放宣传资料1.5万余份，受教育群众2.4万余人次。

【解矛盾、早预防】 年内，积极配合村“两委”

深化网格化服务管理机制，全面落实各项维稳措施，对各类矛盾纠纷做到早发现、早报告、早控制、早解决。累计协助村“两委”及时化解各类矛盾纠纷61件，化解成功率100%。

【定措施、保稳定】 年内，结合驻在村实际，建立完善维稳措施136条、制定维稳应急预案32套，构建人人是哨兵、村村是堡垒的乡村维稳防控体系；在“三大”节日、敏感节点、重大会议期间，协同民兵队、护村队、联户代表巡逻400余次，摸排流动人口1100余人次。

【细摸底、真识别】 年内，工作队与村“两委”、下沉干部一道，对贫困户基本信息再摸底、再核对、再登记，通过识别、评议、公示等程序，精准识别扶贫对象1259户5018人。针对贫困户致贫原因、扶持需求等情况，围绕“六脱”措施提出帮扶计划1053个，制定帮扶方案618个，实现扶贫工作差异化施策、精细化用力、“滴灌式”帮扶，助推84户354人脱贫。

【理思路、找出路】 年内，积极帮助村“两委”班子理清思路64条、制定完善符合村情、实现得了、富有特色的发展计划32项，找准发展路子108个；充分利用“四业工程”平台，组织驻在村输出劳务690余人，人均增加现金收入1.5万余元，不断增加群众现金收入。

【抓项目、打基础】 年内，在充分调研论证的基础上，驻村工作队多方渠道筹措资金，帮助驻在村争取交通、水电、住建等计划外项目17个，9个项目已竣工并投入使用，涉及资金3200余万元。

【思想教育】 根据中央、区市党委的统一部署，在区市党委“两学一做”学习教育协调小组和市委第六督导组精心指导下，尼木县以转变作风、提升能力为目的，以促进工作为根本，聚焦“政治合格、执行纪律合格、品德合格、发挥作用合格”四个方面内容，严格按照学习讨论《党章》《党规》、学习讨论系列讲话、学习讨论党的治藏方略、学习讨论做合格党员四个专题要求，扎实推进教育。学习自上而下、层层推进，覆盖全县各级党组织，全体党员干部群众，取得全面显著的成效。

【安排部署】 在巩固深化“三严三实”和“忠诚干净担当”专题教育的基础上,尼木县在区市“两学一做”学习教育座谈会结束后，县委组织召开各级党委（党组）、支部座谈会议，对开展“两学一做”学习教育进行座谈研究讨论，并于4月13日召开“两学一做”学习教育第一次集中学习研讨暨动员部署会。成立由县委副书记次旦贡觉任组长的学习教育协调小组，负责具体工作的落实和推进。同时，成立8个县级督导组，积极协调各乡（镇）、县（直）各单位推荐专职联络工作人员，形成上下联动、齐抓共管的工作机制，全面确保学习教育纵深推进。全县各级党组织共召开动员大会106场次。

【营造氛围】 县委“两学一做”学习教育协调小组及时制定印发学习教育宣传方案，围绕具体工作，积极整合各类媒体资源，明确了宣传组成员分工，做到每项工作有人问、有人管、有人抓，及时反映了各单位学习教育的进展、成效。并通过尼木电视台、尼木政府网、尼木发布微信公众平台等媒体开设学习教育专栏，对党的理论知识、重要会议（文件）精神和总书记系列重要讲话精神全面宣讲，确保了讲话精神进机关、进学校、进企业、进乡村（组）、进寺庙，做到家喻户晓、深入人心；为扎实开展“两学一做”学习教育营造了良好氛围。

【学习研讨】 按照《尼木县关于在全县党员中开展“学党章党规、学系列讲话，做合格党员”学习教育实施方案》和学习计划等文件精神。以理论学习中心组集中学习研讨、书记讲党课、辅导讲座、观看警示教育和红色影片等方式，不断提升党员领导干部党性修养，进一步严肃党内政治生活、严明党的政治纪律和政治规矩，学教工作取得明显成效。2016年，全县各级党组织先后召开学习研讨931场次（县委开展集中学习研讨17场次，其他县级机构开展83场次，乡（镇）及县（直）部门开展学习研讨831场次），763名党员干部群众围绕主题作了交流发言，参学人员2957人；放映警示教育和红色影片10余场次，各级党员干部撰写心得体会10000余篇。

【专题党课】 结合实际分层次、分行业、分领域有针对性地确定授课内容，使专题党课教育不空不大不虚，有效强化了党员党性，全面转变了党员干部作风。学习教育开展以来，县委书记杜国君结合实际，开展专题党课1次，党课内容丰富、紧贴主题；其他县级干部结合分管工作，合理安排时间，共讲授31次，受教育党员干部达1125人次。

【开展“结对认亲交朋友”活动】 切实把精准扶贫精准脱贫工作作为活动的重要内容，严格按照“321”结对帮扶机制要求，根据党员数量和党员自身优势深入开展走访慰问活动，做到了党员干部结对帮扶慰问全覆盖。

【开展“一树两抓三比四提高”活动】 按照在“两学一做”学习教育中开展“一树两抓三比四提高”活动要求，注重从身边人、身边事中发现典型，主动做到全县党员学习有榜样、做事有标杆、能力有提升。在庆祝建党95周年前夕，通过推优评选，表彰了优秀党务工作者28名，先进党组织9个，并通过走访了解，树立各级先进典型模范13人。

【开展藏汉“双语”学习教育】 年内，为进一步加强各族干部群众之间的交流交往，切实推动全县各项工作上台阶，尼木县结合“两学一做”学习教育，举办藏汉“双语”培训班24期，不断提升了各族干部群众之间的交流沟通能力。

【开展讨论活动】 全县上下紧紧结合习近平总书记系列重要讲话精神，特别是在中国共产党成立95周年大会上的重要讲话精神，县委集中组织开展“不忘初心跟党走、恪尽职守报党恩”大讨论活动，不断坚定了党员干部的初心，坚定了听党话、跟党走、报党恩的决心。县委集中开展大讨论3场次，各级各单位结合工作开展132场次，278名党员干部进行讨论交流，达到了碰撞思想、凝聚共识的目的。

【开展各类实践活动】 学是基础，做事关键。尼木县紧紧围绕做这个关键，通过开展党员志愿服务、设立党员先锋岗、党员示范岗、青年文明岗、亮明党员身份等方式，深入开展“做合格党员”系列活动，牢牢将党员干部的言行举止约束于《党章》《党规》之下，约束于习近平总书记系列重要讲话之下，时时刻刻受到广大群众监督，主动发挥模范带头作用。

【整改问题】 尼木县对照“三严三实”和“忠诚干净担当”“说办就办、马上就办”十个方面内容具体查找出的21个问题。坚持带着问题学、揪着问题改，通过制定措施、强化教育、深化整改、全面督导，做到真抓实改，立行立改、按期整改，确保了整改任务按工作节点和时间节点圆满完成。整改办结率达到100%，整改满意率达到100%。

（洛桑次仁）

【领导名录】

主　任　杜开凡

尼木县总工会

【概况】 尼木县总工会把维护稳定作为工会工作的第一政治责任。按照区、市党委和县委、的部署要求，深入学习贯彻习近平总书记系列重要讲话精神，贯彻落实《中共中央关于加强和改进党的群团工作的意见》，采取多种形式深化学习宣传贯彻活动，增强了做好新形势下工会工作的方向感、光荣感、责任感和使命感。牢固树立稳定压倒一切的思想，深入开展反分裂斗争教育，在反分裂斗争中始终做到旗帜鲜明、立场坚定，始终保持职工队伍团结稳定。工会深入基层、深入职工，走访调研、听取民意，通过话家常、交流谈心等方式及时掌握职工群众思想动态，做好凝聚人心、释疑解惑、疏导情绪、化解矛盾等工作，努力把影响职工队伍稳定的因素解决在基层，消除在萌芽状态，促进社会持续稳定。

【工会组织建设】 为进一步做好新形势下的工会工作，县总工会坚持统一思想、强化措施，持之以恒地抓好工会组建，发展会员，扩大覆盖面，增强工会组织的凝聚力和影响力的基础上深入开展基层工会组织建设，团结动员广大职工群众为推进尼木发展贡献力量。尼木县工会本着工会组织建立一个，巩固一个，发挥作用一个的工作原则，发展工会组织，吸收职工群众。2016年，县总工会按照“两个普遍”的要求，加大工会组建力度。

【全面部署建会工作任务】 及时召开全县七乡一镇和村居党支部负责人的会议，制定下发《2016年全县村居工会建设和乡镇工会规范化建设的工作方案》对全年的组建任务进行分解落实，列入年终考核目标。

【建立健全各项工作机制】 明确乡镇和村居、工会主席是建会第一责任人，其他驻村工作队要根据各自工作职能积极配合工会组建。

【开展调查研究摸底】 年内，以乡镇工会委员会和村工会委员会为责任单位，精心组织专门力量，进行逐门逐户调查摸底农民工情况。同时，按先易后难的原则，采取边摸底、边宣传、边组建的方法，推进全县32个行政村的工会组织建设。

【乡镇基层工会体制机制建设】 认真贯彻落实乡镇工会“八有”建设，截至年底，尼木县乡镇工会“八有”建设工作任务已完成，根据区、市总工会的安排2016年年初达标的有2个乡镇，通过达标的2个，通过率100%。通过达标的乡镇为了进一步规范区、市总工会对每个乡镇工会解决了1.7元购置办公设备经费，共计3.4万元。2016年，进一步增强了基层工会组织的力量。2016年上半年全县共有99家工会组织。其中，有总工会1家，工会委员会8家，工会小组90家。比2015年67家工会组上新增32家，增长率47.76%。2016年，共有工会会员8266名，其中干部职工或公益性岗位、长期临时工等2683人、农民工5583人。比2015年的5564名会员，2016年新增会员2702人，增长率为48.56%。县总工会在自治区、拉萨市总工会和县委指示精神，在尼木县32个行政村2016年3月开始着手组建工会组织和农民工集中入会等工作。共发展农民工新会员2702人。全县32个共组织建设过程中由于尼木县续迈乡霍德村工会委员会经济条件和工作环境等实际原因，解决3元购置办公设备经费。到年底力争把尼木县符合条件的所有农牧民工吸纳到工会组织中，让他们享受党和国家级工会组织的温暖。

【强化工会干部自身素质】 年内，工会以“两学一做”专题教育活动为契机组织学习党的路线、方针、政策，学习习近平总书记系列讲话精神，学习各级群团工作会议精神，全年组织集中理论学习24场次，切实加强了工会干部的政治理论素养和党性修养。

【党员干部廉政教育】 工会积极开展各级纪委全会精神学习和“两个条例”及相关文件精神的学习，截至年底，开展党员干部廉政学习教育3场次。工会积极在党员干部中开展针对思想、工作、生活、作风、学风等五个方面存在的突出问题，坚持边查边改、边整边改。2016年8月，工会全体党员干部签订零会员卡承诺书。创新工会干部培训工作，针对当前工会工作的新形势、新任务和基层工会工作特点，结合基层工会干部的实际需求，县总工会积极联系区、市总工会，在尼木县乡镇工会委员会和单位工会干部中相续选派8名人员参加了工会干部培训。

【发挥模范作用、严格推优工作】 年内，尼木县总工会本着“公平、公正、公开”的原则，严格推优评选工作程序，认真推选优秀、模范，使优秀、模范真正发挥帮带作用。截至年底，尼木县共有全国劳动模范1名、自治区级劳模3人，其中自治区级“五一劳动奖章”1名、首届拉萨劳动模范1名。2016年在建立和完善劳模管理服务长效机制上有了更深的内涵。

【全面掌握劳模基本情况】 由于一些不确定的因素，劳模的工作、生活状况都在发生变化，为及时掌握全县劳模的全部情况，2016年，又开展了一次全县劳模、先进工作者的生活状况调查，建立健全了全国、自治区、拉萨市劳模和五一劳动奖章获得者电子档案。掌握了全县劳模的基本情况。

【劳模评选】 劳模评选是个牵涉面广、敏感性大。责任心强的工作。县总工会不负众望，总是用心在做好评模前的基础性工作。2016年4月份，根据拉萨市总工会《关于推荐评选2016年度拉萨市五一劳动奖状、奖章、和工人先锋号的通知》（拉工发〔2016〕38号）文件精神和县委的指示精神，在全县各乡镇和相关部门、企业事业单位的密切配合下，做好了拉萨市“五一劳动奖状”、奖章、工人先锋号评选和推荐工作。拟推荐评选尼木县中心小学为2016年度拉萨“五一劳动奖状”先进集体候选单位；拟推荐评选西藏天润农牧业开发有限公司为2016年度五一劳动工人先锋号先进集体单位；拟推荐评选续卖乡完小罗贵（一线职工）为2016年度“五一劳动奖章”先进个人；拟推荐评选吞巴乡吞普村嘎玛旦增（农民工）为2016年度“五一劳动奖章”先进个人，为拉萨市总工会和县委提供第一手资料。

【助推民生改善工程】 帮扶助学工作是为全面落实科学发展观，构建和谐尼木，身体力行党的全心全意为人民服务的宗旨，心系群众，为民办实事，积极推动区、市总工会助学政策体系，协助党和政府解决困难职工及农牧民工子女上学难的问题，促进教育公平。县总工会组织乡镇工会委员会，深入基层，精心调查，统计出2015年考入大学的230多名大学，经过乡镇工会委员会、县总工会的严格审查，申报拉萨市总工会的困难农民工和困难职工子女共计198名，拉萨市总工会再审，确定自助符合条件的有158名。共审批49.2万元的助学资金。工会将准备在5月中旬发放到每个学生手上，帮助解决他们的困难。2016年8月，在全县七乡一镇和县直各部门、企事业单位下发通知全面统计2016年考入大学的边缘贫困生，据不完全统计共有133名边缘贫困生，其中区外108人，区内25人。

【开展“送温暖”活动】 工会以开展“面对面、心贴心、实打实服务职工群众”活动为主线，深入开展“三进、四同、三一”活动，多次走访困难职工及农民工家庭，听取群众在生产生活方面的意见，了解他们的生产生活情况和存在的困难；2016年，共看望慰问退休老职工4名，发放慰问金4000元。

【慰问困难职工群众】 2016年，总工会在春节和藏历年期间慰问困难职工50人（包括公益性岗位和农民工），按每人1000元的标准，共计5万元。

【慰问驻村、驻寺人员】 年内，慰问条件艰苦的驻村和驻寺7名，每人慰问金1000元，共计7000元。在做好社会帮困的同时，关心服务职工工作，经常了解职工干部思想、学习、工作等情况，及时与有关部门沟通反映，维护他们的合法权益。

【严格经费开支报批程序】 工会经费上县总工会认真贯彻执行工会经费收、管、用的各项规定和制度，依法收缴、管理、使用各项经费，2016年于拉萨市总工会签订的目标责任，2016年5月按时完成上缴63.6万元的工会经费目标任务。在日常工作中加强公用经费管理，年度预算坚持先报批后使用的原则；加强票据管理，严格票据使用范围，专票专用，不相互替代；严格经费开支报批程序和手续，强化内部约束机制，杜绝开支范围和标准不规范现象，完善报批手续、经办人、财务审核以及领导审批流程；自觉接受经费审查委员会的监督。

（姜福刚）

【领导名录】

主　席　多布啦（藏族）

副主席　洛　桑（回族）

共青团尼木县委员会

【概况】 2016年，尼木县七乡一镇共有团组织52个，其中村级团组织40个，农牧民专业合作社团支部9个，企业团支部2个，学校团支部1个；有团员1867名，其中农牧民团员1387名，专兼职团干部58名。尼木县团委以中共十八届五中、六中全会，区市第八届、第九届党代会精神为指导，紧紧围绕全县党政中心工作及区、市共青团工作的要求，团结带领广大团员青年，全面深化共青团改革，创新开展共青团工作，取得了较好的成绩。

【团组织建设】 年初与8个乡镇团委负责人签订2016年度目标考核责任书、下发《团县委2016年工作要点》并召开年度工作安排部署会议，指导监督各乡镇全年团的工作开展；乡镇团委组织格局创新及“大团委”建设“回头看”工作继续扎实稳步推进。截至年底，已累计成立18个直属团组织，实现了8个乡镇直属团组织全覆盖；组织辅导员开展学校蹲点工作并完成1篇蹲点报告；继续深入推进“青年之家”建设工作，截至年底帕古乡、普松乡曲水村、续迈乡“青年之家”已经建成并投入使用。

【青少年思想引领】 在团员青年聚集的学校、乡镇、村开展各类宣传教育活动30余次；充分发挥爱国主义教育阵地、拉萨市青少年民族文化传承实践基地作用，组织青少年开展系列主题实践活动，弘扬爱国主义精神，坚定理想信念；制定下发《尼木县2016年共青团民族团结闪光行动工作方案》，以“民族团结闪光牵手”行动为载体，在全县范围内开展以“民族团结”为主题的各类活动20余场次，参与人数达3000余人；制定下发《进一步深化中国梦学习宣传教育的方案》，继续开展以“红领巾相约中国梦”“中国梦·青春行”为主题的演讲比赛、才艺大赛、“向国旗敬礼”实践活动20余场次，参与学生3000余人；以庆祝“三大节日”、雷锋纪念日、清明、“五四”“六一”等重大节日为契机，组织动员全县团员青年4000余人，开展“手拉手”“学雷锋树新风”“我们的节日·清明”“传承五四精神 唱响尼木梦”“红领巾相约中国梦”“向国旗敬礼”等主题实践活动20余场次。

【服务青少年成才】 年内，以法制宣传为依托，组织法制宣传志愿服务队在全县范围内以《中华人民共和国未成年人保护法》《中华人民共和国青少年权益保护法》《中华人民共和国预防未成年人犯罪法》为主要内容在青少年中广泛开展法制宣传。共开展各类法律进校园、街道、家庭宣传134次、6次青少年法律知识竞赛、2次青少年禁毒知识竞赛。以解决困难青年迫切需求为出发点，以关爱志愿服务活动、青春自护宣传教育、开展积极健康的文体活动为载体，持续开展了“守望家乡 青春建功”活动。在“博爱进万家、关爱留守青少年、留守老人”活动中发动志愿者120余人。在青少年寒假“青春自护”教育活动中开展自护教育8场，向青少年及其家长宣传安全知识和自护自救常识，排查了娱乐场所、网吧等公共场所的安全隐患，参与青少年达300余人；推荐3名人生导师结对6名特殊青少年申报“关爱彩虹”行动项目、争取国酒茅台、芙蓉学子、苏州学子、沈阳狮子会品道服务队的助学金8.45万元、申报尼木县中小学学生与内地中学生手拉手结对子工作；充分发挥乡镇团委、村团支部、各直属团支部、农牧民专业合作社团支部等基层团组织作用，投入资金0.5万元，深化共青团关爱农牧民工子女志愿服务、开展青年志愿者“助残阳光行动”关爱活动。

【志愿服务】 年内，以“保护母亲河·创建美丽尼木”为主题，开展了丰富多彩的保护母亲河行动。以“绿动幸福林”“祭奠烈士”为内容共动员全县各级团组织约330人次参与植树造林活动，组织1500余名志愿者多次开展“禁白”活动，共清理白色垃圾20多公斤；响应上级团组织明确提出的“动员组织广大青年积极投身全面深化改革实践走在创新创业创优的前列”的要求，组织第二届拉萨市创新创业大赛尼木赛区选拔赛，推选4名青年创业典型代表参加拉萨市第二届青年创业大赛。组织动员各级团组织团干青年、少先队辅导员、西部计划志愿者100余名，积极开展青年网络文明志愿者组建工作；为了丰富尼木县青年的业余文化生活，扩大尼木社团的活动覆盖面，组织举办尼木县职工篮球比赛等活动；制定下发《学习雷锋志愿服务的通知》《保护母亲河 建美丽尼木》《绿色低碳 美丽尼木》《平安志愿者关于深入开展平安志愿服务活动的通知》，大力普及志愿理念，弘扬志愿精神，推动志愿服务活动持续健康发展。

【特色工作】 开通团尼木县委公众微信账号；与团市委学少部完成了拉萨市青少年第七届“红领巾相约中国梦”素质拓展暨民族团结进步教育夏令营活动和传承民族文化夏令营活动；召开尼木县共青团第六次代表大会；举办尼木县第一届青年联谊活动；与县旅游局、县工会妇联一起打造尼木县精准扶贫精准脱贫青年创新创业平台；以“助力精准扶贫、青年在行动”“扶贫助困千人圆梦”为主题帮助优秀贫困两后生224人开展了藏香制作、厨师、驾校、妇女种养殖业培训；在幸福路的工业园区内预成立县级第一所团校、团组织活动阵地；在尼木县新建职工周转房中为西部计划志愿者成功申请住房，成立志愿者之家。

（张继璞）

【领导名录】

书　记　央　青（女，藏族　5月免）
　　　　强措姆（女，藏族　5月任）
副书记　余　刚

尼木县妇女联合会

【概况】 2016年，尼木县妇联以邓小平理论、“三个代表”重要思想和科学发展观为指导，深入贯彻落实中共十八大、中国妇女十一大、十八届五中和六中全会精神、全面深化改革，落实中国妇女十一大精神，围绕妇女儿童中心工作不断调整工作思路，改进工作方法与作风，各项工作均取得了新进展。

【实施巾帼致富工程】 深入推进妇女“巾帼建功”活动。强化培训，主攻妇联精准扶贫行动的关键环节。投入资金4万元为续迈乡的25名贫困妇女劳动力举办为期一个月的妇女手工编织培训。为帮助尼木县贫困妇女劳动力掌握现代农业科技知识，提高科技素质，增强发展现代农业的能力，邀请县科技局和县兽医站讲师为尼木县202名妇女劳动力举办精准扶贫妇女劳动力技能培训班4期。为进一步做好易地扶贫搬迁工作，增强妇女群众的搬迁积极性。10月27日，组织2016年扶贫搬迁100户的搬迁对象妇女群众代表100名前往县城搬迁点进行实地参观。通过实地听、实地走、实地看，使搬迁妇女群众代表切身感受到安置点的发展优势，增强了主动搬迁的信心和脱贫致富的决心；用好小额贷款、助推创业脱贫。结合当地实际，为有创业意愿的3名妇女提供财政贴息妇女小额贷款21万元，帮助妇女解决创业资金瓶颈问题；注重能人引领、带动互助脱贫。在市妇联的帮助支持下，投入10万元挂牌运营帕古乡阿佳啦藏鸡养殖合作社，加大示范带动作用，激发广大妇女的积极性和创造性，引导她们在全面建成小康尼木伟大事业中做出贡献。

【实施巾帼成才行动】 进一步加强干部队伍建设。为进一步提升妇女干部的政治素质，开拓思路，创新工作。年初，在县“妇女之家”举办了妇联系统业务培训班，各乡镇妇联干部和村妇代会主任40余人参加了培训。同时，输送4名基层妇联干部到区外学习业务知识，开阔了眼界，提高了业务水平。持续抓好习近平总书记系列重要讲话精神的学习宣传贯彻，更加自觉地承担起引导妇女听党话、跟党走的政治任务。推动学习贯彻进一步引向深入。落实中央、区、市、县委的要求，扎实开展“学系列讲话、学党章党规，做合格党员”学习教育，引导各级妇联组织自觉坚持党的领导，保持和增强政治性先进性群众性，坚定走中国特色社会主义妇女发展道路。推动学习贯彻进一步落到基层。确保习近平总书记系列重要讲话精神和党中央决策部署全面准确地传达到基层，确保基层妇联组织学习跟进、认识跟进、行动跟进，确保妇联系统上下步调一致地抓好贯彻落实；拓展妇女的参政议政空间。抓住换届契机，提前介入，积极汇报，推荐优秀女干部，着力提高女人大代表、女政协委员比例，并认真做好了推选妇女政协委员、人大代表工作。

【精神文明建设活动】 深入“五好文明家庭”“平安家庭”“最美家庭”创建活动。年内，荣获自治区级“最美家庭”1户、市级“最美家庭”2户。制定了尼木县“平安家庭”创建活动实施方案，开展了寻找“最美家庭”活动。评选表彰了9户尼木县“五好文明家庭”、9户“最美家庭”和9户“平安家庭”。签订家庭廉政承诺书，筑牢廉洁自律防火墙。充分利用家庭这个平台，向全县发出“廉政文化进家庭”活动倡议书300多份。以“五互”（互相学习，警钟长鸣。互相爱护，自警自律。互相关心，防微杜渐。互相体谅，和谐文明。互相勉励，携手共进）为载体，与全县298名副科级以上干部家庭签订承诺书，引导党员领导干部家庭积极参与家庭廉政文化建设，推动形成“以廉为荣、以贪为耻”的良好社会风尚。

【实施幸福关爱工程】 年内，开展系列精准扶贫脱贫活动。春节、藏历新年等重大节日期间，对200余名离退休老干部、贫困母亲、空巢老人、孤残儿童和寺庙尼姑开展了慰问活动。为她们送去了价值5万元的慰问品和3万元慰问金，将党的关怀和“娘家人”的温暖送到了妇女的心坎上；倾情走访慰问留守儿童、孤残疾儿童等特殊困境儿童。“六一”期间，为曲林村幼儿园、彭岗村幼儿园和聂玉村的150余名儿童开展精准扶贫慰问活动，为孩子们赠送了价值1万元的衣服和学习用品；发放“母亲邮包”和“春蕾生”助学金。为日措村20名贫困母亲发放了价值4000元的“母亲暖心包”。在市妇联的帮助下，为尼木县115名家庭贫困、品学兼优的学生发放“春蕾生”助学金11.9万元；积极为“两癌”贫困母亲争取“贫困母亲两癌救助”公益金。年内，尼木县四名“两癌”贫困妇女争取到拉萨市妇联的“两癌”救助金4万元，对尼木县34名“两癌”患者发放救助金2.04万元；“儿童快乐家园”活动有声有色。5月31日，自治区妇联联合驻藏空军部队赴尼木县中心幼儿园，开展庆祝2016年“六一”国际儿童节暨“儿童快乐家园”揭牌仪式活动，为尼木县346名留守流动、孤残、贫困儿童送去节日礼物，区、市妇联为“儿童快乐家园”发放关爱活动慰问金1.5万元。真正把党和政府的关怀、妇联“娘家人”的温暖送到贫困妇女儿童中去。

【维护妇女儿童合法权益】 推动了妇女儿童“两个规划”实施。县妇儿工委办和各成员单位以实施“两个规划”为目标，推动“两个规划”全面贯彻实施，妇女儿童事业得到持续健康发展。根据尼木县经济社会发展要求和妇女儿童事业发展实际，正着手研究制定《尼木县2016—2020年妇女儿童发展规划》。权益维护力度进一步增强。注重从源头参与，加大维护妇女儿童合法权益的力度。联合县公安局创建首批尼木县“妇女儿童维权服务岗”4个，联合县法院创建尼木县“妇女儿童维权合议庭”。深入开展法制宣传，增强妇女群众的法律意识。全年开展了《中华人民共和国婚姻法》《中华人民共和国妇女权益保障法》以及男女平等基本国策为主的各类宣传活动9次，发放宣传资料3000份，受益妇女群众达1000人次。

（徐 森）

【领导名录】

主　　席　琼　　达（女，藏族）
主任科员　达娃仓决（女，藏族）

武 装

尼木县人民武装部

【概况】 2016年，尼木县人武装坚持把思想政治建设和安全管理教育摆在首位，不断增强官兵的政治意识、大局意识和安全观念。紧盯国防动员建设和应急应战能力建设，进一步巩固正规化达标成果、坚持党委理论学习制度，深入学习中共十八大和十八届四、五中全会精神，深入学习贯彻习近平主席系列重要讲话和全军政治工作会议精神，以党在新形势下的强军目标为统揽，按照“四个牢固立起来”“五个着力抓好”要求提高党委科学决策、民主决策、依法决策水平；狠抓“强军目标”主题教育，牢记改革强军目标，大兴岗位练兵活动。扎实开展双拥共建、扶贫帮困及助民爱民活动，深入乡（镇）及敬老院进行走访慰问活动，密切军民关系。以“十三五”规划为契机，积极组织民兵参与其中，为地方经济建设做出了应有贡献。

【军事工作】 根据年度军事工作指示精神，科学统筹安排本级军事工作，制定军事工作计划，及时下发各乡（镇）、县直机关民兵分队。认真落实民兵工作制度，组织民兵骨干进行基础训练和防暴处突演（训）练，提高了民兵军事素质，全年基干民兵和普通民兵参训率达86%以上。在节假日和敏感日期间，积极组织民兵配合公安、武警中队搞好维护社会稳定工作，确保了社会和谐稳定和人民正常生产生活。根据区市年度征兵工作会议精神，及时成立组织领导，召开专题会议进行安排部署，统一思想、明确任务，各相关单位紧密协作，严把征兵政策、标准和条件关，保质保量完成了夏秋季征兵任务。

【安全工作】 认真落实军区及警备区年初安全工作会议精神，牢固树立安全工作无小事的思想，坚持安全工作各项制度，定期召开安全形势分析会议，确保各种安全隐患、苗头消灭在萌芽状态。加强安全教育，全面整治和规范民兵武器仓库，大力开展“安全大讨论”“百日安全竞赛”“条令学习月”和“三互”活动，灌输科学发展、安全发展理念，打牢官兵安全思想基础。坚持一日生活制度，落实上下班、请销假等制度，正规了人武部“四个秩序”。年内，单位无发生任何违规违纪事情，尼木县人民武装部被军区评为践行强军目标先进旅团级单位。

【后勤装备工作】 认真落实后勤装备工作制度，加强后勤、装备建设，规范库室物资器材摆放，不断提高民兵应急处突、维稳和抢险救灾中的保障能力。结合实际，搞好后勤农副业生产，加强温室田间管理，提高蔬菜自给能力，改善官兵的生活水平。坚持抓好装备建设，认真开展民兵武器仓库安防工作和装备保养擦拭日活动，确保民兵装备器材随时处于良好的性能状态。

（扎西达瓦）

【领导名录】

部　长　罗立富

政　委　李　颂

尼木县公安消防大队

【概况】 2016年，尼木县消防队大队全体官兵视尼木人民为父母，视驻地为故乡，用自己的青春、热血书写了对党和国家的无限忠诚，对党和人民的无限热爱，在各项工作的考验中保卫了人民群众的生命财产安全，为地方经济发展做出了应有的贡献。

【努力做好服务于地方经济建设】 2016年，尼木县消防大队在拉萨市消防支队和尼木县委、县政府、县公安局的领导下，贯彻践行改革强警、“两学一做”专题学习活动，坚持“立警为公，执法为民”，坚持“一手抓队伍建设、一手抓业务工作”，以《军队基层建设纲要》为主线，以作风建设为重点，加大组织建设力度，狠抓党风廉政建设和经常性思想教育工作，进一步解放思想，实事求是，与时俱进，保持了部队高度稳定，完成了以防火灭火为中心的各项工作任务。在政治工作、业务建设、部队管理、内外关系、营房建设等方面都取得了较大进度。

【政令警令畅通】 2016年，大队不断强化官兵服从命令、听从指挥意识，坚决维护县公安局管理指挥权威，严格执行县委、县政府及县政法委、县公安局的各种指令和工作指示要求，认真履职尽责，不负重托。

【经费投入】 2016年，大队预算经费为135万余元，为顺利开展各项工作奠定了坚实的后勤保障；在2016年的营房建设中，县委、县政府在财政极为薄弱下给予大力支持，解决专项经费400万元；基层消防力量进一步加强，2016年完成乡镇、重点单位18个“微型消防站”建设，县政府投入44万元，县公安局投入6万余元，共投入资金50万余元完成了“微型消防站”装备投入；县政府投入15万元为大队解决了冬季消防车取暖及消防车、装备维修保养。

【全面维护社会稳定】 尼木县宗教佛事活动及重要节点较多的维稳工作形势，大队紧紧围绕县维稳指挥部及县公安局的要求，做好了相关执勤安保工作。大队按照常态化和等级战备勤务要求进行了科学调配，分别做好了社会面定点执勤和敏感节点在队备战的两种模式，全面维护社会稳定。全年大队在队备战共执行二级以上战（戒）备235余天，接警出动16起（包括垃圾池灭火13次），定点执勤出动车辆22辆次、官兵176人次；不断修订完善各类执勤方案、灭火救援预案。截至年底，大队已修订完善58份；为切实做好尼木县灭火及应急救援各项准备工作，大队结合消防部队担负的任务和装备、人员实际，制定《尼木县灭火与消防应急救援处置联动工作方案》，进一步完善了维稳消防工作措施。

【社会面消防安全隐患排查整治】 按照自治区、市、县三级党委政府的要求，认真贯彻落实消防安全隐患整治工作，结合夏季、冬春消防安全排查专项行动，加大了重点单位、重点场所、“九小场所”等消防安全检查力度，明确单位落实消防安全主体责任，签订消防安全责任书，强化火灾防范措施；在县公安局的大力支持及相关单位的配合下，大队与治安、塔荣镇派出所消防执法9次，与县安监等部门联合执法6次；加大消防宣传力度，大队利用“119”宣传日为契机，在县中学挑选20名学生成立消防宣传志愿者，全方位、多角度地向人民群众宣传防火、灭火和逃生自救常识，形成人人关注消防安全、自觉维护消防安全的浓厚氛围。截至年底，大队共排查各类单位、场所770余家次，发现火灾隐患或消防安全违法行为854余处，下发《责令改正通知书》275份，下发《临时查封决定书》1份，罚款5000元，发放各类消防宣传资料1.8万余份。

【岗位练兵重实战】 大队优化集成第一出动力量和“六熟悉”工作，2016年共开展“六熟悉”24次，普查消防水源四次，开展重点保护单位灭火救援和易燃易爆危险品处置等实战演练6次。在训练方面，大队运用冬训和岗位练兵契机，深入开展“三基”（基本理论、基本体能、基本技能）训练，加强灭火救援业务理论学习，先后组织开展了冬训考核、选送预提副班长培训、2016年岗位练兵、2016年业务技能大比武集训，紧接着又是冬季岗位练兵的开展，重点强化全员参训及考核验收工作，有效夯实官兵体能技能基础。

【为民助民工作】 只要是群众需要就义不容辞，积极为单位群众送水、运水等，全年大队共送水、运水17辆车次，100余顿。深入福利院、学校、社会单位开展义务劳动4余次，打扫卫生6余次，开展消防宣传20次，发放宣传资料500余份，走访慰问困难群众4余户，赠送大米、清油、罐头、砖茶、酥油等慰问品共计价值4000余元。

【举办消防工作联席会】 根据市政府关于做好冬春火灾专项工作要求，尼木县大队在县政府、县公安局的大力支持下举办消防工作联席会，会议主要是部署冬春火灾防控及2017年度消防安全工作，进一步明确了各乡镇、部门以及重点单位的主体责任和目标任务，并签订了目标管理责任书。

【“微型消防站”建设】 年内，完成乡镇、重点单位18个“微型消防站”建设，此项建设，进一步提高尼木县农牧民、偏远地区的初期火灾处置，增强了抗御火灾能力。

【消防宣传】 宣传发动，强化培训，高全民消防意识不断提高，为进一步推动消防安全宣传工作，加强消防宣传力度，增强全民消防意识，大队采取形式多样的消防宣传模式，在各学校、街道、企（事）业单位积极开展了宣传活动，以尼木中小学生教育为主的模式，挑选20名中小学生代表为宣传志愿者，达到带动家庭、带动社会的消防知识宣传效果，达到预期的宣传目的，切实提高各级部门和广大人民群众的消防安全意识。

【制定方案】 年内，制定《尼木县灭火与消防应急救援处置联动工作方案》，进一步完善以政府统一领导指挥，各救援力量密切配合的灭火与消防应急救援联动工作的机制，为高效快速处置突发事件奠定了基础。

【完成基础台账规范化建设】 根据市消防支队基层党组织规范化建设、部队管理规范化建设、执法规范化建设“三化”建设现场会要求，尼木大队按照统一标准完成了基础台账规范化建设，待新营房投入使用后，将全面推行落实“三化”建设，使部队逐步走向正规化，并在2017年度全面完成。

（吴行兵）

【领导名录】

大　队　长　次旦巴桑（藏族，8月免）
教　导　员　吴 行 兵（3月任）
副营职参谋　洛桑旦增（藏族）
排　　　长　潘 攀 丞

武警尼木县中队

【概况】 2016年，是全面贯彻落实中共十八大和十八届六中全会精神的开局之年，也是中队持续打基础、稳步谋发展的一年。2016年，认真学习贯彻习主席重要指示精神，始终按照“聚焦强军目标、建强‘三个一线’、扭转作风风气、提高建设标准、确保安全稳定、赢得更大支持”的工作思路抓建部队，高标准实现了“两个确保”目标，部队建设呈现出稳步推进、整体提高的良好态势。2016年，中队共有1人荣立三等功、1人被支队评为优秀基层干部、1人被支队评为优秀义务兵兵、4人被支队评为优秀士官、4人受到支队嘉奖；全年发展党员2名，团员1名；中队看守目标34年安全无事故，受到了支队党委的表彰和县委县政府高度肯定。

【组织建设】 年内，中队党支部始终坚持“靠政治统班子、靠集体强班子、靠事业兴班子、靠制度管班子、靠形象立班子”，支部班子战斗力、凝聚力、向心力不断提升。注重理论武装，严密组织理论学习，认真学习中共十八大、十八届四中全会和习主席一系列重要指示精神，支委成员政治素质、理论素养、思维层次不断提高。注重制度落实，始终贯彻民主集中制和“三个法规性文件”，支部团结和谐，依法民主科学决策水平不断提高。注重作风建设，严密组织开展“学习贯彻党章，弘扬优良作风”“强化法纪观念，反对拜金主义”和“三守两满意”教育活动，扎实开展“五超”专项治理活动，党员干部作风建设成效明显。

【思想政治建设】 年内，大力加强党的创新理论武装，突出抓好中共十八大、十八届六中全会和习主席一系列重要讲话精神学习，官兵“三个绝对”的思想根基更加牢固。扎实开展基本人生观教育活动，有效整合教育内容，积极参加上级组织的网络授课和优质课评比，配合开展“树立正确理念、明辨是非界限”大讨论，教育的“一感三性”不断提升。扎实做好经常性思想工作，充分发挥“三互”“双四一”“五个过一遍”等载体作用，持续深入开展“深知兵、真爱兵”和法律、心理服务工作，真诚帮助战士解决家庭涉法等困难，确保了官兵思想稳定。

【执勤战备】 年内，深入学习贯彻《执勤规定》和武警部队中心工作网上集训精神，严格落实执勤八项制度，积极开展“三共”“三个一遍”活动，大抓“四防一体化”建设和执勤隐患治理，看所目标实现34年安全无事故。强力推进“五种力量”建设，大力加强人装结合训练，反恐应急力量建设初见成效。严格落实战备制度，坚持每周开展拉动演练，始终保持了“箭在弦上、引而待发”的高度戒备态势。2016年，中队出色完成县城武装巡逻、驻地抗旱救灾等各类临时勤务多起，受到县委、县政府充分肯定和人民群众的高度赞扬。

【军事训练】 年内，严格按照“能打仗、打胜仗”要求，大抓军事训练，在指挥手段、人装结合、战法研究、指挥效能上下功夫，提高任教组训能力和应对复杂局面能力。积极探索保障模式，加强小场地以及教材、器材等设施配套建设与管理，实现资源的优化配置和高效利用。抓好官兵基础体能、教练员和特战骨干训练立足实际需求，官兵素质较之以往有了明显提高。扎实做好第二批新兵教育训练，部队整体训练水平得到提升。

【行政管理】 年内，认真学习贯彻习主席依法治警、从严治警指示精神，坚持抓警官带部队，抓规范促养成。严格依据两个《正规化管理规定》，从严规范部队“四个秩序”，坚持每周不少于2次对正规化管理工作进行突击检查，进一步提高了部队正规化水平。扎实开展“条令学习月”活动，突出抓好干部、士官和公勤人员管控，从严治理涉法、涉密、涉网问题，建立“挂账销号”“五个一遍”工作机制，不断深化治理“五个重点问题”，深入开展4个波次的安全大检查活动，排查隐患、整改提高，确保了部队安全系数。对重点关注人员实行三级联包、挂号督办、跟踪问责，全时全程跟踪防控，构筑了运用制度抓安全、保安全的防护网络。

【警民共建】 年内，中队官兵“视驻地为故乡，视人民为父母”，认真搞好“六共”活动，大力开展义务植树、义务军训、无偿献血和捐资助学、扶贫帮困活动，先后出动政治思想强、军事技术精的优秀骨干人员60余人次，为地方单位、学校学生军训800余人，取得的效果明显。

【后勤建设】 深入贯彻习主席“厉行勤俭节约，反对铺张浪费”的重要批示精神，严把经费预算、审批、大宗物资采购等关口，广泛开展群众性节约活动，行政开支、公杂开支均有不同幅度地下降。因地制宜开展农副业生产，广泛开展“发展庭院经济，提高保障能力”活动，全年出栏生猪8头，现存栏猪6头，种菜收益丰富了官兵“菜篮子”。扎实开展岗位练兵活动，每周组织开展卫生员、炊事员等后勤专业兵训练，后勤队伍素质得到加强。充分发挥“双重保障”优势，中队领导主动向县委、县政府汇报工作，协调关系，走开了部队、地方双重保障路子，确保了中队工作有序进行。

（刘　威）

【领导名录】

中 队 长　马国超
指 导 员　刘　威
副中队长　洛　丹（藏族，8月免）
　　　　　旺　堆（藏族，8月任）
副指导员　张　科

法　　治

尼木县人民法院

【概况】 2016年，尼木县人民法院坚持以科学发展观为统领，以马克思列宁主义、毛泽东思想、邓小平理论和“三个代表”重要思想为指导，紧紧围绕习近平总书记提出的“坚持司法为民，公正司法，努力让人民群众在每一个司法案件中都感受到公平正义”的目标，坚持“公正与效率”的工作思路，贯彻落实“两学一做”教育实践活动精神。共受理各类案件146件（含旧存16件），审执结145件，综合结案率达99.32%。其中民商事案件104件（含旧存9件），刑事案件4件，执行案件38件（含旧存7件）。完成人民调解培训和指导10余次，调处非诉性纠纷26件，并依法落实法律救助制度，为确认有困难的当事人减免缓诉讼费用共5.4549万元，有效减轻当事人诉讼负担，保障当事人诉讼权益。

【立案信访工作】 尼木县人民法院始终坚持“党的事业至上、宪法法律至上、人民利益至上”的理念，不断强化组织领导，严肃纪律要求，严格落实案件风险评估和重大敏感案件请示汇报制度，不断推进领导干部接访活动，推行“院长接待日”“首问责任制”等制度，借以规范立案信访窗口建设和立案信访服务工作。年内，尼木县人民法院再次推行便民利民举措，以开展“立案信访窗口建设”为抓手，细化服务节点，深化服务内容，简化审批程序。在实行“电话立案”“巡回立案”的同时，全面启动“网上立案”“预约立案”“电子送达”等信息化功能，开通12368诉讼服务热线和尼木法院微信公众平台，完善民生案件立案“绿色通道”，为当事人提供更加全面细致的诉讼程序指引；完善涉民生案件“绿色通道”和快速调处机制，妥善审理劳动争议、社会保障等领域的涉案纠纷，并不断拓展“远程立案”、调解、庭审等更多的司法功能。

【审判工作】 尼木县人民法院以审判工作为核心，以提高案件质量和效率为目标，以改进审判作风，严格审判流程为方式，深入落实“公正与效率”的工作主题。打击各类刑事犯罪促进“平安尼木”建设。尼木县人民法院以司法公正为出发点，认真贯彻落实“宽严相济”的刑事审判政策，严厉打击刑事犯罪，严格按照区高院、市中院关于量刑规范化建设的有关要求，对被告人严格适用量刑规范化建设意见处以刑罚，严格约束法官自由裁判权，确保刑事审判工作公正、公开、公平；有效化解民商事纠纷促进“和谐尼木”建设。关注民生、服务群众、维护民权、消除民怨是民事审判工作的基本理念，在司法审判实践中坚持“调解优先、调判结合”的指导原则，不断加强调解力度，多途径解决矛盾纠纷，强化“三个注重”，即注重辨法析理，让当事人输赢明白；注重案件调解，努力化解矛盾纠纷；注重案结事了，使纠纷解决不留尾巴，使当事人自觉服判息诉；抓好执行工作促进“诚信尼木”建设。尼木县人民法院在执行工作中多措并举，本着从实际出发的原则，充分考虑被执行人的履行能力和各种实际情况，妥善做好执行过程中的每个细节工作，依法有效执行。大力推行执行工作“一把手”工程，不断强化执行联动威慑机制，启动失信人民黑名单制，对多名恶意逃债者依法报送最高人民法院执行平台曝光，努力兑现当事人胜诉权益，坚决杜绝法律白条，维护法律尊严。

【诉调对接中心】 尼木县人民法院作为全市诉调对接试点法院，为满足尼木社会日益膨胀的非诉服务需求，在继续发挥“诉调对接中心”平台作用的基础上，不断“深挖诉调对接中心”潜力，积极把非诉矛盾纠纷的化解工作同县委、县政府的中心工作有机结合起来，通过积极协调政法委、信访、财政、发改、人社等职能部门，把行政和社会资源统筹整合到实际问题的解决中去，以“调为背景、调为引导、诉为管理、诉为保障”的诉调对接工作机制为尼木社会和经济的平稳发展做出了积极贡献。

【法制宣传】 年内，尼木县人民法院积极落实开展“法律七进”和“六五”普法活动，不断加强法制宣传力度，拓展司法服务外延，因地制宜、因人制宜，根据自身工作实际，广泛且有针对性地开展法制宣传工作，并专门抽调一名业务骨干担任尼木县中学的法治副校长向青少年宣讲法律知识。通过卓有成效的法制宣传，全力满足了人民群众对司法需求的日益增长，并逐步形成乡政府、村委会和企业预约要求人民法院前来开展法制宣传活动的现象。年内，共开展法制宣传15场次，受教育人数达5850余人次，发放宣传资料4200余份，促使尼木县广大农牧民群众树立了有纠纷通过法律途径解决的理念，更加树立了法律的公信力，形成了全县百姓学法、守法、用法的良好氛围。

【车载流动法庭】 本着司法便民、司法利民的宗旨，尼木县人民法院继续发挥“车载流动法庭”广覆盖、宽服务、机动快捷的优势，抽调业务骨干组成流动法庭服务队，在处理每起纠纷中，努力争让每一名当事人省一趟路、省点时间、省些操心。特别是一些劳资纠纷，做到及时派车派人，立案调解一起办。当事人在任何地方，就到当事人所在地调查了解，送达法律文书，力争及时调处。“车载流动法庭”年内，行程共达1.5万余公里，深入尼木县七乡一镇巡回办案10余件，开展法制宣传及调研19次。

【强基础惠民生】 年内，尼木县人民法院贯彻落实“精准扶贫”政策，全院每名干警均与贫困户结对帮扶，并按照上级指示精神，选派一名副科级干部及一名普通干警共两名业务骨干投身驻村工作，强化基层力量。做到了深入群众、心入群众、身入群众，从人民群众的需求出发，为人民群众办实事办好事。

【人员编制】 尼木县人民法院机构性质为机关行政单位。法院现有内设机构7个（办公室、立案庭、刑事审判庭、民事审判庭、行政审判庭、执行局法警队、审判监督庭），派出法庭3个，分别是吞巴乡人民法庭（建设中）、尼木乡人民法庭（建设中）、续迈乡人民法庭。全院编制25名，实有干警19人（2人调离手续即将办成），其中男性8人，女性11人，藏族17人，汉族2人，研究生1人，本科17人，大专1人，法律专业15人，非法律专业4人，具有审判资格5人，中共党员12人，团员7人，领导职数设一正三副（副处1名，正科2名，副科1名）。

【队伍建设】 年内，尼木县人民法院党组始终坚持以党建带队建，全面加强干部队伍建设。全院干警牢固树立人民法官“忠诚、为民、公正、廉洁”的核心价值观，严格按照“两学一做”教育实践活动的要求，大力开展警示教育、党纪党风教育、“党员先锋岗”等工作，对重点岗位进行专项检查，筑牢防贪拒腐防线。加强学习型党组织建设，强化干部队伍学习能力，开展“八个一”活动，即“一日一小时，一周一讨论，一月一小结，一人一调研，一人一笔记，一周一活动，一月一主题，一庭一课堂”，做到主题教育实践有形式、有内容、有载体，确保主题实践与重点工作相结合、解决问题与完善工作机制相结合、创先争优与执法为民相结合。同时，尼木县人民法院不断提高法官的政治素质和业务能力，以此夯实发展基础，年内，先后组织干警参加各类业务知识培训10余人次，前往堆龙德庆区人民法院跟案学习1人次，前往内地法院培训学习3人次，全院本科学历以上达94.7%，具备审判资格人数达到5人，干警整体素质得到进一步提升。

【基础设施建设】 年内，尼木县人民法院紧抓“十二五”“十三五”项目建设及第五次全国法院援藏工作的契机，不断改善干警的工作、生活环境，加强办公设备的信息化建设，干警食堂、浴室等项目已建成并投入使用；续迈乡派出法庭已竣工验收。通过与尼木县委、县政府沟通协调，解决干警周转房12套，已交付使用。年内，已建成审判综合楼一栋、诉讼服务中心一栋、吞巴乡人民法庭大楼一栋，将于2017年交付使用，尼木乡人民法庭已进入选址阶段。

【贯彻落实“两学一做”教育实践活动】 尼木县人民法院将高举中国特色社会主义伟大旗帜，坚持以邓小平理论、“三个代表”重要思想、科学发展观为指导，深入贯彻落实“两学一做”教育实践活动，紧紧围绕发展和稳定两个主题，忠实履行宪法和法律赋予的神圣使命，不断践行“为大局服务，为人民司法”的宗旨。

（达娃卓玛）

【领导名录】

党组书记、院长

米　玛（藏族，7月免）

罗　红（女，藏族，7月任）

副院长　尹小芬（女）

尼　玛（女，藏族）

尼木县人民检察院

【概况】 2016年，尼木县检察院认真贯彻落实中共十八大和十八大以来历次全会以及习近平总书记系列重要讲话精神，围绕中心、服务大局，以“两学一做”教育活动为契机，突出执法办案，突出法律监督，深化司法体制改革，认真履行宪法和法律赋予的职责，全面强化法律监督和自身监督，全力推进平安尼木、法治尼木建设，各项检察工作取得新进展。

【强化法律监督】 年内，尼木县检察院始终把依法打击刑事犯罪、保障人民生命财产安全摆在突出位置，认真履行检察职责，充分发挥批捕、起诉职能。截至年底，县检察院共受理提请批准逮捕案件2件2人，逮捕2件2人。受理审查起诉案件4件5人，提起公诉3件4人。其中，一件公诉案件，在被告人代理人提出申请后经多方查证，做出了变更起诉，将被告人由成年人变更为未成年人。在强化立案监督上，县检察院对公安机关受理的8件刑事案件，采取查看案卷材料的方式进行监督，杜绝公安机关有案不案、不应立案而立案的情况发生。截至年底，因公安机关移送审查批准逮捕的洛某等3人涉嫌盗窃一案未通知未成年犯罪嫌疑人法定代理人到场，以及扎某涉嫌故意伤害案超期羁押一天的违法行为，县检察院及时发出纠正违法通知书两份，通知书发出后，公安机关及时回复并对违法行为进行纠正。

【预防职务犯罪】 2016年，上级院指定县检察院办理自侦案件（行贿案）1件1人（系大案），并立案侦查，现已侦查终结，并准备移送审查起诉，此案件的查办为国家挽回经济损失百万余元。县纪委移送案件（行贿案）1件1人，并立案侦查，案件现已侦查终结，并已出庭支持公诉。

在查办职务犯罪案件的同时，积极开展职务犯罪预防工作，从源头上预防职务犯罪的发生。2016年，认真组织干警重新修改和完善了《职务犯罪预防法宣传手册》《举报须知》等法律法规宣传材料；与县纪检委联合开展了警示教育活动，组织干部职工观看了廉政警示教育片两次，受教育干部职工人数达200人次；2016年3月由检察长牵头，职务犯罪检察科撰写《2015年度尼木县人民检察院惩治和预防职务犯罪年度报告》并上呈县委主要领导批示，县委主要领导高度重视职务犯罪预防工作，审阅后立即做出了重要批示。报告从角度分析了尼木县反腐败斗争的形势，多层次分析了原因，为更好地开展查办职务犯罪及预防工作提供了依据；根据上级院统一安排部署，积极开展预防调研工作，先后走访县教育局，扶贫开发办，为惠民政策落实资金情况开展预防调研工作。

【刑事执行检察】 县检察院虽未设立刑事执行局，但县检察院按照上级院的工作安排和部署要求积极开展刑事执行检察工作，特别是对社区矫正执法环节的法律监督，对全县8名（缓刑8人）社区矫正人员进行了脱管、漏管专项检查活动，及时与县司法局沟通，为下一步社区矫正工作的协作和配合提出意见和建议，促进社区矫正工作依法规范开展。与此同时，为加强对在押人员诉讼时限的监督，2016年县检察院首次启动了羁押必要性审查1件1人，公安机关对案件相关情况回复了县检察院，对首次启动羁押必要性审查方面受到了自治区检察院的表扬。

【民行、控申检察】 以办案为中心，加大对县法院民事行政审判诉讼活动的监督力度，对县法院2016年办理的民事案件卷宗材料以及民事案件登记等进行合法性审查，并在报备材料、定期检查和旁听庭审等方面达成一致。同时县检察院始终努力推进社会矛盾化解工作，创新化解矛盾机制，拓宽群众诉求表达渠道，完善“12309”全国检察机关举报电话、来访、来信工作机制，坚持文明接待，有访必接，有诉必理，注重从源头上化解矛盾。进一步规范了“控告申诉首问首办责任制”“检察长接待日”等行之有效的制度。始终牢记群众利益无小事，把执法为民落实到信访接待工作中，都做到了以礼相迎、热情接待、倾心聆听、耐心解答、妥善处理，将矛盾及时化解在基层。全年，共受理群众来信来访4件4人（其中检察长接待1件1人），未发生涉检信访问题。

【精准扶贫】 2016年，全院干警以坚定的政治责任感和崇高的使命感，心系群众，突出亮点和创新工作，为民解难。按照全县精准扶贫工作的相关要求，县检察院7名党员与尼木乡东嘎村7名贫困户结对帮扶，先后3次组织党员干警深入贫困户家中了解情况，帮助他们脱贫致富。针对不同的致贫原因，全院干警在院党组的带领下集思广益，制定不同的脱贫方案。截至年底，县检察院已为东嘎村贫困户送去价值5000元的物资，为贫困户送去了党员干部的关怀与关爱。

【接受人大监督】 县检察院始终把接受人大监督作为促进检察工作全面开展和确保检察权正确行使的重要举措，主动将检察工作置于人大的监督之下，定期向县人大常委会汇报检察工作的开展情况。2016年，在县人大第十二届七次会议和第十三届一次会议讨论期间，县检察院派出10人次听取人大代表对检察工作的意见和建议。收集到的4条意见和建议均已落实，落实情况也及时向代表们进行了报告。

【检察队伍建设】 年内，县检察院按照“两学一做”教育活动具体安排，制定《尼木县人民检察院“学党章党规、学系列讲话，做合格党员”学习教育方案》以及学习计划，认真学习了《党章》《中国共产党纪律处分条例》《中国共产党问责条例》以及《廉洁自律准则》，并将活动向非党员干警延伸。截至年底，党组书记讲党课两次、撰写心得体会32篇、个人笔记5本、简报19篇；按照中央八项规定和区党委约法十章等要求，每逢节假日前，院党组都会组织召开廉洁会议，通报违法中央“八项规定”的典型案例，重申党的纪律。强化对公款吃喝、公车私用等问题的监督；多途径、多方式开展教育培训工作，鼓励干警参加司法考试、学历深造、新进人员和新任干部培训等，不断提高干警的综合素质。2016年，1名干警参加全区检察机关司法考试培训班，并已通过考试，1名干警参加反贪业务培训。

【检察宣传】 结合三月重要节点、综治月、检察开放日、“五下乡”等活动，采取在沿街和村委会设立宣传点等方式进行法治宣传。特别是在9月份的民族团结宣传中，检察院创新宣传模式，与县法院联合开展法治宣传，收到良好的效果，联合宣传工作还被西藏法制报所刊登。2016年，检察院开展法治宣传30余次，发放宣传资料7000余份。接受群众咨询90余人次。建立与新闻单位、上级院宣传部门、县宣传部门的联系，通过“两微一端”网络平台，发布检察院新动态，增加人民群众对检察工作的参与权、知情权，提高人民群众对检察工作的满意度。截至年底，县检察院已编写简报信息63期、上报检察官说法1篇、西藏法制报刊登新闻1篇、清水源采纳文章1篇、通过“两微一端”发布信息9条。

（索朗德吉）

【领导名录】

检 察 长 扎　　西（藏族，3月免）
　　　　 强巴阿旺（藏族，3月任）
副检察长 达　　娃（女，藏族）
　　　　 杨　　苓（女，8月免）

尼木县公安局

【概况】 2016年，尼木县公安局以中共十八大精神和十八届三中、四中、五中、六中全会精神为行动指南，以全面推进依法治国为重要遵循，以维护尼木县社会秩序全面、持续稳定为工作主线，深入丰富开展“两学一做”“忠诚教育”专题教育学习活动和市局“四项建设”主题工作，以当前开展的“社会治安严打综合整治”统一行动专项性为契机，较好地完成了各项工作任务和目标，确保了尼木县政治稳定、社会安定。

【机构人员】 内设24个部门，分别为：8个派出所、4个警务站、5个业务大队、2个检查站、局直机关5个部门；现有总警力240人（其中：民警171人、辅警69人），实际编制103人，男性民警159人，女性民警12人，藏族119人、汉族48人、回族2人、纳西族1人，满族1人；局领导共4人（局长、政委各1名，其中局长系副县级，政委、2名副局长，系正科级），均为大专以上文化程度，全局现有民警中享受副科级以上待遇的共计43人，占民警总数25.1%。

【流动人口管理】 深入开展走访、调研活动，及时掌握流动人口底数，掌握流动人口基本情况，现实表现、收入现状、建立流动人口基本情况档案。流动人口基本信息通过网上比对、核查，向原籍发函协调有无违法违纪行为。同时，主动为流动人口开展法律解答咨询、定期开展法制宣传。

2016年，全县流动人员2428人，其中男1939人、女489人，汉族1769人，藏族432人，回族41人，其他186人，务工人员1434人，经商552人，其他442人。

【常住人口管理】 尼木县现有常住人口33970人、流动人口2428人（其中男1939人、女489人、汉族1769人、藏族432人、回族41人、其他民族186人），2016年新增流动人口248人。

【严厉打击刑事犯罪】 2016年，刑事案件立案9起，破获10起（其中：2起伤害案，7起盗窃案，1起故意伤人致人死亡案），撤销案件3起4人，刑事拘留6人，批准逮捕2人，取保候审4人，起诉2案4人，破案率100%，批捕率100%，移送案件起诉率100%，取保候审打击处理率100%。

【交通管控】 2016年，出动警力7750人次，警车7580台次，登记7—19座以上车辆20400余辆，20座以上车辆19200余辆，设立流动检查点630余次，固定检查点1处，共检查各类车辆2076580余辆，发放限速单1145200余张。查处交通违法行为23051起，其中超速5412起、扣证1924本、违法停车4012起、农用车违法载人687起、纠正摩托车未带安全头盔1987起、纠正占道行驶5402起、未系安全带2510起（已口头教育处理）、其他违法行为3041起（逆向行驶、不按规定行驶、套牌、弯道超车）。交通事故共33起，其中一般事故11起、简易事故22起，事故主要原因超车、采取措施不当造成交通事故。受轻伤5人，行政拘留2人、取保候审1人。未发生过群死群伤事故。造成直接经济损失128000余元。

【**治安违法查处**】 2016年，受理各类治安案件8起17人（其中2起赌博、2起盗窃、1起打架斗殴、3起殴打他人），行政拘留5人，罚款12人5400元，警告2人。

【**公共场所管理**】 全县旅馆业4家、废旧金属收购业11家、娱乐场所4家、店铺256家、藏式茶馆133家、餐馆22家、网吧2家、汽车修理5家。清查娱乐场所175家次、出租房屋512家次、废旧金属收购业232家次，检查网吧52家次，全面排查各类治安隐患，并严格落实实名制登记上网制度，建档率100%。

【**枪支弹药管理**】 2016年，按照《中华人民共和国民用爆炸物品管理条例》规定，实行每月至少2次安全防范大检查要求，对全县各涉爆涉枪单位进行安全检查480余次，未发生遗失、丢失、保管不善等案件。

【**铁路沿线维稳防控**】 2016年，尼木县公安局党委高度重视，精心组织、科学安排警力，出动警力120余人次积极配合拉萨市铁路治安大队、县政法委铁路护路办工作人员，加大铁路沿线社会治安巡逻防控、矛盾排查化解及重大勤务安保工作。

【**法制宣传**】 2016年，以“三月综治宣传月”“六月综治宣传周”“9·16”平安西藏宣传日等宣传活动为契机，在县城主要街道、人员聚集场所等场所，采取发放宣传单、悬挂横幅、摆放宣传展板、设立咨询等方式，向广大群众宣传《中华人民共和国社会治安管理处罚法》《中华人民共和国刑法》《中华人民共和国消防法》《中华人民共和国禁毒法》《中华人民共和国未成年人保护法》等法律法规，发放《社会管理综合治理宣传手册》《铁路安全知识教育读本》《民族宗教政策》等宣传手册，发放各类宣传手册2000余份，各类宣传单10000余份，警民联系卡5000余张，受教育群众共20000余人次。法制宣传取得明显成效，具体为刑事案件的发案率比2015年同期相比下降33%，连续四年同期下降。

【**检查站职能**】 2016年，卡如一级检查站按照“五逢”要求开展各项工作。其间，检查人员542490人，车辆185000余辆，物品20640件；收缴易燃易爆12件、管制刀具4把、僧尼960余人，移交交通违章15起。

【**网格化管理**】 2016年，尼木县公安局各便民警务站共出动警力10800余人次，机动巡逻4530余次，徒步巡逻5547余次，对全县旅馆业4家、废旧金属收购业11家、娱乐场所4家、店铺254家、藏式茶馆133家、餐馆22家、网吧2家、汽车修理店5家等主要场所流动人口进行了全面清理登记。年内，清理娱乐场所426家次、出租房屋506家次、废旧金属收购业150家次，开展专项清查行动15次，检查网吧35家次，清查流动人口2390人次、清查工地123次。

【**落实加油实名制**】 2016年，尼木县公安局深入贯彻落实区、市“零散成品油管理办法”以及各类指示精神，加大了对全县实名制加油的管理力度，共开具加油单据85001余份；同时，治安大队、各派出所、各便民警务站、一级检查站、交警检查站共计收缴了零散柴油、汽油310升，有效地打击了违法加装散装油行为。

【开展应急处突演习】 尼木县军、警、民联勤以警棍盾牌术、特种战术、防自焚、防砍杀演练、单兵队列、擒敌拳、摔擒技术等科目重点进行演练，县委、县政府主要领导和相关部领导观摩演练，全县干部职工、广大人民群众6000余名观看了演练；公安特警队员、武警战士、护路队员、人民医院等60余人参加了演练。

【增设治安卡点】 年内，按照“五逢”要求，实行24小时全天候盘查、检查工作，全力确保绝对安全，在此期间共检查各类机动车辆30000余台、人员28500人次，五大藏区1273人次，物品15329件，未发现可疑人员、可疑现象。

【安全生产检查整治】 年内，尼木县公安局交警大队、各派出所对辖区内主要省道、县道、乡村道路、景区道路及事故多发地段、急弯、陡坡、连续下坡、视距不良、路侧险要等所有危险路段再次进行全面排查，建立台账，共排查出道路安全隐患235处，向公路部门下发整改通知书11份，向县交通局下发整改通知书3份。

【完善硬件设施】 年内，为尼木县公安局解决机动测速仪2台（投入资金16万元）、拖车一辆（投入资金24.9万元）、执法大厅监控设备（投入资金3万余元），增设交通标识标牌（投入资金25万元），在此基础上尼木县公安局从尼木大桥到县城路段增设了6个测速点（投入资金6300元）、在帕古、麻江两乡设立交通安全检查站2个（投入资金13万余元），年内，共投入资金82.53万元。

【上门为民服务】 年内，针对尼木县个别乡镇偏远、交通不便等情况，尼木县公安局共办理出生入户509人、市外迁入121人、迁出市外90人。区县间移入32人、区县间移动出91人、死亡注销94人，重户注销14人；申办居民身份证3020张，采集居民身份证指纹3020枚，制发临时居民身份证81张。

【资助大学生上学】 尼木县公安局雪拉村2组一户贫困生考上大学，立即向其伸出援助之手发放5000元作为学费、生活费，并答应其资助活动延续至其大学毕业为止。

【驻村工作】 2016年，公安局严格按照县委、县政府有关定点扶贫工作的整体部署，大力加强对公安局定点扶贫对象续迈乡山岗村、尼木乡普巴村调研、结对帮扶工作。扶贫工作格局；按照规范化、有序化发展的标准，为两个村配备电脑、复印机、文件柜、照相机等扶贫工作专用办公设备，坚持把扶贫工作与全局其他工作同研究、同部署；投入资金20800元整；局党委多方征求，鼓励全局民（辅）警按照民警不得少于1000元、辅警不得少于100元标准捐款，成立尼木县公安局精准扶贫基金，拟筹集村合作社资金20万元（普巴村、山岗村各10万元）作为合作社启动资金；开展为期5天的精准扶贫一户一计划考察工作，全面掌握了辖区山岗村、普巴村贫困户的基本信息，致贫原因、扶贫意愿等各项工作，做到底数清、情况明；全局上下充分发挥党员先锋模范作用，主动慰问结对帮扶，及时解决实际困难；期间，针对结对帮扶实际困难，民警自掏腰包，为贫困户搭建房屋（142平方米）、阳光棚（70平方米），共投入资金28115元人民币；另外，购买大米、面粉、清油、砖茶、衣物等群众日常生活用品，投入资金27468元；结对帮扶工作开展情况有简报、有台账。

【监所管理体制】 年内，县看守所先后会同县武警中队开展了4次联合方案和预案的演练，做到了信息互通、互享、相互监管，共同确保绝对安全；为避免在押人员因思想负担过重采取自残、自缢、自杀等监所安全事故，转变以往“入所、看管、出所”简单模式，开展不同形式的业余活动，加大民警同在押人员之间的友善关系，通过温情活动和工作，不断提高了民警的服务意识。

【关爱在押人员】 年内，县医院定点医护人员和县防疫站的疫检人员每月对监所的在押人员开展至少两次的身体体检、诊治和防疫监督及消毒工作。同时坚持每天对在押人员开展体温、心跳、血压等监所内部的医疗检查和预防工作，对发现的一些医务情况开展24小时的电话问诊和专门前往医院治疗。

【党风廉政建设】 2016年，县委常委、县政法委书记、公安局局长黄鹤与各科、所、队、站领导签订了《党风廉政建设责任书》《民辅警八小时以外管理责任书》等8项责任书，每项责任书24份，制定了《尼木县公安局党风廉政建设风险防控机制细测》等制度、细则，组织所队领导进一步学习各项规章制度，各科、所、队、站领导与队内民警签订2015年各项责任书；召开多次民主生活会。建立尼木县公安局党委班子及全体民（辅）警学习制度他，采取集中学习和分散学习相结合方式，组织全体民（辅）警学习《中国共产党党员领导干部廉洁从政若干准则实施方案》《关于实行党风廉政建设责任制的规定》《党章》《中国共产党纪律处分条例》《中国共产党问责条例》等相关重要文件精神；组织观看了《祸起贪欲》《忠诚与背叛》等反腐警示教育片，在全局范围内发放相关学习资料，进一步提高领导干部拒腐防变的主动性和自觉性。期间，公安局组织集中学习26次，组织全局民警撰写各类心得体会6篇，集中讨论6次。开展各类培训6期，培训人次125人，参训率72.6％。

【签订责任书】 年内，及时制定《尼木县公安局党风廉政建设责任制》，成立由主要领导任组长、分管领导任副组长的工作领导小组，切实明确各项工作的具体目标和举措，层层签订《党风廉政建设责任书》《队伍管理责任书》《民警八小时以外管理责任书》《三项纪律责任书》与民警家属签订《家属廉政承诺书》，共签订各类责任书1032份，形成了一级抓一级，党政齐抓共管的责任体系，确保每项工作由领导负责，有具体部门和人员落实。制定细化尼木县公安局党风廉政建设考核标准，年终进行综合考评。

【落实“两个责任”】 公安局党委年初研究制定落实党风廉政建设党委主体责任和纪委监督责任的两个“实施意见”，组织召开全局党风廉政建设工作会议，回顾总结2015年党风廉政建设工作成效，安排部署2016年工作。2016年8月，召开上半年“述责述廉”会议，贯彻县委和市局党委党风廉政建设和的各项工作任务，细化领导责任分工，明确主体责任清单，严肃党风廉政建设责任追究制度。形成党委“一把手”负总责，其他党委委员分工负责，政工牵头实施，其他业务警种协作配合的有效工作机制。

【发展党员领导干部】 公安局党委广泛征求意见，严把选拔关、表决关，认真研究了尼木县公安局2016年度党员和入党积极分子考察、选拔、发展工作。年内，发展预备党员转正1名、积极分子转预备党员15名。

【队伍管理】 按照“缺什么、练什么、补什么”的原则，结合区、市、县政法队伍素质建设年活动，狠抓队伍管理工作，确保队伍管理不出问题，进一步增强队伍的凝聚力、战斗力，进一步提升了队伍的整体素质。年初，同全局各部门层层签订《尼木县公安局队伍管理目标责任书》《尼木县公安局民警8小时以外管理规定》《尼木县公安局请休假及考勤制度》《尼木县公安局“三会一课”制度》《尼木县公安局民主生活会制度》《尼木县公安局党风廉政建设制度》《八小时以外管理责任书》等各项责任书，形成了层层抓落实，一级抓一级的工作制度；加强监督检查工作，年内，公安局督查小组全面加强了对全局各部门的督察检查工作，全力确保纪律的贯彻执行到位，共开展督查检查205次；全年完成派送参加市局举办的各类培训11期46人、办理警衔首授、晋升、晋督、晋司96人，共批复95人。考察、入户、扶贫等工作多次，开展民警、辅警伤、病慰问活动5人；认真贯彻落实上级有关部署精神，坚持从严治党、从严治警，聚焦党风廉政建设和反腐败斗争中心任务，强化案件查办和执纪监督职责，不断加强纪律作风建设，推动了队伍惩防体系的不断完善，提升了队伍的制度化和廉政建设水平，先后被评委全市公安机关党风廉政建设先进单位、全市先进基层党组织。

【狠抓领导班子建设】 6月3日，根据尼委办〔2016〕76号文件精神，正式成立中共尼木县公安局党委。为优化班子及班子成员结构，公安局严格按照有关规定及程序，选举7名党委委员，进一步加强了县公安局领导干部队伍建设工作。现由县委常委、政法委书记、公安局局长黄鹤担任党委书记，公安局政委多吉次仁担任局党委副书记。

【思想政治】 年内，按照中央“八项规定”、区党委“约法十章”、市委“八项要求”、公安部“三项纪律”和西藏公安民警八个严禁（试行）等规章制度，各科、所、队、站每周二、四坚持集中学习和个人自学政治理论知识，做到了学习有笔记、有考勤、有心得，严抓民（辅）警思想政治工作，切实增强了民（辅）警责任感、使命感，确保政治头脑清醒、政治立场坚定，

【爱警惠民】 年内，做好烈士民警家属的抚恤慰问工作，为因公牺牲烈士尼加的女儿，每年解决上学学费5000元，其家属住房为尼木县公安局民警周转房，产生的水费、电费全额由县公安局承担。做好老干部和病故民警家属慰问工作；尼木年、春节、藏历年来领之际，局党委带着组织的温暖和关爱前往5名离退休老干部、1名烈士家属和2名病故民警家中，对相关人员进行了慰问；及时为民（辅）警购买人身意外伤害保险、疾病身故保险。

【深化学习教育活动】 年内，公安局认真贯彻落实区、市、县党委、政府和市公安局党委关于开展“两学一做”学习教育活动工作的部署要求，制定学习计划，强化领导领学促学作用、激发全警学习实践热情，推动公安局“两学一做”学习教育活动全面深入开展。

【高度重视快行动】 年内，根据上级业务部门指示精神，局党委第一时间召开党委会议研究制定《尼木县公安局开展“两学一做”学习教育活动实施方案》，成立由局党委书记、局长黄鹤任组长，局党委副书记、政委多吉次仁任副组长，其他党委委员、部门负责人为成员的教育实践活动领导小组，并及时召开了动员大会，制定《学习计划安排明细表》，明确学习内容、责任人，形成责任链，有组织、有步骤推动活动的全面展开。

【党建工作】 年内，对照有关制度，制定学习计划，撰写学习笔记、心得体会，并将集中学习与自学相结合方式，对《中国共产党章程》《中国共产党纪律处分条例》和习近平总书记系列讲话、上级重要会议精神等内容进行了认真学习，进一步提高党性修养，强化为民服务意识。

【模式多样深入学】 年内，紧密结合“为何从警、如何做警、为谁用警”等专题讨论活动，采取个人自学、党委中心组集中学、参加党委讨论学的“三位一体”学习模式，扎实开展了局领导辅导授课、观看红色影片、领导干部“走亲连心、蹲点调研”、下基层指导联系点等系列活动，营造了浓厚的学习教育活动氛围，并取得了明显成效。共集中学习50次，组织全局民警撰写各类心得体会6篇，集中讨论12次、各部门自行组织民（辅）警讨论26次。

【广泛谈心查问题】 年内，党委班子成员、全体民（辅）警严格按照上级要求，通过群众提、自己找、上级点、互相帮的形式，认真查找了“四风”方面的共性和个性问题。同时，以“一对一”“面对面”的形式，认真开展好党委主要负责同志与班子成员、部门负责人与民警之间逐一谈等互相谈心交心活动，认真征求了谈心交心对象对各自存在的问题和改进建议，严格按要求组织召开了民主生活会，为顺利开展整改工作奠定了基础。

【明确责任抓整改】 年内，局党委围绕整改措

施、方法步骤，构建以时间为轴，落实责任纵向到底，整改任务全面覆盖的立体式整改体系；并制定《尼木县公安局领导班子》，逐条逐项明确具体责任领导、责任时限，包干到人、责任到岗；建立了“局领导亲自挂帅、责任单位亲自督办、部门领导亲自负责”的三级责任制，明确挂帅局领导把关定向、督办单位跟踪问效、责任领导带头攻坚的领导责任，强化了组织领导；建立“对上定期汇报、本级限时整改、对下跟踪问效”的整改落实责任制，将基层单位整改落实工作统一纳入局党委整改系统，实现了全局整改工作上下联动、无缝对接。同时，聚焦解决“四风”突出问题，对作风建设、队伍管理、厉行节约等方面相关制度进行全面梳理，列出清单，结合实际制订《尼木县公安局量化考核工作制度》《尼木县公安局财务管理暂行办法》《尼木县公安局值班备勤制度》等18项规定，有效弥补了作风建设中的制度盲区，建立健全了反对“四风”、改进作风的长效机制。

【执法规范化】 执法规范化建设是公安工作的生命线，是警务实战化、队伍正规化和现代警务转型升级的推动力。在全面依法治国的新常态下，公安局将在增强执法能力、规范执法监督、提升执法公信力上下功夫，着力破解执法不作为、慢作为、乱作为的痼疾，实现规范执法全警覆盖，进一步推动执法规范化建设上台阶。

【增强法治理念】 年内，坚持以法治警务为方向，以全警学法遵法守法用法为基础，牢固树立法治信仰、增强法治理念。

【规范执法办案】 年内，针对基层部门执法办案中遇到的新情况、新问题，进一步加强同上级业务部门的协调，加强培训，规范每个执法办案环节和程序，所有执法活动必须坚持有法可依、有法必依、执法必严，所有警务活动都要在法律的框架内运行，切实减少自由裁量权，解决执法随意性，把权力关进制度的笼子里。同时，要狠抓实战培训，通过以案说法、错案剖析、法制员跟班轮训，科所队长办案、当教官、上讲台，补齐执法短板，带动提高民警执法办案水平和办案质量。

【强化执法监督】 研究推行轻微刑事案件快速办理、执法办案全网运行，做到执法记录“无间断”留影、办案场所“无盲区”监控、干扰办案“无保留”记录，实现所有执法活动有据可查、可回溯管理；积极推行行政执法公示制度，全面公开公安行政复议文书，不断拓展行政处罚文书公开类别，继续抓好行政权力公开透明运行、执法告知服务，着力打造阳光警务。

【提高执法服务意识】 2016年，局法制科组织各派出所民警开展法律培训，规范了民警执法服务行为，不断创新便民服务举措，不断提高公安交管部门为人民服务的水平。

（次　旺）

【领导名录】

党委书记、局长
　　吴昌军（7月免）
　　黄　鹤（7月任）
政　委　多吉次仁（藏族）
副局长　尼　玛（藏族）
　　白松涛

尼木县司法局

【概况】 2016年，尼木县司法局以科学发展观为统领，紧紧围绕全县的中心工作，深入学习贯彻中共十八大和十八届六中全会和区、市第九次党代会精神，扎实开展“两学一做”学习教育，紧紧围绕全县构建和谐社会的总体目标，以创建高绩效机关为契机，以提高服务质量为目的，以夯实基层基础为重点，以强化队伍建设为保证，扎实开展人民调解、普法宣传、安置帮教、社区矫正、法律援助等职能工作，充分发挥法律保障作用，为维护社会局势稳定，促进经济和社会各项事业跨越式发展做出积极贡献。

【开通“尼木司法”微信平台】 年内，开通手机短信宣传平台和“尼木司法”微信平台，进一步加强普法宣传力度；以“百名专家”下基层活动为契机，为尼木县各级人民调解委员会调解员开展人民调解培训；完成司法局办公业务用房新建项目，建筑面积497.37平方米，总投资135万元，其中国家投资109万，其余资金由县政府配套解决，县政府投入65.9万元，完成了县司法局大院附属设施建设。按照《拉萨市“七五”普法规划》，制定《尼木县“七五”普法规划》，明确了“七五”普法期间的工作任务。

【普法依法治理工作成效明显】 年内，尼木县司法局高度重视法制宣传教育，把加强领导作为推进普法及依法治理的关键环节，始终将法制宣传教育放在重要议事日程上，坚持常讲、常议、常抓不懈，主要领导亲自抓、常过问，分管人员具体抓、抓推进，社会力量积极参与、大力配合，做到组织领导、具体工作、培训力量、经费落实四到位，形成了齐心协力、齐抓共管、全方位做好法制教育工作的良好局面。成立了普法及依法治理工作领导小组，明确了目标职责，领导小组成员具体负责尼木县司法局“七五”普法工作规划、工作部署及实施、监督、检查等工作，指定1人负责日常工作，将法制宣传、民事调解、矛盾纠纷排查等一并纳入，使“七五”普法宣传教育工作在落实、推进的过程中，事事有人管，件件有人抓。定期召开会议，研究普法及依法治理工作，及时解决存在的问题；不拘形式，力求实效。县司法局充分利用“3·5”雷锋学习日“3·15”消费者维权日“3·28”百万农奴解放日等重要节点为契机开展法制宣传教育活动，将法制教育贯彻落实到农牧民群众教育之中，取得了较好的效果，使法制教育做到持久性、经常性。2016年，先后组织向农牧民群众，外来务工人员及个体经商人员等认真宣传《中华人民共和国宪法》《中华人民共和国刑法》《中华人民共和国刑诉法》《中华人民共和国婚姻法》《中华人民共和国劳动法》《中华人民共和国民法通则》等各种法律、法规，开展法制宣传活动8场次，发放普法材料1100余册，发放宣传纸杯及普法扑克900余份，受教人数1700多人，解答法律咨询300余人。2016年，县司法局通过“企信通”开展法律知识宣传24次，发送法律知识300余条。

【人民调解工作】 县司法局着重建设人民调委会建设。截至年底，全县共有调委会47个，调解员315名，企业调委会1个，专业调委会6个。每月开展常规排查，在重大节日与重要节点前开展定期排查，做到定期排查与专门排查相结合。真正做到了“小矛盾不出村，大纠纷不出乡镇”的要求，从而为尼木县稳定大局打下了坚实的基础，2016年，共调解矛盾纠纷104个，发放案件补助8320元。

【刑满释放人员安置帮教工作规范有序】 年内，尼木县司法局安置帮教在册人员17名，安置人员17名，无重点与新增、解除1名，新增1名。明确安置帮教工作的责任。尼木县司法局始终把做好刑满释放人员安置帮教，预防和减少他们重新违法犯罪，作为维护社会稳定，搞好社会治安综合治理的一项重要工作来抓。全县各乡镇成立刑满释放人员安置帮教工作领导小组，各乡镇司法助理员落实日常工作；落实责任，把安置帮教工作列入年度工作的考核内容，通过签订目标管理责任书，促进安置帮教各项内容、措施落实；确保安置帮教人员的思想稳定。尼木县司法局把有机衔接好社会开放教育作为首要环节和刑满释放人员心理稳定的出发点、切入点，通过“把好接茬关、安置关”，确保帮教对象的思想情绪稳定。重点做到：及时造册建档。收到监所寄发的通知书后，即着手做好接茬准备工作。在接茬时，对刑满释放人员在监、所的表现情况和家庭状况进行详细的记录，为以后开展安置帮教工作提供资料、打基础；及时家访。归正人员回家后，乡（镇）村（居）帮教工作人员随即到其家中进行家访，及时掌握其思想动态，并动员其家人共同做好思想转化工作；及时进行法制教育。通过赠送法律常识读本、组织学习法律知识等途径，开展多种形式的法制教育，促使他们遵纪守法；杜绝刑满释放人员的再犯罪。作为一个特殊的群体，归正人员的心态很不平稳，存在过一天算一天的得过且过思想，为真正杜绝他们思想行为上的重复犯罪现象，在加强思想教育、化解消极心态和安置落实工作的基础上，重视对这一部分人员的跟踪监督管理工作。落实专项管理。尼木县司法局组织人员对刑满释放人员进行了以掌握了解基本情况为主的摸排管理工作。突出重点管理。对部分纳入重点管理对象的，结合突出性、阶段性的工作，做到每次必查，每查必摸清底细，不使这部分人重新走上犯罪道路。

【社区矫正工作稳步推进】 年内，尼木县司法局加强了社区矫正工作。做好对社区矫正人员节假日及敏感时期监管教育和安全教育；做好矫正人员的排查工作。要求工作人员在敏感节点前必须与社区矫正人员见面；强化对社区服刑人员的管控措施，严格按规定办理外出请假审批手续，落实审批责任；积极开展法律法规及安全教育。对敏感节点期间事先做好社区服刑人员的教育管控。严格执行特殊节点期间的请假外出手续，针对矫正对象级别进行教育；开展排查摸底，全面掌握动态。组织开展排查，及时掌握社区矫正人员的实际情况，把妥善解决社区矫正对象的实际困难作为帮教的重要任务，通过以帮促教的方式，确保社矫人员管得住，控得牢。同时，把平时表现差、有违规现象的矫正人员作为重点监管对象，要求每日一报到，加强检查频率，强化针对性措施，确保不出问题；做好建章立制，规范工作运行。为了规范尼木县司法局社区矫正工作，在制定《尼木县社区矫正工作实施方案》的基础上，完善社区矫正工作各项制度，制作上墙制度牌及流程图。明确工作职责、工作原则、工作范围及任务。

【法律援助、法律服务】 年内，以促进和规范法律援助工作为中心，积极履行政府职责，对经济困难的弱势特殊群众实行应援尽援，共受理法律援助案件15起，接待群众法律咨询15人次，涉及家庭、婚姻、邻里等多个方面，对前来咨询的群众耐心细致的解答，使前来咨询的群众乘兴而来、满意而归；加强宣传。为提高法律援助在广大干部群众中的知晓率，尼木县司法局结合“六五”普法宣传活动深入乡村、县城人流集中地，开展法律援助相关知识宣传活动，并热情为群众解答法律咨询，提升了法律援助的知晓率，积极引导了广大群众注重通过法律途径表达合理诉求和保护自身权益。

（贡嘎群旦）

【领导名录】

党支部书记、局长
　　张 绪 刚（5月免）
　　央　 青（女，藏族，5月任）
主 任 科 员　董 全 胜
副主任科员　贡嘎群旦（藏族）

经济管理

尼木县发展和改革委员会

【概况】 2016年，尼木县发展和改革委员会坚持以科学发展为主题，积极发挥发改委的职能作用，着力推进“十三五”规划实施，各项工作取得较大进展，经济社会发展总体呈现持续向好发展态势：经济总量稳定快速增长；固定资产投资持续增加；城乡居民收入不断提高；工业经济健康发展；项目投资拉动有力，重点项目顺利实施；交通工作有序开展，农牧区交通状况不断改善；工业项目平稳有序推进，名牌培育质量提升工作稳步推进；招商工作成效显著，为尼木县财政收入注入新动力。

【经济总体】 年内，实现地区生产总值6.69亿元，同比增长4.6%。其中，其中第一产业实现增加值1.04亿元，同比增长5.7%；第二产业实现增加值2.79亿元，同比增长-0.6%；第三产业实现增加值2.86亿元，同比增长9.9%，一、二、三产比重约为15.55：41.70：42.75，第三产业逐渐成为拉动尼木县经济增长的主动力。实现固定资产投资13.18亿元，同比增长21.00%；实现社会消费品零售总额5500万元，同比增长13.40%。

【项目工作】 年内，紧紧围绕保障和改善民生建设了县城扶贫搬迁安置小区建设项目、9条农村公路工程、东风灌区、重点县小农水项目等项目已经基本完工，32个村级组织活动场所建设已开工。紧紧围绕县域特色优势产业发展思路，结合当地实际，依托援藏投资，援藏项目建设创历史新高，总投资达1.54亿元，总投资9600万元尼木县藏鸡保护与繁育基地工程二期工程已开工建设，实施完成了总投资3000万元的尼木县县城供暖三期工程，总投资1900万元尼木县非物质文化遗产展示示范区基本完工，总投资600万元的县人民医院急缺设备购置已完成，总投资300万元的县人民医院专家楼工程已经开工建设。紧紧围绕职能变化加强了项目审批工作，全年共审批项目27个，在项目审批工作中发改委严格按照项目建设的基本程序执行。

【固定资产】 2016年，尼木县开复工项目共计97项，总投资29.48亿元。其中，续建项目40项，新建项目57项，完成投资13.18亿元，完成全年目标任务（12.85亿元）的102.6%。

【收入增长】 在一系列支农惠农政策的支持下，农牧民收入继续保持稳定增长态势，农牧民人均可支配收入实现11360元，同比增长22.17%。

【消费增长】 2016年，实现社会消费品零售总额5500万元，同比增长13.40%，完成目标任务（5529万元）的99.48%。

【工信工作】 2016年，实现工业销售产值1.025亿元，同比增长12.5%；实现工业增加值4755万元，同比增长12.1%；实现工业税收2468万元，同比增长12.3%。进一步加大对项目的跟踪督促力度，工业项目平稳有序推进，重点做好了广东瑞德兴阳光伏科技有限公司和西藏藏能股份有限公司的后续跟踪工作，积极筹备尼木县“双创”工作。

【招商引资】 2016年，实现招商引资到位资金5.16亿元，同比增长30.30%，完成目标任务（4.5亿元）的114.7%。尼木县始终坚持“亲商”“重商”“安商”“护商”的招商理念，全力开展服务企业的各项工作。积极组织藏香企业参加“藏博会”产品展示；积极筹备参加拉萨市组织的“雪顿节”招商活动，并在推介会上同中核尼木新能源有限公司签订投资额为6亿的60兆瓦光伏发电项目。共印发招商宣传册700余份，制作展板5幅，建立“尼木招商”微信公众号，方便企业家了解尼木县县区概况、重点推介项目、特色产业、投资环境等信息。2016年7月由县委副书记、常务副县长带队完成了招商引资企业回访和部分企业入驻工作，2016年共引进了总投资1亿元弘川新能源沥青项目、总投资近6亿元的中核新能源项目和总投资近6亿元的经开区尼木产业园项目，还引进了中波石油等总部经济企业。

【交通工作】 2016年，开复工项目11个，总投资达到1.22亿元，9个项目已全部完工，完成投资9691.83万元。总投资2492.39万元的尼木乡东嘎村公路和吞巴乡雍组公路项目开工建设。

2016年，尼木县境内共发生泥石流40多次，发改委（局）安排人员109人次，机械96辆，顺利开展公路抢险保通工作；8月按照区、市、县委县政府的精神，县交通局成立独立办公室，完成制度上墙，安排专人从事交通工作；10月，尼木县成立尼木县班线客运车辆改革及农村客运班线改革领导小组和工作组，年底将实现两条线路试运营；发改委（局）专门聘请项目建设技术顾问，对尼木县农村公路建设工作进行指导工作，严格把控农村公路建设质量关。同时所有农村公路建设项目严格按照区市精神，在拉萨市公共资源交易中心完成招投标工作，严格执行项目基本建设程序。

在全市率先完成农村公路普查任务，全面摸清尼木县交通状况，为下一步项目申报审批打下良好基础；进一步明确了道路养护班子工作职能职责，和县政府努力争取提高了道班养护工人的基本工资（每人每月工资由950元提高到1400元）；尼木县安排民生项目专项资金用于农村公路建设，摆脱了一味等上级部门下批项目，为老百姓解决了出行难问题；申报2017年交通建设项目9个，计划总投资1.7亿元，建设里程102.73公里，沿线受益群众14464人，项目前置手续部分完成。

【商务工作】 “雪顿”“中秋”期间对蔬菜销售摊位、餐饮类经营场所、超市等共进行2次突击检查，确保全县人民买得放心、吃得舒心；坚持每月进行例行性检查，联合县食药、安监、卫生、环保等部门，4次深入餐饮、超市等人员密集场所开展安全检查，督促商户对安全隐患进行整改，确保尼木县人民群众的生命、财产安全。结合“安全生产月”的工作部署，联动相关职能部门，开展肉品上市销售安全隐患集中整治行动2次。针对市场、超市等单位进行重点排查，加强肉品准入检查，确保上市销售的定点屠宰肉品率达95%以上；深入尼木县各农家店进行了4次核查，重点核查各店营业状况、进货渠道、产品过期情况等。积极开展“家电下乡”活动，尼木县已完成2016年家电下乡补贴兑付工作，共惠及全县农牧民及城镇低保户2085户10631人，实际兑付金额234.4426万元。

【综治工作】 召开全体干部职工会议，研究成立以主任为组长、其他科级领导干部为副组长、其他党员为成员的安全稳定工作领导小组，结合单位实际，完善了维稳值班应急预案、制定了值班安排表，购置了紧急处突工具，做到有组织、有领导、有计划，各项工作落实到实处。

【“两学一做”】 发改委把加强基层组织建设贯

穿于学习实践活动中，认真研究解决党组织建设中存在的干部管理“宽、松”、干部作风“慵、懒、散”突出问题，极大调动了干部工作、学习积极性，党支部的凝聚力和向心力显著增强。根据县委、县活动办统一安排，发改委共集中学习24次、开展“不忘初心跟党走 恪尽职守报党恩”专题讨论2次，观看教育片2次，做到学习全面、交流充分、宣传到位，边学边查边改。在2016年党费收缴专项检查中，发改委指定专人认真开展，共查出欠缴党员7名，欠缴总数为1392元。

【党风廉政建设】 年初成立党风廉政和反腐败工作领导小组，对单位党风廉政建设和反腐败工作进行总体安排部署，层层签订责任书，将任务责任到人；每季度召开一次会议，研究存在的问题和下一步任务；及时传达、贯彻各级反腐倡廉重要文件，安排学习党章党规党纪等，及时纠正不正之风；组织观看专题片《永远在路上》；8—9月，认真整改市委巡查组提出的问题，制定整改方案，从多方面着手，按时完成整改；认真执行党的组织纪律，严格执行民主集中制、落实“三重一大”制度；规范“三公”经费支出管理。

【扶贫工作】 易地搬迁一期工程（搬迁贫困户100户432人），于2016年4月开展前期工作，5月底开工，2016年完成房建部分工程量的95%，总工程量的75%，易地搬迁二期工程（搬迁贫困户225户951人）正在进行前期工作。

【配合县直各部门做好其他日常工作】 协调有关部门开展安全生产大检查工作，对全县运输危险化学品的车辆进行证件、从业资格证等安全隐患排查；针对全县泥石流多发地段进行评估，并设立标识牌；及时传达县委、县府会议精神和文件要求，反应发改委工作开展情况。

（常晓钰）

【领导名录】

主　　任　刘春华（1月任）
粮食局局长　索朗云登（藏族）
副 主 任　杨　虎（1月任）
　　　　　旦增晋扎（藏族，1月任）

尼木县财政局

【概况】 2016年，尼木县财政局人员编制共有8人（其中财政局行政编制5人、政府采购办事业编制2人、公益性岗位编制1人），实有在岗人员14人，其中财政局在岗人员5人、会计核算中心在岗人员4人、政府采购在岗人员2人、公益性岗位人员2人、临时工1人，核算中心人员编制仍在其原单位。

【工作职能】 尼木县财政局贯彻执行国家和区、市财政、税收、国有资产管理的方针政策和法律法规，研究拟定全县财政、税收管理的规范性文件和财务会计规章制度并组织实施；根据国民经济和社会发展规划，拟定全县财政、税收的发展战略中长期规划及改革方案；参与宏观经济决策；提出运用财税政策实施宏观调控和综合平衡社会财力的建议；拟定和执行县与乡镇、国家与企业的分配办法；编制年度县级财政预算草案并组织执行，汇总全县财政决算；受县政府委托，向县人民代表大会报告县级和全县财政预算及其执行情况，向县人大常委会报告县级财政决算管理县级各项财政收入；管理县级预算外资金和财政专户；管理有关政府性基金；会同有关部门申报行政事业性收费的立项；根据县级预算安排，确定财政收入分配计划，提出地方性税收政策建议；管理县级财政公共支出和各项专款；拟定和执行政府采购办法；制定和执行需要全县统一规定的开支标准和支出规定；制定和监督执行基本建设财务制度；参与县级政府投资项目的可行性论证，办理县级政府投资项目的财政拨款；负责对政府投资项目的财政性资金进行监督管理和跟踪问效；审查建设项目的工程预（结）算和竣工决算；管理县级和上级有关单位的财政社会保障支出；拟定和执行社会保障资金的财务管理制度；组织实施对社会保障资金使用的财政监督；

贯彻执行政府国外债务管理的方针政策，拟定有关规章制度和管理办法；承担外国政府和国际金融组织贷款的管理；管理财政预算内行政机构、事业单位和社会团体的非贸易外汇；负责全县地方各类企业、行政事业单位的财务、会计管理工作，拟定和监督执行财务制度、会计制度；指导和管理社会审计工作；监督财税方针政策、法律法规的执行情况；检查反映财政收支管理中的重大问题；提出加强财政管理的政策建议；组织协调财税、审计监督检查工作；负责全县的国有资产管理工作。做好全县国有资产的清产核资、产权界定和资产评估；参与国有企业设立及撤并的审批，搞好国有企业拍卖及国有资产的保值增值；行政事业单位非经营资产转经营资产的审批；承办县委、县政府交办的其他事项。

【开展党风廉政宣教工作】 年内，建立尼木县财政局党委班子及全体党员干部学习制度，采取集中学习方式，组织全体党员学习《中国共产党党员领导干部廉洁从政若干准则实施方案》《关于实行党风廉政建设责任制的规定》《中国共产党章程》《中国共产党纪律处分条例》《中国共产党问责条例》等相关重要文件精神。

【落实党风廉政建设责任制】 年内，及时制定《尼木县财政局党风廉政建设责任制》，成立由主要领导任组长、切实明确了各项工作的具体目标和举措，层层签订《党风廉政建设责任书》，党政齐抓共管的责任体系，确保每项工作由领导负责，有具体部门和人员落实。并制定细化了尼木县财政局党风廉政建设考核标准，年终进行综合考评。

【落实“两个责任”】 落实“两个责任”，推进反腐倡廉建设。局党委年初研究制定了落实党风廉政建设党委主体责任和纪委监督责任的两个《实施意见》，组织召开全局党风廉政建设工作会议，回顾总结2015年党风廉政建设工作成效，安排部署2016年工作。2016年8月，召开上半年“述责述廉”会议，贯彻县委和市局党委党风廉政建设和各项工作任务，细化领导责任分工，明确主体责任清单，严肃党风廉政建设责任追究制度。形成党委“一把手”负总责，其他党委委员分工负责的有效工作机制。从源头上防范和治理腐败现象。在坚决贯彻落实上级纪检部门各项规章制度的基础上，努力规范财政执法行为，促进依法行政和依法治税，杜绝了违纪违规行为。同时，努力配合有关部门抓好反腐倡廉的源头治理工作，推进了全市的党风廉政建设。

【基层党建】 年内，坚持以邓小平理论“三个代表”重要思想为指导，紧密结合财政工作实际，以创建“机关党建先进单位”为目标，全面落实党建工作责任制，出色地完成了全县财政工作各项任务。加强对领导干部的教育培训。充分利用集中学习、理论研讨等多种形式，定期的组织开展思想理论教育活动；整改解决突出问题。在具体工作中，充分利用党员先进性教育和班子民主生活会、机关作风整顿等专项活动，采取自己找、领导点、互相提等形式，深刻剖析问题的根源，强化整改措施，及时整改解决了部分领导干部在执政观念方面存在的一些问题；为贯彻落实好全面从严治党要求，严格党员日常教育管理监督，将每名党员纳入党组织有效管理，财政局根据中共尼木县委组织部关于转发《中共中央组织部关于开展党员组织关系集中排查的通知》（尼组发〔2016〕10号）精神，财政局支部委员会及时开展了党员组织关系集中排查工作，经排查支部不存在与支部失去联系的党员，“口袋”党员，所有党员档案齐全。

【“两学一做”】 年内，财政局把“两学一做”教育活动作为2016年党建工作的龙头任务，结合工作及时制定《尼木县财政局“两学一做”学教活动实施方案》，要求认真总结近年来开展主体教育活动的好经验、好做法，针对2016年的“两学一做”学教活动明晰思路、抓好落实；强化学习。对照有关制度，制定学习计划，撰写学习笔记、心得体会，并将集中学习方式，对《中国共产党章程》《中国共产党纪律处分条例》习近平总书记系列讲话、上级重要会议精神等内容进行了认真学习，进一步提高党性修养，强化为民服务意识。

【精准扶贫结对帮扶】财政局二季度组织党员干部开展了精准扶贫一户一计划考察工作，全面掌握了安岗村贫困户的基本信息，致贫原因、扶贫意愿等各项工作，做到了底数清、情况明。三季度全局上下充分发挥党员先锋模范作用，主动慰问结对帮扶，及时解决实际困难；期间，针对结对帮扶实际困难，财政局干部自掏腰包，为贫困户购买大米、面粉、砖茶、解决群众日常生活用品，投入资金4420元。

【精准扶贫资金本级投入情况】精准扶贫方面：精准扶贫贷款申请资金13758万元。现已全部到位（第一批7031.5万元、二批2902万元、三批3824.5万元）。已拨付工程建设款3830.26万元；精准扶贫产业发展资金共到位4560万元，其中（区级2445万元、市级1433万元、县级配套682万元）。

【三覆盖项目建设】村级组织活动场所标准化建设工程32个行政村推倒重建总投资9117.25万元；（其中市级：4558.63万元、县级：4558.62万元，不含附属配套设施）；村集体经济建设安排480万元（其中已付17个行政村各15万元，共计255万元）；党建经费安排80万元。

【资金收支情况】2016年，全县财政预算安排总财力为8.18亿元，（说明：2016年年初总财力预算为4.87亿元；中途上级转移支付追加3亿元；公共财政预算收入超额完成0.31亿元）比2015年预算增加1.6亿元，增长24.6%。其中：公共财政预算收入1.12亿元，比2015年预算增长100.9%；转移性收入7.06亿元，包括：返还性收入0.4亿元，一般性转移支付收入3.19亿元，（其中：体制补助收入0.08亿元、均衡性转移支付收入 1.52亿元；调整工资转移支付补助收入0.54亿元；农村税费改革转移支付补助收入0.032亿元；教育转移支付收入0.75亿元；医疗卫生转移支付收入0.12亿元；基层公检法司业务经费0.032亿元；其他一般性转移支付收入0.12亿元），专项转移支付收入3.44亿元。政府性基金预算收入完成63万元，主要为土地出让金收入。

【公共财政支出】2016年，公共财政支出7.83亿元，比2015年增加1.3亿元、增长19.9%，支出分项如下：一般公共服务安排2.9亿元，比年初预算增加1.2亿元、增长70.1%，主要是村集体经济建设、村“两委”班子误工补贴资金、取暖调标补贴、农牧半脱产技术人员增资、企业扶持资金税收返还、强基惠民专项经费、项目配套资金及基础设施建设支出（包括通过县长办公会及县委常委会解决各类资金）；国防安排0.006亿元；公共安全安排0.64亿元，比年初预算增加0.25亿元、增长62.25%；教育安排1.14亿元，比年初预算增加0.18亿元、增长18.5%，含县级教育投入资金、精准脱贫以教组学生生活补助，大学生学费资助金；科学技术安排0.03亿元，主要用于开展科普活动及其他用于科学技术普及方面的支出；文化体育与传媒安排0.08亿元，比年初预算数增加0.05亿元、增长117.5%，主要为非物质文化经费、文物保护民间艺术团经费、节目创造费等；社会保障与就业安排0.32亿元，比年初预算增加0.23亿元、增长262.37%，主要为民政三项经费、各类社会保险支出、“五保”户、公益性岗位工资等支出；医疗卫生安排0.54亿元，比年初预算增加0.17亿元、增长45.62%，主要为基层公共卫生、农村合作医疗、食品药品监督事务、全民体检等支出；环境保护安排0.07亿元，主要用于环保部门行政运行及环境监测与监察和退耕还林工程的各项补助支出；城乡社区事务安排0.03亿元，主要为城市维护费用；农林水事务安排1.88亿元，比年初预算增加1.54亿元、增长463.2%，主要为草原生态补贴资金、财政扶贫资金、精准扶贫配套资金；交通运输支出0.01亿元；商业服务业等事务安排0.01亿元，主要用于旅游业管理与服务支出、支持经济发展，安排预算内招商引资经费；国土资源气象等事务安排0.03亿元，主要为县级气象台站运行维护经费、国土专项经费；住房保障支出安排0.13亿元，主要为全县在职干部1117人公积金县级财配；粮油物资管理事务支出安排0.006亿元，主要用于粮油局人员经费和公用经费方面的支出。

【落实各项资金情况】 在保证工资支出的同时，在保证维护社会稳定、不断促进各项建设事业发展等重点支出上给予了充分保证。2016年，落实为民办实事11项，共计资金4410.76万元，其中新建维修卡曲寺、岗冲寺、达吴拉康修行房配套资金46万元；2015年重点小型农田水利建设项目配套资金169.5万元；逐年改善驻寺干部办公、食宿条件13.76万元；全县720名新考入及往届在校大学生学费金额资助468万元；提高村两委班子成员、基层人医、兽医待遇；提高公益性岗位工资待遇483.5万元；村务监督委员会、组长误工补贴；表彰优秀双联户及联户长181万元；为全县残疾人发放生活补助、给予0—16周岁残疾儿童康复救助、把70—79周岁老人列入寿星老人健康补贴范围、提高80周岁以上老人健康补贴标准、解决“五保”老人集中供养生活补助投入资金160万元；提高特殊行业从业人员工资待遇88.6万元；县城公共道路维修50万元；32个行政村阵地建设项目2083.2万元；精准扶贫产业发展方面配套资金667.2万元。

【社会保障资金落实】 2016年，尼木县1062人进行公积金汇缴，上缴公积金1155.69万元，财政配套资金1155.69万元（不含教育系统）；合作医疗1180万元（其中区及配套1173.1万元、本机配套6.9万元）；尼木县公益性岗位工资发放596.32万元（其中县级承担238.53万元、市级承担357.79万元）；落实了2016年县级财政教育上半年投入资金1700万元。并足额及时地向县教体局拨付了上级下达的教育经费；在保证工资支出的同时，在保证维护社会稳定、不断促进各项建设事业发展等重点支出上给予了充分保证，落实维稳各项资金1437.62万元。

【政府采购】 年内，财政局认真组织实施《中华人民共和国政府采购法》，进一步规范和完善政府采购的组织体系、制度体系和运行体系，扩大政府采购范围，制定政府采购预算，提高了财政资金的使用效益。积极探索适合市情的政府采购模式，规范完善了政府采购行为；坚持由采购业主确定采购标准和质量，不以降低质量去换取节约，政府采购的质量不断提升；积极拓宽政府采购实施范围，结合政府采购预算编制，进一步扩大了政府采购范围。2016年1—11月，投入预算采购资金952.39万元，实际采购资金887.89万元，比预算减少了64.5万元。

2016年，尼木县财政在各部门的监督指导下较好地完成了年度预算计划和各项财政工作任务，预算执行情况比较正常，财政支出能达到保工资，保运转、保稳定、保重点的要求，实现了决算收支平衡的目标。

【抓队伍，提高业务水平】 财政局将进一步完善社会保障预决算和财务制度，加强对资金的监督检查。随着公共财政体制建设的不断深入，加强财政资金的科学化、精细化管理，提高资金的使用效益，成为财政管理改革的重要工作。

【总结存在问题】 为总结社会保障资金管理中存在的困难和问题，研究探索社会保障资金管理的有效途径和方法，对社会保障资金管理工作开展专题调研。

【做好解放思想大讨论活动】 认真做好解放思想大讨论活动与“两学一做”相结合起来，在讨论中解决存在的思想问题和实际问题，在工作实践中深化大讨论成果，使解放思想大讨论活动成为做好财政工作的动力。

【关注民生】 年内，组织科室成员认真学习两会精神和中共十八大届三中、四中、五中、六中全会精神，用科学发展观武装头脑。推进医疗卫生制度改革，加强卫生服务体系建设；完善社会保障体系，着重关注民生。

【贯彻各项财务制度】 年内，认真贯彻各项财务制度和办法，严格收入和支出管理。做到应收尽收，并从源头上控制不合理、不合规的支出。按财务制度和会计制度要求进一步做好各项基础工作，及时掌握财政专户资金拨付情况。加强救灾资金使用的监督管理，提高救灾资金的使用效益。

【健全财政监督管理】 健全财政监督管理，强化制约机制。完善内控制度，加强监督制约。根据社会保障资金筹资、支出及使用规律，探索建立全方位的财政监管体系，做到事前做好计划，事中严格把关，事后认真检查，确保社会保障资金的使用方向和效益。

【财政监督管理】 加大财政监督管理力度，坚持依法行政，提高财政管理水平。认真贯彻执行《中华人民共和国会计法》，加强会计管理。加强会计人员的管理和培训，提高会计信息质量和会计管理水平，从源头上加强税收监管；继续加强预算执行的监督，重点是建立大额专项资金的审批程序和规范零星预算追加的审批管理；坚决杜绝财政监督的“真空区域”，对一切财政支出，特别是重点支出，实行从核定预算、拨付资金、到安排使用的全过程监督，追踪到底，凡擅自挤占、挪用或损失浪费的，要追究有关负责人的责任；强化预算约束，非经法定程序不得做出预算调整，不更改预算支出安排。没有预算的支出项目，非经市人大常委会批准调整预算，一律不予追加支出。

（边　巴）

【领导名录】

局　　长　旦增江才（藏族，5月免）
　　　　　洛布次仁（藏族，5月任）
副 局 长　徐　　静（女）
副主任科员　巴　　桑（女，藏族）

尼木县国土资源规划局

【概况】 2016年，尼木县国土资源规划局以科学发展观为指导，紧紧围绕全县经济社会发展大局，认真贯彻落实国土资源法规政策，切实做好“保护耕地”“保障发展”和“维护权益”三篇文章，不断加强国土资源依法开发利用管理，深化土地使用制度改革，抓好土地综合整治挖潜，较好完成了各项工作任务，为经济社会发展和“平安尼木”建设发挥了应有职责。

【尼木县15000亩土地开发项目】 麻江乡2016年度1.5万亩土地开发项目于2016年1月29日由拉萨市国土局立项，作为尼木县招商引资项目之一，该项目的实施得到了县委、县政府的高度重视。按照上级部门的要求，为项目的顺利开工，国土局积极做好了项目可研和规划设计编制等前期用地手续，在项目实施期间，国土局负责调节了所出现的矛盾纠纷，为尼木县的社会稳定做出了贡献，该项目已竣工，并于10月29日已通过市局的验收。通过该项目的实施不仅增加了尼木县的耕地面积，同时增加了尼木县的财政收入。

【防治地质灾害】 由于尼木县地理位置特殊，地形地貌复杂，年降水集中及自然生态环境较为脆弱，致使泥石流、山体滑坡等自然灾害的发生频率较高。结合尼木县地质灾害情况，年初国土局制定了《尼木县2016年度地质灾害安全隐患排查治理工作实施方案》《地质灾害应急预案》等有关防治方案。就汛期来临前，国土局领导及相关工作人员一一到尼木县存在的地质灾害隐患点29个行政村（除塔荣村、巴古村、尼木村外）和续迈乡恩布寺再次详查了地质灾害隐患点，同时对地质灾害监测人员安排了2016年地质灾害监测任务，并兑现了2015年度及2016年度地质灾害监测人员的补助，共计18万元，全年很好地完成了地质灾害排查与监测工作，而且尼木县作为全区重点地质灾害易发县，年初在自治区国土资源厅的帮助下，尼木县作为全区5个1：50000地质灾害详细调查开展示范点之一，已委托四川省地质工程勘查院率先开展了相关工作，通过排查尼木县共存在124个地质灾害隐患点。而且《地质灾害详细调查报告》以优秀的成绩通过了省级的评审，该报告已向国土部申报，今后上级部门优先为尼木县安排治理地质灾害隐患项目提供了很好的前提条件。

【卫片执法】 2015年尼木县共涉及51宗图斑，为核实图斑的具体情况，国土局工作人员自2015年12月—2016年5月，分别到尼木县每个乡镇进行实地勘测核查，经核查最终确定了37宗违法用地项目，国土局对全县违法建设项目采取了罚款措施，并要求各违法用地单位与个人将罚款金额全部上交县财政局，共计33000元。截至年底，国土局并已通过国土资源部土地卫片执法信息登录系统上报了相关材料，并进行了整改，所整改工作得到了区、市国土部门的好评。

【不动产登记】 根据区、市国土部门的要求，尼木县已成立了尼木县不动产登记局及登记中心，整合了相关部门的职责，人员全部到位，解决了办公场所，并已购买了办公设备，并已开展城镇地籍测量工作，12月22日尼木县举行了不动产首发仪式，颁发了10本中华人民共和国不动产权证书，从此将不再颁发旧版证书。

【农村宅基地工作】 年内，按照区市国土部门的要求，国土局基本完成尼木县农村宅基地确权登记发证工作，全县应发5047本农村集体土地使用权证书，截至年底，已发5041本证书，完成率达到99.95%。

【地上房屋确权】 该工作按照上级部门的规定原本由县住建局负责实施，但尼木县由国土局负责完成了农村地上房屋确权工作。于5月底国土局已制定《尼木县农村地上房屋确权工作实施方案》、成立领导小组、并以政府招投标的形式确定了专业队伍，截至年底，已完成32个行政村农村房屋确权外业测量工作，截至年底，正在开展内业工作。

【农村集体土地确权登记发证】 2016年7月，国土局已经制定《尼木县农村集体土地确权登记发证工作实施方案》、成立领导小组、所需经费已通过了县长办公会，2016年年底将要以招投标的形式确定专业队伍。

【城镇地籍测量】 为顺利推进尼木县不动产登记工作，依据《拉萨市不动产统一登记工作方案》要求，确保9月30日前完成尼木县不动产统一登记职责整合并实现不动产登记发证“停旧发新”工作，以及为了建立不动产统一登记信息平台，国土局以政府招投标的形式确定了专业队伍，已完成了城镇地籍测量工作，为启动不动产登记工作奠定了良好的基础。

【国有土地使用证与房产证】 2016年，国土局共办理5本国有土地使用证、5本房屋所有权证，占地面积共计3245.36平方米，办理土地登记时，国土局严格依照《中华人民共和国土地法》严格审查，对于不符合办理条件的坚决不予进行登记办理，确保了每一宗土地登记的合法性，防止因错登漏登而发生土地纠纷及法律诉讼，同时建立健全了相关档案，严格管理，切实做到依法用地、科学用地、保障供地，完成了2016年地籍管理工作及综合统计汇总、检查、上报和季度报告等相关工作。

【土地与房屋他项权证书】 严格按照《土地管理法》及《中华人民共和国房产管理法》的相关规定，国土局在2016年共办理了15套他项权证书，贷款资金总额为843万元整。

【矿山工作】 按照西藏自治区国土资源厅、市国土局及市安委会相关文件要求，为确保全县矿产资源整顿规范和安全生产工作取得实效，继续做好矿产资源整顿和安全生产工作，年初国土局对尼木县境内所有探矿权和采矿权，对全县矿产资源勘查开发活动进行了全面清理、检查，重点对长期（五年内）囤而不探、囤而不采的矿业权进行了清理，并按照《中华人民共和国矿产资源管理法》的要求年初对各探（采）矿点进行了备案登记工作，截至年底，正在开展年检工作。

【永久基本农田划定】 按照区、市上级主管部门的精心指导下、在县委、县政府的大力支持和高度重视下，顺利开展了尼木县永久性基本农田划定工作。2016年4月，尼木县基本农田划定工作技术承担单位苏州博雅达勘测公司相关技术人员同国土局工作人员一同到尼木县各乡镇开展了基本农田外业调查工作，已完成尼木县七乡一镇基本农田外业调查工作，并已录入外业调研表。根据国土资源部的最新工作指导及西藏自治区国土资源厅对永久基本农田划定指示确定以尼木县土地利用总体规划的中心城区控制线作为本次划定的城市周边范围。根据外业踏勘的结果，现已完成了初步任务的数据录入工作，并且对初步任务的图斑是否要划入永久基本农田做了初步分析，并已确定了初步成果。

【精准扶贫】 尼木县易地搬迁项目于2016年3月完成了选址工作，于3月22日国土局与相关部门共同开展了征地工作，按照工程的进度国土局已经给项目实施单位办理了“选址意见书”“用地规划许可证”及“建设工程规划许可证”，并已组件向上级部门上报了农用地转建设用地的相关用地手续。

【征地工作】 2016年，尼木县共征地面积200.29亩，征地补偿费共计6782167.11元，征地补偿费已全部兑现。

【尼木县城精准扶贫搬迁项目】 3月2日，由国土局牵头组织由塔荣镇、塔荣村、巴古村、尚日村、扶贫办等相关部门负责人及相关工作人员共同对尼木县精准扶贫集中搬迁项目开展了征地工作，经过测量拟占地面积为148.25亩，征地补偿费共计5020002.36元，征地于9月19—20日已兑现。

【尼木县政府储备地】 3月4日，由国土局组织塔荣镇、塔荣村、巴古村等相关部门负责人及相关工作人员共同对尼木县政府储备地开展了征地工作，经过测量拟占地面积为52.04亩，征地补偿费共计1762164.75元，于9月19日已兑现。

【2016年度尼木县项目用地手续】 随着“十三五”规划的开展，截至年底，到国土局备案的项目共计44个，依据各项目的正规手续和上级部门批复，国土局领导及工作人员一一到实地对这44个项目进行了选址工作，并给项目单位共办理30套“一书两证”和14本乡村规划许可证，同时办理了规划选址意见与用地预审，很好底完成了各项目的前期工作。

【规划工作】 年内，按照市委、市政府相关文件要求，结合精准扶贫工作拉萨经开区与尼木县将要共建拉萨经开区尼木产业园。按照拉萨市经开区的要求尼木产业园发展至少需要67公顷（约合1000亩）工业用地。为今后尼木县的发展，把园区进一步规划好、建设好、管理好，需要对《尼木县城市总体规划》进行修编，截至年底，尼木县已经向市人民政府上交了关于《尼木县城市总体规划（2014—2030）》进行修编的申请，11月14日，市政府已召开规划类专题会议，并已通过。

【宣传活动】 把土地法制教育作为加强国土资源管理工作的一项重要基础工作来抓，自2016年3月中旬开始，国土局局长米玛以及工作人员到尼木县七乡一镇32个行政村进行“国土资源、规划法律法规”相关知识的宣讲。同时利用“4·22”地球日、“5·12”防灾减灾日、“6·25”土地日、“12·4”法制宣传日宣传了《中华人民共和国土地管理法》《非法买卖农村集体土地宣传册》《土地管理法律法规》及“地质灾害防灾减灾知识”等内容，而且所有宣传材料翻译成藏汉双语，发放到尼木县各县直单位、企事业单位、乡（镇）、村、组、户、各寺管会以及寺庙僧尼，同时将“非法买卖农村集体土地”与“违法占地”等相关法律法规国土局已做成海报（藏汉双语）形式在全县范围内进行了张贴。

【信息报送】 截至年底，国土局共上报简报91期，做到及时将尼木县国土信息的上报，让上级业务部门及尼木县相关部门及时了解国土信息。

【人大、政协提案办理】 2016年，涉及国土局办理的人大、政协提案共3项，国土局领导及成员对这几个提案一一到实地进行了详细的了解，并与提案者（人大代表或政协代表）共同商议了提案内容，现场能解决的问题当场进行了解决，对于比较复杂的问题进行了进一步的协商解决方案，并在县人大、县政协规定的时间内完成了所有提案的答复工作。

（洛桑卓嘎）

【领导名录】
局　长　米　　玛（藏族）
主任科员、副局长
　　　　杜　　宾
副局长　白玛卓嘎（女，藏族）

尼木县统计局

【概况】 尼木县统计局于2015年5月由原尼木县发展和改革委员会管理的统计局（副科级）调整为县政府工作部门（正科级）并加挂社会经济调查队牌子。共有编制6人，行政编制3人；事业编制3人。现有干部职工4人，正科级1人，副科级1人，科员1人，借调1人。

【基本职能】 贯彻执行统计法律、法规、规章、基本统计制度和统计标准，组织协调全县统计工作，确保统计数据真实、准确、及时。拟订统计现代化建设规划并组织实施；指导全县统计工作；建立健全全县国民经济核算体系和统计指标体系；建立和完善全县经济、社会、科技统计调查制度；监督管理各乡镇、各部门统计和国民经济核算工作。组织实施全县人口普查、经济普查、农业普查等国情国力普查和大型专项调查，汇总、整理和提供有关统计数据。组织实施农林牧渔业、工业、建筑业、批发和零售业、住宿和餐饮业、能源、投资、科技、人口、劳动力、环境基本状况、文化体育和娱乐业以及装卸搬运和其他运输服务业、仓储业、计算机服务业、软件业、科技交流和推广服务业、社会福利业等统计调查，收集、汇总、整理和提供有关调查的统计数据，综合整理和提供地质勘查、旅游、交通运输、资源、房屋、对外贸易、对外经济、邮政、教育、卫生、社会保障、公用事业等全县基本统计数据。组织各乡镇、办事处、各部门进行经济、社会、科技和资源环境统计调查；统一核定、管理、公布全县性基本统计资料，定期发布全县国民经济和社会发展情况的统计信息；组织实施区域经济和社会发展情况的统计监测评价考核。对国民经济、社会发展、科技进步和资源环境等情况进行统计分析、统计预测和统计监督；建立并不完善的宏观经济监测系统；向县委、县政府及有关部门提供统计信息和咨询建议。依法制定全县统计调查计划；做好全县统计专业基础工作，加强基层统计业务基础建设；建立健全统计数据质量审核、监控和评估制度，开展对重要统计数据的审核、监控和评估；依法监督管理涉外调查活动。指导全县统计专业技术队伍建设，开展统计科学技术研究交流合作及统计资料的编辑出版工作；会同有关部门组织管理全县统计专业资格考试培训、职务评聘和从业资格认定工作。建立并管理全县统计信息自动化系统和统计数据库系统，拟定各乡镇、各部门统计数据库和网络的基本标准和运行规则，指导各乡镇、办事处统计信息化系统建设。

【内部管理】 年内，尼木县统计局紧紧围绕全县中心工作和经济社会事业发展的各项目标，认真落实区、市统计局的各项工作部署，以“提升统计能力，服务经济发展”为中心，全力打造现代化服务型统计，加强内部管理，强化统计基础工作，优化统计服务，大胆改革创新，抓好基础数据统计。为推动全县经济发展，尼木县统计局充分认识新形势下做好统计工作的重要性，重点宣传《中华人民共和国统计法》，全面加强统计能力建设，提高统计服务水平，发挥统计工作在经济社会发展和宏观决策中的信息、咨询、督查作用，更好地为加快实现经济社会跨越式发展和长治久安目标服务。加强对统计报表的分析，做好每个季度全县国民经济运行分析工作；及时调整2016年统计资料，进一步增强了统计服务领域的广泛性和时效性，完成《2016年统计年鉴》资料的编纂。每季围绕全县主要经济发展指标，特别是考核指标，加强分析，及时预警预测，统计服务水平进一步提高。较好地完成了农林牧业、工业、固定资产投资等各专业的2016年年报工作；各专业明确审核重点，加大审核力度，统计数据的完整性、时效性和准确性进一步提高，全面反映了全县发展实际。

【经济总量】 年内，实现地区生产总值6.69亿元，同比增长4.6%（可比价），完成目标任务（7.08亿元）的94.49%。其中，第一产业实现增加值1.04亿元，同比增长5.7%（可比价）；第二产业实现增加值2.79亿元，同比增长-0.6%（可比价）；第三产业实现增加值2.86亿元，同比增长9.9%（可比价），一、二、三产比重为15.55：41.7：42.75。

【全社会固定资产】 固定资产投资力度不断加大，2016年全县完成固定资产投资13.18亿元，与2015年同期相比增长21.00%，完成目标任务（12.85亿元）的102.6%。

【收入】 在一系列支农惠农政策的支持下，农牧民收入继续保持稳定增长态势，全年完成农牧民人均可支配收入10254元，同比增长10.3%，完成目标任务（10693.6元）的95.89%。

【消费】 消费品市场较为活跃，全年完成社会消费品零售总额0.55亿元，同比增长13.4%，完成目标任务（5529万元）的99.48%。

【财政收入】 财政收支稳步增长，全年完成地方财政一般预算收入1.12亿元，同比增长100.8%，完成目标任务（8050万元）的138%。

【工业】 工业经济健康发展，全年实现工业增加值4755万元，同比增长12.1%，完成目标任务（4752.43万元）的100.05%。

【招商引资】 招商引资工作不断加大，全年招商引资到位资金5.16亿元，同比增长30.30%，完成拉萨市目标任务（4.5亿元）的114.7%。

【培训情况】 强化对乡镇等基层统计人员的培训力度：尼木县统计局先后6次通过以岗代训、以会代训等方式强化对乡镇统计人员的业务培训，参加人数达126余人次，进一步提高了统计人员业务素质；加强局内专业人员的业务培训，积极参加区、市局组织的各项专业培训，强化各专业人员的业务交流，每个专业人员都面向全局培训业务，通过学习加强了专业间的相互了解，打破了专业分割的局面。

【依法统计建设】 深入贯彻落实中共十八届四中、五中、六中全会精神，进一步强化依法统计，加快建设法治统计。深入企业督促建立健全原始记录和统计台账，留存完整、齐全的报表资料，确保了尼木县统计数据真实、可信，为党委、政府宏观决策提供了准确的数据支撑。同时，进一步加强统计法律法规的宣传教育，使统计用户、调查对象和统计人员牢固树立统计法治思维、法治理念，为建设法治统计营造良好的社会氛围。

【全国第三次农业普查】 农业普查是全面了解“三农”发展变化情况的重大国情国力调查。普查将查清全县农业、农村、农民基本情况，掌握农村土地流转、农业生产、新型农业经营主体、农业规模化和产业化等新情况，反映农村发展新面貌和农牧民生活新变化，这对科学制定“三农”政策、保障全县粮食安全、促进全县实现农业现代化、新型城镇化全面建成小康社会，具有十分重要的意义。因此，尼木县统计局严格按照区、市统计局的统一部署，动员全县27名农业普查指导员，64名普查员，从10月开始全面开展全国第三次农业普查前期工作。

【党风廉政建设】 扎实开展“两学一做”学习教育活动。根据县委、县政府要求，尼木县统计局从2016年4月份开始至年底在发改委支部的安排部署下扎实开展“两学一做”学习教育活动。其中参加集体学习22次，开展交流研讨2次，观看警示教育片2次，每人撰写写心得体会3篇以上，做到了党员干部全覆盖；加强优良作风教育。大力弘扬艰苦奋斗、勤俭节约作风，积极引导党员干部尤其是领导干部自觉加强党性修养，加强和改进思想作风、学风、工作作风、领导作风和生活作风，使党员干部认真落实中央“八项规定”精神、自觉纠正“四风”和保持党的优良传统方面带好头、做表率；严格落实“两个责任”。坚持党要管党、从严治党的工作方针，认真落实党政同责、一岗双责，及时传达学习中央及区市县纪委会议精神，结合尼木县统计局实际，进行开展党风廉政教育及反腐工作。

【精准扶贫】 年内，尼木县统计局紧紧围绕县委、县政府对精准扶贫工作要求，充分了解结对户的基本情况、致贫原因和户主对脱贫措施方面的具体愿望，先后组织干部对结对帮扶户进行3次入户，并送去价值1200元的慰问品。

（旦增卓玛）

【领导名录】

局　长　侯 水 军（8月免）

　　　　伦　 珠（藏族，8月任）

副局长　巴桑潘多（女，藏族）

尼木县农牧（科技）局

【概况】 按照“稳粮增收调结构”的目标要求，紧紧围绕农牧业增效、农牧民增收这一目标，以结构调整为主线，以加强基础建设为根本措施，狠抓农牧业各项工作，积极开展农资筹备、调运、调节工作，确保春耕春播农用物资及时足额到位。共外调优良种子26吨（藏青2000种子16吨、藏青320种子10吨），调运化肥1217.78吨；其中计划内840吨（尿素275吨、二铵165吨、氯化钾100吨、复混肥300吨），计划外245.78吨（尿素232.68吨、二铵13.1吨），奖励化肥132吨（尿素）。此外，调运农药9吨。全县农牧业生产呈现稳定持续发展的良好局面。

【青稞种植】 2016年，尼木县青稞面积稳定在2.7万亩左右，落实藏青2000推广面积2万亩，其中尼木乡5500亩、塔荣镇2800亩、续迈乡5000亩、吞巴乡2500亩，卡如乡700亩、普松乡200亩、帕古乡1500亩。藏青2000二级种子田800亩（种植地：尼木乡尼木村），藏青320二级种子田500亩（种植地：续迈乡续迈村），藏油五号种子田300亩（种植地：塔荣镇雪拉村），试种新品种黎麦10亩。

【中低产田改造】 2016年，安排常规中低产田改造10000亩，土壤处理4900亩，高产创建示范面积2.5万亩，测土配方施肥面积2.5万亩，农家肥积造91768吨，种子精选52.97万公斤、精选率达100%，种子包衣51.545万公斤，包衣率达97.3%。

【粮、经、饲种植】 2016年，尼木县粮经饲的种植比例为72.1∶15.4∶12.5。经过测产统计，全县总播种面积36562.22亩，其中粮食播种面积30140.22亩，青稞播种面积27000.22亩，豌豆播种面积815亩，经济作为播种面积6422亩（单播油菜播种面积4822亩，蔬菜播种面积1600亩），退耕还草面积5237.78亩；青稞高产田面积19532.42亩，占青稞播种面积的72.3%，中产田面积5200.47亩，占青稞播种面积的19.3%，低产田面积2267.33亩，占青稞播种面积的8.4%（青稞高产田平均单产为474.15公斤，中产田平均单产387.95公斤，低产田平均单产305.45公斤）；春小麦播种面积

2325亩，其中高产田面积1755.7亩，占播种面积的75.5%，中产田面积569.3亩，占播种面积的24.5%（小麦高产田平均单产458.8公斤，中产田平均单产356.6公斤）；油菜播种面积4822亩，其中高产田面积2950.67亩，占播种面积的61.2%，中产田面积1431.26亩，占播种面积的29.7%，低产田面积440.07亩，占播种面积的9.1%（油菜高产田平均单产262.5公斤，中产田平均单产177.45公斤，低产田平均单产109.1公斤）。经实际测定，2016年尼木县粮油总产为1436.5万公斤，比2015年增产6.25万公斤；其中，粮食产量为1321.6万公斤，同比增产1.4万公斤，比拉萨市下达指标增产1.6万公斤；青稞产量为1197.2万公斤，同比增产24.85万公斤，比拉萨市下达指标增产67.2万公斤；油菜产量为114.9万公斤，同比增产4.85万公斤。

【春秋动物防疫】 全面推行动物疫病防控“双轨三包两挂钩”工作制度、“事前检查、事中检测、事后追溯”制度和防疫示范点挂牌管理制度，确保全县春秋防疫工作质量。（1）春季防疫工作于2016年3月26日开展，4月19日全面结束，免疫率99.86%。（2）秋季防疫工作10月9日开展，10月27日结束，免疫率99.86%。主要接种疫苗为禽流感、猪瘟、猪五号病、猪蓝耳病、羊O、A型双价灭活疫苗，牛A、O、亚洲Ⅰ型三价灭活疫苗，羊反刍疫苗。

【农牧民合作社管理】 截至年底，在县农牧局备案的农牧民专业合作社共有51家，其中养殖合作社8家、建筑施工合作社15家、手工艺合作社22家、运输合作社1家、采石专业合作社1家、加工类合作社4家。入社成员总数761户、辐射带动778人，注册资金4845.3万元。获政府扶持资金的合作社共14家，扶持资金235.5万元。

【农机购置补贴兑现】 尼木县农业机械总动力80002.47万千瓦，农机数量6736台，主要为手扶拖拉机、微耕机等，2016年，完成机耕面积3.4万亩，机播2.6万亩。2015年，全县购机台数1245台，受益农户800余户。农机具购置补贴资金1798930元。

【相关项目建设】 2016年，农牧局建设项目共有10个，其中续建项目2个，已实施项目6个，待建项目2个。共计投资4016.99万元，其中国家投资3136万元，群众投劳880.99万元。主要涉及现代农业生产发展项目、人工种草、黄牛改良及其他惠农项目。

2016年，实施产业脱贫项目8个，其中藏鸡原种保护基地一期已完工，另外“尼木三绝”藏民族文化遗产旅游基地建设项目完成总工程量的70%，藏鸡原种保护基地二期完成20%，三个项目建成后可提供就业岗位44个，直接带动44人稳定脱贫。

通过大力开展建材市场建设项目和拉萨赛康旅游综合服务建设项目，计划对建档立卡的100户县城搬迁户和225户拉萨搬迁户实现搬得出、住的稳、有收入、能致富的目标。完成就业意愿统计工作，确保搬迁一户、就业一户、脱贫一户。

【牧业生产】 2016年，尼木县牲畜存栏109100头（匹、只），仔畜成活率95.9%，成畜死亡率0.86%，出栏率33.8%。猪牛羊肉产量3000吨，奶产量4100吨，山羊绒产量1.04吨，禽蛋产量118吨，禽肉产量40吨，牲畜良种覆盖率5.02%。

制定防抗灾应急预案，建立健全防抗灾领导小组，明确了责任。在县、乡两级实行24小时有事报事、无事报平安的防抗灾值班制度。截至年底，尼木县防抗灾物资储备情况为：县级储备价值15万元的防抗灾兽药和5万元防抗灾资金。储备麸皮55017.5公斤、油渣353280.5公斤、饲草粮2772895公斤、青干草1275146公斤、作物秸秆8320478.5公斤、多汁饲料239699公斤、青贮饲料711915公斤、盐巴166077.5公斤。此外，结合全县实际及时制定了尼木县草原防火实施方案，并与各乡镇签订草原防火目标责任书。

【人工种草】 2016年，全县人工种草项目任务为1000亩（种植地：麻江乡强聂村；种植品种：紫花苜蓿）。2016年5月12日，农牧局组织人员赴拉萨对全县2016年人工种草种子进行集中采购。经综合比较，最终确定购买青海宝丰农牧开发有限公司草种（紫花苜蓿每公斤52元，网围栏1米10元）。共计投资25.5万元购买紫花苜蓿草种6923斤，网围栏7500米，已于2016年5月25日全部发放完毕。

【草补奖工作】 2015年，牲畜存栏数112843头（只、匹）折合252002.7只绵羊单位。全县草原总面积397.6253万亩，可利用草原面积387.5293万亩。草畜平衡载畜量为30.08万只绵羊单位。2015年年末牲畜存栏252002.7只绵羊单位，完成减畜目标任务。2015年，实现草畜平衡5469户面积3852411.25亩，补助资金678.9656万元。牧草良种补贴8000亩，每亩10元，补助资金8万元。牧民生产资料综合补贴790户，每户55元，补贴资金43450元。下发精饲料2705袋（108219.25公斤，39.5万元）。设立天然草原监督管理员158名，每名每年补贴5400元，补助85.32万元。相关补助、补贴已全部兑现。

【兽医工作】 兽医站下派工作人员开展奶牛示范工程、示范村、示范户筛选工作，在原有基础上筛选了8个示范户；顺利完成2016年黄牛改良基础母牛筛选工作；全县黄牛适龄母畜5958头，已配任务2000头。任务分配为：塔荣镇1000头、帕古乡500头、尼木乡300头、吞巴乡200头。实际完成受配1500头，受配率达70%；2016年，拉萨市第三届净土健康产业优良奶牛竞赛尼木县取得喜人成绩。分别为犊牛一等奖1项、犊牛优秀奖1项、奶牛二等奖1项，共计获得奖金3.3万元。

【牛羊肉市场清理整顿】 根据《拉萨市政府关于拉萨市牛羊肉市场清理整顿工作实施方案》及《拉萨市农牧局关于落实次仁央宗副市长在拉萨牛羊肉市场清理整顿工作专题会议上的讲话精神的通知》内容，县农牧局兽医站及时制定实施方案及领导小组。于2016年10月20日尼木县政府二楼会议室召开牛羊肉市场清理整顿工作动员大会。同时，给各乡镇及相关部门下发拉萨市人民政府关于在全市开展牛羊屠宰和销售市场专项整治公告160张，在县城人员密集部位张贴宣传公告20张。

【科技创新】 2016年，尼木县科技项目为：尼木县优质蓝莓新品种引进示范及桃木育苗基地建设项目（40万元）；尼木县卡如经济林示范项目（30万元），两个项目均已实施完毕；高原狼毒草驯化及试验种植（30万元），种子已采摘完毕，计划2017年开春时栽种。

截至年底，全县共有科技特派员91名，科技明白人59名。在市科技局的大力支持下，2016年全县共选派50名科技特派员赴拉萨市城关区和堆龙德庆区岗德林种植养殖基地参观学习，通过学习提高了他们的业务能力和知识水平，为更好开展全县科技工作提供了有力保障。此外，9月19日，科技局（科协）工作人员采取科技展示、科普宣传、技术指导、科技种植等多种形式，主要开展以生态环境保护、食品安全、科学健身、应急避险、健康生活、防灾减灾等科技创新相关知识宣传，发放各类宣传资料180余份。共有200余名农牧民群众和学生参与此次活动，提高了公众的科技创新意识和热情，在社会营造了关注和支持科技创新的良好氛围。

【有机农业示范县创建】 按照自治区党委常委、拉萨市委书记齐扎拉在尼木县考察产业发展情况时做出的“把尼木县作为有机农业示范县，下决心打造拉萨净土产品无化肥、无农药、纯天然的良好绿色有机产品形象”的指示，截至年底，在市农牧局召开“尼木县有机农业产业发展总体规划”研讨会，副市长扎西白珍、自治区农科院党组书记李保国出席会议，市农牧局及市直相关单位、尼木县人民政府对规划内容进行了全面研讨，提出了具体的措施与修改意见，尼木县政府与北京农林科学院签订规划合作协议，及时加强沟通协调，修改完善《尼木县有机农业产业发展总体规划》，增强了针对性和可操作性；根据2017年尼木县创建国家有机产品认证示范创建区重点工作安排部署，主要开展有机示范基地建设和产品认证申报，认证内容包括：藏鸡（饲料冬小麦）、青稞、藜麦、牦牛、油菜、土豆、藏香（不超过18种配料按照有机产品目录）等；2017年建设有机农业示范基地6个，建设内容包括建有机藜麦、有机青稞、有机纯种商品藏鸡、有机牦牛、有机油菜、有机土豆示范基地有机转换认证；第一批认证5家企业7个产品，在2017年5月取得5个有机转换证书，在6月进行有机认证示范区材料上报；第二批认证1家藏香产品在2017年9月取得有机转换证书。

【尼木原种藏鸡保护工程】 西藏德青源原种藏鸡保种育种基地、父母代场、商品代场和办公综合服务中心工程建设加快实施。作为全国养殖规模最大、设备最先进、功能最齐全、现代化程度最高的藏鸡养殖基地，一期工程已全面竣工。建筑面积8704.5平方米，占地面积4.9万平方米，原种藏鸡保有量将达5万只；年孵化100万枚种蛋；二期工程（包括父母代场、商品代场）计划完成建筑面积1.8万平方米，占地面积24.6万平方米，养殖规模达50万只，年孵化能力300万枚种蛋。从山南、日喀则、林芝等地区选购原种藏鸡12000只，保种扩繁方式得到了区内畜禽专家的高度认可。

【产业发展平台拓展】 全力打造乌米净土健康产业园，自筹800万元建设1万平方米的高效温室，开发食用菌生产，扩大石斛、灵芝种植面积。与市净土公司合作试种60亩藜麦；积极打造一批具有鲜明特色的优势品牌和知名品牌，继“尼木藏香”之后，申报“尼木藏鸡”“尼木藏鸡蛋”“雪拉藏纸”国家地理标志证明商标，注册“尼木净土”微信公众号，提升品牌形象。与西藏德青源公司就品牌创建和商标使用达成协议，提升区域净土品牌的附加值，不断扩大市场占有率，推进全县农牧业发展从生产型向市场经营型转变，更加有效地促进农牧业增效和农牧民增收。

【狠抓产业脱贫项目】 尼木县下辖七乡一镇32个行政村，全县建档立卡贫困户1259户、5018人，其中产业项目带动脱贫户数1039户、1366人，占总贫困人数的27.2%。2016年，开展8个产业项目，实现289户、358人脱贫；2017年度，计划实施9个产业项目，实现750户、1008人脱贫；2018年，计划实施3个产业项目，巩固50户，脱贫80人。

为深入掌握实际情况，尼木县及时成立调研组，深入32个行政村开展调查研究，通过组织召开乡村会议讨论申报项目，计划在“十三五”期间开展28个产业项目，其中种植业5个项目，养殖业4个项目，农产品加工类6个项目，旅游服务类6个项目，林业1个项目，民族手工业2个项目，建筑建材类3个项目，其他1个项目，总投资达到94154.76万元，需要金融贷款45903.78万元。

产业脱贫项目紧紧围绕年度脱贫目标任务，主动作为，扎实推进。完成编写《尼木“十三五”转移就业培训脱贫工作规划》，全县需转移就业1293人；2016年度已下达培训资金60.5万元，积极开展“订单式”转移就业培训4个，实用技术培训1个，培训人次655人，实现转移就业80人；对接岗位117个，实现103名建档立卡人员转移就业。

此外，农牧局结合特色产业（藏香、藏纸、雕刻、经幡印刷手工产业等），鼓励没有在外就业能力的贫困群众在就近的合作社或公司就业。建立分散式和家庭作坊式就业供求信息对接平台，将扶贫对象纳入供求信息监测平台，实现“点对点”对接。截至年底，尼木县有103名建档立卡贫困群众在县内合作社成功就业。

（任金龙）

【领导名录】

局　　长　刘　　华
主任科员　普　　琼（藏族）
　　　　　边巴多吉（藏族，7月任）
副 局 长　德吉卓嘎（女，藏族）

尼木县农牧（扶贫）开发建设办公室

【概况】 尼木县农牧（扶贫）开发建设办公室共有干部职工5名，其中正科级干部2名，副科级干部2名，技术人员1名（驾驶员），党员5人。

【建档立卡】 尼木县是全区、全市扶贫开发重点扶持县，全县建档立卡贫困户1259户5018人，贫困发生率16.4%。其中，“五保”户23户29人，低保户80户117人，扶贫低保户612户2361人，一般贫困户544户2511人。按照区市党委、政府脱贫攻坚的任务目标，尼木县2016年脱贫目标为645户2361人，2017年脱贫目标为614户2657人。截至年底，达到脱贫标准的有989户4096人（全国贫困户信息管理系统标注脱贫301户1253人），未脱贫贫困人口270户912人，贫困发生率下降至3.1%，贫困户人均可支配收入达到4786.9元。

【推进以业脱贫】 结合尼木县打造“四产业两园区”发展规划，大力实施产业扶贫，计划带动建档立卡贫困户3083人增收。以“产业园+合作社+个体户”的发展模式，发展壮大藏香文化产业，形成以吞巴为主的水磨手工藏香中心和以县城为主的藏香现代化生产中心；以“龙头企业+合作社+农户”的模式做大做强藏鸡产业；大力发展有机农业，促进农牧业提质增效，推进生态产业发展，提升农业产品附加值；充分挖掘尼木厚重的历史文化底蕴和独特的雪山、温泉等旅游资源，打造全域旅游产业；重点打造拉萨经开区尼木产业园和尼木农业高新技术产业示范园区。2016年，投资1.85亿元（其中援藏资金1.15亿）实施的7个产业扶贫项目，1个项目已完工，6个项目除德青源藏鸡保种育种基地二期项目外已完成总工程量的70%，项目建成后将带动946人增收。

【推进以迁脱贫】 尼木县易地扶贫搬迁任务为500户2293人。2016年，完成县城一期易地扶贫搬迁100户505人的搬迁入住工作，并为194名劳动力安排就业岗位，项目代建资金5471.8万元，已与拉萨市城投公司对接结算完成，差额资金由拉萨城投公司通过融资的途径解决。

【推进以教脱贫】 全县建档立卡在校学生1152人、“两后生”215人。2016年，为136名在读大学生提供全额学费资助41.33万元，发放生活补贴资金69.6万元。并为建档立卡“两后生”提供“3+2”“1+1”学历提升和驾驶员、厨师等技能培训。为2016年县城易地扶贫搬迁户子女32人（转入县完小15人、县幼儿园17人）完成学籍变更。

【推进以补脱贫】 年内，认真抓好落实生态补偿脱贫岗位、定向政策性补助工作，全面核查“一人多岗”，完善“一岗一档”资料。2016年，落实以补脱贫岗位2830个（其中建档立卡贫困户2556个、非建档立卡低保户202个、农牧区低收入群众72个），并严格按照3000元/人·年的标准兑现岗位补贴849万元。

【推进以保脱贫】 坚持“应保尽保”的原则，逐步提高低保补助标准。全面完成对8个乡（镇），32个行政村的低保家庭走访入户清查、核查工作，实现“两线合一”。将农村低保对象中没有发展能力或发展能力弱的305人纳入到政府兜底对象，实行“动态管理”“分类施保”，兑现2016年兜底资金105.425万元。

【推进以助脱贫】 建立基本医疗“三重医疗保障”体系，认真开展“包虫病”筛查防治工作，有效防止和减少因病致贫和因病返贫问题。2016年，通过农牧区医疗保险、大病保险、民政救助等途径，为全县建档立卡贫困户中因病致贫对象131人报销医疗费用45.1万元。

【推进信贷脱贫】 实施金融扶贫助推精准扶贫工作，对接贫困户小额贷款需求。2016年，中国农业银行尼木县支行向334户建档立卡贫困户贷款1298.7万元。

【抓领导示范促结对帮扶到位】 按照“县处级干部每人联系3户、科级干部每人联系2户、一般干部每人联系1户”的方式开展结对帮扶。尼木县严格按照拉萨市委、市政府的指示，开展、落实结对帮扶工作。尼木县共计有贫困户1259户5018人，除“五保”户和纯低保户没有纳入结对帮扶名单外，共计1216户4922人是结对帮扶对象。其中，塔荣镇343户1381人、帕古乡162户639人、普松乡59户251人、尼木乡247户1152人、麻江乡85户313人、续迈乡206户797人、吞巴乡66户194人、卡如乡48户195人。截至年底，全县结对帮扶干部至少两次深入结对帮扶贫困户家中详尽的了解贫困户家庭状况，宣传政策、想办法、出主意、“两智”扶贫、慰问等力所能及的解决贫困户实际困难。

【人大代表和政协委员意见答复】 根据尼木县人民政府办公室《关于办理尼木县人民代表建议和政协提案的紧急督办通知》要求，及时整理涉及扶贫（农发）所提出的代表意见，并将所提意见建议与本单位工作性质、办理条件等有机结合后，及时对人大代表和政协委员提出的6个关于扶贫（农发）的意见建议进行逐一的答复，并明确说明同意与否的缘由和解决、实施办法，确保答复的严肃性与责任性。

（杨　莉）

【领导名录】

副 主 任　扎　桑（主任科员）
　　　　　旦　增（主任科员）
副主任科员　杨　莉
　　　　　张云飞

尼木县林业绿化局

【概况】 尼木县林业绿化局在县农牧局大院内，下属有1个林管站和1个国有苗圃（果糖苗圃），林业局共有3间办公室，办公室全面负责局机关工作以及林政、造林、野生动物保护、退耕还林、森林生态补偿金、护林防火等林业工作，是一个综合型单位，全局在职职工17人。

【林业科技队伍】 林业局全局工程师1人、技术员1人，工人1人，借调技术员1人，公益性1人，临时聘用工9人。

【天然林】 尼木县天然林木主要是由爬地柏、杜鹃、狼牙刺、高山柳、沙生槐、沙棘、银白杨、蔷薇、榆树、三棵针等70多种，主要药用植物有：贝母、虫草、黄连、雪莲等。均集中在卡如、吞巴、帕古和麻江等一些高海拔山坡地，主要是爬地柏、高山柳、杜鹃等。在卡如有一株胸径为4米的核桃树王，年产量500公斤左右，枝繁叶茂，树冠如巨型伞，二三十人坐在树下乘凉，不受日晒。

【森林资源】 尼木县国土总面积326994.870公顷，其中林地面积35227.974公顷，占国土总面积的10.77%，非林地面积291766.896公顷，占国土总面积的89.23%，全县森林面积34138.044公顷，森林覆盖率10.44%，林木绿化率10.45%。

在林地面积中，有林地面积1861.275公顷，占5.28%；灌木林地面积32276.769公顷，占91.62%；未成林地面积26.153公顷，占0.07%；无立木林地面积531.02公顷，占1.51%；宜林地面积513.596公顷，占1.46%；苗圃19.161公顷，占林地面积的0.06%。

【林地面积按地类分】 有林地面积1861.275公顷，占林地面积的5.28%。有林地均为乔木林地，其中：纯林面积1790.353公顷，占乔木林面积96.19%；混交林面积70.922公顷，占乔木林面积3.81%。灌木林面积32276.769公顷，占林地面积91.62%。全部为国家特别规定灌木林。未成林造林地26.153公顷，占林地面积0.07%。无立木林地531.020公顷，占林地面积1.51%。宜林地513.596公顷，扎林地面积1.46%，其中宜林荒山荒地494.633公顷；宜林沙荒地18.963公顷。苗圃地19.161公顷，占林地面积的0.06%.

【各类林木蓄积】 全县活立木总蓄积量33315立方米。其中：森林蓄积量30769立方米，占活立木总蓄积92.36%；散生木蓄积量242立方米，占活立木总蓄积0.73%；四旁树蓄积量2304立方米，占活立木总蓄积6.91%；四旁树71735株。全县各乡镇中，活立木蓄积量最多的为塔荣镇，蓄积量11338立方米，占34.03%；麻江乡活立木蓄积量最少，为4立方米。

【天然林资源】 天然林资源总面积31373.220公顷，占林地面积的89.06%；天然林资源总蓄积量3立方米。其中，有林地面积115.970公顷，占0.37%；国家特别规定灌木林地面积31257.250公顷，占99.63%。尼木县的天然林资源面积占全县森林资源的绝对优势，蓄积量所占比例很小。

【人工林资源】 尼木县人工林资源总面积2790.977公顷，占林地面积的7.92%；人工林资源蓄积量30766立方米，占活立木蓄积的92.35%。其中：乔木林地面积1745.305公顷，占62.53%；灌木林地面积1019.519公顷，占36.53%；人工未成林造林地面积26.153公顷，占0.94%。全县人工林资源比重较小，造林树种主要以北京杨为主，近年来由于尼木县实施退耕还林和重点区域造林等工程造林项目，人工林资源不断增加。

【重点区域生态公益林建设工程】 2016年，重点区域造林工程：造林面积739.7亩，投资308.52万元。该工程主要布局在乡镇周边及公路沿线地段，具体在3个乡镇3个村及318国道沿线两侧，即续迈乡续迈村20.3亩、普松乡普松村57.5亩、尼木乡普巴村20.4亩、318国道两侧641.5亩，共计4个作业点。苗木品种有：旱柳、榆树、藏川杨等。栽植株数：6.2万余株。架设网围栏长度为：3900米。PE水管：460米。3月20日开始挖坑、架设网围栏、起苗等；4月18日全部完成造林，造林劳务工作已交给当地村委会，并从中群众得到现金收入。

【2015年拉萨周边防护林工程】 2015年拉萨周边防护林工程（2016年实施），该项目面积5874.3亩（其中封山育林5600亩、造林274.3亩），投资129.2万元，全部为中央预算内投资。本项目造林274.3亩已完成；续迈乡安岗村封山育林面积为5600亩已完成架设网围栏。

【2015年生态安全屏障防沙治沙工程】 2015年生态安全屏障防沙治沙项目（2016年实施），该项目总投资267万元，全部由中央预算内专项资金解决；共面积13333.4亩，其中3986.55亩是人工育林种草布局在尼木乡万亩林（一个点）和日错村、塔荣镇林岗村等共3个作业点架设网围栏，沙生槐及沙蒿种子趁着雨季进行撒播。其余9346.85亩，11个作业点是尼木县万亩林封育任务及林间补植补造已3月完成。

【2015年新一轮退耕还林工程】 尼木县2015年新一轮退耕还林工程2016年实施，总面积65亩，投资28.03万元。地点尼木乡尼荣村，共19户，趁雨季栽植营养袋沙棘苗木3000株。

【义务植树】 乡镇“四旁”植树下发树苗杨树、柳树有4万株，3月各乡镇开展了义务植树。

【退耕还林补助、生态补偿金兑现情况】 尼木县退耕还林2003年、2004年、2007年3个年度共实施8004.7亩退耕地还林，全为生态林，分布于全县5个乡镇21个行政村，划分小班数37个，涉及农牧民1322户8518人，该工程自2003年在尼木县实施以来，进展顺利，成效显著，不仅加快了国土绿化进程，增加了林草植被覆盖面积，水土流失和风沙危害程度基本得到遏制；同时，尼木县相当一部分农民生活得到了较大程度地改善和提高。2016年，共兑现了退耕还林2015年度完善补助100.05万元，每亩补助为125元（其中生活费105元/亩·年，管护费20元/亩·年）。

尼木县森林生态效益补偿工程管护面积为386033亩，每年管护费兑现1158099元（一亩3元），2016年每亩3元提升到4.85元，2016年管护面积386033亩，管护费共计1872260.05元。涉及七乡一镇，护林员为265人。所有生态补偿金及退耕还林补助资金，通过县人大、纪检、财政、林业局、乡政府等的监督下按时兑现给护林员和广大退耕户手上，没有截留、滞留等问题，资金使用管理中不存在虚报、冒领、骗领、挪用的情况，做到了专款专用。

【野生动物肇事补偿】 林业局一方面认真做好野生动物肇事调查登记工作，另一方面积极向上级相关部门反映情况争取落实补偿资金，对野生动物伤害牲畜等损失予以合理补偿。据统计，2016年6月向群众发放2014年野生动物肇事补偿费14.97万元，涉及5个乡8个村，10个自然小组，57户，2龄以上牦牛21头，绵羊158只，山羊21只，青稞62.06亩，油菜26.62亩，最大限度地减少群众的经济损失，维护群众的利益。此项工作的开展，着力缓解了野生动物保护与林农、人与野生动物和谐共处起到了积极的促进作用，为保护生物多样性，确保生态安全，发挥了重要作用。2015年尼木县内未发生过野生动物肇事情况，2016年野生动物肇事情况正在统计当中。

【以补脱贫】 2016年，根据上级林业部门下达的指标，林业局积极与各乡镇一起走村入户调查群众的实际生活情况，根据情况选取管护员，尼木县2016年共有87名护林员作为以补对象，以补资金按时兑现了管护员。

【森林防火】 为贯彻执行森林防火戒严令，切实做好今冬明春尼木县森林防火工作，提高广大农牧民群众的森防意识，林业局以张贴标语的形式结合各乡镇村有关人员向广大农牧民群众宣传了有关森林防火知识。

【森林病虫害防治】 随着尼木县造林面积大幅度增加，病虫害防治工作也是林业后期管理的一项重要工作。2016年，林业局共投入涂料8箱，防治面积达300亩，起到既防虫又保水的双重作用。

【安全生产】 坚持预防为主，超前谋划。强化组织领导，成立安全生产工作领导小组；突出宣传教育，采取多种形式全面宣传安全生产各项方针政策和措施目标，着力提高职工安全生产意识和安全防范能力，营造良好氛围；加强检查治理，认真开展隐患排查治理专项行动，全面落实安全生产责任，建立并完善安全监控长效机制，做到防患于未然。通过采取切实有力措施加强安全生产目标管理，确保了全年无安全事故发生。

【党建工作】 加强党组织建设、落实党建责任。全局通过强化落实党委工作责任制，建立了局长负总责的党建工作领导小组，制定了党建工作年度计划，实施公开承诺制，细化工作任务，每月按时召开党建工作例会，坚持“四议两公开一监督”工作方法，围绕改革发展稳定大局，根据上级党委部署，结合《2016年党建目标责任书》和《2016年党建工作年度计划》，理清思路，明确任务，完成全年目标要求。扎实抓好学习型党组织建设。由领导班子成员组成理论学习中心组，定于每月月初进行集中学习。同时以农林支部为单位共同制定《农林支部2016年中心组理论学习计划》《制定学习型党组织方案》，明确学习内容和要求，成立以支部书记为中心组组长，严格执行集体研讨、个人自学、学习交流、专题调研、学习考勤、学习通报和学习考核制度，要求每名中心组成员每年撰写1篇高质量的理论学习文字，8篇调研报告。截至年底，党委理论中心组组织集中学习11次。

【纪检工作】 强化作风转变，促进干事环境风清气正。严格落实中央“八项规定”、自治区“约法十章”、市委“八项要求”等纪律规定，认真结合“两学一做”教育实践活动，以纠正“四风”问题为重点，扎实开展作风监督检查和整治工作，并督促落实整改，取得明显成效：加强公务用车管理，杜绝公车私用现象；通过精简办文办会，会议次数、会议时间明显减少；“三公”经费进一步规范，办公经费逐年在减少。深入开展专项行动。严厉查处慵、懒、散和损害政府窗口形象等问题。扎实开展纠“四风”专项行动，严查整治干部职工打牌赌博风、公款吃喝风和违规办酒风。认真开展“三资”清理工作，摸清底数，全面整改公款私存、公物私用等违规行为。加强惠民资金监督检查力度，年内，开展惠民资金监督检查，分别是生态补偿金、退耕还林补助等等进行了督促检查，并建立了工作台账。及时出台规章制度。坚持用制度管人、管事，先后出台《考勤管理制度》《公车管理制度》《财经管理制度》等制度和规定，使全局作风建设有章可依。

【维护社会稳定】 预防和化解社会矛盾，促进和谐。林业局把预防和化解不稳定因素作为首要任务，年初成立了社会治安综合治理和维护稳定工作领导小组，通过明确第一责任人、开展经常性的工作和建立健全奖惩机制，全局形成了齐抓共管的格局，牢固树立了“稳定压倒一切”和守土有责的强烈意识。

狠抓领导责任制的落实。调整充实了林业局维护社会稳定工作领导小组，建立了相应机构，落实专人负责。结合林业局实际，逐步建立健全维稳工作网络。定期排查林业有关的矛盾纠纷，制定具体处置预案，加强调处工作，把矛盾纠纷化解在基层、化解在萌芽状态。狠抓维稳带班值班工作。年内，敏感节日多、维稳任务重、标准要求高，为切实做好维稳工作，要求实行24小时值班制度，一系列规章制度得到了较好的落实，确保社会局势的持续稳定、全面稳定、长期稳定。

【“两学一做”】 自“两学一做”学习教育活动开展以来，林业局高度重视，根据《尼木县“两学一做”教育实施方案》要求，结合三会一课制度和支部中心组学习制定《农林支部“两学一做”教育实施方案》和《农林支部“两学一做”学习计划》，通过集中学习和自学方式，以讲党课和开展专题讨论为载体，促进全局“两学一做”教育学习扎实有效。

围绕“两学一做”深入开展谈心交心活动。林业局党支部负责人高度重视，周密部署，充分发挥示范带头作用，开展班子主要负责人与班子成员之间、班子成员与干部之间的谈心活动。

【结对帮扶】 根据精准扶贫结对帮扶相关文件要求，林业局按照结对帮扶工作要求进行了充实调整，全局精准扶贫结对认亲联系户正在开展结对帮扶措施落实情况工作。

（旦增罗布）

【领导名录】

局　长　普　　布（藏族）

副局长　洛桑扎西（藏族）

尼木县水务局

【概况】 2016年，尼木县水务局内设科室5个，分别为局办公室、防汛抗旱兼水土保持办公室、小型农田水利办公室、农村饮水办公室、自来水水费收取办公室，在职干部职工28人，其中正科级2人，副科级0人。人员结构：公务员2人；专业技术人员6人，技术工人11人，公益性岗位3人，临时工6人。

【工程建设】 2016年，深入贯彻落实各项决策部署，以“十三五”水利规划为统领，紧紧围绕全县经济社会发展、农牧业生产和精准扶贫的需要，把握“不断深化水利改革、大力发展民生水利”的要求，精心谋划，周密部署，扎实工作，围绕全县社会经济发展，大力开展中小河流治理、农田水利、饮水安全等重点工程建设，全年解决2100多人、1300多头（只、匹）牲畜饮水问题，完成水利投资10577.79万元，开（复）工项目64个，开（复）工率达100%。全年新建小型水渠37条，长度达80余公里，新建扩容水塘12座，库容达11万多方，疏浚灌渠18条，清淤蓄水池（塘）6座；新建灌区2个，干渠长度达34公里，新增和改善灌溉面积8000余亩，新增节水灌溉面积4500余亩。

【灌区工程】 年内，实施灌区工程建设项目2个，总投资达4182.21万元。其中东风灌区项目投资为2636.41万元，新建取水枢纽1座，改造干渠长度22.65千米，配套渠系建筑物291座，3月份开工，现已完成主体程建设任务；幸福灌区投资1545.8万元，新建干渠1条长度11.66千米，支渠9

条长度9.194千米，配套区系建筑物218座，于7月底开工，现已完成建设任务的85%。

【小型农田水利工程】 2016年，共实施小农水重点县建设项目49个，总投资3634.37万元。实施2015年小型农田水利重点县建设。投资1169.5万元（国家投资1000万元，地县投入169.5万元），17个项目建设点，6月全部完工投入使用，并完成县级验收工作；实施2016年小型农田水利重点县建设。投资2464.87万元，32个项目建设点，9月份开工，现已基本完工；争取县级财政投入。为保障乌米开发区用水，争取县级资金116.16万元改建乌米开发区内4600多米水渠和部分排水工程，已基本完工。

【饮水安全工程】 2016年，实施饮水工程3处，投资431.78万元。加强农村饮水设施建设。投资29万元，完成了霍德村江组、朗定组和4万元的夏朗6户搬迁饮水点建设，新建蓄水池4座、维修取水口、铺设饮水管线长约2100多米，已通过验收，投入使用；实施县城水厂改扩建。投资398.78万元，建设取水工程、取水管网、水厂扩建等建设内容，7月份全部完工投入使用，并进行合同完工验收，该项目建成后极大地提高县城及周边群众的供水保障力。

【中小河流治理】 全年完成中小河流治理工程10个，投资2213.27万元。实施塔荣——尼木防洪堤建设。工程投资1881.77万元，新建堤防工程13.095公里，排水涵管4处，穿堤交叉建筑物15座，现已完成建设任务的50%左右；落实公益性项目建设。通过争取公益性项目资金，推进中小河流治理速度，2016年争取资金166.5万元对8个区域段河流实施了乡村简易防洪堤工程，长度达5300多米，在汛前全部完工并验收，汛期作用明显；落实县级资金建设。为保障乌米开发区养鸡场顺利实施，协调县级资金165万元修建防洪堤200米，排水沟755米，已完工投入使用。

【防汛抗旱】 2016年，始终把水利工程的安全度汛、山洪灾害防御、救灾应急作为防汛工作的重点。及时完善预案。按照要求，及时调整充实县防汛抗旱指挥部、各乡镇领导小组，做到目标明确，任务落实，责任到人。同时对2座水库度汛计划、防汛抢险应急预案，村级防洪抢险救灾应急预案进行修订完善，明确了责任人及职责；提前维护设备。汛前县防汛抗旱指挥部对各乡镇防汛备汛情况及各水库、塘坝、防洪堤进行汛前安全大检查，存在的隐患做到了汛前督促整改到位。同时充分发挥预警系统作用，汛前对县防汛会商室、监测系统、预警平台及全县17套村级预警设施进行维护，确保汛期预警设施正常运行；为进一步提高防灾意识，及时将10万元的山洪灾害防治经费下拨至各乡镇用于开展演练；落实防汛物资。2016年，共协调落实防汛物资经费79.72万元，汛前为乡镇发放铁丝、铅丝180圈、编织袋124000条和小斗车等各类防汛物资；落实应急机制。应对2016年严峻的防汛形势，乡镇组建了防汛抢险应急队伍，为充分发挥当地企业及公司机械在防汛抢险中作用，与企业签订《尼木县2016年防汛应急抢险区域协议书》，明确防汛应急抢险责任区域及任务，在汛期中共调配当地企业出动机械103台次776小时投入到清淤道路、疏浚河道中，有力确保全县汛期的道路河流畅通；争取经费投入。积极争取区级财政防汛补助经费35万元对全县8处水毁及损坏工程及时进行了修复。

【扶贫、驻村工作】 为推动驻村与精准扶贫结对帮扶工作落到实处，突出重点，采取措施。帮助贫困户转变思想。全年组织4次结对人员入户，与贫困群众谈心交友，分析致贫原因，了解帮扶意愿，填写“结对认亲卡”，制定一户一措施一台账，开展一对一、多对一入户思想教育，扶贫政策宣传，对生活上困难群众主动予以慰问帮扶；引导贫困群众就业。充分发挥行业优势，全年引导该村贫困户劳力42人就地安排转移到东风、幸福灌区工地务工，增加现金收入约36万元；做好保障扶贫工作。积极协调市局落实水利以补脱贫岗位439个，分配至乡镇，落实到人，完成了县级精准扶贫100户432人集中搬迁供水工程实施方案的编制与审查工作；强化驻村帮扶。在积极选派得力驻村队员的同时，帮助派驻雪拉村落实惠民项目3个资金达90多万元，

【建议、提案办理落实】 2016年，承担办理人大建议（意见）12件、政协提案2件。截至年底，已办理建议8件，提案1件，上报上级业务部门2件，并在规定时限内全部给予答复，满意率达100%，按时完成各类督办10件。

【前期工作力度不断加大】 始终坚持在项目争取上下功夫，积极争取政策性资金支持，先后谋划储备了水库、防洪工程、灌区建设等重点水利项目。截至年底，正在开展预算投资2576.93万元的续迈乡、1056.87万元的强聂村和1779.19万元的普巴村3段中小河流治理工程前期的财政投资评审工作；重大水利工程——帕古水库已进入可研审查阶段；投资1327.46万元的吞巴灌区正在环评工作，力争2017年建设；投资1200万元的卡如乡赤朗水土保持一期工程前期工作全面开展；已完成了2500万元的2017年国家级小型农田水利“重点县”28个建设点的方案编制与县级初审工作，上报了2500多万元48个建设点的“十三五”时期农村饮水巩固提升工程实施方案。

【体制改革发展稳步推进】 在实施全国“小型农田产权制度改革及创新运行管护机制”和全区“水利工程体制改革试点”工作中，本着“先行试点、典型引路、分类实施、全面推进”的要求。加强组织领导。成立县、乡改革领导小组，设立改革机构，推进日常工作的开展；营造浓厚氛围。为确保改革工作顺利实施，对相关人员进行培训，认真宣讲改革方案，解读改革政策。工作人员积极走村入户，向农牧民群众宣传改革的意义与必要性，得到农牧群众支持，提升了参与改革的积极性和主动性，为改革深入推进打下坚实群众基础；完善配套政策。制定《尼木县小型水利工程产权制度改革办法》《尼木农田水利设施项目建设管理公开公示实施办法》《尼木小型农田水利工程建管一体化实施办法》等制度，通过健全各项制度，明确管护职责，使管护工作明细化、制度化，调动广大群众管水、治水的积极性。截至年底，3个试点乡镇已完成宣传动员、调查摸底、统计登记工作，下一步将进入确权办证阶段，改革各项工作按照既定方案稳步推进。

（格桑曲珍）

【领导名录】

县人大常委会副主任、局长
旦　平（藏族）
副局长　李　品

尼木县旅游局

【概况】 2016年，尼木县“一日游”游客达到74833人次，比2015年同期增长13%。旅游收入达到3026.73万元，比2015年同期增长16%。尼木县农牧民参与旅游户数达到720户，3200人直接参与藏香、藏纸、经板雕刻、经幡制作和销售工作，其中经济收入达2000多万元。

【旅游项目建设】 2016年，制定尼木县有史以来最好的旅游发展规划。由当初的吞巴一个景区的发展规划，变成了按全域旅游理念的全县旅游发展规划升级改造。后来又深化演变推出了卡如特色沟域经济，曲林、林岗精准脱贫奔小康示范村项目等。推出了琼穆岗嘎雪山、卡如温泉、元代要塞等景点。2016年重点打造的续迈温泉建设项目完成了招投标工作，10月12日，四川金琴建筑工程有限公司正式进入施工现场开展放线、地基平整、开挖等工作，该项目总投资840万元。全县旅游提档升级发展规划，在前次框架性的初稿上，正在完善修改、细化。

努力打造琼穆岗嘎雪山自然风景游览区。琼穆岗嘎自然风光优美，蓝天、白云、雪山、冰川组成了一幅独特的风景线，具有不可复制性和唯一性，与其他景区不存在同质化。结合琼穆岗嘎

雪山的特点，县旅游局与分管领导多次向上级部门和领导做了开发琼穆岗嘎雪山的工作汇报，引起了市委、市政府的高度重视。2016年10月3日，齐扎拉书记专程前往琼穆岗嘎雪山实地开展调研工作，并与县委、县政府形成了开发琼穆岗嘎雪山自然风景区的初步设想。截至年底，项目正在规划当中。卡如特色沟域经济可行性报告已完成，正在抓紧初设。卡如温泉可研究性报告已给设计方明确提出，从“卡如特色沟域经济项目”中提出，作为一个独立项目。

【传统文化保护】 尼木县吞巴乡是藏文字创始人吞弥.桑布扎的故里，有深厚的历史、人文资源，在吞达村旅游开发的建设过程中，吞达村吞巴景区修建了全国首座藏文字主题博物馆，在博物馆内集中展示以藏香、藏纸、藏雕刻等8项国家级、自治区级非物质文化遗产为主题的文化产品，使尼木县的传统文化得以保护开发。

【旅游宣传推介】 年内，为加大对尼木县的宣传力度，提升尼木县旅游整体形象，旅游局精心制定了全年旅游宣传促销和市场开发工作方案，组织开展多形式、宽渠道、深领域、全方位的宣传促销活动。积极参与自治区旅游局，市旅游局安排部署的“北京旅游博览会”和拉萨市旅游局举办的“最美乡村旅游推介会”，深度展示了尼木县丰富的乡村旅游资源和文化内涵，促进新兴景区（点）发展推介，把新兴景区（点）极力展现给各大旅行社及广大游客，通过旅行社把乡村旅游资源推出去，编入旅游线路，推动尼木县旅游经济的全面快速发展，让更多人了解尼木，走进尼木。为全面打造全域旅游，拉萨国际旅游文化城市，旅游局积极配合市局安排，前后接待全域旅游规划团和新浪微博微信采风团参观吞弥桑布扎故居、藏文化主题博物馆、水磨长廊、如巴湖等景区景点；全面了解藏香、藏纸、雕刻、绘画、古村落等文化底蕴深厚的旅游资源，提高景区知名度，更为景区增光添彩。在北京旅游杂志发表了2篇关于尼木旅游发展的调研文章。

【旅游行业管理】 年内，全面加强旅游行业管理，规范旅游经营与服务行为，着力构建平安、满意、文明的旅游环境。发挥尼木县旅游协调委员会的职能作用，有效合理的治理景区违法违规活动；认真协调配合市旅游局开展的各类旅游执法、宣传评星活动，对尼木县境内的景区景点、旅馆、宾馆讲解宣传国家旅游法、评星标准等，有效提高了尼木县旅游服务质量、景区标准化的建设工作；旅游局联合有关部门，认真开展旅游市场秩序综合整治工作，着力提高游客综合服务满意度。同时，与经营户签订门前“四包”责任书，形成经商合法化、管理规范化、市场有序化的良好局面。选派1名同志前往北京市旅发委进行了挂职锻炼，选派2名业务骨干前往江苏南京旅游学院进行了业务培训。

【助推精准扶贫】 全面结合尼木县精准扶贫工作和市局乡村旅游扶贫工程要求，对吞达村和结对帮扶对象进行了全面调研摸底工作并根据各户的家庭情况、劳动力情况制定扶贫实施方案，并争取到16名旅游厕所保洁员名额，配齐建档立卡的贫困户，努力完成尼木县扶贫攻坚任务。根据市委补脱贫办公室的会议精神和市旅游局乡村旅游扶贫工程要求，旅游局结合尼木县旅游发展情况，分析景点景区、道路沿线、乡镇发展情况上报2个乡村旅游扶贫村、15户乡村旅游扶贫户、申报5个乡村旅游扶持项目和92座旅游厕所列入厕所革命行列。

（崔　健）

【领导名录】

县人大常委会副主任、局长

张世杰

副局长　次　仁（女，藏族）

尼木县安全生产监督管理局

【概况】 尼木县安监局核定行政编制3人，实有人员6人，其中公务员5人，工人1人。2016年，尼木县安监局立足为全县经济社会持续快速发展创造良好的安全生产环境，狠抓安全生产各项工作措施落实，确保了全县安全生产形势持续稳定。

【安全生产事故情况】 年内，尼木县安监局在做好非煤矿山、烟花爆竹、危险化学品领域安全生产监管工作的同时，作为县安委办对全县的安全生产工作开展情况进行协调和督查，及时掌握全县的安全生产形势并向县主要领导反映。截至年底，全县共发生各类生产安全事故32起，未发生较大以上生产安全事故，死亡1人，伤14人，直接经济损失133.64088万元（其中道路交通事故31起，伤13人，直接经济损失37.64438万元；建筑施工生产安全事故1起，死亡1人，伤1人，直接经济损失95.9965万元）。与2015年同期（事故42起，无人员死亡，伤5人，直接经济损失14.44万元）相比，事故起数下降23.81%，死亡人数增加，受伤人数上升180%，事故直接经济损失上升825.49%。

【安全生产监管】 2016年，尼木县安监局加强对非煤矿山、危险化学品、烟花爆竹行业的安全监管，实现了三大行业安全生产形势平稳。

【非煤矿山复产验收】 4—5月，非煤矿山企业逐渐复工。为营造良好的企业安全环境，尼木县安监局把好非煤矿山复产、复工前安全准入关口，认真做好复产验收准备工作，组织干部职工学习了市局复产验收文件精神，部署复产验收工作，明确了验收标准和程序。同时要求各非煤矿山企业严格按照复产、复工条件，制定自查方案并深入开展隐患自查，确保自查人员、措施落实到位。4—6月，尼木县安监局牵头相关部门，先后对提交复产申请和备案资料的尼木铜业公司、拉萨天利矿业公司进行了复产验收，因尼木铜业公司采矿车间隐患整改不到位，经征求相关部门意见，县安监局要求尼木铜业公司对采矿车间存在的隐患继续进行整改，原则同意尼木铜业公司电解车间、拉萨天利矿业公司复工。因聂玉采石场备案资料不齐全，迟迟未能复产验收。9月初，聂玉采石场将相关资料在县安监局备案齐全、提交复产验收申请后，尼木县安监局牵头相关部门对聂玉采石场进行了复产验收，各部门结合本部门工作职责进行了检查，就复产验收提出了意见，对存在的隐患要求聂玉采石场尽快整改；聂玉采石场对检查发现的安全隐患于10月初整改完毕后，县安监局在汇总各部门意见的基础上，原则同意该采石场复工。

【对非煤矿山企业安全监管】 共对非煤矿山企业（尼木铜业公司、聂玉采石场、西藏优拉工贸有限公司、拉萨天利矿业公司）检查29次，参加检查人员82人次，共发现隐患10处，整改10处；发现西藏优拉工贸有限公司在资质不齐全的情况下，在吞巴乡根比村新建采石场，在开展修路等相关前期准备工作过程中，存在采石的违法行为。对此县安监局向该公司下发了停产整改指令书，责令立即停工，并向该公司下发了《通知》，明确要求其在办理相关资质手续期间，必须停止采石作业。针对聂玉采石场未经复产验收违规开工的情况，县安监局向聂玉采石场下发了整改指令书，责令关闭整改，对该采石场装载机、存放作业工具房间张贴了封条，防止其继续违规开工，并向该采石场下发了行政处罚决定书，给予3.5万元的行政处罚。

【对县加油站安全监管】 年内，共对县加油站检查27次，参加检查人员62人次，共发现隐患2处，下发整改指令书2份，整改2处，下发整改复查意见书2份。

【烟花爆竹安全监管】 尼木县的烟花爆竹销售为季节性销售，仅在春节、尼木年、藏历新年期间销售。尼木县安监局作为烟花爆竹零售经营的行业监管部门，1—2月在烟花爆竹售卖期间，联合消防、公安等部门对县城烟花爆竹售卖情况进行了安全检查，共检查8次，出动检查人员24人次，发现隐患3处，当场整改3处。截至2月17日，3家商铺将剩余的烟花爆竹退还至拉萨市烟花爆竹协会，尼木县烟花爆竹零售工作圆满结束。

【安全生产宣传教育】 为加强安全生产宣传，尼木县投入10.56万元制作了《职业病防治法》（藏汉双语版）、安全生产手提袋、安全生产年历等宣传资料。县安监局利用学雷锋日、综治宣传日、“安全生产月”、平安西藏宣传日等广泛开展安全宣传，通过悬挂横幅、摆放宣传展板、咨询服务、发放宣传资料、播放安全知识光碟等形式进行宣传，共悬挂横幅30余条，摆放展板20余块，向8乡镇、各企业及群众发放新《中华人民共和国安全生产法》《职业病防治法》（藏汉双语版）、《企业安全生产风险公告六条规定》《非煤矿山企业安全生产十条规定》、安全生产手提袋、安全生产年历、安全生产宣传手册10600余份，接受群众现场咨询820余人次，起到了普及安全生产知识的效果。

【安全生产行政许可】 尼木县安监局对从事烟花爆竹零售经营者的经营布点进行严格审批。为做好烟花爆竹零售的经营布点工作，尼木县安监局联合消防、工商、公安等部门，对申请售卖烟花爆竹的商铺进行严格把关。经4部门一致审核通过后，县安监局方可确定烟花爆竹经营布点的商铺；经4部门严格审核，县安监局最终确定了3家经营烟花爆竹的商铺，并组织审核通过的3家商铺到拉萨市烟花爆竹协会参加培训，培训合格后向3家售卖烟花爆竹的商铺收取了5000元的风险抵押金，发放了烟花爆竹经营（零售）许可证。在烟花爆竹经营（零售）许可证到期后，将之收回，并向严格按照《烟花爆竹安全管理条例》售卖烟花爆竹的商铺退还风险抵押金。

【严格执行月通报制度】 尼木县安委办（县安监局）继续严格执行安全生产月通报制度。截至年底，安全生产月报已印发11期。

【开展安全生产督查工作】 年内，尼木县安监局多次陪同县委、县政府领导深入行业监管部门、生产经营单位检查安全生产工作开展情况，督促行业主管部门、生产经营单位严格落实安全生产责任，在“三月重要时期”“安全生产月”“雪顿节”等重大节点加大隐患排查力度，共开展督查20余次，对桥头检查站、县加油站、加气站、尼木乡、塔荣镇、普松乡等单位安全生产工作进行督查，督促落实安全生产各项措施。

【安全生产大检查、大排查、大整治专项行动】 2016年，尼木县安委办（县安监局）制定下发了《尼木县安全生产委员会关于持续深入开展安全生产大检查 大排查 大整治工作的通知》，成立了领导小组，明确了检查重点，检查内容、重点行业（领域）和工作要求，集中开展了安全生产大检查、大排查、大整治专项行动；县委、县政府主要领导对全县安全生产高度重视，将安全生产工作纳入重要议事日程，亲自安排、亲自布置、亲自检查，召开3次会议，听取安全生产大检查大排查大整治工作汇报，安排部署下一阶段安全生产工作；县安委办在重要时段加大对重点行业（领域）检查督查力度，共开展安全生产检查督查20余次。

安全生产大检查、大排查、大整治专项行动开展以来，8个乡（镇）、13个大行业（领域）监管部门共排查隐患917处，整改905处，其余12处隐患正在整改当中。

【牵头开展“7·20”事故调查处理】 7月20日，尼木县尼木乡乌米组藏鸡原种保护基地建设项目（一期）工地发生1起建筑施工事故，事故造成1人受重伤，1人受轻伤。重伤人员因抢救无效于7月21日凌晨6：50死亡，直接经济损失95.9965万元。

县委、县政府于7月21日接到重伤人员经抢救无效死亡的报告后，高度重视，第一时间迅速做出部署，研究处理措施。根据县委、县政府主要领导指示要求，依据《中华人民共和国安全生产法》《生产安全事故报告和调查处理条例》《国家安全监管总局印发关于生产安全事故调查处理中有关问题规定的通知》等有关法律法规，经县人民政府批准，县安监局牵头县监察局、住建局、公安局、工会、检察院成立事故调查组，开展事故调查工作。事故调查组将形成的《尼木县藏鸡原种保护基地建设项目（一期）“7·20”一般事故调查报告》向县人民政府提交，在县人民政府批准同意后，事故调查组将该事故调查报告报送市安委办，市安委办批准同意。

尼木县安监局依据相关法律法规，按照事故调查组的决定，向事故发生单位西藏达孜县建筑安装工程总公司和项目主要负责人西藏达孜县建筑安装工程总公司副总经理骆刚下发了《安全生产违法行为行政处罚决定书》给予行政处罚，给予西藏达孜县建筑安装工程总公司10万元罚款，给予项目主要负责人西藏达孜县建筑安装工程总公司副总经理骆刚1.8万元罚款。

同时尼木县人民政府研究决定，对发生“7·20”生产安全事故的属地管理单位主要责任人、行业主管部门主要负责人、项目发包方对该项目的直接负责人给予全县通报批评，要求各乡（镇）、县（中）直各部门引以为戒，举一反三，对本辖区、本行业（领域）的安全生产工作要高度重视，全面开展安全生产大检查大排查大整治工作，切实消除安全隐患。

另外，尼木县安委办按照市安委办要求，责令事故相关单位西藏达孜县建筑安装工程总公司、县农牧局、县住建局、尼木乡人民政府认真查找事故原因，制定事故防范措施，形成事故整改报告报送至县安委办。县安委办将其上报的事故整改报告进行汇总，报送至市安委办。

【汇编全县安全生产事故应急预案】 根据新《中华人民共和国安全生产法》的规定及区市安委办关于制定汇编安全生产事故应急救援预案的要求，县安委办高度重视，督促各乡（镇）、各行业（领域）主管部门制定报送安全生产事故应急救援预案，并对各乡（镇）、各行业（领域）主管部门报送的安全生产事故应急救援预案进行了汇编，并将汇编成册的《尼木县安全生产事故灾难应急预案》向县领导报送，向县安委会各成员单位发放。

（杨　卓）

【领导名录】

局　　长　王万宪
主任科员　扎　　桑（女，藏族，5月免）
副 局 长　德庆卓玛（女，藏族，1月任）

尼木县国家税务局

【概况】 随着税收征管改革和税收制度改革的深化，2016年尼木县国家税务局坚持依法治税、科技兴税，围绕组织收入中心工作，不断加强干部队伍建设，加快信息化建设步伐，加强重点税源的重点监控管理，逐步推进精细化管理，促进税收收入连续快速增长，为尼木县经济发展做出了积极贡献。

【税收收入】 2016年，尼木县国税局组织各项税收收入13502万元，较上年同期增收3675.16万元，同比增长37.36%。

【税收特点分析】 截至年底，税收收入的完成情况来看，中央级第一，县区级收入次之，自治区级第三。其中：中央级收入6846.76万元，占收入的50.71%，同比2015年增收1755.54万元，同比增长34.98%；县级收入6245.25万元，占收入的46.25%，同比2015年增收1736.65万元，同比增长38.52%；自治区级以及地市占收入的3.04%。

从行业纳税情况分析，尼木县采矿业2016年共计上缴税金21.86万元；批发和零售业缴纳各项税款10723.32万元，尼木县招商引资企业共申报缴纳各项税款10048.76万元，占批发零售业税收收入93.71%；建筑安装业：截至年底，在尼木县从事建筑的企业和零散建筑安装户申报缴纳各项税款1264.72万元，受营改增政策的影响，建筑业税收收入比上年同期有所下降。

【加强税源管理、提升征管质量】 通过加强业务培训，带动税收管理员整体水平的提高；通过强化一般纳税人管理，巩固采矿业、以主体行业的管理，非主体行业进一步走向规范，从而促进行业管理水平的提高；加大对漏征漏管户的清理力度，提高户籍管理水平；大力提高纳税人遵章守制的意识，包括企业法人、老板、企业财务人员、办税人员的素质和操作能力，使税企双方都能够适应新时期征管工作的需要。

【落实税收优惠政策】 围绕尼木县经济发展战略和民生大计，积极落实税收优惠政策，推进尼木县经济发展方式转变、产业升级调整和人民生活水平改善。

【税收管理】 继续深化协调联动机制，强化税收管理。充分发挥协调全局联动的职能作用，健全工作制度，不断拓宽联动内容，努力创新工作手段，不断加强联动机制信息化建设，保障协调联动工作的顺畅运转。强化纳税评估，规范评估流程和文书使用，提高评估水平。

【全面落实"营改增"】 在全面推广营改增改革过程中，尼木县国税局干部肩挑重担，用实际行动推动着这场历史的变革，默默奉献，服务好纳税人。为确保"营改增"工作的顺利推行，尼木县国税局干部通过科学部署收集全面有效的"营改增"试点纳税人信息，反复认真地进行数据核实工作，确定纳入营改增纳税人名单。吃透"营改增"相关政策知识，熟练掌握代开操作系统，一次次代开发票测试，一条条政策咨询回复，打通政策落地的"最后一公里"，做好服务解释的"最后一公分"，为"营改增"改革工作的顺利实施打下了最坚实的基础。营改增全面推广首日尼木县第一张营改增增值税普通发票于5月1日0时6分成功开具，发票金额970873.79元，增值税额29126.21元，价税合计1000000元。标志着尼木县圆满完成营改增税制转换后的发票开具工作，实现营改增政策实施下的顺利过渡。

（敬俊杰）

【领导名录】

局　长　李　纲

副局长　顿珠旺修（藏族，8月免）

专职纪检监察员

　　罗布次仁（藏族，9月免）

尼木县工商行政管理局

【概况】 尼木县工商局坐落于尼木县人民路9号，占地面积1563平方米，建筑面积800平方米，其中办公楼1栋（两层）、住宿楼1栋（两层）、执法车辆1辆、现有在职人员5人，其中干部3人，职工2人。

【市场主体总量不断攀高】 积极推动注册资本实缴变认缴登记制、放宽注册资本最低限制和"先照后证""三证合一"等改革政策措施的落实，有效降低了市场主体准入门槛，激发了市场活力。截至11月份，尼木县市场主体共计1211户，其中个体工商户965户、企业130户、农民专业合作社116户。2016年，新发展市场主体251户、总体增长0.26%、从业人员953人、注册资本73077.5万元，其中新增个体工商户163户，同比增长0.2%，从业人员326人，注册资本270.5万元，新增企业47户，同比增长0.56%，从业人员141人，注册资本69764万元，新增农民专业合作社41户，同比增长0.54%，从业人员486人，注册资本3043万元。

【改革成效逐步得到显现】 商事制度改革，注册资本实缴改为认缴，解决了企业资金短缺、验资繁琐的问题，为企业节省了费用；"先照后证"，为企业赢得了盈利增收的宝贵时间；"三证合一、一照一码"，将企业办证由"复杂"变为"简单"，解决了企业主办证难的问题。截至年底，改革成效已逐步显现。2016年，已办理"三证合一、一照一码"营业执照235户。

【企业信用信息公示】 工商局通过对外抓服务，利用手机短信、电视宣传、上门面对面服务等方式加强年报宣传与指导；对内抓落实，采取到兄弟县学习先进经验、年报工作与市场主体清查及换照相结合、强化奖惩机制等方式，双管齐下做好年报公示工作。截至2016年6月30日，工商局2015年度年报公示率达到98.5%，其中个体应年报802户、实际年报802户、年报率为100%、企业应年报83户、实际年报81户、年报率为98.2%、农民专业合作社应年报75户、实际年报75户、年报率为100%。

【品牌建设持续推进】 在全县范围内选择具有一定生产规模、产品质量好、发展潜力大的企业、个体户，纳入商标培育企业范畴，进行重点培育，指导企业申请注册商标，引领企业走自主创牌之路。同时，加大自治区著名商标和中国驰名商标的培育力度。全县发展注册商标1件，2016年新增加注册商标1件。

【依法行政，维护公平竞争市场环境】 市场监管是工商的第一职责，为营造良好市场秩序，工商局将专项整治工作作为整顿和规范市场经济秩序的有效途径，2016年共立案查办一般程序处罚案件3件，罚没金额4000元，市场秩序得到了进一步的规范，良好的市场环境逐渐形成。

【推动"红盾护农"长效监管机制】 年内，工商局以"红盾护农"为着力点，全面服务农业产业化发展，严把农资经营主体市场准入关，加大农资抽检力度，大力开展"红盾护农"专项行动，严查农资违法经营行为，有效规范农资市场消费环境。

【打击虚假违法广告】 进一步加强广告监督管理，严格广告发布审查制度，规范了户外广告的发布行为，加强了对广告发布的备案检查，全年对户外广告进行了4次清理，通过清理，发现未登记户外广告2条。检查了药品广告4条，其中违法药品广告1条，共责令停止发布违法药品广告和处方药品广告1条，限期整改1条。

【食品安全整治】 先后开展元旦、春节、藏历新年等各项节日食品市场整治、农村食品市场专项整治、校园周边食品安全专项整治等各类专项整治工作。2016年，共计出动执法人员124人次、出动车辆30台次、没收销毁过期变质食品160余公斤、饮料120余瓶。开展食品监测抽样6个批次，快速检测食品品种12个批次。

【继续巩固打击传销成果】 年初制定2016年打击传销工作计划，召开了县打击传销成员单位打击传销工作的联席会议，部署打击传销工作。2016年，共出动执法人员18人次，出动宣传车6次，散发各种宣传资料200余份，悬挂横幅标语4条，2016年全县没有出现传销组织、传销人员和传销窝点。

【法制宣传】 3月15日，工商局归纳总结了《网购防骗十八招》，以漫画的形式制作成宣传展板，在县人流集中的人民路、幸福路开展宣传咨询活动，帮助消费者维护好自己的合法权益。同时，将如何警惕网银陷阱、警惕12种手机诈骗手法、购买商品房注意事项等消费者关注的热点问题制成宣传册，向广大消费者宣传讲解。并邀请了县有线电视台等媒介全程参与，广泛报道。做到了街头上有宣传、报纸上有文字、电视上有声音，营造了良好的氛围。

【加大监测力度】 工商局针对社会反映强烈、消费者诉求集中的重点商品以及监管执法中发现的不合格商品，制定了年度流通领域商品质量监测计划和商品质量监测工作实施方案，加大商品质量监测力度，充分利用监测结果，强化对销售不合格商品违法案件查办工作，2016年对2个批次的手机进行了检查和监测。

【做好维权工作】 工商局始终狠抓消费纠纷的处理，推行首问责任制，做到有诉必接，热情接待、热心服务。继续完善维权服务网络，充分发挥"12315"职责作用，推进消费者权益保护工作的深入开展，截至年底，共受理申诉举报1起，挽回经济损失500元。

【精准扶贫】 工商局高度重视精准扶贫工作，领导干部"一对一"扶贫工作正常开展，3名副科级以上干部与尼木县帕古乡贫困户结对帮扶，深入了解贫困户的实际困难，承诺将贫困户反映的困难与有关部门联系协调解决，鼓励贫困户在各级党委、政府和工商局的帮扶下，自力更生，尽快实现脱贫致富目标，并为该村贫困村民送去了大米、面粉、砖茶、食用油等价值3000余元的日常生活用品。

（嘎玛达杰）

【领导名录】

局　长　格桑次仁（藏族）

副局长　仁青次仁（藏族）

尼木县“四业工程”办公室

【概况】尼木县“四业工程”以中共十八大及区、市党委会议精神和区、市、县脱贫攻坚会议精神为指导，以保障和改善民生作为根本出发点和落脚点，以解决影响社会和谐稳定突出问题为突破口，坚持把“四业工程”列入全县工作的突出位置统筹安排，切实把“四业工程”作为民生工程、德政工程、扶贫工程、一号工程来抓。通过建立健全组织领导，强化主要领导责任，认真开展调查研究，周密安排各项工作，深入开展教育引导，加大资金投入力度等措施强力推进“四业工程”建设，为全县的经济快速发展、社会和谐稳定和精准扶贫工作做出了积极贡献。

【切实加强组织领导】县委、县政府高度重视“四业工程”建设，通过“四个一”强化组织领导，具体为：建立一个网络，就是服务网络；把握一个重点，就是宣传发动；坚持一项制度，就是会议制度；做好一个表率，就是领导干部作表率，确保了“四业工程”时时有人抓，事事有人管。县委书记担任“四业工程”建设第一责任人，县长担任“四业工程”办公室主任，安排6名副县级领导担任办公室副主任，县直24个部门作为责任单位成立了综合组、市场对接组、农牧民培训组和驻市“四业”办工作组；各乡（镇）也成立了“四业工程”领导小组，设立了专门的“四业工程”办公室，确定乡（镇）长担任领导小组组长，指定村第一书记担任“四业工程”联络员，协调驻村工作队积极配合开展工作，建成了完整的组织领导机构；坚持把“四业工程”列入全县工作的突出位置统筹安排，做到了年初有计划，长远有规划，坚持每月调查统计，半年工作总结，不断理清工作思想，明确目标任务，整合服务力量，强力推进“四业工程”建设。

【营造良好氛围】从教育引导、资金保障等基础工作入手，为“四业工程”建设创造良好的环境。县“四业工程”办公室及时组织召开会议，深入学习贯彻“精准扶贫、精准脱贫”战略和区、市、县脱贫攻坚指挥部会议精神，并将相关文件精神翻译成藏文下发至乡（镇）、村（组）进行传达学习。同时，充分利用召开村民会议，集中举办培训等时机，广泛对农牧民群众进行“四业工程”重要意义、惠民利民政策、成功典型事例等内容的宣传，帮助他们解放思想、转变观念、开阔视野，鼓励积极参与“四业工程”。全年，在乡（镇）宣传7次，在村（组）宣传6次，发放藏语宣传资料120份，“宣传手册”310份；2016年，全县投入“四业工程”经费共计84.5万元，其中本级财政投入经费24万元，市“四业工程”办公室投入经费60.5万元，为“四业工程”的有力推进奠定了基础。

【开展培训、转移就业】坚持需要什么就培训什么的原则，在培训工作中深入开展意愿调查统计，精心组织实施，做好跟踪问效等“三项工作”，切实增强培训工作的针对性和实效性。县“四业工程”办公室2次组织工作人员统计全县贫困户18—50周岁劳动力的基本情况、就业去向、培训意愿，为准确实施培训掌握了第一手资料；在培训过程中突出以“尼木三绝”为重点，突出净土健康产业为重点，重点培训建档立卡贫困人员，做到了没有就业门路的不培训，没有发展潜力的不培训，没有市场需求的不培训；全年共完成农牧民技能技术培训10期，共计825人，其中，实用技术培训2期540人，转移就业培训7期275人，创业培训1期10人。积极同5个县内企业对接100个就业岗位，实现100名建档立卡搬迁人员转移就业；对接2016年度以补护林员、草监员、环境监督员3个就业岗位，实现

206名建档立卡人员稳定就业；对接拉萨各招聘单位，实现164名建档立卡人员自主就业。对接各合作社带动贫困户，实现103名建档立卡人员分别在本县内合作社成功就业。

【稳步推进转移就业】 通过采取拓展就业渠道提供更多就业岗位，支持施工队整合提高市场竞争力，借助本县特色优势挖掘就业潜力，优先解决弱势群体的转移就业等“四项措施”稳步推进劳动力转移就业和劳务输出工作。加强政策宣传和就业引导，及时、准确提供就业岗位信息，鼓励更多的农牧民带头择业，带头创业，带头就业。充分利用地缘优势和自身特点，依托净土健康产业、农牧民施工队、农牧民合作社、藏式家具生产点、和谐建筑公司、吞巴旅游景点等经合组织和用人单位安排当地农牧民实现转移就业，采取公开务工信息、协调开发岗位、开展流动招聘服务车等方式积极为农牧民群众转移就业搭建平台。全年完成转移就业共计3255人，增收4133.85万元，农牧民人均可支配收入比上年增长16.4%，农牧民创收收入占农牧民现金收入的81%。

【着力实现科学化管理】 对所属人员进行分类管理，靠前服务，把服务管理工作与落实党的惠民利民政策相结合，与群众路线教育实践活动相结合，与“双联户”工作相结合，着力提高科学化管理水平。以乡（镇）党委政府为主导，村（居）“两委”为主要力量，全县划分41个网格，建立网格化管理机制，依法进行网格化管理。为全面服务基层群众，各乡（镇）成立一站（室）服务中心，着力解决热点难点问题，及时调解各类矛盾纠纷。同时，依托“双联户”工作模式，全县划分611个联户单位，成立联户藏鸡养殖场、采石场、藏香合作社、雕刻协会、农牧民施工队、牦牛育肥基地等经合组织28家，吸纳1245人从业，实现了联帮联扶、联户增收的工作目标。对外出务工人员，以乡（镇）、村（组）为单位，在务工相对集中的区域或企业，对务工人员统一分组指定班长进行管理，乡（镇）指定专人对外出务工人员定期联络，帮助解决实际困难，对其进行法律法规宣传，鼓励安心就业致富；同时，借助“四业工程”平台，优先为其进行就业引导，推荐工作岗位，让他们在岗位上接受监管，在就业中接受教育，在工作中得到转化。

【服务与管理不够协调】 部分乡（镇）对“四业工程”相关精神的理解不透，工作责任心不强，主动性不高，县、乡、村“四业工程”服务与管理力量协调不够，“四业”各环节衔接不够紧密。

【资金保障依赖性较强】 尼木县财政比较紧张，对上级拨付经费依赖性较强，本级“四业工程”经费投入仍有较大差距，在今后的工作中要加大资金的投入保障力度，确保“四业工程”各项工作的顺利开展。

【技术等级认证有待加强】 对农牧民培训后的技术等级考核评定工作重视不够，对考评认证工作组织引导有待加强，部分农牧民参加培训后因没有拿到技术等级证书，在求职应聘过程中，不得不降低工资标准和待遇。

【转移就业回流问题突出】 农牧民转移就业和劳务输出的长效机制及相关保障制度的作用发挥还没有达到预期目的，有些老百姓组织转移出去，企业留不住人，没有形成稳定增长的就业趋势，致使农牧民群众增收步伐缓慢。

（格桑次仁）

【领导名录】

主　任　普　　琼（藏族，县委副书记、县长）
副主任　扎西旺堆（藏族，8月免）
　　　　旦　　平（藏族，县人大常委会副主任、县水务局局长）

尼木县净土产业投资开发有限公司

【概况】 2016年，尼木县各级、各部门在市委、市政府的统一领导和安排部署下，把大力推进净土健康产业作为尼木县经济发展的支柱产业和重大的民生工程来实施，全力打造尼木县乌米净土健康产业园区。按照2016年拉萨市净土健康产业推进大会和尼木县2016年净土健康产业工作推进会议提出的相关要求，理清思路、科学布局、明确目标，努力做好净土健康产业发展各项工作。

【藏鸡养殖】 藏鸡产业是尼木县净土健康产业发展的优势资源。按照县委、县政府提出的“做大做强藏鸡产业”的工作目标，以藏鸡规模化养殖和散养相结合，带动群众增收致富。2016年，尼木县大力发展藏鸡养殖，从原种保护、品种优化、扩大规模和技术创新上下功夫，加大对藏鸡自抱窝孵化的奖励和补贴力度，积极同西藏德青源公司开展业务合作。

【春、秋两季藏鸡防疫】 从3月底开始对全县藏鸡养殖示范点和部分养殖户进行鸡舍消毒、清洁，包括吞巴乡、尼木乡等7个乡镇的13个养殖示范点和部分养殖大户，并在鸡苗发放前再进行消毒清洁，同时对生长中的鸡苗及时打好疫苗，尼木县各养殖点和养殖户，没有发现一起疫情疫病。

【藏鸡养殖规模和标准化鸡舍面积】 全县集中养殖16040只，散养20167只，共计36207只；2016年新建标准化鸡舍1个，标准化鸡舍总面积达5990平方米。

【出台扶持政策】 出台并完善《尼木县促进净土健康藏鸡产业发展的若干政策意见（试行）》《尼木县藏鸡养殖饲料扶持和鸡苗补助办法（试行）》《尼木县关于加大藏鸡养殖的办法》等促进藏鸡养殖产业快速发展的帮扶政策，为藏鸡养殖系统化、规范化，奠定了坚实的技术、人才和防疫基础，为精准扶贫、精准脱贫提供了强有力的政策支撑。

【西藏德青源公司】 密切跟进西藏德青源公司藏鸡保种育种工程进展情况。一期保种育种工程已经按计划完成建设，于8月11日完成项目验收，二期工程已经开工，由拉萨城投公司承建，项目总投资9647.06万元，在“十三五”期间由北京市援藏资金逐年安排。为达到早建成、早投入、早受益的目的，尼木县向国家开发银行西藏分行申请贷款，积极和国家开发银行西藏分行、拉萨市受援办、拉萨平桥投资管理有限公司沟通协调，于9月1日下放项目贷款8200万元，二期工程已经完成地基挖槽，浇灌混凝土等工作；德青源养殖基地内的原种藏鸡由最初的1320只，截至年底，发展到10000只，提前超额完成计划的6000只，为2017年开展保种育种、孵化鸡苗等奠定了基础。

【特色种植业】 2016年，尼木县继续与西藏天润农牧业有限公司合作，进一步扩大规模化、标准化种植。重点培育石斛、灵芝、金银花等市场需求大、前景好的优势资源，2016年新种植石斛10万株、灵芝10万株，试种了部分食用菌、芋头。截至年底，石斛、灵芝规模种植数量各超过30万株。

【努力尝试新品试种】 试种的60亩藜麦，总产量为3000斤，根据市场价格计算，产值为90000元；试种糯玉米4亩已经全部收获，亩产鲜玉米450公斤，根据市场价格计算，产值为10800元，经济效益比较明显，为以后开展规模种植积累了经验。

【增强产业发展软实力】 投资20万元申报“尼木藏鸡”和“尼木藏鸡蛋”地理标识保护产品，已经通过国家工商总局初审，预计2017年6月完成申报，投资10万元申报“尼木清油”地理标识保护产品，正在办理前期相关手续；注册的“尼木净土”微信公众号，自4月20日正式运行以来，共发布45期信息，截至年底，县直各单位均已关注，个人订阅量达500余人，有效宣传了尼木县净土健康产业的业务开展、工作动态和发展成果。8月19日，尼木县参加2016年拉萨市净土健康（国有）农牧业产业化经营龙头企业评审，经拉萨市培育和发展农牧业产业化经营领导小组评定，尼木县净土产业投资开发有限公司为市级农牧业产业化经营龙头企业，此举将进一步推动尼木县净土健康产业大发展，在招商引资、项目洽谈、业务推广等方面发挥重要作用。

【发展精品旅游】 成功举办第二届中国（拉萨）国际格桑花文化节，依托吞巴乡丰富的文化旅游资源、特色小城镇建设和尼木火车站等优势，进一步提升吞巴景区的知名度、美誉度和社会影响力。

【新媒体宣传】 尼木县积极参加2016年拉萨雪顿节嘉年华净土健康产品展销会和2016年西藏第三届旅游文化国际博览会。从商品筛选、展位协调、产品入场和帮助群众销售产品等环节做了细致的工作，并接受北京电视台、西藏电视台、拉萨电视台、拉萨广播电台等媒体的采访报道，有力的宣传尼木净土健康产业的发展成果，为今后尼木净土产业向更多领域、更深层次的发展打下了基础，同时2016年藏博会实现销售收入30万元，直接带动了尼木县民族手工业发展和相关从业者的经济收入，间接地帮助了群众脱贫致富。

【民族手工业】 继续做好尼木藏香、古宝藏香和藏之梦藏香等8个知名藏香品牌的提升和销售工作，投资400万元，集产品研发、生产、销售和旅游服务为一体的尼木藏香研发中心现已完成主体工程和厂房建设，设备采购工作正在积极推进。2016年藏香总产值达5700万元。

【完善乌米净土健康产业园区各类基础设施】 完投资809万元，新建面积为7000平方米的智能温室大棚项目，已经完成招投标，由四川龙达建筑工程有限公司承建，正在做开工准备；食用菌工程化基地建设项目已经通过尼木县发改委立项批复，项目总投资1405.8万元，乌米净土健康产业园区建设总面积为3153.29平方米，包括种植车间、原料仓库、锅炉房、发电房等设施；尼木县清油加工厂建设项目也已通过县发改委立项批复，项目总投资508.03万元，新建900平方米的加工厂和100米围墙、大门和附属设施，正在进行招投标工作。

【尼木菜籽油】 尼木菜籽油以丰富且无公害的优质尼木油菜为原料，采用独特的传统加工工艺和现代科技相结合，所生产出来的尼木菜籽油油质清澈，无沉淀物，并富含人体所需的不饱和脂肪酸和维生素E是真正的自然纯正、味美质优的无公害产品。

县委、县政府秉承“发展自身特色，实现增产增效，提高当地农民收入”的目的，联合当地各相关部门实施“尼木油菜良种繁育及菜籽油产业化项目”。实施小组运用科学技术对尼木油菜进行了提纯复壮，选出具有本品种特征特性的优质油菜，经过综合技术措施，不仅保持了尼木油菜的优良性状，还大大提高了尼木油菜籽的产出，同时运用传统加工工艺（从去杂到压榨均采用原始的油坊人工加工）也保障了尼木菜籽油的自然和纯正。

项目自实施以来，既提高了尼木油菜产量和尼木菜籽油的质量，又逐步为当地农民树立了销售的市场意识。同时，当地政府及相关部门还多次邀请专家对尼木县油菜种植进行专业指导和培训。在专家的指导和培训下，2016年全县共计种植尼木油菜4822亩，生产优质油菜籽230万斤。

（谭光伟）

【领导名录】

总 经 理　刘　华

副总经理　贾保军

社会事业

尼木县人力资源和社会保障局

【概况】 尼木县人力资源和社会保障局深入贯彻落实中共十八大和十八届历次全会精神，认真开展“两学一做”学习教育活动，扎实推进精准扶贫精准脱贫工作，紧紧围绕2016年人社工作目标任务，求真务实、开拓进取、扎实工作，为尼木的经济发展、社会和谐稳定提供了坚强的社会保障服务。单位核定编制8人，实有13人（公务员5人、事业2人、工人2人、公益性4人）。

【社会保险】 人力资源和社会保障局在上级业务部门的关心和指导下，在县各有关部门的密切配合下，始终坚持内强素质，外树形象，不断改进工作作风，提高工作效率和服务质量。2016年，全县城乡居民和企业职工社会养老保险参保15390人，完成目标任务的104%，征缴基金共计654.29万元，完成目标任务的99.5%；全县医疗保险参保人数1613人，完成目标任务的109.23%，征缴基金共计1203.67万元，完成目标的101.31%，城镇居民和职工医疗报销50人次，共计36.55万元；全县生育保险参保人数1532人，完成目标任务的108.26%，征缴基金85.19万元，完成目标任务的106.48%；全县失业保险参保人数825人，完成目标任务的103.13%，征缴基金74.22万元，完成目标任务的103.1%；工伤保险参保人数共1933人，完成目标任务的104.89%，征缴基金85万元，完成目标任务的106.25%。

【劳动就业】 人力资源和社会保障局迎难而上，锐意进取，全面贯彻落实精准扶贫精准脱贫工作会议精神，严格按照县委、县政府要求，精心部署、通力协作，切实提高广大农牧民和建档立卡贫困户就业技能，集中力量开展各项技能培训，劳动就业取得新突破。为农牧民群众提供就业岗位600多个，达成就业意向236人，完成目标任务的112.5%和105%，实现困难人员就业84人，完成目标任务的112%，城镇登记失业率控制在2.2%以内；开展各类技能培训班8期，分别为汽车驾驶、挖掘机、装载机、抹灰工、砌筑工、混泥土工、电工、精准扶贫创业技能等培训，其中就业再就业培训412人，精准扶贫建档立卡户197人，完成目标任务的103.33%和118.18%，开展引导性培训550人，完成目标任务的106%；农牧民劳动力转移就业2.31万人次，实现收入0.61亿元，完成目标任务的105%和105.17%；组织开展职业技能鉴定93人，完成目标任务的115.5%，工专项职业技能鉴定36人，完成目标任务的165%。

【人力资源管理】 全面落实人社厅和拉萨市人社局关于专业技术人员、工人的职称考试工作，严格筛选各参考人员的考试资格，落实职称评定工作；按照市局要求认真做好合同制工人、公益性岗位人员的档案管理工作，实行由专人负责，专人保管制度，保证工人、公益性岗位人员档案的完整性；严格执行合同制工人、公益性岗位人员产假、事假、年假制度，积极落实带薪年假制度；组织开展2016年应届高校毕业生就业调研、统计等工作，并建立应届高校毕业生数据库，按照大学生就业意愿、专业，在招录公益性岗位及其他工作岗位时优先考虑贫困大学生的就业工作，积极组织未就业大学生到企事业单位、党政机关进行见习，确保贫困高校毕业生实现全部就业。截至年底，已成功促成10名大学生实现见习工作；全县专技人员共632人，其中员级398人，初级职称118人，中级职称95人，高级职称21人，工人96人，公益性岗位从业人员194人。

【工资福利】 对全县机关事业单位人员工资档案进行查漏补缺52人，将全县干部职工工资档案按单位进行分类归档和电子录入1083人，方便翻阅查找；执行了区党委关于提前退休的64号文件4人工资待遇；对全县干部职工的西藏特殊津贴和津贴补贴进行了增资和补发。

【劳动监察】 年内，共接到劳资纠纷投诉28起，涉及劳动者人数达到67人，共为劳动者追讨工资98.79万元，调解成功28起，成功率为100%；落实工资保证金制度，全年共征收建筑企业缴纳的民工工资保证金1672.77万元。

【西藏特殊津贴、津贴补贴增资】 根据相关文件精神，对全县干部职工的西藏特殊津贴和津贴补贴进行了增资和补发；尼木县农牧民劳动就业各项技能培训（含精准扶贫建档立卡户）全面开展；各乡（镇）劳动就业社会保障服务平台人员、办公设备全部配发到位，已投入使用；按照市局要求，对全县机关、企事业单位干部职工“五险合一”数据进行了比对、采集，共计1423人。

（速绍富）

【领导名录】

局　长　速绍富

副局长　占　旭

尼木县民政局

【概况】 2016年，尼木县民政局紧紧围绕社会稳定和长治久安总目标，坚持“以民为本，为民解困，为民服务”为民政宗旨，以改善民生、推进民主、维护民权、服务社会为根本着力点和落脚点，顽强拼搏，求真务实，开拓创新，重点工作有力推进，难点工作有效突破，各项工作取得显著成绩，充分发挥了民政在社会建设中的骨干作用，为全县经济发展和社会稳定做出了积极贡献。全县贫困人口1259户、5018人（精准扶贫建档立卡对象）。城乡最低生活保障对象991户、3032人，其中农村最低生活保障对象683户、2607人，城市最低生活保障对象308户、425人。社会保障对象305人。“五保”供养老人161名，其中分散供养老人24名，集中供养老人137名。

【防灾减灾救灾】 加强与气象、水务、农业等部门的沟通与协作，建立抗灾救灾工作机制，制定《尼木县2016年自然灾害救助应急预案》《尼木县2016年突发公共事件应急预案》《尼木县2016年雪灾专项应急预案》。被动救灾改为主动预防，做到早发现、早报告、早控制、早解决，最大限度地降低人民群众的生命和财产损失；认真查灾核灾，及时上报灾情。实行24小时值班制度，确保灾情信息传递渠道的畅通。严格按照《自然灾害情况统计制度》的要求，及时上报灾害损失情况，为抗灾救灾工作提供决策依据；全力安排好困难群众生活。坚持“以民为本、为民解困、为民服务”的宗旨，认真做好灾区困难群众生活安排工作，确保群众生活不出问题。督促指导七乡一镇，对群众生活情况，认真进行全面的、拉网式摸底排查，把调查工作做细做实，不留死角和盲点。在调查统计的基础上，制定救助措施，印制灾民生活救助卡，分类实施救助，妥善安排好困难群众生活；积极开展隐患排查及救灾宣传工作。协调供电、交通、消防等部门开展隐患识别与应急救援类排查活动。采取边查边整改的方式进行，共排除6项隐患，组织县直相关单位及各乡镇，参加“5·12”防灾减灾宣传活动，发放宣传资料800余份；加强救灾物资储备工作。县民政局严格按照救灾储备管理制度，实行动态管理，对所储存的救灾物资，进行常态化的清查盘点，对于将要过期的物资及时发送或出售，减少浪费，同时每年适当的购进新物资，并对受损的器具进行维修，确保做到账物相符，物质完好，可随时取用。截至年底，县级储存的救灾物资有37种，折合人民币158.4313万元（不包含代储物资）。自治区民政厅调拨代储救灾物资有棉帐篷100顶、单帐篷200顶、棉大衣600件、棉被800床、绒衣库300套、折叠床100张、棉褥200床、毛毯500床、毛皮鞋500双。市民政局调拨代储救灾物资有帐篷119顶、棉被100床、棉衣裤167套、棉大衣167件、折叠床100床、毛毯100床、垫子100床。

2016年，尼木县先后发生不同程度的泥石流、风雹、洪涝等多种自然灾害，受灾人口2625人，农作物受灾面积53.9069公顷（其中绝收面积4.3885公顷），草场受灾面积23.7999公顷，因灾倒损房屋11间，部分农业、水利、交通、通讯、供电等基础设施遭到严重破坏。自然灾害造成直接经济损失98.4545万元。

2016年，县民政局根据各乡镇上报2015年受灾对象实际情况，及时发放救济粮。对全县8个乡镇受灾对象732户、3364人，共发放救济口粮403680斤，折合人民币807360元。

【城乡最低生活保障】 全县范围深入开展最低生活保障对象核查及精准识别工作，自2015年全县最低生活保障对象1177户、3698人，减少到2016年全县最低生活保障对象991户、3032人，有效杜绝、防止人情保、关系保、骗保、错保；及时完成最低生活保障标准金额提标工作。根据上级提标文件指示，2015年尼木县城市最低生活保障标准金额由640元/月，提高到2016年城市最低生活保障标准金额690元/月。2015年，农村最低生活保障标准金额由A类1970元/年，B类1590元/年，C类1077元/年，提高到2016年农村最低生活保障标准金额A类2270元/年，B类1730元/年，C类1123元/年；顺利完成最低生活保障对象信息材料归档及管理系统录入工作。按照区、市民政部门要求，将全县最低生活保障对象信息档案按不同情况、不同类型进行了详细的分类归档，并把最低生活保障对象的基本信息，录入《全国最低生活保障对象管理系统》，及时足额发放保障金。2016年，全县城乡低保对象991户、3032人，落实低保金1330.09万元，其中城市最低生活保障对象308户、425人，落实保障金267.67万元，农村最低生活保障对象683户、2607人，落实保障金1062.42万元。

【“五保”供养】 认真贯彻落实五保供养（收养）政策，积极争取县级财政支持力度。2016年县级财政列支专项集中供养生活补助270.671万元，进一步保障“五保”供养对象基本生活；及时落实供养资金。“五保”供养金从2015年5370元提标到2016年5710元，提标指数为340元，并对2016年上半年“五保”供养对象146人，发放供养资金83.3660万元；2016年下半年“五保”供养对象17人，发放供养资金9.707万元；加强思想引导工作，增强“五保”集中供养、孤儿集中收养意愿。2016年全县召开“双集中”协调会7次，以县人民政府主导，县民政部门牵头，县直相关单位、乡镇人民政府、驻村工作队，村“两委”协助模式，在全县范围开展入户引导工作。按照逐一入户，与“五保”对象、孤儿监护人面对面的形式，对集中供养（收养）政策进行细致讲解，在充分理解“五保”对象思乡之情的前提下，以基本生活条件为切入点，对比集中供养和分散供养的利弊，力争得到他们的最大程度理解，争取分散“五保”供养对象到市三县社会福利院（尼木院）、县社会福利院集中供养（收养），截至年底，集中供养率83.67%，意愿集中供养率100%。另外，国务委员王勇、国家民政部部长李立国，以及自治区、市人民政府、民政部门各级领导先后到市三县社会福利院（尼木院），参观视察工作，得到了上级领导的一致好评。

【困难人员各项救助】 医疗救助工作，截至2016年11月，符合条件的城乡困难群众享受到医疗累计救助702人（次），共支出医疗救助资金285.0482万元，五家医院“一站式”结算，累计救助17人，落实资金15.3万元；临时救助工作，截至2016年11月，各类困难群众累计救助313人（次），落实临时救助资金59.7万元；流浪乞讨救助工作。截至年底，救助流浪乞讨人员26人（次），发放救助金0.27万元。

【高校特困生一次性资助】 及时落实特困生一次性资助。对尼木县最低生活保障家庭，2015年考取区内外高等专本科院校（或内地高中班）的特困生26人，其中区内高校有16人，区外高校有10人，及时发放金额为6万元；调查统计城乡最低生活保障对象，2016年考取区内外高等专本科院校（或内地高中班）的特困生。据统计显示，2016年全县特困生21人，其中考取区外高校（或内地高中班）8人，考取区内高校13人。

【居民家庭经济状况核对】 制定《居民家庭经济状况核对办法》，进一步明确核对对象、内容、程序以及核对工作人员的职责；签订《数据交换和信息共享的合作协议》，主要与公安、人社、住建、税务、工商、银行等部门签订合作协议，全面推进居民家庭经济状况核对信息系统建设，构建数据交换和信息共享服务机制，实现跨部门信息共享模式。

【双拥共建活动】 年内，结合尼木县工作实际，制定《尼木县2016年双拥创建工作实施方案》，及时调整了尼木县双拥工作领导小组；以“三大节日”为契机，邀请县委县政府领导干部、驻军官兵、本地群众，开展联欢会、茶话会、军民联谊会，加深军民鱼水情谊；积极联系驻县部队，充分利用建军节、清明节、烈士纪念日、国防教育日等活动广泛开展爱国拥军、拥政爱民教育进村组、进单位、进学校等主题宣传活动3场，全县接受教育的干部群众达2200余人（次）；通过宣传横幅、LED显示屏、“尼木民政”微信公众平台等各种载体，大力宣传双拥政策，积极营造良好的创建氛围；积极联系军队部门，新增双拥联系点三个，分别是市三县社会福利院（尼木院）与西藏军区司训大队、县社会福利院与武警尼木县中队、县社会福利院与尼木县武装部，进一步增强军政军民团结，实现双拥工作“组织健全、政策落实、活动经常、关系融洽”的总要求；大力支持驻县部队建设，2016年尼木县投入400万元，援助消防大队新建消防综合楼；积极开展慰问活动，“三大节日”“八一”建军节、“烈士纪念日”期间，协调县级党政领导走访驻军部队，慰问5个驻军单位，20名优抚对象，1名“69”事件受害者，慰问金额共计2.8万元；完善烈士陵园历史资料，积极联系自治区党史办、自治区档案馆、拉萨市档案馆。完成尼木“两九”（是指1959年和1969年）史料收集工作，完善县烈士陵园历史纪念材料，并全年接受参观2825余人，受到各级领导一致好评。

【退役士兵安置】 符合安置条件的退役士兵1名，进行安置就业工作；对全县未就业退役士兵17名，进行职业技能培训意向调查，并联合县“四业工程”办公室，开展退役士兵就业技能培训。

【落实优抚对象优待抚恤补助政策】 认真贯彻执行《军人抚恤条例》和《拥军优属若干规定》等相关政策，根据区、市优抚对象等人员抚恤和生活补助工作的相关要求，及时兑现2016年尼木县6户重点优抚对象，抚恤金9.88万元；及时发放2015年退伍军人9名，一次性补助59.2万元；及时落实1名退役士兵，安置期间生活补贴0.6万元。

【切实解决困难优抚对象就医难题】 2016年，优抚对象医疗救助累计2人（次），医疗救助款1.122万元，帮扶解决优抚对象的就医难的问题同时，加大宣传优抚对象医疗救助政策，结合尼木县实际，特印发《优抚对象医疗救助宣传手册》（藏汉双语）40册，增强优抚对象对惠民政策的知晓度，体现了党和政府对优抚对象的关怀。

【“三留人员”摸底调查】 为进一步加强对留守儿童、留守老人、留守妇女等“三留”人员的服务和管理，有效地维护和保障“三留”人员的基本生活权益。根据上级文件精神，2016年全县范围，扎实开展“三留”人员基本情况调查摸底工作，据调查结果显示，全县“三留”人员共计302名，其中留守儿童203名、留守老人38名，留守妇女61名。

【适度普惠型儿童福利制度建设前期调研】 为建立与全县经济社会发展状况相适应、与儿童发展需要相匹配、与社会福利制度相衔接的适度普惠型儿童福利制度，进一步提高儿童福利工作水平，自2016年10月30日至12月15日内开展完调研工作，调研主要内容有：儿童的自身健康状况、生活状况及儿童的家庭情况，儿童的父母情况等内容。将调研数据以及尼木县的普惠型儿童福利制度实施办法，报县政府研究审定。

【天葬管理】 全县范围深入开展天葬台调研工作，截至年底，全县范围天葬台共计73台，其中已废弃的46台，占63.01%，正使用的27台（其中寺庙管理2台），占36.99%。加大天葬台维修保护力度，积极申报受损天葬台维修保护项目，已获得上级民政部门批准，预计2017年起开工维修保护工程。制定天葬台管理制度，明确管理内容，深化天葬改革，促进社会主义精神文明建设。

【婚姻登记管理】 加强婚姻档案管理工作，确保婚姻登记档案收集完整、整理规范、安全保管、合理利用，强化工作人员科学管理意识和依法利用意识，推动婚姻登记档案的规范管理；加强婚姻登记管理工作，截至年底，办理婚姻登记累计411对，其中结婚312对、离婚35对、补办99对。

【慈善事业】 认真研究并起草《关于加快推进尼木县慈善事业发展的意见》和《尼木县慈善募捐管理办法》；认真做好慈善协会、慈善超市成立前期准备工作，到其他县（区）学习管理经验，及时总结经验，预计2017年成立一家慈善协会和设立一家慈善超市。

【村务公开和民主管理】 认真编制《尼木县村务公开目录》，拓展了公开内容，完善了公开程序，规定了公开时间，做到了全面、及时、准确，进一步深化了各村民主决策、民主监督、民主管理的内容，规范了程序，充分保障了农村群众的知情权、参与权和监督权；积极向县人民政府申请村务公开民主管理示范单位创建工作专项经费，现已纳入明年的财政预算。

【村务监督管理】 加强对村务监督委员会工作的督促和指导，重新编制《尼木县村务监督委员会工作细则》，细则中详细规定了村务监督委员会的工作职权。针对村务监督工作需要建立的监督工作报告制度、监督工作台账制度、监督工作公开制度、监督工作反馈制度等各项制度。该《细则》进行藏文翻译，并组织村务监督委员会成员学习；村务监督员补贴及村民小组组长误工补贴落到实处，2016年全县村务监督员共102人（包含32名主任、70名委员），落实补贴金额42.6280万元，村民小组组长129人，落实误工补贴46.3120万元。

【村（社区）减负增效】 为进一步理清村（社区）职责，增强村（社区）服务功能，引导村（社区）回归自治功能，实现基层政府依法行政、基层村（社区）依法自治，切实全面减轻村（社区）负担，提升为民服务的效能，县民政局与县委组织部联合下发《尼木县推进村（社区）减负增效实施方案》，到2017年底，全县村（社区）基本实现“去行政化、回归本位”的目标任务。

【城乡社区协商】 为推进城乡社区协商制度化、规范化，充分发挥“四议两公开”在协商民主过程中的独特作用，推进村级民主协商工作不断创新，更好地协调关系、凝聚力量；积极联系县综治办，联合下发《尼木县关于推行村（社区）双联户代表参与民主协商议事会议制度的通知》，推进全县的基层民主政治建设，保障农牧区群众的民主权利，扩大群众的知情权、参与权、建议权和监督权。

【社会组织管理登记】 全县登记的社会团体44家，其中1家尼木县个体私营经济协会自成立以来未开展任何工作，已予注销，其余43家社会团体分别是：32家用水户协会（尼木县每个行政村都有一家），10家互助资金协会，1家藏香协会。深入开展全县社会组织摸底调查工作，通过《拉萨市社会团体清理核查统计表》，对各个协会的运行情况进行清理检查，及时调整社会团体法人、负责人、工作人、会员；认真研究制定年度检查目标任务，及时开展社会组织年终检查工作，对于未参加年度检查和年度检查结论为基本合格的社会组织，要求及时进行整改，整改结果于2017年4月30日前书面形式，上报登记管理机关和业务主管单位。

【社会组织党的建设】 积极联系县委组织部，设置尼木县社会组织党工委，全面推进全县社会组织党建工作；认真开展社会党组织摸底调查工作，全面了解社会组织党员数量及基本信息，为加快推进社会组织党建工作，奠定坚实基础。

【地名普查资料整理归档】 尼木县已收录的地名信息2312条，其中新增1474条、一致374条、更名344条、正音76条、正字44条，地名标志49块，历史地名7条，拟设地名标志32块，拍摄照片800余张，编印成19本地名表册。现编印的19本地名表册，全部归档在县民政局档案馆。

【地名设标】 乡镇道路设标工作。尼木县将各乡镇17条街道，进行新命名，并设立68个道路牌。县城道路设标工作。尼木县将县城区域5条街道，进行新命名，并将设立22个道路牌，经县人民政府同意命名，现设立道路牌前期准备工作；重要景点、天葬台设标工作。尼木县将5个重要景点，27个天葬台，设立32个地名标志牌，现正在开展前期准备工作。

【边界联合检查】 尼木县2014—2016年第四轮县级边界联合检查工作，已全部开展完。联检形成的书面材料有：联检工作实施方案、联检表、联检协议书、联检工作报告（总结）、联检工作简报、联检会议纪要。

【老龄工作】 及时发放高龄老人健康补贴。为尽快把党和政府对寿星老人的无限关怀及时送到他们的心里，2016年分别对70岁以上老年人口1350人，发放健康补贴28.6万元（县政府十一件办事之一），寿星老人（80岁以上）302人，发放健康补贴14.1万元；全县内深入开展“敬老爱老”活动。及时制定《尼木县关于开展“敬老爱老”为主题活动的实施方案》，对各乡镇、市三县社会福利院（尼木院）、县社会福利院、4个退休支部，及时发放活动经费及慰问金5.7万元，开展丰富多彩的老年卫生文体娱乐活动，丰富老年人的精神文化生活，努力营造“敬老月”的喜庆、和谐气氛；积极完成全县55周岁以上老人统计编册工作，为高龄老人提标扩面工作，提供基础数据；利用“重阳节、中秋节、敬老月”等重大节点，为“五保”老人、特困老人、空巢老人、经济困难的高龄老人等特殊群体，进行看望慰问，发放慰问金额2万余元。

【残疾人基础数据库建设】 为精确扶贫提供翔实的基础数据，按照中残联、国务院扶贫办《关于做好残疾人贫困户建档立卡几有关工作的通知》要求，完成全县243户残疾人贫困户建档立卡核查工作，进一步了解各类残疾人在住房、就业、教育、社会保障、康复等方面的现状和需求，同时对尼木县重点关爱对象进行了核查，确定2016年重点关爱对象18名。

【落实残疾人各项优惠政策】 对残疾人“阳光家园计划”托养服务对象83人，发放补贴4.98万元；对残疾人机动车燃油补贴对象110名，落实资金4.18万元；对重点关爱对象，落实特护补贴28.2万元；对残疾人862名（包含重度残疾人101名和困难残疾人789名），落实两项补贴（指护理补贴和生活补贴）65.4万元；对残障儿童（指0—16岁残疾儿童）73人，落实康复补贴17.52万元；对全县残疾人862名，落实县级生活补助资金28.05万元（县政府十二件为民办实事之一）；对残疾人培训工作2次，落实培训经费1.75万元，对创业扶持对象3人次，落实创业扶持金3万元；积极联系自治区母子保健协会，为尼木县贫困残疾儿童9人，落实康复补贴2.16万元；对残疾儿童9人进行慰问，慰问金额0.21万元。

【拉萨市首届残疾人运动会创造辉煌成绩】 精心筛选参赛选手，利用20天时间，集中训练参赛选手，全面掌握了比赛规则、内容、程序，增强运动体能，为参加拉萨市首届残疾人运动会打好基础；加强组织保障，及时组建由尼木县委、县政府主导，县民政局（县残疾人联合会）全面负责，县公安局、县教育局、县卫生局齐心协助的队伍；齐心协力，共创佳绩。本届残运会上，尼木县荣获团体三等奖，个体八枚金牌、十一枚银牌、八枚铜牌，项目有男子跳绳、男子立定跳远、女子轮椅抛球、女子100米、女子50米、藏式克郎球、女子轮椅速度30米竞赛等七个项目荣获冠军；女子轮椅抛球、男子50米、男子400米、男女轮椅速度30米、女子4×100米、女子立定跳远等六个项目荣获亚军；男子立定跳远、女子双人拔河、男女400米、男女50米竞赛等5个项目荣获季军。

【精准扶贫攻坚以保脱贫】 年内，深入开展摸底调查工作，确保做到全面核查，精准识别。及时成立尼木县城乡最低生活保障对象核查及精准识别工作领导小组，对全县8个乡镇32个行政村进行核查及精准识别工作，有效杜绝防止人情保、关系保、骗保、错保、依赖性靠保等现象发生和持续发酵。对全县8个乡镇32个行政村和偏远组的低保家庭走访入户清查核查工作，入户率达100%。全面建立信息台账，确保做到有户表、有村册、有乡（镇）簿和档案。按照“精准识别、精准认定”要求，对能脱贫、无望脱贫的低保对象等建立电子（纸质）台账、资料数据库，确保不漏一户低保家庭、不漏一名低保对象。加强宣传引导工作，确保精准扶贫以保脱贫政策家喻户晓。搜集整理精准扶贫（以保脱贫）相关文件资料或相关政策，在全县范围内，以张贴藏汉宣传栏、印制惠民卡、开展学习会等方式，深入宣传精准扶贫重大意义，让每个低收入家庭了解帮扶政策，掌握帮扶措施，统一思想，形成工作合力。加强低保与扶贫政策衔接工作，确保做到“两线”衔接，助推精准扶贫攻坚。按照“轻重缓急、量力而行、低保与扶贫标准相一致”的原则，县级财政能承担范围内，适当的提高低保标准，实现低保与扶贫政策有效衔接和扶贫政策意义的真正脱贫，确保底线兜的住；加强落实“两项补贴”，推进脱贫攻坚工作。进一步加大落实全县低保高龄、失能老人“两项补贴”和残疾人“两项补贴”制度，确保全县社会和谐稳定的局面，为脱贫攻坚提供有效的政策保障。加强建立“一门受理、协调办理”长效机制。根据拉萨市民政局相关文件要求及部署，各乡（镇）设立社会救助服务办理窗口，把最低生活保障、特困人员供养、受灾人员救助、医疗救助、教育救助、住房救助和临时救助一门窗口受理，实现救助申请人员和救助部门的高效衔接，形成“一门受理、协同办理”的工作机制和氛围。

【党员干部思想建设】 强化理论学习，坚定政治方向，坚持把学习作为提高干部职工素质的重要手段，班子成员带头学习，以“两学一做”专题教育活动为学习重点内容，采取集中学习、个人自学、组织讨论等形式，制定《尼木县民政局“两学一做”专题教育活动实施方案》《尼木县民政局“两学一做”专题教育学习计划》，认真组织学习各级开展“两学一做”专题教育活动有关资料，学习十八大四中、五中、六中全会，习近平总书记系列讲话，并有针对性地对党员干部学习情况进行了检查，使党员干部职工正确地领会精神实质；创新学习方法，丰富学习内容。组织全局党员干部通过组织座谈会讨论、网络学习、撰写学习体会等多种形式，有针对性地对党员干部学习情况进行了检查，使全局党员干部职工在政治思想上受到了深层次教育自身素质得到进一步提高；贯彻落实学习长效机制，确保学习效果。坚持每月学习制度，做到时间、人员、内容、效果“四落实”。全年共组织学习12次，召开党建工作专题会议2次，召开党员大会2次，党员人均笔记在1000字以上，撰写心得体会5篇，对学习出勤情况进行检查，营造了团结、务实，积极进取的良好氛围，为各项工作的有序开展提供了坚强有力的思想保证。

【党的思想组织建设】 建立和落实党建工作目标责任制。深入贯彻《中国共产党和国家机关基层组织工作条例》，严格执行党支部书记“一岗双责”制度，建立了目标考核机制，坚持党支部书记亲自抓，党务工作人员具体抓。年内，支部党员深入基层帮扶2次，局党支部召开专题会议研究党建工作2次，党组领导班子成员各讲课2次；始终坚持民主集中制原则。按照“集体领导、民主集中”的原则，重大事项党员大会和局长办公会议集体研究决定。班子成员能及时沟通各自分管工作开展情况，使党支部全面了解全局各方面工作的进展情况；注重把规范化管理与人性化管理有机结合起来，做到工作讲大局、遇事不推诿、自觉维护了班子的集体威信，提高了领导班子执政能力和领导水平，强化了领导班子的整体工作合力；完善规章制度促进组织建设。完善党务公开制度，严格按照民政局党支部基本制度管事管人，使支部党建工作更加规范、更加透明；组织开展集中学习会、集中慰问帮扶对象、集中文艺会等丰富多彩的活动，有效促进了党建工作的顺利开展。

【党的作风建设】 尼木县民政局高度重视机关效能建设工作，将效能建设与业务工作同部署同落实。严格执行《首问责任制》《限时办结制》《责任追究制》等制度；认真组织学习党的路线方针政策。组织干部队伍认真学习党的路线方针政策，特别是认真学习中共十八大五中、六中全会精神和习近平总书记的一系列重要讲话精神，有效启发干部队伍，以更加有力的举措、更加科学的方法，推动学习向深度和广度发展。年内，县民政局不断弘扬优良的文化，按照“民生无小事”的要求，通过开展党员志愿服务，结对帮扶等活动，充分发挥了党员表率作用和党组织战斗堡垒作用。

【落实安全生产“一岗双责”】 为确保全县民政安全生产工作顺利开展，县民政局十分重视此项工作，把安全生产工作纳入重要议事日程，及时成立全县民政安全生产领导小组，以局长次珍为组长，副局长西热平措、靳绍芹（主任科员）任副组长，各办公室工作人员为成员的安全生产工作领导小组，形成了“一把手”负总责，副组长具体抓，各办公室配合抓的格局；进一步强化落实了安全生产“一岗双责”责任追究制，全面落实领导包案制，并与各办公室进行明确的分工，并将此项工作列入民政局总体目标管理，制定出了工作计划和工作要点，全年定期召开安全生产工作分析会2次，做到了定期研究民政工作中存在的不安全因素，及时解决，消除安全隐患。

【健全各项安全生产规章制度】 县民政局认真贯彻落实委、政府关于安全生产相关的文件精神，建立安全生产排查工作机制，对全县范围内认真排查治理事故隐患和薄弱环节；建立健全了安全生产措施，明确了安全生产责任分工，完善了安全生产工作应急预案，确保安全生产工作落到了实处。

【安全生产宣传教育】 为使安全生产工作深入人心，县民政局采取演练、张贴宣传标语等多种形式广泛地宣传。借“安全生产月”“‘119’消防宣传周”等重大节日，全县民政系统范围，通过张贴宣传标语、演练实际操作方式，大力宣传安全生产工作。

【安全生产管理及排查】 安全隐患的排查工作，2016年定期或不定期，由局长次珍带队深入县社会福利院、市三县社会福利院（尼木院）、烈士陵园、救灾物资储备仓库等重点部位的安全隐患排查。并制定了切实可行计划和安全生产措施，号召全体干部职工踊跃参与，充分发挥对民政安全工作的监督作用，及时查找和消除安全隐患，确保各项工作顺利开展；加强民政项目安全生产管理工作，残疾人综合服务中心新建项目、烈士陵园的改造项目、救灾物资储备仓库新建项目等民政基础设施的新建、改（扩）建工程中，县民政局认真贯彻执行国家安全生产施工规定，随时督查安全生产。工程质量和进度，确保了工程质量安全和人员安全，坚决杜绝安全事故的发生；加强设施设备维护和管理工作。县社会福利院老人使用的电炉子之类的小电器进行了查收，以免出现漏电或线路短路造成火灾；局机关综合楼、烈士陵园、救灾物资储备库配备了灭火器等消防设施，也安装了监控设备，确保了安全设施的到位。

【干部学习培训】 2016年，尼木县民政局组织村干部、群众各乡镇民政专干民政业务培训4次。举办局机关干部职工、两地社会福利院工作人员业务培训3次，全县民政系统干部职工组织参加国务院民政部、自治区民政厅、市民政局举办培训8次。

【干部队伍政治素养和业务素质】 健全完善“德、能、勤、绩、廉”考核评价机制，把加强纪律建设作为打造高素质干部队伍的重要手段，努力增强干部队伍软实力、战斗力、公信力；健全完善学习、工作和生活制度，配套完善了首问负责、责任追究、限时办结等相关制度，强化干部职工责任，进一步规范干部职工言行。另外，县民政局每月第一周内，召开民政工作推进会，梳理每月各种文件、事项，明确督办内容、时间，进一步推进每月各项工作。若规定时间内未能及落实督办要求，将追进责任，并通报于全县民政系统范围。

【资金管理】 合力安排年度县人民政府预算的公用经费和专项经费算，确保完成各项工作任务。2016年县人民政府为局机关预算公用经费和专项经费共计59.8650万元，其中公用（人头）经费6.6万元，专项（业务）经费53.2650万元。2016年，县人民政府为社会福利院预算公用经费和专项经费共计272.5671万元（包含公用经费2.4万元）。县民政局本着“专款装用，保证重点，兼顾一般”的原则，各项资金落到实处，切实做到资金保障到位。另外，收支管理是一个单位财务管理工作的重中之重，加强收支管理，既是缓解资金供需矛盾，发展事业的需要，也是贯彻执行勤俭办一切事业方针的体现。为了加强这一管理，建立健全了各项财务制度，这样财务日常工作就可以做到有法可依，有章可循，实现管理的规范化、制度化。对一切开支严格按财务制度办理，使得能够集中财力办民政事业。通过认真落实执行，收效非常明显，极大地提高资金的使用效益。

【项目建设】 “十二五”期间，民政项目整体进展顺利。“十二五”期间，除了尼木县塔荣镇尚日村农村综合服务中心和尼木县麻江乡达琼村农村综合服务中心，整合于村委会改扩建项目未完成以外，其余项目均已完成并投入使用；积极争取国家、自治区、市项目资金，促进“十三五”建设项目进展顺利。通过积极联系上级部门，截至2016年10月，尼木县已确定“十三五”期间民政项目6个，其中天葬台维修项目4个，老年人日间照料中心1个，烈士陵园改扩建1个，项目前期工作正在有序地进行当中，计划于2017年实施；积极争取援藏项目，促进民政基础服务设施。县委、县政府高度重视，北京市援藏队伍大力支持，截至2016年10月，县民政局积极争取尼木县社会服务保障中心新建项目，现已完成项目相关书面材料准备及上报工作。

（顿　珠）

【领导名录】

局　长　次　　珍（女，藏族）

副局长　西热平措（藏族）

尼木县教育（体育）局

【概况】 2016年，尼木县各级各类学校19所，其中中学1所，小学5所，幼儿园13所（包括县中心幼儿园1所，乡级及乡完小附设幼儿园7所，村级幼儿园5所）。初中适龄少年1091人，县中学在校学生1089人，入学率99.82%，初中巩固率99.8%。小学适龄儿童2868人，已入学2866人，入学率99.93%，巩固率99.95%；现有幼儿园在园人数910人。初中毕业生382人，招生332人。小学毕业生376人，招生184人。全县在职正式教职工351人，其中工人4人，教研人员19人，专任教师347人（其中中学96人，小学182人，幼教49人）。临时工95人，公益性人员11人，退休职工62人。专任教师中高级职称12人，中级职称136人。专任教师学历合格率均为100%。

【素质教育】 2016年，尼木县教育局按照素质教育和新课程标准的要求，遵循教育教学规律和创新型人才成长规律，坚持育人为本、德育为先、能力为重、全面发展的育人理念，制定并实施《尼木县中小学素质教育活动实施方案》，12月顺利通过了拉萨市素质教育督导评估组的督导检查。

为进一步做好控辍保学工作，表彰先进，树立典型，激励进取，授予在控辍保学工作中取得了显著成果的霍德村“无辍学村”荣誉称号，并予以表彰奖励。

【基建项目】 2016年，新建尼木县中心小学教工宿舍1204平方米，总投资319.88万元；麻江乡完小附设幼儿园1085.37平方米，总投资349.66万元；帕古乡完小附设幼儿园830.52平方米，总投资216.63万元。完成对麻江乡完小、帕古乡完小宿舍区暖廊项目；麻江乡完小、续迈乡完小、帕古乡完小教工之家及附属；续迈乡完小、帕古乡完小、尼木县中心小学维修改造项目；林岗村幼儿园打井项目；曲林村幼儿园打井项目；普松乡幼儿园打井项目；帕古乡完小打井项目；麻江乡完小给水维修工程等9个项目的竣工验收。

【党建工作】 年内，坚持“围绕教育抓党建、抓好党建促发展”的工作思路，切实明确学校党建工作任务。尼木县教育系统现有党支部10个，其中机关党支部1个，中小学党支部9个，全县教育系统现有党员178人，正式党员170人，预备党员8人，少数民族党员155人，汉族党员23人，女性党员83人。认真组织开展“两学一做”学习教育活动，制定了《关于在全县教育系统党员中开展“学党章党规、学系列讲话，做合格党员”学习教育实施方案》，以及学习教育计划。组织召开了中共教育局党委第一次全体党员大会，选举产生党委委员5人，党委书记1人，党委副书记1人。发展建党积极分子12人，发展预备党员7人，预备党员转正3人，组织党支部书记培训1次，选派5位党支部书记参加市级党务工作培训，选派19人参加县委党校的学习培训，开展书记上的课活动2次，组织学校支部书记开展上党课活动14次。全年收缴党费27978元，补缴2008年至2015年漏缴党费1934.3元。在庆祝中国共产党成立95周年之际，表彰优秀共产党员18名，优秀党务工作者8名，先进基层党组织2个；推荐并获得县级优秀共产党员2名，优秀党务工作者2名，先进基层党组织1个；推荐并获得市级优秀共产党员1名，优秀党务工作者1名，先进基层党组织1个；推荐并获得自治区级优秀共产党员1名。集中整治并转化软弱涣散党支部1个。党员干部结对认亲困难家庭22户，走村入户慰问3次，发放价值7200余元的慰问物资；在藏历新年、春节期间，对56名离退休干部职工、89名临时工、8名公益性人员，28名在职困难教师进行了慰问，发放慰问金11.85万元。

【党风廉政建设】 积极推进党风廉政建设工作，加强领导，明确职责，加大宣传教育力度，把党风廉政建设工作与教育中心工作一起安排，一起检查考核。成立以局长为组长的党风廉政建设领导小组，与学校签订《尼木县教育系统党风廉政建设责任书》，召开全县中小学校长、机关全体干部职工大会，传达学习中纪委、区纪委、市纪委会议精神，增强领导干部的廉政责任意识；班子成员听取各学校党风廉政建设工作情况汇报，通过廉政谈话、走访群众，帮助基层学校找问题，并及时做出整改；加强对校长责任进行考核，把校长工作纳入《中小学校管理综合评估办法和标准（试行）》，把校长队伍廉洁从教、推行校务公开、财务公开工作纳入教育教学中心工作一起进行检查考核了；严格执行“三重一大”集体讨论决定，对重大决策、人事任免、教师分配、项目安排都召开局长办公会议讨论研究，发挥集体智慧；坚持扩大民主和公开透明；在财务管理上，严格执行各项财务制度，增强资金使用效益；在教育基建项目上，教育局及时上报县基建小组和招标公司按规定进行招标管理，做到阳光操作；各中小学校严格执行政务公开，自觉接受社会和群众监督。

【德育工作】 把立德树人作为德育工作的根本出发点，加强反对分裂、维护统一和民族团结教育，努力使养成教育规范化，培养可靠合格的社会主义新西藏建设者和接班人。2016年，组织开展“学雷锋志愿服务”活动9场次，参加人数2500余人次；邀请法制副校长和校外辅导员开展“法在我心中、德伴我成长”未成年人保护法、新旧西藏对比、“珍惜现在、勿忘昨天”等教育讲座活动28场次，参与学生10500人次；组织初一新生332人进行军训活动，通过军训开辟国防教育课堂，促进青少年健康成长；利用活动课时间组织师生观看《小兵张嘎》《林则徐》《雷锋》《闪闪红星》等爱国主义影片42场次，参与学生累计达28000余人次；开展了教师师德师风报告会，有7名教师做了师德师风报告；组织各学校开展道德教育活动56场，参与学生累计达22100余人次；为培养学生讲究卫生的好习惯，组织各学校开展了卫生习惯教育活动18场次，参与学生累计11500余人次；为表达对新中国成立67周年的美好祝福，“十一”国庆节期间，推动“向国旗敬礼”网上签名寄语活动，全县中小学参加人数达到3460余人次；清明节组织师生为烈士扫墓，悼念先烈继承革命遗志，高举红旗接好革命班；各学校坚持开展国旗下的讲话活动，每周一和重大节日举行升旗仪式，并向国旗致辞，活动参加率达97%以上；各学校多次召开家长会，并进行家访，努力构建学校、家长和社会三位一体的德育教育网络。

加强德育工作者的能力培养，提高他们的业务素质及教育水平，2016年参加市级以上德育培训18人次，荣获市级荣誉称号4人，获得县级荣誉称号3人；为通过典型的榜样示范作用来影响青少年的健康成长，在全县中小学中评选出自治区级先进典型6人，县校级先进典型150多人。在“五四”青年节，发展新团员200人；在“六一”儿童节，各小学发展新少先队员430人，鼓励学生争取先进，做合格共产主义接班人。

【队伍建设】 年内，先后选派教师参加国家级培训123人次，区级培训14人次，市级培训53人次，县级培训43人次，教材网络培训235人次。根据工作需要，调整5名教师的工作岗位，对调入和新分配的36名教师进行了重新分配；完成6名教师副高职称、6名教师中级职称和8名教师初级职称的推荐和评审工作；按照拉萨市委组织部、市人社局关于《拉萨市教育（体育）局2016年第二批人才引进工作方案》的通知要求，组织人员到内地引进中小学教师10人，以充实尼木县师资队伍，为尼木县以教脱贫人才强教、质量保教夯实了基础。

改善教师生活工作条件，按时足额发放工资，解决住房和医疗实际问题等办法，提高教师经济生活待遇，2016年投入150万元，为每位教师每天补助伙食费17元。在第32个教师节，县委县政府隆重召开庆祝大会，表彰优秀教师，优秀教育工作者，优秀后勤工作人员，师德标兵65人，表彰优秀教育团体5个，表彰资金共计25万元。继续实行教师交流轮岗制度，选拔18名优秀教师开展了新一轮的校际轮岗交流，实现了城乡优质教育资源共享，优化了区域结构，促进整体教学水平不断提高。

【教研教改】 为进一步推动尼木县“教学质量提升年”的进程，树立科学的教育发展观，聚焦短板，提高各校教育教学质量。3—10月，县教研员先后深入麻江乡完小、帕古乡完小、尼木乡完小、续迈乡完小、县中心小学、吞巴校区以及各校附属幼儿园开展蹲点指导工作达7次，累计蹲点天数达30天，开展集体备课、上观摩课、示范课、公开课等430余节；顺利完成各幼儿园和各小学的招生工作，顺利实施小学毕业生到县中学的整班移交工作。

为助推农牧区学校教育教学质量提升，邀请拉萨市教研所到尼木县开展“教研员蹲校”活动；协助拉萨市教育局开展“名师送教”工程活动。邀请城关区的冯兴娟等名校长、名教师到尼木县开展了关于学校管理的讲座；组织开展“专家督学”工程建设，10月邀请北京市专家团队一行6人，针对尼木县中小学校长及各科教师，通过听课、评课，相关知识讲座的形式进行了教学专项督导检查与指导；组织开展“城乡结对”工程建设，9月由拉萨市实验小学冯校长率领的学校骨干教师和学科带头人一行6人，为尼木县98名中小学、幼儿教师送上了精彩的示范课，10月应拉萨市实验小学之邀，尼木县123名学校管理员、中小学教师到实验小学听星级赛课和援藏专家语文、数学讲座；2016年尼木县教育局先后组织全县中小学校长教学技能大赛、教师技能大赛等活动，优化了课堂教学，提高了教学效益，为新一轮义务教育课程体系的顺利实施奠定基础，推动教育质量和办学效益的显著提高，建立尼木县教育微信公众平台，及时发布最新教育动态信息，做到政务公开透明。

【电化教育】 2016年，在拉萨市教育局电教馆的支持下，为尼木县建设数字校园3个，为尼木乡小学建成电子白板教室17间；8月组织全县信息技术骨干教师进行微课培训工作，积极参加拉萨市教育局组织的微课大赛。按照上级要求开展2016年“一师一优课、一课一名师”活动，2016年尼木县报名参加“一师一优课，一课一名师”活动人数达247人，晒课教师数达到223人，取得了较为优秀的成绩。

【扶贫助学】 2016年，尼木县资助农牧民子女和城镇低保子女大学生744名（新考入190人），共计资助资金317.11万元，其中为尼木县高等教育阶段农牧民子女612人提供了全额学费资助金209.71万元，对136名精准扶贫大学生提供全额学费资助41.33万元，提供生活补助69.6万元，共计资助107.39万元；全面完成两后生登记工作，通过前期大力宣传，认真核实统计尼木县215名两后生中，有26人自愿参加技能培训，其中25人意愿学习驾驶技术，1人意愿进行兽医培训；有6人愿意到职校继续学历提升学习，其中2人意愿参加“1+1”培训，4人意愿参加“3+2”培训。由于部分两后生不愿到外地参加培训，尼木县以教脱贫小组结合实情，在本地开展烹饪、保安、保育员等短期培训以提高两后生的实用技术技能，以便于他们在今后的教育发展过程中更好的就业，同时为尼木县学前教育发展储备了人才。今明两年尼木县将新建九所乡村级幼儿园，尼木县教育局以教脱贫办公室将提供35个岗位，在216人两后生中对符合条件的保育员和厨师进行录用。2016年尼木县以教脱贫办公室还完成了各乡镇以迁脱贫一期、二期贫困搬迁户子女需要在县幼儿园和县小学入学的统计工作。

2016年，县妇联、团县委、县工会也积极发挥在精准扶贫工作中的重要作用，4月，县妇联为尼木县100名家庭困难、品学兼优的小学生争取到“春蕾”助学金8万元；5月，县工会为尼木县158名大学生发放“金秋助学”资助金49.2万元；7月，团县委为尼木县8名贫困大学生争取到“国酒茅台”助学金4万元；8月，县妇联为尼木县5名贫困大学生争取到“圆梦大学”助学金2.5万元，助力尼木县精准扶贫以教脱贫工作稳步推进。

【校园安全】 牢固稳定压倒一切的思想，制定实施了《教育系统三月份安全维稳工作实施方案》《尼木县教育系统“萨嘎达瓦”宗教活动期间维稳工作方案》和《尼木县教育系统反自焚专项斗争工作方案》，坚持把教育系统安全稳定工作作为以人为本、科学发展、维护广大师生切身利益出发点和落脚点，层层落实目标责任，建立健全安全规章，坚持常态化值班值勤，经常性开展中小学安全检查，不断强化校园保安、食品卫生、大型集体活动、课外活动、交通等方面的安全防范措施，加强反恐防暴演练，协调民警进驻校园。全年召开安全会议14次，深入学校基层检查指导安全工作近30次，开展矛盾纠纷排查化解工作3次，确保了局机关、校园平安无事故。充分利用“综治宣传月”“防灾减灾宣传日”“防灾减灾宣传周”“安全宣传周”“平安拉萨宣传周”“9·16”平安西藏、“10·21”道路交通安全日等活动，举行安全知识、交通安全主题班会和消防知识讲座，完善各类应急预案，加强“三防”（火灾、洪灾、震灾）演练，增强学生的安全知识，提高学生的安全防范意识，提升他们的应急避险能力。

【联防联治】 制定实施《尼木县校园周边整治组打击严重刑事犯罪和整治社会治安突出问题专项行动方案》，联合卫生局、食药局、文广局、公安局、综治办、消防大队、城建局等部门，对全县范围内的网吧、台球室以及校园周边环境开展了专项整治活动，及时的解决存在的安全隐患，有效地维护了尼木县教育系统局势的持续稳定。定期开展学校消防安全检查，重新配备了消防器材等设施设备，防止火灾事故发生。做好施工学校的建筑安全工作，学校加强施工安全教育，采取施工防范措施，定期排查安全隐患，确保师生人身安全。

【体育卫生】 深入开展爱国卫生月活动，学生卫生大扫除，狠抓学生个人卫生。认真贯彻落实《中小学生健康体检办法》，建立学生健康档案，对全县中小学生、幼儿园儿童进行了全面体检。加强对学校食品安全的监督管理，积极开展春、夏季传染病防控知识和食品安全卫生知识的宣传教育活动；开展中小学校食品安全、传染病防控等专项检查，及时发现问题，提出整改要求，落实整改措施，排除食品安全隐患。开展中小学生夏季安全工作宣传教育活动，通过主题班会、学生集会和家长会以及“致家长一封信”等形式广泛宣传春季传染病预防工作和夏季防溺水工作，教育引导学生重视夏季安全，提高他们的安全防范能力。

加强学生体育锻炼，开展阳光一小时体育运动，组织学生进行体育质量检测，开展校园足球赛、田径运动会等活动；成功举办了尼木县第七届“琼穆岗嘎”杯足球联赛，联合团县委成功举办尼木县“五四”职工篮球联赛.

【“三包”管理】 “三包”和营养餐政策是国家针对自治区农牧民子女能够顺利接受学校教育的一项特殊优惠政策。尼木县将符合条件的在校学生全面纳入政策覆盖范围，包括：全县所有农牧民及城镇困难家庭在校九年义务教育学生，在园接受学前教育幼儿，以及从区内其他地市、县、乡转入尼木县得农牧民子女。截至年底，尼木县享受“三包”及营养餐补助和学前教育补助金的学生总数有4826人，其中中学生1088人，小学生2854人，享受学前教育补助金884人。

根据上级文件规定，从2016年秋季学期开始，“三包”及营养餐补助和学前教育补助金年生均标准调整为：学前教育阶段二类区2640元、三类区2740元、四类区2840元；义务教育阶段二类区3140元、三类区3240元、四类区3340元。尼木县教育局8月份开学后经过认真细致地统计，确定了“三包”学生人数，根据上报的学生“三包”经费花名册，按照新标准将“三包”经费足额拨付到中小学校、幼儿园。2016年，尼木县落实“三包”伙食费

676.12万元，装备费145.68万元，作业本费39.28万元，营养改善资金156.08万元。

（南 文）

【领导名录】

局　长　洛桑加央（藏族，10月免）

副局长　张　　伟（5月免）

田 茂 飞（土家族，5月任）

尼　　玛（藏族，5月任）

尼木县中学

【概况】 尼木县中学创建于1978年，坐落在美丽的尼木河畔，距尼木县城2公里，距拉萨市130公里，系拉萨市建立在半农半牧地区的一所初级中学。学校占地64801平方米，校舍面积17878平方米，生均13.97平方米，绿化面积2000多平方米，学校现有24个教学班级，在校学生1089人，正式教职工100人，专任教师96人。尼木县中学有1栋多功能五层现代化教学大楼、2栋食堂、5栋学生公寓、5栋教师公寓、1栋行政办公楼、1栋职业教育楼及相关基础设施；有标准的塑胶运动场、篮球场、乒乓球场等运动设施；有录播教室、多媒体教室、语音教室、闭路电视系统等现代化教学设施；有理、化、生实验室及音、体、美教室；有远程教育系统及网络室；有1栋青少年活动中心及相关配套设施；有32097册图书资料及职业技术教育实践基地等。

【教育教学质量】 尼木县中学立足学校实际，着眼于未来意识及办学总体规划，开拓进取，大胆实践。在中共尼木县委、县政府的关心和支持下，在尼木县教体局的正确领导下，学校全面贯彻党的教育方针，积极投入新课程实施。在新课程的实施过程中不断更新教育理念，不断加强师德师风教育，狠抓教学管理，努力提高教学质量。尼木县中学教职工上下一心，齐抓共管，全力准备“素质教育”相关工作，并成功通过各级领导的“素质教育”检查。通过一系列活动，学校风貌有较大变化，办学质量明显提高。各项工作取得了一定成效。严格执行学籍管理制度，完善教学常规管理体系，做到奖勤罚懒、从严管理。学校领导经常深入教学第一线，加大课堂教学研究力度，构建创新型教育模式，保证教学过程的优化。课程开设。学校按照自治区义务教育阶段相关规定，开齐、开全所有课程，并根据学校实际，编撰校本教材。科学管理，提高质量。近几年来，中考成绩逐年呈上升趋势。尼木县中学将继续注重过程和结果的全程管理，努力提高课堂教学的质量，以质量求生存，以质量求发展。

【党建工作】 为纪念“3・28”百万农奴解放纪念日，增进尼木县中学民族团结，学校党总支开展了师生唱红歌活动；为贯彻习近平总书记系列重要讲话精神，落实从严治党，加强干部队伍建设，深化拓展党的群众路线教育，按照上级部署要求，尼木县中学召开了深入开展“两学一做”专题教育动员会；开展向尼木县病危学生进行募捐的倡议活动；举行迎大庆促稳定专项整治行动动员会，传达了区、市相关会议精神，宣读了行动方案，对尼木县的稳定安全工作做了全面详尽的部署；开展学习贯彻中央领导同志教师节重要回信和讲话精神的活动；9月10日，尼木县中学隆重举行庆祝教师节活动，丰富了广大教师的业余生活。

【综治工作】 校园安全问题是一个涉及全局的根本问题，尼木县中学高度重视安全教育和安全防范工作，成立了由校长统领全局，分管校长具体抓，以德教处和总务处为中心，各班主任分管和科任老师、后勤工作人员协作的全员安全工作网络和安全工作责任制；为深入贯彻落实《中共西藏自治区委员会办公厅、西藏自治区人民政府办公厅印发〈关于进一步加强自治区教师队伍建设的意见通知〉》精神，以及落实安全专项行动方案，召开全体教职工会议；建立了完善的安全教育制度、安全工作责任制及岗位追究制；学校还定期开展消防安全检查，消防演练，重新配备了消防器材等设施设备，防止火灾事故发生；进一步加强学校食品安全监督管理工作，消除学校食品安全隐患，有效控制学校食品安全事发生；做好学校施工场地的建筑安全工作，学校加强施工安全教育，采取施工防范措施，定期排查安全隐患，确保师生人身安全，及时做到了“防患于未然”；经常对师生进行安全常识教育，结合国家法律法规讲安全，结合生活实际讲安全，结合安全隐患讲安全，大力宣传如何预防煤气中毒、预防食品中毒、防溺水、防电、防交通事故、防意外伤害等安全知识，树立师生安全意识，制定各种应急预案，做到安全工作警钟长鸣，确保学校财产安全、师生人身安全。

【聘请法制副校长】 尼木县中学还聘请了法制副校长，定期为学生进行法制宣讲和爱国主义教育。通过一系列活动，进一步建立健全学校、家长、社会“三位一体”的安全工作联系网络，充分发挥合力教育职能。学生外出有严格的审批手续，为全体师生营造了一个安全、和谐、良好的生活环境。

【增强学生安全知识】 尼木县中学还充分利用“综治宣传月”“防灾减灾宣传日”“防灾减灾宣传周”“安全宣传周”“平安拉萨宣传周”等活动，2016年学校共举办2次开学第一课，开展2次消防安全知识讲座和1次防火防震疏散演习；18次周假前的安全教育会；19余次消防安全检查；7次安全卫生食品讲座。完善各类应急预案，加强“三防”（火灾、洪灾、震灾）演练，增强学生的安全知识，提高学生的安全防范意识，提升他们的应急避险能力。

【成立“双联户”工作领导小组】 年内，根据县政法委安排部署，学校成立“双联户”工作领导小组，每栋楼设立联户长，本学期各联户长对教师宿舍的安全、卫生等情况检查了5次。有效保障“双联户”工作扎实开展，切实推进“群防群治、共保平安”工作。

【“廉政文化”进校园】 为弘扬主义先进文化，构建主义核心价值体系，巩固保持党员先进性教育活动成果，全面推进尼木县中学素质教育，全面提升师生思想道德修养，建设清正和谐的校园，学校制定并落实“廉政文化进校园”活动工作计划，并成立了工作领导小组。坚持统筹兼顾，相互配套，全员参与。由党总支牵头，党政齐抓共管，部门各负其责，全校师生共建，形成工作合力，将廉政文化建设纳入学校文化建设的整体之中，将廉政教育纳入学校德育建设的整体之中，积极推进廉政教育进教材、进课堂、进头脑。

【德育工作】 尼木县中学始终把培养社会主义接班人作为教育工作的根本出发点，为适应新形势的要求，不断改善德育工作的方式方法。学校成立了以校长为组长的德育工作领导小组，成员有德教处、班主任、学生会等人员组成，并聘任县派出所民警兼任学校的法制校长。

【完善德育室】 有校园宣传栏、广播站，教室黑板报。制订了学校德育工作计划，进一步加强了德育工作的针对性、实效性和主动性。为落实德育工作计划，学校从学生入学之初，便着手进行爱国主义、集体主义、法律法规、校规校纪、《中学生守则》《中学生行为规范》等系列教育。学校开设了思想政治课，重视各学科教学中对学生进行思想品德教育。开展多种形式的课外活动和校外活动，为进一步加强学生的品德教育，以实际行动响应“向雷锋同志学习”的号召，使雷锋精神深入师生心中，学校组织开展“学雷锋见行动”主题社会实践活动，在班主任带领下，学生们挥动着铁锹、扫帚，怀着满腔热情对学校周边卫生进行全面打扫、清理；为丰富校园文化与增强学生环保的意识，举办环保主题学生手工作品展；为进一步加强青少年网络安全意识，发动全校学生参与维护网络安全，开展以“争做网络安全卫士”为主题的青少年网络安全知识竞赛活动；为在全校学生中营造热爱科学、崇尚科学的氛围，培养学生积极探索、勇于创新的精神，学校决定每年8月第二周为科技活动周，在科技活动周里开展初一年级模型组装大赛；举办第二届科技活动周里开展了标本制作比赛，增进学生对大自然的热爱和保护；组织“经典诵读比赛”活动，弘扬中华优秀文化，提升学校学生的人文素养。

【充分利用德育室】 学校充分利用德育室，对学校各年级学生进行分段德育教育，初一年级为基础步，对学生进行爱班级、爱学校、爱集体的入学教育，抓好中小学教育的衔接；初二年级为成长步，重点进行理想、人生观、价值观教育；初三毕业班为发展步，重点进行正确的升学观、就业观及理想教育，使他们成为合格的中学生。每学年学校邀请公安、交警队民警，卫生部门工作人员到尼木县中学，举办法制、交通安全、卫生防疫教育大会，增强广大师生的法律意识和交通安全意识。加强了班主任工作，每学期召开一次主题班会。团支部通过发展共青团员，开展团队活动，发挥共青团组织的模范作用。并充分利用校园宣传栏、室内板报、广播站，对学生进行思想道德教育。学校通过召开学生家长会和各乡乡长座谈会，建立起学校、社会、家长三位一体的教育网络。

（刘建明）

【领导名录】

党总支书记　妮　玛（女，藏族，8月免）

校　　　长　吕道坤

副　校　长　邓易才

尼木县卫生局

【概况】 尼木县共有卫生行政机构1个，工作人员11人（其中行政编制人员3人、事业编制2人、公益性2人、借调4人）。县、乡、村医疗机构41个，其中县级2个（县人民医院、县疾控中心）、乡镇卫生院7个、行政村卫生室24个。三级卫生医疗机构共有卫生医技人员249人，其中县疾控中心11人（其中专业技术人员9人、后勤人员2人），职称结构：中级2人、初级6人、员级1人；县人民医院卫生专业技术人员59人，职称结构：副主任医师（副高级）1名，主治医师（中级）10名，医师及护师（初级）22名，员级26名，工人3人，公益性岗位5人，临聘人员3人；乡（镇）卫生院医技人员106人，职称结构：中级1人、初级18人、员级87人；村级卫生室73人，其中公益性岗位16人，其他均为聘用人员，无职称。

【深化医药卫生体制改革】 尼木县卫生局紧紧围绕中心工作任务，以中共十八届三中、四中、五中、六中全会精神为指导，以提高居民健康素质为目标，以夯实公共卫生服务为抓手，以进一步深化医药卫生体制改革为重点，以着力强化医疗服务、医疗保障和医院内涵建设，加快推进基本公共卫生服务均等化进程，加大重大疾病和突发公共卫生事件的防控力度，强化医疗卫生监管等职责为己任，积极推进各项医改政策，夯实尼木县医疗卫生服务体系，大力坚持以人为本，不断提高全县人民健康水平做出了努力全面完成各项目标任务，为保障人民健康，促进全县经济社会发展、社会稳定夯实了基础，为打造“小康尼木、健康尼木”提供了强有力的健康保障。

【妇幼保健】 2016年，孕产妇总数1152人，其中孕妇594人，建卡率、母子保健卡填写合格率均为100%；产妇558人，住院分娩总数555例，住院分娩率达99.5%，产检率达100%；活产数558例，双胎5对，死胎死产数5例，产后访视率、系统管理率均达100%（其中县级住院分娩399例，活产399例，县级住院分娩率达100%）。

高危孕产妇148人，筛选率达100%；高危产妇住院、提前住院分娩率均达100%，高危产前检查6次及产后访视三次以上率达98%。2016年，共兑现孕产妇住院分娩补助33.4万元，无孕产妇死亡，未发现出生及两大死亡漏报情况。

全县0—14岁儿童8291人，0—7岁儿童5062人，0—3岁以下儿童2727人，建卡率100%；儿童生产发育迟缓132人，年两次体检率100%，儿童营养包普服520人。全县2016年活产558人，新生儿访视率100%；6个月纯母乳喂养196例，婴儿死亡7例，死亡率12.7‰。

【培训、宣传】 2016年，对七乡一镇乡村医务人员及妇女主任开展妇幼例会12次，参加人数131人次，对孕产妇、家庭主妇、育龄妇女办班4次，受训300余人，县级对乡镇卫生院督导16次，联合宣传8次，受益群众达48650人次，发放宣传资料4000余份。

【传染病工作】 2016年，全县报告法定传染病乙、丙两类9种，无甲类传染病报告，发病总数90例，无死亡病例，报告发病率为285.68/十万，无传染引起的死亡病例。

【地方病防治】 全县高度重视鼠疫防控工作，4月召开县级鼠疫防控专题会，调整充实尼木县鼠疫预防控制工作领导小组，实行鼠疫疫情报告奖励机制；在全县范围内开展宿主密度调查和保护性灭獭工作，旱獭密度降为0.001只/公顷以下，同时在全县范围内采集303份动物血清送检（均为阴性）。

【开展碘缺乏病宣传】 年内，认真开展碘缺乏病宣传活动，累计发放碘盐宣传手册356册、图画452张，开展乡村医生碘缺乏讲座和碘缺乏病防治知识培训2次；对全县300户家庭食用盐进行碘盐定量检测，碘盐食用率100%，联合市疾控地病科工作人员对全县8—10岁200名儿童进行碘缺乏病B超检查和临床触摸检查，并采集100名学生尿样送检。多次深入3个大骨节病疫区乡镇对121例患者进行免费投药；联合市疾控专家开展监测工作，共监测学生783名，未发现大骨节新增病例，监测率达100%。

【结核病防治】 2016年，共举办乡村医生结核病防治知识培训3次，受训96人次。接诊可疑结核病人89例，发现各类结核病人17例，接受免费治疗16例，管理病人16例。

【计划免疫】 全县常住儿童共509人，其中流动儿童10人，建卡建证率均达到100%；常住儿童五苗接种率99.71%，扩大疫苗接种率99.29%；乙肝接种率100%；糖丸投服率99.84%；百白破接种率99.81%；麻风接种率98.43%；麻腮风接种率98.92%；A群流脑疫苗接种率100%；甲肝接种率100%；A+C流脑疫苗接种率96.13%。

【卫生监督执法】 2016年，对全县17所中小学、幼儿园开展定期或不定期卫生监督检查5次，卫生监督覆盖率达100%，卫生合格率达95%，从业人员体检率及两证持证率均达100%；公共场所卫生监督9次，监督覆盖率达100%，卫生合格率达96%以上。

对23个供水点采样水质78份并及时完成保质保量送检工作，检验报告及时上报网络。对全县卫生监督协管员累计培训人数55人次，每季度组织对所属辖区进行巡查，并要求发现问题及时督促整改。

【公示“两项扶助”人员】 2016年，对符合“两项扶助”政策人员进行摸底、审核、确认、录入，并用藏汉双语进行公示，设立监督、举报电话；全县“一孩双女”困难家庭扶助对象442人，受助资金424320元；“特别扶助”对象139人，受助资金282000元，两项受助资金已通过办理银行卡方式及时足额发放给受助群众。

【开展孕前优生健康检查】 年内，积极开展孕前优生健康检查及“出生缺陷”相关知识宣传，提高农牧民群众对项目知晓率，全年共完成421对孕前优生健康检查，283对出生缺陷检查，检查率、完成率均达到100%。

【开展特扶家庭帮扶】 2月3日，开展特扶家庭帮扶项目年前慰问活动，发放价值17080元的慰问品；5月29日，召集全县流动人口代表召开座谈会，宣讲流动人口服务均等化等相关惠民政策，并同时开展“关爱贫困母亲活动”，共发放价值16080元慰问品。

【流动人口清查登记】 开展流动人口拉网式清查登记，宣传流动人口计划生育法律政策，检查流动人口婚育证明，填写流动人口育龄妇女卡片，对未办证人员下催办通知单（6份），并限期办理，同时与商户签订《流动人口计划生育综合治理责任书》，共清查628人。开展流动人口免费体检并建立健康档案，计生委于每周四上午组织有意愿的35人左右去县医院体检，检查项目主要有B超、血尿常规、放射、心电、内外科等，切实让尼木县流动人口感受到服务均等化惠民政策。全员人口、流动人口半年、全年统计报表按时上报，未出现迟报、瞒报、漏报现象。

【以助脱贫】 2016年，高度重视精准扶贫工作，将精准扶贫、健康扶贫作为当前最重要的政治任务来抓，积极协调民政、扶贫等部门，制定详细脱贫计划措施，推动以助脱贫工作有序开展。由县扶贫办、县卫生局共同牵头，组织各乡镇扶贫专干、卫生院医务人员对全县建档立卡贫困户实行摸底调查，重点调查因病致贫、因病返贫家庭，对患有大病及长期慢性病患者进行登记造册，建立疾病信息表，共确定尼木县以助脱贫救助对象为131人（113户），并及时予以公告。多次召开尼木县健康扶贫工作推进会，全面安排部署健康扶贫调查工作，为县委、县政府、拉萨市卫生局制定政策措施提供了坚实的数据保障。

（吴开江）

【领导名录】

局　长　丁永红（藏族）

副局长　罗　刚

尼木县食品药品监督管理局

【概况】 尼木县食品药品监督管理局监管辖区面积3275.8平方公里，覆盖43个医疗单位、483家食品经营店、化妆品店6家，酒吧及茶座5家。2016年，先后组建了食品流通监管、药品及医疗器械监管、局办公室（食安办）、稽查大队（注：正在组建中），调配6名干部（定编1名、借调事业编3名、工人2名）。县食品药品监督管理局紧紧围绕县委县政府的中心工作，以“依法行政、执政为民”为原则，积极发挥协调、督促作用，加大食品安全日常监管力度，着力规范食品餐饮服务行为，大力整顿药品生产经营秩序、农牧区，监管效能逐步提升，整体食药品安全监管稳中趋好。

【食品监管】 加大食品抽检力度，确保尼木县食品加工、流通质量，切实保障人民群众饮食安全，全年累计抽检22批次，合格率达98.5%；开展反复突击检查12次，集中整治超范围、超限量使用食品添加剂、非法添加非食品物质、索证不全、篡改日期等问题，坚决取缔“黑作坊、黑窝点”，对输入性食品加大摸底调查；为各乡镇配备食品安全协管员16名；积极跟踪处理318国道餐饮店餐饮水质安全达标问题；开展“企业助廉守法”承诺书签订活动，引导经营企业积极参与食品药品安全监管，形成全社会共管共治的工作格局。

【完成各项重大活动期间食品安全保障】 做好“关于北京党政代表团在尼木县期间食品安全保障”工作；在春节（藏历年）、春季校园宣传活动、“萨嘎达瓦”“五一”“雪顿节”“十一”、中秋、冬季校园宣传活动等重要节庆期间，开展联合执法7次，创新性地开展了严查、严整、严治、严管活动，新增节庆期间食品供、销、营的登记备案及责任签订。

【行政许可申请审批按时办理】 2016年，尼木县食品药品监督管理局共受理行政许可申请108份，符合条件发新证96份，更换12份，无投诉举报情况，群众满意度达100%。

【药品、药械日常监管】 2016年，累计抽查县级医疗机构、药店、乡镇卫生院、村级卫生室12次，查处过期药品30余种、120公斤，按照相关规定，进行了集中销毁；规范医疗器械管理制度及备案，确保发现问题及时整改，做到了高效率、严要求。

【化妆品流通市场监管】 2016年，开展化妆品日常督查、检查专项工作20次，出动执法人员75人次，未查出无证经营及不合格产品。

【案件办理】 按照《中华人民共和国食品安全法》相关规定，分别食品抽检超标餐饮店进行行政处罚，共处罚金100300元，对食品经营户起到很好的震慑作用。

【学习培训】 邀请区药械科资深老师对尼木县各级医疗机构工作人员进行了一次系统的药品药械知识培训及相关案例分析1次；组织乡镇食品药品安全协管员培训2次；执法人员培训4次。围绕“四有两责、依法行政”，推进“四品一械”日常监管力度，以“两学一做”主题教育活动为契机，加强理论学习，将理论与实践工作相结合，做食药安全监管工作的“先头兵”和“奠基石”。

【普法宣传】 围绕“安全生产月”“宣传周”深入开展覆盖全县范围的食品药品安全普法、宣传活动，共发放宣传资料、画册、普法读本3000余份，惠及群众5000余人；对2015年度食品药品安全监管工作中表现突出的9个集体、7个个人进行了表彰，表彰金额12500元；开设举报违法犯罪专栏，动员全社会齐抓共管的良好氛围。

（张志兰）

【领导名录】

局　长　刘卓娅（女，藏族）

尼木县人民医院

【概况】 尼木县人民医院前身是3个人组成的卫生队，医院始建于1960年。1999年，在县委、县政府的大力支持和全院职工的共同努力下，以高分通过了“一级甲等”医院的标准。2000年被拉萨市评为“文明单位”。经过50多年的不断发展，县医院现已成为全县唯一一所集医疗、教学、健康体检、急救为一体的综合医院。医院承担着全县范围内突发公共卫生事件应急处置及7个乡镇卫生院医务人员进修、培训等任务。全院编制床位25张，实际开放床位数45张；年门诊量6万余人次，年住院病人1000余人次。正式在编职工67人，其中卫生专业技术人员59人（职称结构：副主任医师1名，主治医师10名，医师及护师22名，员级26名），工人3人，公益性岗位5人；法定床位25张，实际开放床位45张，在原有的科室基础上2016年又增加了耳鼻喉、CT室、胃镜室等临床一线科室；担负着尼木县3万余人口及其周边县、乡的医疗、急救、预防保健、乡医培训等任务。2016年，县医院未发生过大的医疗事故，急诊的应急能力及抢救危重病人的能力明显提高，收治的疑难危重病人越来越多，院内会诊、院内病案讨论增多，收治病种前广泛，来诊病人扩展到周边县，医院呈现出蓬勃发展的良好势头。

【政治学习、精神文明建设】 2016年，县医院积极开展党的群众路线教育实践活动及“三严三实”“两学一做”学教活动，广大干部职工切实改进工作作风，提升服务能力，认真学习马列主义、毛泽东思想、邓小平理论和“三个代表”重要思想，学习中共十八大四中、五中、六中全会以及中央第六次西藏座谈会精神。

【行风建设】 加强法律法规知识的学习，并组织县医院精干的医务人员和援藏医生一起深入到尼木县偏远山村进行义诊活动、送医送药到家中、访贫问苦，联合北京市组团式援藏医疗队及拉萨市委组织部“百名专家”下基层活动下乡义诊，全年累计开展巡诊活动共18次，累计为当地老百姓送去免费药品约83000余元，就诊人数达12000余人次。

【狠抓医疗质量】 医疗质量是医院各项管理工

作的核心内容，是医院的生命线，也是管理成效的关键所在。为此，根据自治区卫生厅和拉萨市卫生局有关医疗质量管理规定制定了医疗质量管理的原则：以病人为中心，以医疗质量为核心。将提高医疗质量建在“三基三严”基础上，对全院医务人员进行了基础理论、基本知识、基本技能的考核和测评，并记入其个人技术档案。全年进行医学“三基”知识考试1次，参加应急演练2次，有效地促使医务人员在临床中严格执行基本规章制度和各项技术操作规程，更加熟悉了自身医学理论知识和各项技术操作规程，增强了县医院医务人员的业务技能和突发事件的医疗应急处置能力。

通过“送出去”的方式，利用北京和拉萨市的医疗资源优势。年内，县医院选派业务骨干人员6名（内科、妇产科、急诊医学、口腔科、放射科、B超等专业各1名）到北京医院进行为期三个月至半年的业务学习，2名藏医临床医学到拉萨进行为期1个月至4个月的业务培训，参加自治区、拉萨市组织的中、短期业务培训15次，累计参加60人次。

【新增业务开展情况】 手术：完成近百例，在原有手术种类的基础上新增各种手术种类，填补了手术种类的各项空白，包括：胆囊切除术，胆总管探查术、肝包囊虫内囊摘除术、胃穿孔修补术、CT引导下取异物术，无痛人流，PPH等；无痛胃镜检查：县医院2016年9月至今累计检查25人次，成功完成了无痛胃镜检查，获得了患者的一致好评；CT室建成：自从9月28日开始CT投入使用后解决了118例患者的诊断及解决4例患者增强CT的检查，大大地提高了对疾病特别颅内外伤诊断的准确性；术后患者开展无痛化管理：利用麻醉的优势开展了术后无痛治疗，有效缓解了手术的急性疼痛，增强了术后患者的舒适安全并有效地减少了手术并发症；疼痛治疗：百余例涉及病种如肩颈痛，下腰痛、膝关节退疗性变，岗上肌炎，足跟痛，落枕等，所用治疗方法包括局部封闭，臂丛神经阻滞，腰丛阻滞，膝关节腔注射等取得了良好的诊疗效果并无一例并发症，赢得了广大患者的一致好评。

【设备更新】 随着社会的发展及患者就医的需求，县委、县政府的大力支持及援藏的无私援助下新建了CT室（投资600万元包括CT室业务用房的防辐射改造）、胃镜室（投资192万元包括奥林巴斯胃镜1套以及专业洗涤消毒设备1套）、供应室（183万元），从此改变了无CT、无胃镜的历史，新开展了耳鼻喉科及口腔科，新建的县人民医院业务综合楼和医技楼供暖工程投入使用，大大改善了患者的就医环境，获得了老百姓的好评。

【先天性心脏病筛查】 在县委、县政府的高度重视和县卫生局的精心部署下，在全县卫生系统的广大干部职工的共同努力下，尼木县全民健康体检工作于4月3日开始到9月30日已圆满结束，尼木县应体检人数29754人。实际体检29617人（含外地就读放假返县学生），未参加体检人数137人，其中95%属于长期在外务工，其余有一部分在上级医院住院治疗、在外地就读的未返县学生，总的体检率达到了99.5%。

【指标完成情况】 医务人员“三基”考核率100%；医疗器械设备完好率100%，使用率92%；门诊总人次56093人次，其中藏医门诊28383人次；二级以上医疗事故发生次数“0”；住院病人数1250人次；出院病人数1215人次；治愈人数985人次；治愈率82.99%；病床使用率86.7%；出院病人平均住院日8.7日；病床周转率34次；门诊处方合格率92%；门诊病历书写合格率92%；住院病历书写合格率93%；入出院诊断符合率93.8%；危重病人抢救成功率95.3%；无菌手术切口感染率0；护理指标：护理技术操作合格率88%；基础护理合格率87%；一级护理合格率100%；常规器械消毒合格率100%；五种护理书写合格率85%；一人一针一管执行率100%；院内感染率“0”；急救用品完好率97%；藏医指标：针灸治疗1982人次；TTP治疗702人次；放血疗法149人次；牛角治疗

168人次；火罐治疗315人次；按摩治疗729人次；金针治疗25人次；足浴123人次；牵引治疗150人次；住院39人次；妇产科及计划生育门诊指标：上环6人次、取环47人次；皮下埋置缓释避孕药11人次；取皮埋137人次；行人工流产手术8例；行药物流产手术28例；发放避孕药具320余人次；检验科指标：血常规13352人次；尿常规12586人次；大便常规726人次；生化全套5782人次；肝功能2686人次；乙肝两对半6583人次；血型6083人次；乙肝表面抗原7923人次；电解质1235人次；白带常规354人次；梅毒检测368人次；沙眼、淋球菌检查465人次；凝血四项检查760人次；B超室指标：彩超6753人次，其中检查阳性6010人次，阳性率89.9%；放射科指标：拍片1023人次，透视405人次，CT108人次。

【县级公立医院改革】 根据拉萨市关于县级公立医院改革和医院等级评审工作的统一部署，县医院也正式启动了此项工作，成立了相关的领导小组，严格落实目标管理责任制注重班子团结，加强班子成员间沟通协调；为进一步加强医院干部队伍建设，推进县医院科学发展，2016年3月医院合理调整了部分中层干部岗位。进一步完善了绩效改革分配方案，提高了全院职工的平均绩效水平，并在绩效分配上尽量向临床一线医务人员倾斜，稳定医务人员队伍、提高工作积极性；为了使院科两级目标管理考核更科学，医院修订了科室目标管理责任书，确保医院管理上组织领导到位、工作落实到位、监督检查到位、责任追究到位；组团外出考察：2016年5月、7月，县医院组织院领导、科主任、护士长等一行15人分别到曲水县人民医院及墨竹工卡县人民医院学习考察，受到很大触动，深受启发，受益匪浅。主要经验是：他们意识超前，思想观念新，在激烈的医疗市场竞争中迎难而上、拼搏进取，在竞争中求生存、求发展；他们重视人才，大力引进学科带头人，招聘专业技术人才；他们奉行以患者为中心，救死扶伤，提供优质、高效、便捷服务；他们做到了领导干部思想一致，心往一处想，劲往一处使，相互理解和支持，紧密团结，同舟共济。2016年7月，县医院创二级医院预审已通过。截至年底，正处于院内各项硬软件条件准备阶段。

【药政工作】 年内，根据拉萨市食品药品监督管理局的有关精神，进一步加强药品监督管理，规范药品生产，经营使用秩序，保证药品质量，保障人民用药安全，维护人民健康和用药的合法权益。县医院严格从拉萨市卫生局和拉萨市药监局的中标公司进药，严把药品的购入关，并结合县医院的实际情况，组织人员对院药房进行清理、清查，在清库中未发现过期药品，未使用过期药品，并及时弥补急需药品的供应。

【援藏医生工作开展情况】 成立医疗质量控制小组，严格把手术适应证、禁忌证，确保手术安全；成立疑难病例抢救小组（其中抢救高血压危象，急性心梗病人各1例）；严格落实医疗质量管理13项核心制度，如：首诊负责制、病历讨论制度等；开展无痛胃镜检查；开展疼痛治疗及术后镇痛，推进无痛医院的建设；规范了常见病诊治流程；开展了讲课、带教工作（一对一、一对多等多种模式）；手术操作方面具体如下：胆囊切除术15台、阑尾切除术9台，PDH10台、剖宫产23台、大隐静脉剥脱术3台、疝修补术3台、胃穿孔修补术1台、肝包虫病2台、肛周脓肿合并肛瘘4台、无痛人流3台、女性绝育术22台、背部脂肪肉瘤切除术1台、无痛电子胃肠镜10台、疼痛治疗112人次、静脉全麻12人次、插管全麻15人次、腰硬麻醉32人次；通过"请进来"的方式，根据县医院实际情况，从北京市房山区良乡医院邀请院感、护理等专家各1名、密云区医院CT室专家1名到县医院指导护理及院感、CT为期1个月的工作，改善了手术室、待产室、胃肠镜室、供应室等重要科室的院感及护理工作。

（边巴顿珠）

【领导名录】

党支部书记、院长

谭 申 权（土家族）

副书记 罗布次仁（藏族）
副院长 刘　炜（援藏）
边巴顿珠（藏族）

尼木县文化广播电影电视（新闻出版、文物）局

【概况】 尼木县文化广播影视局是县人民政府主管全县文化、艺术、广播电影电视事业的职能部门。成立于2010年10月，以前归属县委宣传部，没有单独挂牌，2010年10月，县政府机构改革以后成立了尼木县文广局。单位属正科级，行政编制3人，现有人员3人。

【文化下乡】 尼木县文化广播影视局紧紧抓住“五下乡”，以“两学一做”“精准扶贫”活动为契机，为农牧民群众送去党的声音，党的关怀，扎实开展下乡演出，电影“六进”活动。2016年，共演出50场，观众人数23465余人，共放映电影1309场，观影人次91000余人次，为活跃群众文化生活，营造和谐社会环境，起到了积极作用。

【充分利用综合文化活动中心】 按照“业余、自愿、休闲”的原则，对尼木县综合文化活动中心的健身房、乒乓球室、棋牌室实行全天免费开放，为全县各单位和前来参与的群众提供便利；为改善综合文化活动中心软件硬件设施，2016年投入资金90多万元，维修升级改造了综合文化活动中心，2016年，参与文化活动中心文体娱乐活动的群众2423人次，利用活动中心多功能厅先后放映以爱国主义题材的各类影片25场次，观众753人次，文化活动中心的免费开放和各项文体活动的举办，不仅提高了文化活动中心的利用率，也为丰富全县干部职工的业余文化生活，活跃全县群众文化舞台起到积极作用。

【慰问帮扶】 春节、藏历年、尼木年来临之际，尼木县文化广播影视局及时组织电视台、县电影管理站的负责人，做好了6名退休干部和17名操管人员、16个民间艺术团演职人员的节期慰问工作，并送去折合人民币6500元的慰问金；动员文广系统16党员每人捐款100元，慰问了联系村建档立卡扶贫户，帮助困难群众渡过难关。

【文化市场监管】 尼木县文化广播影视局协调县委宣传部、县委政法委、县公安局、县工商局、县消防大队等单位成立了文化执法检查小组，进行全面的文化市场大检查，全年检查文化市场50次，检查文化娱乐场所16次，更新办理文化经营许可证13个。通过对文化市场进行不定期排查，及时查处文化市场违法违规现象，从而为遏制文化垃圾，营造良好的文化环境起到了积极作用。

【非遗工作】 投入资金15万元，为吞巴乡30个制作户进行了为期30天的藏香制作技艺培训，为拓宽销售渠道，在活动中心三楼新设“非物质文化遗产展厅”免费提供销售和展示产品的平台。先后投入资金28万余元，投入资金24万余元，购买了雕刻用的各种工具。争取到100多万元的非物质文化遗产保护资金，恢复了尼木县白面具藏戏能演蓝面具剧目的传统特色，特邀尼木县各级藏戏传承人，从2016年开始利用半年多的时间，排练蓝面具剧目“卓瓦桑姆”，基本动作、基本剧情、基本唱腔都已掌握，在此基础上文广局又邀请山南贡嘎县朗杰学藏戏对的戏师，为尼木县刚恢复的“卓瓦桑姆”剧目的动作、角色出场顺序、唱腔等方面问题进行面对面、手把手地指导，此举对尼木县藏戏演员的整体素质有了很大提高。2016年，成功申请到投资1200万元的白面具藏戏传习所项目。截至年底，文广局已兑现国家级传承人的补助6万元，自治区传承人补助5万元，市级传承人补助27000元和县级传承补助18000元，规定每年开展传习活动不低于5次，充分调动了传承人在非物质文化遗产传承、保护工作的积极性，选派普松雕刻等尼木县非物质文化遗产参加藏博会，选派藏香等产品到内地参加非物质文化遗产展览，选送白面具藏戏到雪顿节，

罗布林卡和宗角禄康进行演出和兄弟县开展尼木特色文化交流活动，非物质文化遗产宣传日，共发放2150份宣传材料，1832本宣传图册，为进一步保护、传承、发展尼木县非物质文化遗产起到积极的作用。

【文化阵地建设】 先后投入资金6万多元，聘请专业舞蹈老师，下乡民间文艺采风，原创音乐制作，订购演出服装，编排节目2个，极大提高了艺术团专业素养。为提升县民间艺术团整体面貌和整体环境，投入5.3万元为民间艺术团排练室铺上木地板，装上练舞镜子，新建更衣室和服装存放处，充分调动了演职人员排练的积极性，确保演职人员练舞时的安全和排练效果。投入资金1.8万元，为民间艺术团演职人员制作了统一的团服装。按照以团养团工作思路，到各村望果节进行丰富多彩文艺演出，从单一的公益演出走向经营性演出，自创收入16000元，改善了演职人员的生产生活。积极兑现艺术团场次补贴20万元。为全县8个乡镇新建了综合文化活动站。为提高利用率，七乡一镇下拨活动站免费开放和农村基层文化服务体系建设经费64万元，为吞巴乡文化站和麻江乡文化站下拨10万元和3万元装修费，按要求全部配备了工作人员，为更好利用综合文化活动站奠定了良好基础。同时，尼木县文化广播影视局加大对全县22座寺庙书屋和32个行政村农家书屋工作指导力度，协助做好了2016年农家书屋新增书籍的摆放工作，进一步加强书屋用火、用电和易燃物品的管理，加强防火、防盗措施，继续做好书屋制度上墙、借阅记录等书屋管理工作，为提高尼木县新华书店的利用率，协调区新华书店，清退了原有的3856本旧书，签订新的合作经营协议，新书购置方案，从而使农家书屋和新华书店真正惠及于广大人民群众。

【文物保护】 结合尼木县文物保护单位和重要文物点的实际情况，于春节、藏历年、尼木年等重要时节，由尼木县文化广播影视局牵头，联合统战、政法、消防、公安等部门，对全县范围内的文物保护单位和重要文物点的用火、用电、防盗等情况进行了22次全面细致的检查。文广局与各文物保护单位负责人签订《2016年尼木县文物安全目标责任书》发放了1000余册《中华人民共和国文物保护法》等相关文物手册，下发《今冬明春寺庙古建筑消防安全专项治理方案》针对尼木县区级文物保护单位的险情，对吞弥·桑布扎故居和曲德寺维修项目已纳入拉萨市文化局2017建设项目投资计划表，前期已全部做完，有望4月开工实施，为尼木县乳巴寺解决文物安防资金10万元。

【文物普查】 尼木县文化广播影视局积极协调相关部门，抽调普查人员，成立文物普查小组，对尼木县境内的21座寺庙进行了为期32天的可移动文物普查，对435个可移动文物进行名称、级别、质地等数据的录制，除鉴定文物等级外，已基本完成尼木县境内寺庙的可移动文物普查工作。

先后投资7万元为尼木县为56处不可移动文物进行立碑。截至年底，已完成14处，及时兑现野外文物看管人员的工资33600元。

【技术维护管理】 充分认识广播电视安全播出的重要性，切实搞好技术维护管理工作。完善安全播出管理制度的同时，对公开招考，层层选拔6名安全播出值班人员，开展业务技能培训，重点节假日、敏感日领导带头值班、全面检查和维修安全播出设备等措施，确保2016年度尼木县广播电视安全播出无事故。清流机顶盒置换升级5186套，新增用户建设100户100套。购置2.5万元的维修电脑等升级维修设备。2016年，共维修设备2537个、升级调试2385个（其中巡查高频头250个、机顶盒50个、高频头卡子420个、无线连接线169条、反射面303个、遥控器170个），满足了广大农牧民群众的精神文化需求。

【查处广播电视违法违规行为】 尼木县文化广播影视局联合县文化综合执法大队、公安、工商等部门对全县境内有无非法销售、安装、使用卫星电视广播地面接收设施情况进行了5次全面的摸底调查。结合检查结果，及时组织宣传小组，对尼木县30多家商户宣传有关广播电视卫星接收设施的法律法规知识，并发放《尼木县做好广播电视卫星接收设备管理宣传单》100余份。

【新闻宣传】 做好尼木新闻的播放和新闻上下传工作，在新闻宣传报道上把握正确的舆论导向，增加新闻数量的同时，注重提高新闻质量。2016年，尼木县上传到电视台及各大媒体稿件120条，尼木新闻录制91条，县新闻内容在拉萨电视台播放36条，各报社采用47条。为健全尼木县新闻队伍建设，尼木县文化广播影视局及时下发2万元的新闻制作费用，大大地提高新闻工作人员的工作热情，从而更好地对外宣传了尼木经济社会发展，群众生活所发生的巨大变化，在外界树立了尼木的良好形象。

【落实“户户通”工程建设】 认真统计七乡一镇干部职工的“户户通”设备用户，与各乡镇签订了广电工作目标责任书，明确责任，并由县电视台组织各乡广播电视安全调试负责人16名，进行为期一天的培训，委派骨干人员赴江苏省挂职锻炼。制作“户户通”安装调试“技术指导联系卡”发放给各乡镇广电负责人，并利用为期6天的时间到实地巡查，通过电话沟通和一对一的指导，全面实施了673个乡镇干部职工广播电视“户户通”设备工程建设项目；县电视台技术人员对100个新增户实施了广播电视“户户通”工程建设，把尼木县机关有线电视电缆改造为光纤，使380多户有线电视用户清晰地收看到优质的有线电视节目。

【电影放映】 尼木县电影管理站严格按照上级的有关要求，结合“五下乡”“三大节日”以及“西藏百万农奴翻身解放日”等重大节日，认真扎实开展电影“六进”活动，2016年，共电影放映1685场，观众127434人次，为充分调动电影放映员的放映热情，及时兑现电影放映员的场次补贴，为宣传党的富民惠民政策，丰富群众的业余文化生活起到积极作用。

（普　珍）

【领导名录】
局　长　其美顿珠（藏族）
主任科员、副局长
　　洛桑旦增（藏族，6月任）

尼木县气象局

【概况】 尼木县气象局机构规格为正科级，内设机构有人工影响天气办公室，防雷减灾管理办公室。编制人员为7人，其中公务员编制3人，事业编制4人，现有正式职工5人。其中，汉族职工1人，藏族职工4人。学历结构：本科4人，大专1人。职称结构：工程师3人，助理工程师2人，平均年龄38岁。

2016年年平均气温为7.8℃，与历年平均气温7.9℃相比较偏低0.1℃，本年降水量为367.2毫米，与2015年降水量211.4毫米相比较偏多155.8毫米，降水主要集中在4—9月，一日最大降水量为 18.7毫米，出现在8月13日，年极端最高气温为27.0℃，分别出现在7月8日，极端最低气温为-16.0℃，出现在1月23日，全年大风日数为1天，无霜期156天。

【气象灾害】 7月18日20：45分，尼木县塔荣镇林岗村境内，持续10分钟强降冰雹，导致农作物受到不同程度的损失。据统计数据显示，受灾户27户，受灾人口204人，受灾面积59亩（均为油菜地），其中重灾面积14.04亩，轻灾面积59亩，无人员牲畜的伤亡，造成直接经济损失6.5171万元。

【灾前服务】 5月1日起，为加强防范强降水引发的山洪、泥石流等地质灾害,气象局气象服务人员及时制作气象信息专报专题材料，并向县领导进行汇报，同时利用手机短信将天气实况和预警信息发布给县委、县府领导及各个防汛部门负责人、相关乡镇负责人，并通过电子屏等渠道发布雨量信息和天气预报，第一时间提示相关领导、部门和责任人员做好应急防范工作，及时通报雨量和预报情况，全力做好应急气象服务工作。

【灾后服务】 灾情发生后，气象局第一时间与县水利局、县民政局等部门赶赴受灾乡镇，组织开展灾情查实统计及急救工作，并及时制作气象服务信息，及时报送给县委县府领导，同时利用手机短信将未来一周天气预报预警信息发布给县委、县府领导及各个防汛部门负责人、相关乡镇负责人。

气象局始终坚持“一年四季不放松，每一次天气过程不放过”的服务理念，密切关注天气变化，在每个整点通过电话、短信平台及时汇报和发布雨量情况和未来天气预测情况，为防汛抗洪提供了科学的决策依据。由于服务及时到位，有效地避免了中到大雨造成的人员和财产损失，没有造成人员伤亡，受到了县委、县政府等各级领导和群众的普遍好评。

【气象服务】 8月8日，尼木县气象局到尼木县续迈乡安装人工影响天气作业信息自动收集系统，并对系统进行了分模块测试和系统整体测试，包括：仰角测试、方位角测试、用弹量检测测试、联网性能测试、数据上报测试、模拟作业测试、通信速度测试等，通过测试均正常。

【精准扶贫调研】 3月26日，尼木县气象局干部职工利用两天时间深入帕古乡彭岗村结对帮扶点进行精准扶贫调研。先后走访了6户结对帮扶精准扶贫户，全面了解尼木局在彭岗村结对帮扶贫困户的基本情况、致贫原因等。为今后针对结对帮扶贫困户制定帮扶措施起到了积极的作用。

【精准扶贫】 8月23日，尼木县气象局到帕古乡彭岗村结对帮扶点开展精准扶贫调研工作，气象局一行人走访了5户结对帮扶精准扶贫户，为他们送去了茶米面油等慰问品，并召集帕古乡乡长、彭岗村村委会委员和5户结对帮扶精准扶贫户共商帮扶脱贫计划。经讨论，气象局职工与帕古乡乡长、彭岗村村委会委员和5户帮扶扶贫户一致达成共识，气象局决定在县城内租用商品房开办一间洗车场，为他们创造工作条件，通过自食其力，摘掉贫困的“帽子”，真帮实干，尽快让贫困户早日脱贫。

【开展“三农”气象服务专项建设】 2016年，尼木县开展“三农”气象服务专项建设，尼木县气象局是中央财政“三农”服务专项实施单位。2016年，气象局多次向尼木县政府领导汇报“三农”气象服务专项建设工作，县政府领导对此工作高度重视，经县政府研究决定成立尼木县气象防灾减灾指挥部及尼木县“三农”气象服务专项建设工作领导小组，并于8月24日正式下发《尼木县人民政府办公室关于印发〈2016年尼木县中央财政“三农”服务专项实施方案〉的通知》《尼木县人民政府办关于成立尼木县气象防灾减灾指挥部的通知》及《尼木县人民政府办公室关于成立尼木县“三农”气象服务专项建设工作领导小组的通知》的红头文件，要求各成员单位履行好各自的工作职责，以保障专项建设各项任务落到实处，为进一步推进全县气象为农服务工作奠定良好基础。

【加强“三农”专项建设管理】 5月4日，拉萨市气象局召开2016年“三农”服务专项建设工作安排部署视频会议，尼木县气象局全体职工认真收看了本次电视电话会议。会议最后由拉萨市气象局陈友珍局长作总结，并就做好2016年“三农”服务工作提出了几点要求：充分认识“三农”服务专项建设的重大意义和作用；扎实推进“三农”服务专项建设；切实加强“三农”专项建设管理和组织保障。

【气象灾害应急演练】 12月10号，尼木县气象局会同续迈乡人民政府、县民政局等部门在续迈乡河东村进行尼木县气象灾害应急演练。整个演练活动由制定预警演练方案、召开预警演练动员会、成立工作组并明确各工作组职责、会商并发布等级预警、开展实战抢险救援演练等部分组成。本次演练活动，县防汛指挥部办公室收到气象局发布的暴雨（橙色）预警信号后，县政府立即启动县级应急预案，派出应急指挥机构和各应急工作组奔赴现场，迅速实施应急抢险。在演练过程中，气象监测组、应急抢险组、综合保障组等工作组各司其职、协调配合。经过奋斗，各应急抢险队伍圆满完成了抢险任务：受灾被困群众全部安全转移到临时安置点，信息报告顺畅，险情逐步得以排除，民政救助及时跟进，供电、通信也全部恢复正常。此次演练，多部门配合，协同作战，体现了抢险救灾“以人为本、避让为主；统一领导，分级负责；反应迅速，措施果断”的原则。通过演练，有效提高了对气象灾害事故的应变能力，增强了广大群众的防灾减灾意识及能力。

【防灾减灾】 在县委、县政府的高度重视和大力支持下，尼木县2015年气象防灾减灾工作成绩显著。为切实加强2016年汛期气象服务，提高防灾减灾能力，确保汛期气象服务工作扎实开展，2016年3月30日，拉萨市气象局党组副书记、局长陈友珍带领专业技术人员一行到气象局检查指导汛前气象综合观测业务工作。按照汛前检查流程，检查组成员实地勘察观测场，逐项、逐条对照检查。特别是针对气象技术装备、各项业务软件运行以及计算机网络、设备供电和应急备份系统情况进行了深入细致的检查。随后，检查组到新建的自动气象站实地进行了查看，并对气象局今后局站分离的工作做了具体指导。

【开展防灾减灾宣传活动】 2016年5月12日是第八个气象防灾减灾日，为进一步增强百姓的防灾减灾意识，普及防灾减灾知识和技能，提高防灾减灾的自救自护能力，组织全体职工在气象局大门口开展防灾减灾宣传活动，此次活动共摆放展板10余块，发放气象防灾减灾宣传资料400余份，并为众多咨询的群众详细讲解，让广大老百姓增强了防灾减灾的意识，提高了他们的防灾减灾能力。

【举办人影培训】 为确保2016年尼木县人工影响天气工作规范、高效、安全的开展， 6月30日、7月1日， 尼木县气象局举办2016年度人影培训工作，此次培训邀请到了拉萨市人影办及军械厂技术人员，对尼木县3个乡镇炮点人影作业人员进行了为期2天的人影培训。此次培训进一步提高了炮手的知识和技能，人影作业得到提高，作业人员的安全操作意识得到了巩固，同时为尼木县农业生产大丰收提供了良好保障。

10月19日、20日，尼木县气象局开展2016年度人影作业装备年检及人影生产安全检查工作，由拉萨市人影办全体人员及军械厂专家对尼木县三个乡镇高炮作业点进行了人影安全大检查和设备维护保养工作。通过此次人影作业装备年检，进一步消除了人影作业安全的隐患。为推进尼木人影工作向标准化、安全化、规范管理化发展奠定了基础，为尼木县防灾减灾、经济建设和发展发挥了积极的作用。

【每日发送天气预报】 为了能更好地服务于地方政府及尼木县人民群众，及时有效地防御灾害的发生，利用电子显示屏和县级公共气象服务平台发布平台每日向县领导及各单位负责人和各乡书记、乡长、村委第一书记共计228名用户发送天气预报和重要天气预警信息。

【宣传气象法规】 依据《气象宣传工作管理暂行办法》，大力宣传气象法规，将气象宣传工作纳入领导议事日程，建立和健全气象宣传管理制度，并将气象宣传经费列入年度计划。积极和区、市防雷办联合对尼木县中学、加油站和宏立液化气站进行执法检查，通过查阅档案、资料、现场查询等方式对被检查单位的防雷装置设计审核和竣工验收、防雷行政审批、防雷装置检测等方面情况进行了认真细致地检查，并向液化气站和县中学下达了整改通知书，要求各单位在规定的时间内整改存在的防雷安全隐患。3月23日，尼木县气象局积极组织开展世界气象日宣传活动，这次的主题是“直面更热、更旱、更涝的未来”，通过专题展板展示、气象宣传资料发放、悬挂气象宣传横幅和展板现场讲解等多种形式，同时利用电子显示屏、视频、微信等方式向全县宣传气象科普知识，由气象局气象业务人员解答群众提出的关于天气预报及防灾减灾的各项疑问，为群众宣传气象科普知识，引导群众认识到气象的重要性，使尼木县广大农牧民在防御灾害性天气上增强了安全意识，帮助其避免和减轻灾害。

【基层党建】 深入学习贯彻中共十八大精神和区、市、县的重大战略部署，牢牢把握加强党的执政能力建设、先进性和纯洁性建设这条主线。贯彻落实党建工作责任制，充分发挥基层党组织的作用、提高做好群众工作的本领及党建科学化水平，未发生各类违纪事件。以健全基层组织、加强党员管理、选好配强基层党组织带头人、完善基层党建工作责任制为重点，形成具有气象部门特色的基层党建工作体制机制。根据气象部门管理体制实际，弘扬和践行“准确、及时、创新、奉献”的气象精神，建立基层党建工作共管机制，定期不定期召开党风廉政和党建工作会议。立足气象职工队伍建设实际，加强党员管理工作，局内5名在职职工当中4名已发展为正式党员。

【气象业务与现代化】 尼木县气象局从规章制度入手，狠抓业务学习和技能培训，完善和规范业务质量考核办法，制定了业务目标管理和业务学习计划，定期开展业务学习和质量分析会，学习内容有业务知识、基础理论、岗位职责、规章制度等。通过学习和典型个例的分析讨论，并开展多形式多地点的讨论交流会，进一步提升工作人员的综合素质和业务水平。通过牢固树立“公共气象、安全气象、资源气象”的发展理念，不断加强业务管理，业务人员素质明显提高，2016年基础业务稳步上升。坚持以科学发展观为统领，大力推进气象工作政府化、气象业务现代化、气象服务社会化，建立适应需求、结构完善、功能先进、保障有力的气象现代化体系，全面提升气象保障全面建成小康社会的能力， 2016年基础观测人工器测部分基本转换为自动化仪器观测，同时县级气象局综合机构改革稳步进行，增强了气象综合实力，逐步实现气象业务现代化。始终坚持以需求为牵引、服务为引领，全面推进气象现代化建设。

（贵桑央吉）

【领导名录】

局　长　刘　斌（藏族）
副局长　丁　钢
纪检员　杨　培（藏族）

城市建设·环保

尼木县住房和城乡建设局

【概况】 2016年，尼木县住建局按照区、市建设工作部署和县委、县政府有关要求，深入贯彻落实党的十八届三中、四中、五中、六中全会和中央第六次西藏工作座谈会精神，始终坚持用党建工作全面统筹住建局各项工作，深入开展“两学一做”学习教育，全力推进2015年保障性住房建设续建项目、吞巴乡特色小城镇建设、尼木县村级组织活动场所标准化建设等重点项目的工作开展，不断加大县城环境整治力度，强化对建筑领域内安全生产检查、排查，统筹推进新型城镇化建设，促进了尼木经济社会的发展。

【党建促住建】 全面学习十八届三中、四中、五中、六中全会精神、中央第六次西藏工作座谈会精神和习近平总书记系列重要讲话精神，深入开展“两学一做”主题教育，进一步统一思想将学习成果落实到局干部的实际工作中，紧紧围绕城市建设、城市管理工作的战略目标，团结奋斗，努力工作，充分发扬一线工作精神，狠抓落实促工作，将工程进展抓在手，把工程质量装在心，把安全生产践于行，进一步发挥党员干部先锋模范作用，做合格党员，服务群众。

【党风廉政建设】 年内，坚持抓好党风廉政建设、反腐败工作、作风建设和政务公开等方面的工作，积极探索新形势下党风廉政建设工作的新途径、新方法，坚持廉洁从政、全力完善监管体系。建立健全各项规章制度，从学习制度、执行制度上努力提高工作人员的综合素质。同时将资质许可、施工许可审批等与群众密切相关的管理事项向社会各界公开，进一步扩大群众的知情权、参与权、监督权，使住建局各项党建工作走向制度化、规范化。

【党员干部结对帮扶】 年内，住建局高度重视精准扶贫精准脱贫党员干部结对帮扶工作，科学领导，把它作为服务群众的“直通车”，锻炼干部的“大课堂”，提升素质能力的“助推器”，列入年度的重要议事日程，明确了结对重在共享，帮扶重在服务的工作思路。截至年底，住建局5名党员干部按照精准扶贫精准脱贫结对帮扶原则，每名党员身上都有“对子”，形成民族团结“对子链”。

【“两学一做”学习教育】 年内，认真贯彻落实“两学一做”学习教育相关要求，制定了《尼木县住建局“两学一做”学习教育实施方案》和《尼木县住建局“两学一做”学习教育实学习计划表》，扎实开展了集中学习和自主学习相结合的学习教育；撰写班子及个人对照检查材料，查摆问题；组织谈话，交心谈心；召开民主生活会、开展批评与自我批评。2016年，组织集中学习30次、谈心谈话20人次，个人撰写学习心得体会56篇。

【2016年保障性住房建设】 2016年，续建272套乡镇干部职工周转房住房项目，已经通过验收并交付使用，基本解决了乡镇干部住宿问题。结合尼木县冬季气温低、风沙大的特点，住建局积极征求乡镇意见，在建设过程中采用铺设地暖、双层玻璃的形式，提高周转房保温、防风效果，有效提高了干部职工的居住条件，增强干部职工工作热情。续建48套公租房建设项目，现已通过初步验收，于2017年1月可进行终验并安排入住。

【吞巴乡特色小城镇建设】 拉萨市尼木县吞巴乡特色小城镇作为自治区20个小城镇示范点之一，自启动以来，按照自治区、市要求，尼木县积极开始筹备规划设计，邀请中国城市规划设计研究院专家为尼木县吞巴乡编制规划，明确建设方向，制定工作目标，现规划已顺利通过评审。为保证特色小城镇建设工作的有序推进，尼木县及时与中国城市规划设计研究院联系，邀请赴尼木县对吞巴乡特色小城镇建设规划进行讲解，同时，联系拉萨市设计院，积极衔接设计相关事宜，抓紧做好吞巴乡建筑“穿衣戴帽”、市政道路设计的推进工作。

6月，自治区副主席边巴扎西一行到尼木县对吞巴乡特色小城镇进行调研指导，10月，住建部委托专家组到尼木县特色小城镇建设进行了实地调研，调研过程中，尼木县高度重视，成立工作组积极筹备各项工作的开展，就如何建设好吞巴乡特色小城镇示范点进行了安排、部署，圆满完成调研任务。10月13日，住建部公布第一批127个中国特色小城镇名单，西藏自治区2个乡镇被评为中国第一批特色小城镇，吞巴乡位列其中。

【尼木县城供暖三期工程建设】 尼木县冬季低气温天气持续时间长，环境恶劣，为提高干部职工冬季工作、生活条件，尼木县县城供暖三期建设工程于2016年3月8日在拉萨市公共资源交易中心进行公开招标，确定施工单位为四川省绿茵园林景观工程有限公司，2016年4月底开工建设，12月建成并投入使用，基本实现了全县干部职工周转房、学校供暖全覆盖，有力有效改善了干部职工冬季工作、生活条件。

【村级组织活动场所标准化建设】 尼木县村级组织活动场所标准化建设工程（共32个建设点）项目，总投资10022.77万元，由拉萨市城市建设投资经营有限公司负责代建。该项目工期紧、任务重，住建局积极组织、协调各方力量积极开展前期准备工作，积极办理前置手续，督促施工单位在保证工程质量的前提下，加快进度分组施工。为使设计方案更好地满足实际需求，住建局积极协调设计单位，深入到尼木县的各村，现场深化调整设计方案。

【小康安居试点工作】 年内，以召开专题会议、座谈会等形式，走村入户，及时对小康安居工程试点工作进行宣传，确保家喻户晓，使群众充分了解小康安居工程的意义、方向以及所带来的实惠，切实提高农牧民群众及各方力量参与此项工作的积极性。

为保障小康安居工程县城集中安置工作的顺利推进，住建局协调相关部门及时对小康安居试点工程进行选址，及时协调拉萨市城投公司委派专业人员到现场进行实地勘测，及时协调设计单位及时编制可研及初步设计，积极协调电力、通信部门对选址上空线缆进行迁移。

【保障性住房管理】 年内，住建局组织局专门力量在全县范围内针对保障性住房的入住条件及相关知识进行全面宣传，并明确保障性住房的申请、审查、公示、分配等程序，让全县干部充分了解保障性住房入住条件。建立了廉租住房和公共租赁住房的管理制度，并制定了入住标准，严格实行准入、退出机制，在分配过程中完全实行公开、公平、公正，阳光操作。

对2015年城镇低收入（低保户）和2016年新申报的城镇低收入租赁住房补贴户进行了全面的调查、审核、复核。核定8户12人享受2016年租赁补贴政策，住建局严格按照自治区补助80%、拉萨市财政补贴15%、县级配套5%的标准，将全部住房租赁补贴发放到城镇低收入（低保户）家庭手中。

【公有房屋管理】 根据自治区住建厅对全区公有房屋管理实行统计年报制度的工作要求，及时掌握全县公有房屋数据变动情况，实现全县公有房屋管理动态化、信息化，全面展开了公有房屋统计工作，对2016年新增、改扩建和拆除的公有房屋变更情况进行认真仔细的统计，对公有房屋的存量、权属状况等进行了全面了解，摸清了公有房屋的基本现状和使用情况，保证了数据的精确度，确保了数据的完整性和时效性。

【建筑领域安全生产监管】 通过不定期的联合县安监、消防等部门对全县范围内所有在建工程，包括城乡房屋建筑、市政基础设施建设工程进行检查。针对检查中各施工单位存在的安全隐患，提出具体的整改意见，及时下发《施工安全整改通知书》10份，要求各施工单位相关负责人抓好整改落实，限期整改，并将整改报告书报住建局备案。下发《施工安全暂时停工通知书》8份，对工程部分实施暂时停止施工，要求做好各项整改工作，复工前将书面报告报住建局，复查合格后才能复工。通过检查，促使有关责任主体单位牢固树立了“安全第一、预防为主”的观念，扎扎实实地做好安全生产的各项工作。

牵头组织相关单位对尼木县辖区内燃气充装站运行情况进行专项检查20余次，并在春节、藏历年、节假日以及维稳工作期间加大检查力度，督促燃气充装站强化安全措施落实，确保安全生产。

【环卫城市管理】 为不断改善城乡生活条件和人居环境，努力塑造并对外展示整洁、优美、文明、和谐的城乡新形象，住建局及时与县城和桥头区域内的所有商户签订“门前四包责任书”，并对责任书所作出的规定进行逐一解释。进一步健全环境卫生巡查管理机制，落实岗位责任制，责任到人，采取分片到组的方式，强化路面巡查，特别是清理城乡卫生死角活动，通过集中整治，推动建立清洁卫生的长效机制。日常加强对施工工地建筑垃圾乱堆乱放的监督管理，及时清理占道经营等违规行为，对发现有随意丢弃垃圾或高层楼宇掷物等行为及时进行宣传教育。

2016年，全县各（中）直单位干部职工共1000余人次，对县城内的主干道、公共场所、垃圾填埋场、河流、绿化带等地方的环境卫生开展联合整治清理行动，及时清除乱堆乱放的各类垃圾杂物、卫生死角，同时对各类乱贴乱画的小广告行了彻底清理，共清理垃圾30余吨，有效改善尼木县的环境卫生，营造一个优美和谐的尼木形象。同时，为更好地管理乌米垃圾填埋场，住建局雇佣2名垃圾填埋场管理人员并签订劳动合同，明确了日常工作的管理事项。

为维护尼木良好的县容县貌，提高主次干道和重点区域的县容管理水平，着力解决当前在县容县貌上存在的突出问题。针对农牧民群众在县农行、政府大门周边、人民路两侧随意摆摊的现象，通过锲而不舍的引导动员，已将所有零散摊贩集中到原街心花园处，形成较为集中的农牧民商品交易区。针对县城环城路淤泥堆积情况，分管副县长及时组织住建局城管、环卫工人进行清理，同时组织城管、环卫协同下水管道疏通公司完成了幸福小区、巴果小区、政府大院、县水利局、干部职工食堂以及县城内公厕等下水管道的全面清淤疏通工作；多次加班加点对垃圾填埋场、县城环境卫生进行整治，专项清理垃圾填埋场白色垃圾6次，清理疏通堵塞下水道10余处及县城树木的维护等。

（邱永川）

【领导名录】

局　　长　李必焱（6月免）
　　　　　平　措（藏族，6月任）
副 局 长　拉巴桑姆（女，藏族）
副主任科员　尼　玛（女，藏族）

尼木县环境保护局

【概况】 2016年，尼木县环境保护局以科学发展观为统领，坚持“绿水青山就是金山银山”的环保理念，认真贯彻落实中央、区、市党委、政府关于环境保护工作会议精神，围绕构建国家生态安全屏障目标，始终坚持把生态环境保护作为底线、红线、高压线，严格落实生态环境保护责任，以环境宣传教育为先导，以严格执法、强化管理为手段，明确目标，突出重点，团结拼搏，狠抓落实，较好地完成了年度目标任务。

【生态环境保护】 统筹规划，有序推进自治区级生态乡镇、生态村（两级同创）申报工作。为认真做好自治区级生态乡镇、生态村创建工作，尼木县环境保护局提前部署，提前安排，召开动员大会，动员全县上下积极参与创建工作。对具体工作任务进行责任分解，将创建基本条件、考核指标以责任制的形式落实到相关单位，并逐一明确工作标准、完成时限。同时，尼木县环境保护局充分发挥组织协调、督导服务作用，指定专人负责指导各乡镇、各村开展创建工作，并对创建工作情况进行交流汇总，及时掌握工作动态，推动创建工作的深入开展。截至11月26日，已完成6个生态乡镇，24个生态村创建申报工作，并已全部通过区、市两级环保部门核查验收。积极开展农村环境综合整治。2016年2月，尼木县进一步完善了以县长为组长的环境综合整治领导小组，结合《尼木县环境综合整治工作方案》《进一步巩固“禁白”成果工作方案》，划定重点整治范围，对县城、乡（镇）、旅游景区、交通干线等整治任务进行详细安排和部署，同时对实施步骤和保障措施做出明确规定。各级、各部门严格按照实施方案每月对县城、饮用水源地、318国道周边等开展环境综合整治活动，对卫生死角进行集中清理整治，不断巩固“禁白”成果。2016年，开展环境综合整治15次，出动干部群众35000余人次，垃圾车、洒水车200台次，清理垃圾35吨，收缴一次性塑料袋50余千克。通过全面治理，城乡环境进一步提升，人居环境进一步优化。

【污染减排】 坚持以科学发展观为指导，结合尼木县的实际情况，积极制定详细的污染减排计划，与尼木县铜业开发有限责任公司签订目标责任书，明确分工，落实责任，狠抓运行监管，督促企业保持污染治理设施正常运行，指定专人负责在线监测管理工作，做到企业上传数据每天查看，发现问题及时查处，使污染物减排工作扎实有效推进。截至年底，县域辖区内未引进“三高”产业，污染物排放量努力控制在“十二五”时期分配的COD60吨/年，NH_3–N7.2吨/年、$SO_2$2.2吨/年、NO_X0.19吨/年指标以内，全面完成了年度总量减排任务。

【建设项目环境管理】 严格项目审批，严把项目引进源头关。加强环评管理，以环境影响评价审批作为项目投资的前置条件，把建设项目审批作为控制新污染源的突破口和重点，严格把关。截至年底，县环保局共审批环境影响登记表56个，全县建设项目共85个，执行环评手续共85个，实施的项目无一件越权审批，县域内实施的新改扩建各类项目环评执行率达到100%。

【环境监察】 围绕群众关心的热点难点问题，深入开展各类专项行动，以人为本，文明执法。深入开展环境安全隐患大排查大整治等各类环保专项行动。加大巡查频次，加强国控重点企业尼木厅宫铜矿、重点建设项目、农村公路、饮用水源地、垃圾填埋场、医院等单位企业（项目）现场执法监察力度。采取定期与不定期、明察与暗访的方式对“环评”及“三同时”制度执行情况、医废处置情况等进行检查。2016年，全县共出动执法人员400人次，车辆150台次，检查企业（项目）26次，对查出的问题现场提出了整改意见，并依法下达限期整改通知书10份，对违规企业罚款1万元；建立健全环境安全应急预案。建立环境安全应急机制，要求全县企业建立健全各类应急预案，认真组织培训和应急演练，加强环境安全预警和防范，完成环境风险评估等工作。截至年底，全县未发生环境安全事件；严格国控重点监控企业监管。对尼木厅宫铜矿在线监控设施的运行和数据传输管理情况进行检查，该公司在线监控安装规范，数据传输稳定，日常运维情况正常，定期校验和校正等现场记录材料齐全，建立了比较完善的在线监测设施档案和管理制度。

【污染防治】 对县城饮用水源地实施每季度一次监测和每月一次定期监察，密切监视饮用水源水质状况和环境安全，严查环境违法违规行为，对存在的问题提出整改意见，确保饮用水源保护区内无污染源。大力推进噪声污染防治，不断营造良好的声环境。严格控制建筑施工时段，机动车违章鸣号、娱乐场所噪声以及中小考期间的噪声专项整治，联合相关部门检查娱乐场10家，出动检查车辆52台次，整改制止临街商业门店播放高音喇叭行为10起。深入开展放射源及射线装置专项整治，加强现场监督检查，建立防辐射应急预案，未发现隐患及违规操作现象。加强危化品、医疗固废产生源单位的日常监管工作。县环保局联合公安局、安监局、卫生局对县城4家（铜矿、医院、中学、农牧局）单位进行清查备案，县人民医院医疗废物实行分类收集、贮存，严格执行转移联单制度，联单回收率100%以上，医疗废物集中处置率100%。

【环境保护宣传】 多渠道广泛宣传环保知识，提高社会公众的环保意识。以“6·5”世界环境日、平安宣传月、安全生产宣传月、重大民族节日等活动为契机，科学谋划、精心组织，大力开展形式多样、内容丰富的环保宣传教育活动。强化生态文明理念的宣传，推进环保文化建设。广泛开展以生态文明为核心的环保理念宣传，以绿色创建为载体，打造多种文化建设平台，增强公众对环保问题的认知度和参与环保行动的意愿及能力，壮大公众环保力量，促进环保文化建设。强化环保热点、难点问题的宣传，提高环保公信力。大力宣传环保工作服务科学发展、改善民生的好思路、好经验、好做法，使环保宣传与环保中心工作同步，引导公众正确看待环保形势，客观评价环保工作，树立环保积极作为、关注民生的良好形象，提高环保公信力。2016年，深入乡（镇）、学校、企业、医院等开展环境保护宣讲70余次，发放宣传资料1.5万份，环保购物袋1万个，悬挂宣传横幅145条，在交通沿线设立大型宣传牌3幅，小型宣传牌61幅。通过宣传，形成了全民关注环保，全民积极参与环保的良好氛围。

【环境监测】 切实加强环境质量监测，确保环境安全。逐步完成饮用水源保护区界碑设置，制定饮用水源地保护区（备用饮用水源地）划分方案，进一步完善环境安全应急预案及机制。按照年初制定的《尼木县环境质量监测方案》，对县城饮用水源实施每季度一次监测和每月一次定期监察，密切监视饮用水源水质状况和环境安全。2016年，尼木县已完成四个季度的监测，据监测数据显示全县主要河流断面水质保持在国家三类水质标准以上；县城集中式饮用水源地水质达到国家二类水质标准以上；大气环境质量达到国家一级标准。各项环保指标良好，全县生态环境得到很好的保护。

【环境统计工作】 按时上报环境统计综合年报数据库，上报的各类数据未发生迟报、漏报、错报现象。

（李　凯）

【领导名录】

局　长　蒋西荣

邮政·通讯

尼木县邮政分公司

【概况】 尼木县邮政分公司服务于尼木县7个乡1个镇、32个行政村、127个自然村，8所完学、22座寺庙，设有县级营业厅1处，乡邮网点6处，全县通邮率达100%；尼木县邮政分公司共有工作人员10人，1名经理，4名营业员，2名县城投递员，3名乡邮通信人员；共有投递汽车4辆，摩托车1辆；尼木县邮政分公司积极践行“人民邮政为人民”的服务理念，为方便全县广大人民群众，全公司全年无休，县城区域每天外出投递，乡邮每周三班投递。

【业务经营情况】 2016年，邮政分公司全年业务收入总指标为99.38万元，其中储蓄任务指标为300百万元，1—11月累计完成94.34万元，完成预算进度的95.00%，其中函件收入完成9.15万元，集邮收入完成20.10万元，邮票发行收入2.45万元，汇兑业务收入完成5.65万元，代办业务收入完成1.70万元，思乡月完成0.67万元，普通包裹收入完成0.8万元，快包收入完成6.35万元，特快收入完成5.24万元，分销收入完成10.13万元，报刊收入完成28.90万元。完成了全县小学生2016年春、秋季教辅的征订工作，实现报刊流转额3.2万元。

【业务开展】 尼木县邮政分公司一年365天对外营业，在传统的函件、包件、汇兑、报刊等业务上，相继开办了储蓄汇兑、移动、电信代收代缴、交警违章短信提醒、代售航空机票和业务分销等业务，极大程度的方便了尼木县广大人民群众。截至年底，揽储共计500万余元，年累计投递报刊150万余份，各类邮件2.5万余件，机要500余件，汇款0.5万余笔，汇款3000万余元（其中80%为免费汇款）。党报党刊投递是党和政府交给邮政一项光荣的政治任务，本着“对党负责、认真履行职责”的工作理念，认真投递党报党刊（赠送的藏文版拉萨晚报每次有4700余份，全县80%的家庭可以每户一份），全年未发任何安全事故和邮件丢失案件。截至年底，营业窗口共有两个台席办理邮政各类业务，包括收寄邮件、汇兑、代办各类业务。按照拉萨市邮政公司和县公安局治安大队等相关单位的要求，收寄的所有物件和信件，收寄环节严格执行实名制登记，对所收的邮件一律按照中国邮政集团公司相关规定眼同验视，从收寄环节避免发生禁限寄物品通过邮政物流渠道流往各地，对社会造成不良影响。全方位的积极完成市公司下达的经济指标和各项工作任务，全力配合尼木县委、县政府下达的各项文件要求，积极参加尼木县各单位组织的各项活动。加强生产作业，科学合理安排工作，积极开展各项学习活动。

【拓展服务领域】 积极拓展服务领域，提高服务能力和水平。2015年底尼木县邮政分公司网点装修升级，已于2016年7月21日开办邮政储蓄银行，储蓄开办后，积极开展积分有礼活动，同时，新增助农取款机2台，使尼木县的金融发展提供便利，更多地惠及尼木县广大用户。尼木县各乡邮网点陆续投入使用，极大地方便了广大人民群众；为更好的服务农牧区，积极完善乡邮投递基础设施与农牧区通信基础建设。

【维稳综治】 为做好特别时期的安全保卫工作，重大事件社会稳定工作，成立了以拉巴次仁经理为组长，其他职工为成员的安全稳定工作小组，并制定相应的措施与应急方案。做到有组织、有计划的工作步骤，确保工作落到实处；制定了单位内部的防火、防盗措施；邮政分公司组织全体员工学习相关法律法规、邮政员工道德素质修养，加强员工精神文明建设。

【强化基础管理】 积极学习治安综合治理的各项条款，对营业场地、单位院、内出租房等重点部位，认真落实了防火、防盗，防抢、保安全的“三防一保”制度，对驾驶员、城乡投递员、营业员、监督检查等人员进行了安全生产教育，本着“谁主管、谁负责、看好自己的门、管好自己的人”的原则，加强职工教育，提高安全，稳定意识，加强执行力建设，落实安全，稳定管理的各项制度和规范要求。要求每一位职工发扬连续作战，不怕困难的精神。坚持值班制，提高资金安全管理，车辆安全管理，邮件的安全管理，全年从未出现过安全事故。

【创新营销模式、提高营销业绩】 以往县分公司的产品营销工作主要还是落在县经理一人肩上，公司其他员工一般是以营业窗口收寄工作和投递工作为主要工作，2016年，按照市公司工作会的要求，转变了以往的营销方式，把一人营销成功转型全员营销，其中重点加大对投递员和乡邮员的思想教育，提高业务素质，培养营销方式方法，让他们更深刻的了解全员营销对整个县分公司和个人能带来多大效益，及时组织所有员工开展讨论会，让员工及时了解公司业务和代办产品，一起探讨研究营销策略和技巧，并通过奖励激励政策，提高了所有员工的工作积极心和分销产品销售主动性，坚持全员营销的原则，齐心协力，团结一致完成每项任务。其中，较为突出是大庆集邮产品销售实现销售额18.12元；分销各项产品销售额实现10.13万元；函件业务制作2万张DM单，实现函件收入1万元。

（周　平）

【领导名录】

经　理　拉巴次仁（藏族）

尼木县电信局

【概况】 尼木县电信业务始于1999年，主要经营固定电话、移动通信、互联网接入及应用等综合信息服务。

现有员工5人，七乡一镇实现了实体店。截至年底，全县共建设31个基站，其中3G基站29个，七乡一镇手机信号已全部覆盖，现已全县无线网络覆盖达到97%以上。

【工作情况】 净增移动用户数1218部，完成全年计划的100%；来电显示渗透率100%；七彩铃音渗透率95%。全县农牧民群众使用电话4816部，七乡一镇及各个独家单位光纤都已到位。累计完成固网156.05，完成年计划的94.23%。移动业务98.12，完成年计划的113.12%。

【移动通讯】 为更好提高和改善尼木县农牧区通信条件，加快农牧区建设小康社会步伐，尼木县电信局在上级部门的支持下实施了“乡村通光纤”等工程，尼木县电信局每年让广大农牧民享受优质的通信服务，2016年发展上针对羊年开门红活动和天翼村活动，结合尼木县电信局和尼木县广电局每年开展一年一度的“文艺三下乡”活动，每年都会在各乡、村、进行表演。借此表演机会，人员聚集时，大力宣传、发展移动业务。同时，尼木县电信局按照农牧区经济条件的特点，结合西藏电信公司的服务特色专门制定“天翼村”优惠政策。使用电信用户者都已享受医疗和养老保险由电信缴纳，尼木县电信局全体员工的足迹踏遍了七乡一镇，走村串户为当地农牧民群众办理了存话费送手机2816部，手机补贴金额达130000元。

【网络覆盖】 全村级覆盖3G信号。全县共建设31个基站，其中3G基站29个，七乡一镇手机信号已覆盖，现已全县无线网络覆盖达到97%以上。

【客户服务感知提升】 年内，尼木县电信局以“用户至上、用心服务”为理念，以提升用户满意度为指引，以关键服务环节为切入，以感知测评为手段，强化差异化服务优势，积极参与政风行风建设，不断规范尼木市场，加强用户信息安全、网络安全和信息化建设。

【科学发展观】 尼木县电信将进一步深入学习和实践科学发展观，积极实施聚焦客户的信息化创新战略，坚持“用户至上、用心服务”的服务理念和“追求企业和客户价值共同成长”的经营理念，努力实现业务又好又快发展，做优秀企业公民，为尼木经济发展和社会信息化建设做出更大贡献。

（普布拉姆）

【领导名录】

局　长　嘎桑达瓦（藏族）

副局长　玉　　峰（女，藏族）

中国移动通信集团西藏有限公司尼木县分公司

【概况】 2006年，中国移动尼木县分公司正式成立，现有正式员工6人，普通员工1人；自办营业厅1个，乡镇服务站4个，便民服务代理店5个。

【经营理念】 “十二五”期间，尼木县移动分公司在区、市公司及中共尼木县委、县政府的正确指导下，以邓小平理论、“三个代表”重要思想、科学发展观和“两学一做”为指导，深入贯彻落实中共十八大和十八届四中、五中全会精神，积极落实省公司“促发展、促转型、保稳定、促和谐”的核心策略，在发展中促转变，在转变中谋发展，较好地完成了市公司下达的各项考核指标。在“十三五”规划期间，中国移动将继续秉承“开放共享、合作共赢”的理念，在厚植核心优势、立足自主创新、持续做大做优做强新型信息基础设施服务的基础上，与产业链各方以及各行各业的优秀伙伴携手前行，不断拓增行业价值，共创新产品、新模式、新业态，努力为全社会各个行业的数字化转型升级注入新动能，主力“网络强国”战略目标的实现。

【业务经营】 网络能力是尼木县公司的核心竞争力。尼木县公司在县委、县政府及区、市公司班子正确领导下，已建成一个覆盖范围广，通讯质量高、业务品种丰富、服务水平一流的移动通讯网络。在7月成功解决了卡如乡赤朗村130户、802人多年以来无网络信号覆盖的问题。实现了16年市公司“重塑网络优势，共创简单美好的”工作愿景。

【开展实践活动】 县移动公司积极拓展乡、镇及村一级的家宽资源覆盖建设。截至年底，三乡一镇均已覆盖家宽资源，县城覆盖率达到80%以上，预计在2017年达到100%覆盖。组织下乡送通信，业务宣传等地推活动，共计100余次（包含存费送送机、存费送电子券、业务办理参与抽奖，手机欢乐送等活动）。

（王丽君）

【领导名录】

经　　理　凌 红 胜（4月免）

　　　　　吉狄卜都（女，彝族，4月任）

综合管理　王 丽 君（女）

联通尼木县分公司

【概况】 尼木县联通公司营业部自2010年成立以来，秉承“以客户为中心，用户服务促进发展”的服务理念，以为用户提供优质通行服务促进社会和谐为已任，倾力做到“消费请客户放心，服务让社会满意”。

【推进投资模式转变】 年内，按照公司要求推动建立规划指导下的项目滚动块管理机制的要求，高度重视投资建设管理，梳理投资管理流程，完善投资管理制度，探索建立投资责任追究和投资评估体系。以3G、宽带基础传输网建设为重点，逐步完善县、乡和交通主干道网络覆盖，实现县、乡3G高速上网。

【开展教育实践活动】 年内，通过教育实践活动，正风肃纪见到成效，工作作风明显转变，真正服务于尼木县群众，县联通公司积极的组织下乡送通信，业务宣传等促销活动共计70余多次（包含存费送手机、存费送礼、中高端手机8折、抽奖活动等），开展移动业务。

【持续深化重点领域改革】 年内，尼木县联通分公司在县委、县政府和上级公司领导下，团结拼搏锐意进取，坚持已发展为中心，积极应对困难和挑战，采取有力措施，加快业务发展步伐；做好行业信息化和新业务推广；抓好精细化管理，做到管理位，责任分明，认真搞好服务管理与考核，根据实际情况完善，细化管理办法，制定合理的激励措施，改善服务短板，确保服务质量的稳步上升，提高客户满意度；完善县级基层组织机构设置，分类标准，引导基层经营单元规模效益发展。

（玉　珍）

【领导名录】

经　理　徐　康（1月免）

　　　　玉　珍（女，藏族，1月任）

金 融

中国农业银行股份有限公司尼木县支行

【概况】 2016年，尼木县支行始终坚持党风廉建设工作和经营任务齐抓共进，积极配合县委、县政府各项工作，在当前同业竞争压力加剧的经济金融环境中，有条不紊的开展各项工作，致力于用好、用活“三农”金融优惠政策和惠农利农的各项工作放在全行业务发展和完成营业部下达的各项工作目标为首要职责，把积极的工作态度放在服务“三农”和发展县域地方经济建设上，始终把“抓住业务上水平、加强安保零案件、内控严谨促发展”为口号，顺利完成全年各项工作任务。2016年农行在维持社会稳定工作中，坚持以“创建平安社会、构建和谐企业”为主题，从组织领导、工作开展、建立各项值班制度等方面进行了积极有效的落实，确保了农行的稳定和各项工作有序进行。此外，尼木农行还在廉政建设、法制教育、行车安全等方面制定了一系列措施，保证了各项工作的正常开展。

【业务开展】 截至年底，各项存款余额为86014万元，其中：对公存款64355万元，较年初增加8737万元；储蓄存款21659万元，较年初增加2221万元；各项贷款余额为39254万元，其中：个贷6841万元，较年初增加2628万元，涉农贷款32413万元，较年初增加6190万元；对公贷款2097万元，其中：农村公路贷款1797万元。中间业务收入120万元，其他业务。截至11月末，惠农卡新增1465张；惠农通新增7户；IC借记卡共办理2793张；金卡较年初新增35张；白金卡较年初新增3张；钻石卡较年初新增1张；智付通转账电话较年初新增10个；贷记卡较年初新增58张；POS机较年初新增7台；个人网银较年初新增41户；个人消息服务和快e付签约较年初新增954户；企业网银较年初新增11户。

【爱心援助】 为切实履行“政治责任第一、市场份额第一、服务担当第一”的要求，支行成立了精准扶贫领导小组，全面有效推进了精准扶贫各项工作，为更好开展精准扶贫工作，确定12户结对帮扶贫困对象，结合本行现有员工的实际，分12个帮扶小组，每个小组有3—4名员工组成，并指派一名网点负责人任组长，负责联系贫困户，组织员工开展帮扶工作等事项。依据年初制定的党建工作计划，5月28日，支部第一次深入扶贫工作联系点尼木县续迈乡山岗村，对扶贫对象开展慰问，送去了总价值11340元的大米、面粉、砖茶等基本生活物资，并现场召开了座谈。并向群众介绍了各自结对帮扶小组。2016年12月1日，支部第二次开展定点扶贫，组织帮扶小组12名组长再次前往山岗村二组，对12户结对贫困家庭开展入户送慰问品活动，活动当日各帮扶小组筹集600元至1000元不等的资金为结对户购置牛肉、羊肉、服装、大米、面粉、砖茶、酥油、火炉、药品等生活用品，此举，赢得续迈乡党委、村党支部及贫困户的高度赞扬。在开展此次活动前的11月24日支部安排纪委委员和组织委员先到结对贫困户家中了解各自家庭所面临的困难、要求等进行逐户调查记录，经过调查，结对户需求有新建家庭大院、购置农用机械、资助学费、开办馒头店等多个意愿。经过入户调查了解到，每户需要帮助资金超过万元，大大超出了帮扶小组的承受能力和解决能力，为此，支行再次于11月30日，邀请山岗村支部书记及12名帮扶小组组长集中专门召开座谈会，对上述贫困户提出的需求进行一一商讨。经过参会人员的集思广益，拿出相对可行的解决办法，最终确定先集中帮扶资金，分三批对贫困户进行资助帮困，每批解决3—4户贫困家庭的实际困难，争取在2—3年内对全部12个结对帮扶户做一件看得见、摸得着、用得着的实事。为落实制定的计划，每个员工再一次捐款1000元，为三户贫困户解决家中无大院的问题，确定每户资助12000元，共计36000元。截至年底，款项支部组织委员已交到山岗村支部书记手中，工程完工后可立即支付。

（边巴次仁）

【领导名录】

行　长　索朗丹增（藏族，2月免）
　　　　尼玛次仁（藏族，2月任）
副行长　边巴琼达（藏族，1月免）
　　　　扎西平措（藏族，2月任）
　　　　边巴次仁（藏族）

乡（镇）概况

塔荣镇

【概况】 塔荣镇位于雅鲁藏布江中游北岸，尼木县城所在地，平均海拔高度3800米，是尼木县政治、经济、文化中心。距首府拉萨约140公里，塔荣镇总面积137平方公里，其中耕地面积9210.1亩，林地、草场面积117237亩。塔荣镇政府共有干部职工72人，行政编制29人，实有35人（其中村干部3人，借调8人，驻村1人、第一书记6人、便民服务中心主任6人、村支部书记2人、下沉专干2人）；事业编制34人，实有27人（其中借调10人、驻村3人、下沉专干13人）；工人2人；聘用干部2人；公益性岗位10人（村医7人）；领导干部11名，其中3名女性领导干部。截至2016年7月，塔荣镇共有党员462名，预备党员24名，其中群众党员419名。

共辖6个行政村（塔荣村、尚日村、东松村、巴古村、雪拉村、林岗村），23个村民小组，共有38名“两委”班子成员，平均年龄45.5岁。村级后备干部12名，平均年龄38.7岁。全镇共有1326户，6263人（男2974人、女3289人），劳动力3120人（男1534人、女1586人），农牧民人均纯收入12464.81元，现金收入9349.88元。

【经济发展】 塔荣镇2016年农村经济总收入1.21亿元，超目标任务0.13万元，比2015年同期增长1574.17万元，同比增长14.97%，其中，第一产业为1715.81万元，同比增长28.37万元，第一产业占总收入的14.16%；第二产业为630.70万元，同比增长135.10万元，第二产业占总收入的5.21%；第三产业为9768.39万元，同比增长1435.61万元，第三产业占总收入的80.63%。农牧民人均纯收入12464.81元，同比增长15.01%，现金收入9349.88元，同比增长15.01%。

【劳务输出】 2016年，塔荣镇各种培训共505人，其中：参加驾校培训20人，藏毯纺织技术培训10人，经幡制作技能培训50人，藏鸡养殖技能培训286人，农业种植培训139人。塔荣镇总劳动力3120人，转移就业为2164人，劳务输出2304人次（县域内1413人次，市内891人次）。

【经济作物】 2016年，全镇总播种面积9210.1亩，其中粮食播种面积为6958亩，单播油菜播种面积为1818亩、混播油菜播种面积220亩，青稞种植面积6118亩，蔬菜种植面积434亩，退耕还草101.9亩。粮油总产完成385.25万公斤，超目标任务3.25万公斤，比2015年同期增长2.2万公斤；其中粮食总产量完成341.2万公斤，同比增长0.4万公斤，增长率为0.12%；油菜总产量完成44.05万公斤，同比增长1.8万公斤，增长率为4.26%；蔬菜类总产量完成127.315万公斤，比2015年同期增长18.465万公斤，增长率为16.96%。

【农副产品】 肉类总产量完成13.905万公斤，超目标任务0.535万公斤；奶类总产量完成23.82万公斤，超目标任务0.08万公斤；毛类总产量完成1067.3公斤，其中山羊绒总产量完成30.1公斤；禽蛋总产量完成2.365万公斤。

【牲畜状况】 全镇年末牲畜总存栏4665头（只、匹），其中牦牛685头，黄牛1921头，犏牛403头，羊1624只，其中绵羊842只，山羊782只，马属存栏32匹，猪23头，鸡存栏4003只。适龄母畜2159头（只），全年出栏牲畜2517头（只、匹），牲畜出栏率完成35.05%，超目标任务1.2个百分点，畜产品商品率完成44.17%，幼畜存活率完成96.04%，超目标任务0.05个百分点，成畜死亡率控制在0.8%以内，比目标任务降低0.3个百分点，良种牛存栏数726头，覆盖率为15.56%。

【安居工程】 2013年安居工程第六批（2016年兑现）为2户，资金24000元，2012年安居工程第十批（2016年兑现）为1户，资金20000元，2014年安居工程第三批资金（2016年兑现）为26户，资金142000元，2014年安居工程第五批资金（2016年兑现）为4户，资金25000元。

【农田水利】 2016年，塔荣村等待水渠建设项目总投资132.02万元；林岗村贡布水渠建设项目总投资18.40万元；雪拉村加东水塘建设项目总投资34.69万元；林岗村诺瓦水渠建设项目总投资130万元，其中雪拉村各段投资58万元；尚日村水渠建设投资150万元；尚日村玛玉水渠建设项目投资25万元。

【落实支农惠民资金】 2016年，发放各类资金23.65万元，其中：寿星老人健康补贴19800元，其中90岁以上老人750元/人，共1人，80—89岁老人450元/人，共44人；兑现2015年重度精神、残疾特护补贴18000元，6000元/人，共3人；兑现2015年重度精神、残疾护理补贴1000元，1000元/人，共1人；兑现2015年瘫痪在床的重度残疾补贴3000元，3000元/人，共1人；2014年十二件为民办实事资金（2016年兑现）10200元，600元/人，共19人，兑现2015年十二件为民办实事残疾人补贴20400元，200元/人，共152人；2013年残疾人民生项目补贴27000元，360元/人，共75人；兑现2015年拉萨市尼木县塔荣镇享受困难残疾生活补贴90600元，600元/人，共151人；兑现2015年拉萨市尼木县困难残疾人补贴20400元，1200元/人，共17人；兑现2015年“阳光计划”资金11400元，600元/人，共19人；兑现2015年残疾人机动燃油费补贴8360元，380元/人，共22人；兑现2015年未办证重度残疾护理补贴6310元，3155元/人，共2人；发放民政救灾粮食12730斤，450户，1990人。

【学习型党组织建设】 年内，组织学习《中国共产党章程》《公务员法》《行政机关公务员处分条例》《党员干部廉洁从政若干规定》，焦裕禄、孔繁森等十位典型的先进事迹，习近平总书记的一系列重要讲话精神以及中央“八项规定”、自治区“约法十章”“九项要求”、市委“八项要求”、“三严三实”等以为民务实清廉为主要内容的学习材料。共组织学习50次，编发学习简报35期，收集整理编印学习资料10万余字，党员干部撰写心得体会90篇。

【“学雷锋”志愿服务活动】 塔荣镇高度重视学雷锋志愿服务活动的开展，年初制定工作计划，并按照计划组织镇村两级“学雷锋”志愿服务队深入村组、田间地头、县城道路、国家水源保护地、垃圾场、敬老院等地开展宣传惠民政策、法律法规、组织爱心捐款、街道卫生整治、村容村貌整治、关爱孤寡老人、关爱山川河流、关爱留守儿童、祭扫烈士陵园等共计40余次的志愿服务活动，并向农牧民群众发放了包括中央第六次西藏工作座谈会精神、惠民政策以及其他公示材料在内的6000余份等翻译成藏文的宣传资料为巩固尼木县创城成果，建设文明尼木、和谐塔荣做出不懈努力。

【党员发展】 年内，塔荣镇严格按照县委组织部的要求，结合发展党员的16字方针，制订了切实可行的塔荣镇年度党员发展计划，并将团组织的“推优”工作纳入塔荣镇发展青年党员的工作规划，认真落实党建带团建，党建带妇建工作。2016年，全镇共发展党员24名，其中农牧民党员21名，机关党员3名。

【党内激励工作】 塔荣镇以“七一”建党节为契机，开展丰富多彩的文体活动，同时表彰为推进塔荣镇经济跨越式发展、社会长治久安做出突出贡献的先进基层党组织2个、优秀党务工作者7名、优秀共产党员27名，并向先进基层党组织颁发了锦旗和奖金。对受表彰个人，颁发了荣誉证书和奖金。

【无职党员设岗定责】 塔荣镇按照因地制宜的原则，为120名无职党员中设置了岗位，引导广大无职党员在农村经济发展、勤劳致富、生态环境保护等各项工作中充分发挥作用。

【农牧民业余党校】 塔荣镇在不断总结经验的基础上，依托党员活动室丰富的书籍资源以及临近县城便于邀请县直部门骨干人才的优势，于2014年底成立了塔荣镇农牧民业余党校。截至年底，共开展了关于基层党务、社会综合治理、安全生产、道路交通、农牧水电林在内的29期涉及2100余人次的培训。

【精神文明建设】 塔荣镇为丰富农牧民群众的精神文化生活，积极组织开展民族团结教育、群众性爱国主义教育、党的群众路线教育实践等活动，增强农牧民群众的爱国热情，推进社会公德、职业道德、家庭美德建设，营造和谐氛围。利用“三八”妇女节、“五四”青年节、“七一”建党节等特殊节点，深入开展新旧西藏对比、唱红歌以及各类体育活动，组织镇干部职工和镇各村群众，进行文艺会演和体育竞赛，丰富了镇干部群众精神文明生活。

【“两学一做”学习教育】 塔荣镇按照中央、区、市、县委“学党章党规、学系列讲话，做合格党员”学习教育工作座谈会精神，根据《尼木县关于在全县党员中开展“学党章党规、学系列讲话，做合格党员”学习教育实施方案的通知》要求，塔荣镇思想上高度重视工作，把“两学一做”学习教育作为2016年党建工作的龙头任务，并进行周密部署。塔荣镇结合实际，针对“两学一做”学习教育专题研讨制订了实施方案，对学习内容、专题研讨内容、学习研讨方式、学习研讨要求进行了安排部署。机关党员对照党章党规，对照有关制度，制定了个人学习计划，撰写了学习笔记，把个人自学与集中学习结合起来，对《中国共产党章程》《中国共产党纪律处分条例》《中国共产党廉洁自律准则》等学习内容都进行了认真学习。截至年底，通过集中学习、研讨会、自学等方式学习次数共28期、书记讲党课1次，全镇党员干部撰写心得体会300余篇。学习做到了读原著、学原文、悟原理，增强了自学的针对性和实效性。全镇干部职工的工作状态有了很大的提升。

【机关效能建设】 为深入贯彻落实县委、县政府关于转变干部作风加强机关行政效能建设的决策部署，进一步深化干部作风建设，大力开展了以机关行政效能量化评分考核为主要内容，针对干部职工、村“第一书记”、大学生村干部、公益性岗位的“转变作风，从我做起”主题实践活动。通过把考核量化为百分制，德、能、勤、绩、廉各20分，并将考核结果作为年度考核等次的依据。

【干部作风建设】 年内，塔荣镇始终坚持“从严治党、着眼防范、综合治理”的方针，认真落实“八项规定”、反“四风”活动的开展，通过专项检查和明察暗访的方式，狠刹“慵、懒、散、奢”等不良风气，用“细节”撬动全镇党风、政风，从点滴潜移默化改变队伍面貌，抓好作风系统工程建设，始终保持全镇上下昂扬向上、奋发有为的精神状态。

【特色产业】 以尼木特色手工艺园为基地，尼木特色手工艺技术为基础，加大塔荣镇藏纸、藏鼓和雕刻生产的规模，能够积极保护、传承好尼木非物质文化遗产，促进就业，带动各项经济协调发展，促进尼木文化产业进一步繁荣，开拓尼木县旅游观光和旅游产品销售市场。塔荣镇从事特色产业2413人，其中从事雕刻1人，绘画92人、石匠179人，铁匠6人、经商156人、印经幡9人，藏纸3人，木匠170人，加工19人、制作藏鼓2人、制作藏香8人，裁缝10人，采石5人、藏鸡养殖业603人，奶牛养殖业862人。

【教育卫生事业】 2016年，塔荣镇小学适龄儿童入学率为100%；小学按时毕业率100%；巩固率为100%；初中生入学率为100%；巩固率为99.39%。在“六一”国际儿童节期间，塔荣镇党委、政府慰问尼木县小学和县幼儿园儿童，物资折合人民币1000余元。

2016年，塔荣镇16—59岁参保人数达到2916人，参保金额30.51万元，参保率为100%，60岁以上领取养老金人数为819人。自2016年1月至11月，全镇有6166人参加新型农村合作医疗，有25350人次获得农村医疗门诊报账，为参合人员医疗报销64.86万元。

【开展综治宣传教育】 塔荣镇为进一步做好“三月综治宣传月”“六月综治宣传周”宣传活动，在镇政府门口设立法制宣传点，采取悬挂横幅、张贴标语、设置展板、发放宣传单、开展咨询等形式多样，重点宣传《中华人民共和国宪法》《中华人民共和国刑法》《中华人民共和国劳动法》《信访条例》《中华人民共和国治安管理处罚法》《中华人民共和国社会治安综合管理条例》《中华人民共和国道路交通安全法》《双联户》等法律法规宣传材料。共发放各类法律法规书300多本，各条例310多册，宣传单820多份。

【安全排查】 年内，塔荣镇高度重视安全生产工作，按照县委、县政府关于做好安全生产的安排部署和全区做好安全生产工作重要指示精神，坚决避免塔荣镇范围内发生安全事故，塔荣镇综治办、镇派出所工作人员，深入6个行政村、4所寺庙、1座拉康、1家扶贫水泥制品厂、3家采砂场、液化气站等进行安全生产排查，共检查15次，出动69人次，发现安全隐患10处，隐患整改8次，未发生一起重大安全生产事故。

【矛盾纠纷排查调解】 塔荣镇始终高度重视矛盾纠纷工作，坚持“大事不出镇、中事不出村、小事不出组”的原则，明确责任，在各村成立矛盾纠纷摸排小组，协调解决邻里纠纷、拖欠农民工工作、经济纠纷等问题，将各种矛盾化解在初始阶段，消除在萌芽状态，年内，塔荣镇开展矛盾纠纷排查9次、出动45人次，共发生各类矛盾纠纷5起、成功调解5起，回访刑释解教人员8次，出动26人次；未发生一起重大矛盾纠纷案件、上访、刑事案件和重大治安案件。

【“双联户”工作】 年内，塔荣镇向各村140名联户代表发放联系卡，为联户代表发放“联户平安、联户增收”宣传手册300多本、宣传单400份、宣传标语135多张。联户代表严格履行职责，排查安全隐患联防联控20次，开展环境卫生联管联治62次，矛盾纠纷联排联调16起，困难弱户联帮联扶23次，收集民生信息36次，小额贷款联保联贷1次，联户经营集体组织2起。

【精准扶贫】 年内，塔荣镇党委、政府高度重视精准扶贫工作，多次召集村两委、下沉干部和驻村工作队召开专题会议进行安排部署，研究成立了由党委书记任组长，镇长、人大主席任副组长，经社办主任、扶贫专干和各村第一书记为成员的精准扶贫工作领导小组，并成立了精准扶贫办公室，明确了工作内容和工作职责，形成了主要领导亲自抓、班子成员共同抓，确保了工作扎实，有效推进，全镇六个行政村都相应成立了领导小组，协助开展精准扶贫工作。塔荣镇建档立卡贫困户共378户1426人，其中扶贫低保户171户655人，一般贫困户172户726人，低保户25户34人，“五保”户10户11人，2016脱贫333户1314人。通过产业扶持、转移就业等方式，实现240户

552人脱贫，2016年县城搬迁人员70户数297人通过“以迁脱贫”的方式实现脱贫，全镇330名在校生和52名两后生通过教育帮扶实现脱贫，792人通过“以补脱贫”的方式实现脱贫，35户45名低保兜底人员通过“以保脱贫”的方式实现脱贫，通过对建档立卡中患有大病、慢性病的46名贫困人口进行医疗救助，让贫困人口看得起病、看得好病，有效解决因病致贫、因病返贫问题。

【为精准扶贫户设立“一户一档”】 塔荣镇在各村为2016年精准扶贫户设立“一户一档”，详细记录贫困户的脱贫方式和脱贫过程，为塔荣镇更好地完成脱贫任务，至2017年实现整体脱贫打下了坚实的基础。

【制定党政干部下访日制度】 年内，为进一步贯彻为人民服务的宗旨，更好地了解各村的情况，塔荣镇把每周的一、三、五3天设为党政干部下访日，所有的科级干部到联系村实地了解各村的工作情况，并结合实际为该村下一步的工作制定计划，有效地提高了各村的工作效率和为民办事的能力。

【编写《中共塔荣镇第一次党员代表大会材料汇编》】 中国共产党塔荣镇第一次党员代表大会于2016年5月26日下午闭幕，中国共产党塔荣镇第一届委员会委员、纪委委员顺利选举产生。为使2016年换届相关材料得到齐全、完整的保存，塔荣镇把中共塔荣镇第一次党员代表大会相关材料汇编成册。

【整理归档塔荣镇人大第九届一次会议至十二届一次会议的材料】 为规范塔荣镇人大工作，镇人大办把镇人大第九届一次会议至十二届一次会议的材料（共计十五年）整理成册，规范了人大代表行使权利的方法，为切实履行人大职责，依法行使人民赋予的权力提供了保障。

【制定《塔荣镇权利运行流程图》】 塔荣镇为加强服务群众的能力，增强工作效率，镇党委和政府把群众办事、申请救助、迁出入户籍等24种与群众密切相关的事项流程图汇编成册，发放给各村组，方便了群众办事解难。

【制定《塔荣镇内控制度汇编》】 为加强塔荣镇干部职工的管理，镇党委、政府把《公文批示制度》《请销假制度》《党员干部廉洁自律准则》等制度汇编成册，使工作制度标准化，增强了塔荣镇干部职工的自律性，增强了工作的积极性。

（吴　昊）

塔荣镇2016年经济情况统计表

表1

序号	村名	总收入	第一产业	第二产业	第三产业	人均收入	
						纯收入	现金收入
1	雪拉村	17304714	2706133.2	645000	13953580.8	12445.42	9564.44
2	塔荣村	27220853	3216369	1054000	22950484	12450.38	9571.7
3	东松村	15522624	2270218.6	646000	12822405.4	12497.63	9347.66
4	尚日村	19441074	2468244.5	800000	16172829.5	12795.59	9806.91
5	巴古村	10579328	1648086.2	600000	8331241.8	12402.54	9014.67
6	林岗村	30864400	4849037.1	2562000	23453362.9	12333.24	8969.36
合计		120932993	17158088.6	6307000	97683904.4	12464.81	9349.88

塔荣镇2016年人口数据统计表

表2

序号	村名	2016年户数	总人数			总劳动力人数		
			2016年人数	性别		总数	性别	
				男	女		男	女
1	雪拉村	193	961	447	514	466	231	235
2	塔荣村	297	1247	570	677	586	276	310
3	东松村	143	729	351	378	371	182	189
4	尚日村	178	883	452	431	436	223	213
5	巴古村	114	607	285	322	317	149	168
6	林岗村	401	1836	869	967	944	473	471
合计		1326	6263	2974	3289	3120	1534	1586

【领导名录】

党委书记　格桑德吉（女，藏族）

党委副书记、人大主席

　　明久多吉（藏族）

党委副书记、镇长

　　师永军

专职副书记　达娃桑旦（藏族）

组织委员　罗　桑（藏族）

宣统政委员　刘印川（6月任）

纪检书记　平措达瓦（藏族，1月任）

副镇长　贾保军

　　巴　措（女，藏族，6月任）

　　德吉央宗（女，藏族，6月任）

尼木乡

【概况】 尼木乡乡域面积241.358平方公里，7个行政村，29个村民小组，农牧民1309户，7096人，其中劳力3386人（男1789人，女1597人）。现有耕地面积9909.32亩，草场面积306962亩。1个卫生院、1所小学、2所幼儿园、1个农行营业所、1个派出所，5座寺庙（日追、拉康），在编僧尼46人。尼木乡政府现有干部66名（行政编制36名、事业编制30名）。其中，乡领导班子11名，科级以上干部16名，第一书记7名，下沉干部14名，大学生村干部6名，专招大学生5名，借调4名，工人1名，公益性岗位5名、聘用干部2名。

【经济发展】 2016年，尼木乡国民经济总收入14867.53万元，同期增长1939.29万元，同比增长15%。其中第一产业收入4294.1万元，占总收入的28.9%；第二产业收入4333.6万元，占总收入的29.1%；第三产业收入6239.4万元，占总收入的42%。农牧民人均纯收入达12506.8元，其中现金收入达9377.3元。全年劳务输出1064人，增加经济收入2234.4万元。

【种植业】 2016年，全乡农作物总播种面积为9909.32亩，其中粮食作物面积为7669.87亩，油菜作物播种面积1849.45亩，蔬菜作物播种面积390亩。2016年，实际粮油总产412.8万公斤，同比增长0.0004%。粮食生产中，粮食单产480.3公斤，总产量368.41万公斤，其中青稞播种面积6824.86亩，单产485.6公斤，总产331.4万公斤；春小麦种植700亩，总产32.55万公斤；豌豆种植面积145亩，单产306.85公斤，总产4.445万斤。油菜播种面积1849.45亩，油菜单产232.75公斤，总产44.4万公斤。蔬菜作物播种面积390亩，总产114.19万公斤。

【林业】 2016年，全乡7个行政村共出动230余人次在全乡范围内植树2.4万余株。在尼荣村退耕还林地补种3000株沙棘。

【牲畜业】 截至年底，全乡牲畜存栏数为13734头（只、匹），其中大畜4489头（只、匹）、小畜9248头（只、匹）。全乡子畜成活率95.9%，成畜死亡率1%，出栏率33.8%。全年共为22411头（只、匹）牲畜进行了疫苗注射，免疫注射率达到100%。

【养殖业】 全乡现有2个藏鸡养殖基地，其中尼荣村纯种藏鸡养殖点养殖纯种藏鸡300只，聂玉村发放1050只拉萨白鸡。

【农副业】 肉类总产量298吨，同比增长0.13%，奶产量约412.4吨，同比增长0.04%，山羊绒产量约0.43吨，与2015年持平，禽蛋产量22.8吨，与2015年持平。

【住建工作】 尼木乡共有职工周转房42套，公租房16套，廉租房24套（第一阶段验收通过），现已入住42套，乡政府制定了周转房管理办法，对房屋进行严格管理，妥善安排入住，其中18套周转房全部供上暖气。

【教育工作】 年初，乡党委组织各村支部书记召开教育工作会议，对控辍保学进行专项部署，确保小学适龄儿童（7—12岁）入学率达到100%，巩固率达到100%，残疾儿童入学率达100%；初中入学率达到99.7%。截至年底，尼木乡完小附属幼儿园已投入使用，现有3个班级，曲林村幼儿园已经建成，现有2个班级，师资力量也已充实。在“六一”儿童节及教师节来临之际，乡政府和驻村工作队共提供1.08万元资金用来支持学校的配套设施建设，并购买价值7.56万的学习用品发放给每位学生。

【卫生工作】 2016年，全乡参加新型农村合作医疗的农牧民达6967人，占农民人数的100%。2016年通过群众筹资174175元，国家下拨资金共797596.8元。截至年底，尼木乡共核销一次，核销款为548545.17元，家庭明细账本上余额2038437.69元。另外，还开展了合作医疗本换新工作。2016年，尼木乡门诊报销人次为79次，报销金额为53607.99元；住院报销人次为93次，报销金额为543299.84元。年内，乡政府组织乡卫生院工作人员对尼木乡7个行政村0—6岁儿童730人，60岁以上老人391人，分别于3月和8月各进行了一次体检，同时对尼木乡5座寺庙僧尼体检61人次，全面完成体检工作。

【新农保】 2016年，尼木乡实际参保人数3872人，新增参保43人，参保覆盖率达到98.8%，其中享受新型农村养老保险政策人员有913人，达到政策要求的100%。城乡居民79人，其中5人已参保，参保率达100%。

【民政工作】 2016年，乡政府对全乡46户低保家庭进行了调整并予以公示。其中，2016年新增低保户11户，清退35户。通过电脑录入尼木乡低保户144户600人的基本信息，便于低保户的日常管理，600人的合作医疗费用全部代缴完毕。全年发放分散“五保”户补贴（上半年供养资金）2710元。乡政府于2016年5月为尼木乡68户353人发放贫困救济口粮21153公斤。为全乡6户因灾致贫的困难户送去12000元的救助金，及时把党和政府的温暖送到了群众手中。同时，兑现2014年残障儿童康复补贴31200元、2015年残障儿童生活补贴9000元、2015年残疾人机动车燃油补贴及阳光家园补助共11580元、2015年瘫痪在床重度残疾人特护补贴12600元、2015年重度精神残疾人特护补贴22000元。发放2015年各村组长及村务监督员工资共计116950元。

【精准扶贫】 扎实做好贫困户建档立卡。通过群众申请、村委审核、驻村工作队监督、乡工作人员全程参与，经过村、乡审核，最后确认258户1149人，其中扶贫户134户660人，扶贫低保户113户469人，低保户9户14人，“五保”户2户，2人。尼木乡“六脱”人员包括：以保脱贫14户21人；以教脱贫193户321人，其中大学生29人；以迁脱贫全乡搬迁59户，计划2016年县城搬迁户5户25人，2017年县城搬迁户37户170人，拉萨搬迁户17户67人；以助脱贫11户53人；以补脱贫全乡256户，639人；以业脱贫124户，153人，其中2016年尼木乡护林员9人，草原监督员6人，环保监督员4人。2016年，护林员223人，野生动物保护员28人，湿地管护员11人，沙化土地管护员39人，水资源管护员87人，村级水管员14人，草原监督员205人，交通管理员8人，环境保护员1人，地质灾害监测员4人。

精准扶贫工作开展以来，乡政府配合县农开办、四业办、教育局，申报培训班3期共培训624人次，进村入户开展识别工作的干部共26人，向广大农民朋友发放宣传资料3000份，县扶贫办为尼木村建档立卡户发放奶牛50头，极大地推动了尼木乡精准扶贫工作积极稳妥进行。

【“四业工程”】 2016年，尼木乡组织农牧民驾驶培训1次，培训15人。充分发挥农村合作社作用，让群众不用离家就可就业。为全乡13户43人解决了大量的就业问题，让劳动力在农闲时也可赚到钱，大大增加农牧民的收入。

【“双联户”工作】 对110名联户代表信息进行核对和完善，对工作不负责任，群众不满意的13名联户代表进行更换。4次组织人员对“联户代表”进行工作培训，成功创建并熟练运用“幸福家园”微信平台，确保了100%的参加率，并指定下沉干部负责讲解使用和指导。截至年底，联户代表化解矛盾纠纷14起，排查安全隐患24处，帮助弱势群众51人次，整治卫生70次。截至年底，评选出40名乡级、214名村级优秀“双联户”，共计发放奖金41400元。

【人大工作】 5月25—27日，顺利召开了尼木乡第十二届人大一次大会，选举产生了乡人大主席1名、乡长1名和副乡长3名，完成了乡政府班子成员的换届选举和缺额补选任务，43名人大代表在大会上提出审议意见27条。2016年从人大经费里支出26436元作为大会经费和代表们的误工补贴。

【党建工作】 全乡现有8个党支部，46个党小组（其中17个双联户党小组），党员共534名（含预备党员31名），其中农牧民党员484名，机关党支部54名。年初，召开党建工作部署会议，与7个党支部签订党建目标责任书。

【党员发展】 尼木乡积极做好发展新党员和积极分子的培养教育工作，按照“坚持标准、保证质量、改善结构、慎重发展”的方针，对发展对象进行培养工作；坚持党员发展公示制度，培养符合条件的新党员，扩大党员队伍，增强党支部的战斗力。2016年，全乡发展党员30名（22名农牧民党员、8名机关党员），发展预备党员31名（27名农牧民、4名机关党员），吸纳入党积极分子6名（农牧民5名、机关干部1名）。

【强党固基扶村】 尼木乡积极响应上级号召，通过制定实施方案、召开动员大会、制定人事安排方案有序开展“强党固基扶村”活动各环节工作。全乡共选派28名理论素质较高、善于做群众工作的包括第一书记、服务中心主任、党建专员、经济民生管理员、维稳专员充实到下沉干部队伍中，并下发《尼木乡下沉干部管理暂行办法》，得到上级部门的充分肯定。28名干部全部能做到尽快转变思想、进入角色，真正沉得下去，做到按时、保质保量完成县、乡、村级安排的各项工作，在维护社会稳定、发展本村经济事务中发挥重要作用，同时得到了上级部门的充分肯定与高度评价。

【换届工作】 2016年，按照区、市、县委的统一安排部署，尼木乡先后完成了县、乡两级党代表以及人大代表的选举工作，并按照程序对19名县级党代表、66名乡级党代表，13名县级人大代表、43名乡级人大代表进行了资格审查。并于5月25日召开了中国共产党尼木乡第一次党员代表大会，选举产生了新一届党政领导班子。5月31日召开了尼木乡第十二届人民代表大会，提交审议意见27条。尼木乡换届工作得到区、市、县委的充分肯定和表扬。

【“三争五评”工作】 尼木乡开展了先进村争典范、一般村争先进、后进村争晋位工作，将7个行政村的工作纳入每月“五评”范围，根据评比结果进行公示并接受群众监督，以调动各村“两委”的工作积极性，确保各村党支部的凝聚力、战斗力得到最大提升。

【党内激励工作】 在“七一”表彰大会上，由乡党委采取组织推进，民主评定的方式，在全乡评选出了先进基层党组织2个，优秀党务工作者2名，优秀共产党员11名，并向先进基层党组织颁发了锦旗和奖金。对受表彰个人，颁发了荣誉证书和奖金。

【开展各类党建活动】 以“七一”建党节活动为契机，组织开展老党员重温入党誓词、入党积极分子培训班、“七一”专题党课等活动，并投入9000元表彰全乡优秀党员和党支部。认真落实“党员干部进村入户，结对认亲交友”活动，确定尼木乡每名党员干部和各村第一书记均与贫困户结成对子，每月走访联系不少于2次，切实将“结对认亲”活动落到实处、不走过场。全乡8个党支部成立党员志愿者服务队，全年共320人次参加志愿服务活动。占全乡党员总数的60%。全乡党员志愿者服务队积极开展义务巡逻和安全生产隐患排查、环境卫生整治、农忙时节帮扶、对群众盲目跟风、造谣、传谣进行教育、关爱留守儿童及鳏寡老人、开展科技、文化、法律、卫生“四进村”等各类志愿服务工作，充分发挥了共产党员在群众工作中的主体作用和示范带头作用，拓展了共产党员直接联系服务群众渠道，扎实推进了基层服务型党组织建设。

【“两学一做”专题教育】 按照中央、区、市、县委的统一安排部署，在区市县党委“两学一做”学习教育活动领导小组的正确指导下，在全乡干部齐心协力的配合下，尼木乡“两学一做”学习教育活动取得了显著成效。

成立了以乡党委书记为组长的“两学一做”学习教育活动领导小组，组织召开学习教育动员大会，并结合实际，认真制定了《关于在全乡党员中开展“学党章党规、学系列讲话，做合格党员”学习教育实施方案》，做到有组织、有计划、有安排、有落实。采取集中学习和个人自学的方式，加强学习教育活动相关必读必学文件及书目的学习，并认真记录笔记和撰写心得体会。截至年底，尼木乡组织集中学习30余次，撰写心得体会190余份。并组织全体干部职工观看《作风建设在西藏》《镜鉴》等教育影片，丰富学习教育方式和内容。结合尼木乡实际，在乡级党组织中开展“书记讲党课”活动，制定活动实施方案和乡党委班子成员讲党课活动日程安排表，全年共组织开展6次，198人次参加，撰写心得体会42篇。尼木乡组织全乡党员干部、各村第一书记、下沉干部结合自身工作实际围绕“学党章党规、学系列讲话，做合格党员”为主题的交流研讨会8次，30人参与了发言，撰写心得体会72篇。为确保“两学一做”活动真正取得实效，乡“两学一做”学习教育活动小组在全年共4次对全乡7个村、5个寺庙的“两学一做”活动开展情况进行检出，并制作检查工作台账，确保“两学一做”活动取得扎扎实实的效果。

【党风廉政建设】 年内，加强党风廉政建设学习、宣传工作。成立以乡党委书记为组长的尼木乡廉政风险防控工作领导小组，制定相关工作方案。乡党委协调乡纪委全年共组织全乡干部集中学习各级各类党风廉政建设文件以及相关会议精神，开展专题学习11场，撰写心得体会125篇，加强惩防体系建设。按照职权法定和权责一致的要求，对全乡各科室的各类职权进行分项梳理，科学编制职权目录。查找领导班子“三重一大”方面容易产生腐败行为的风险内容及表现形式，要求领导干部个人重大事项必须如实上报并签订《领导干部家庭廉政责任书》，确保领导干部廉洁从政。

【妇联工作】 结合“三八”妇女节，向日措村贫困母亲发放母亲邮包20个，向300多名妇女宣传《中华人民共和国妇女儿童权益保障法》《中华人民共和国婚姻法》等相关法律知识，以及为妇女发放报刊杂志，提高妇女综合素质水平。积极组织行政村妇代会主任参加墨竹工卡县及曲水县参观妇女纺织合作社，在聂玉村和曲林村积极组织妇女参加技能培训120人次。

【团委工作】 年内，乡团委以“四业工程”“净土健康产业”等为契机，积极为青年劳力争取创业的机会，组织建档立卡的9人进行厨师培训，为他们解决了就业问题。在“五四”青年节和“六一”儿童节之际，组织一批青少年入团及宣誓并以召开青少年座谈会、观看爱国主义影片等形式，对青少年进行爱国主义宣传教育。乡团委协同乡完小积极开展法律进校园、网上祭英烈，清明节为英烈扫墓系列活动。

【工会工作】 2016年，全乡农民工入会915人。把全部会员信息录入电脑并完善资料，实现了会员档案电子化管理。兑现2015年90名区内外大学生的“金秋助学”资金13.2万元，完成29名学生“金秋助学”金的申请上报工作。开展以“送温暖、送法律、送医送药、送文化、送就业”为内容的“五送活动”。2016年春节、藏历新年期间，在市、县总工会的帮助下，为12名职工及农民工每人送去900元的慰问金，年中又慰问了10名农民工及困难职工，为每人送去900元的慰问金。乡工会委员会组织群众代表学习《中华人民共和国工会法》《中华人民共和国劳动法》《中华人民共和国劳动合同法》等相关法律、法规知识，并协同乡综治办积极开展矛盾纠纷排查调处工作。

【宣传工作】 在乡完小隆重举行庆祝“西藏百万农奴解放57周年纪念”活动，并在全乡范围内开展“我们的节日”、关注留守儿童、弱势群体、“一对一”帮扶等系列活动。乡党员干部深入到学校、各村、各寺庙宣传中共的十八大和十八届三、四中、五中、六中全会精神以及“依法治国”理念，并大力宣传党的惠民政策，积极引导全乡人民做守法公民。协同乡派出所民警在乡完小组织开展禁毒宣传教育，切实提高全民拒毒防毒意识和水平，营造人人参与禁毒的良好氛围。在9月民族团结月，尼木乡在大门口悬挂横幅3条，编印信息简报10余期，开展实践活动5次，发放宣传资料300余册。

【信访工作】 年内，尼木乡调委会调解矛盾纠纷8起，调解成功率100%，其中6起为家庭矛盾纠纷，2起为邻里纠纷，全乡未发生一起上访事件。

【消防工作】 尼木乡2016年组织200余人次，在各敏感节点、节假日期间加大对全乡消防安全隐患的排查力度。共排查隐患17处。同时，在学校周边及人员密集场所，通过发放宣传手册、张贴标语的形式，开展消防宣传活动。

【安全生产】 2016年，召开安全生产专项会议8次，组织检查58次，检查人员212人次，发现隐患16处，立即整改16处，整改率达到100%，安全宣传11次，发放藏汉双语宣传资料100余份，提醒广大农牧民群众要注意道路交通、严禁酒驾、注意防火、防电等事项，并组织人力进行安全生产大检查。

【统战民宗】 2016年，乡政府联合各驻村、驻寺工作队对辖区5座寺庙46名僧尼开展法制宣传教育工作6次，并与寺管会签订寺庙管理目标责任书，寺管会与僧尼个人签订目标责任书，覆盖所有僧尼，签订率为100%。严格执行寺庙僧尼、朝佛人员请销假制度，定时、不定时入寺对僧尼进行爱国主义教育活动培养僧尼们的爱国情操。

【维稳工作】 尼木乡党委、政府认真严格按照"属地管理"的工作要求，明确责任，在驻村工作队、驻寺工作人员、各村第一支部书记、下沉干部中真正落实谁主管谁负责的原则。在春节、藏历新年、"三月重要时期"及其他重要节点召开维稳工作安排部署会，制定相应的工作方案。专题研究18次，领导责任制建立21次，群防群治队伍配置数187次，法制教育宣传10次，安全检查排查次数19次。联合尼木乡派出所、各村治安巡逻队176人维稳巡逻29次。乡综治办联合乡纪委对各村、各寺庙进行维稳督查，对各寺庙佛事活动进行严格把关，圆满完成各重要节点的维稳工作。

【道路交通】 尼木乡7个行政村已全部实现道路村村通；2016年开展乡村道路大规模整治活动2次，共组织200余人对各村路面进行全面维护，涉及的道路总长约42公里；联合乡派出所，加大对乡主要道路交通安全事故隐患的排查力度，一经发现违规行为，严惩不贷。

【环保工作】 开展卫生整治工作，尼木乡积极组织干部职工、群众、学校师生、派出所进行一系列的卫生整治活动。截至年底，共开展10余次卫生整治活动，参与人员达400余人。

【信息工作】 由于尼木乡的地理位置比较特殊，成为县直单位对乡镇工作进行指导、调研的重点的单位，因此工作量也较其他单位更大。2016年，迎接区、市检查、指导、调研40余次，县级检查70余次，全年共撰写简报580期（其中党政信息270期，精准扶贫信息110期，综合信息200期）。

（董　肖）

【领导名录】

党委书记　张同格
党委副书记、乡长
　　德　琼（藏族）
人大主席　英中吉（女，藏族）
专职副书记　洛桑罗布（藏族）
纪检书记　巴桑卓玛（女，藏族）
组织委员　何　洋
宣统政委员　闫文宝
副乡长　德　央（女，藏族）
　　嘎松顿珠（藏族，5月任）
　　刘小园（女，5月任）

续迈乡

【概况】 续迈乡位于尼木县东北28公里处，北接当雄、东临曲水。乡域面积646.05平方公里，平均海拔4000米，属于半农半牧乡。全乡共有6个行政村，24个村民小组，农牧民1037户（纯牧业176户，农业861户），4844人（男2374人，女2470人）；劳动力2401人（男1203人，女1198人）。现有耕地6664.94亩，人均耕地面积1.38亩。续迈乡现有1所卫生院、1个农行营业所、1个派出所，下属5座寺庙共有僧尼23名，4个合作社和1个公司。续迈乡现有在职干部62名，其中，含下沉干部30名、大学生村干部4名、借调9名、工人1名、公益性岗位4名、聘用人员1名。

【经济建设】 续迈乡作为半农半牧乡，粮食作物种植以青稞、小麦为主。2016年，共完成机耕田地6320亩，机播4892亩，机收6420亩。秋收粮油总产量为237.4万公斤，比指标增长0.5万公斤。其中，青稞总产量209.4万公斤，比指标增产0.1万公斤；小麦总产量11.05万公斤，比指标增产0.05万公斤；豌豆总产量7.85万公斤，比指标增产0.1万公斤；油菜总产量9.1万公斤，比指标增产0.25万公斤；蔬菜总产量78.59万公斤，总产量与指标齐平。2016年全乡牲畜存栏数20503头（只、匹），全年牲畜出栏数8173头（只、匹），出栏率达37%。肉类总产量625.7吨，牛奶总产量830.1吨，山羊绒总产量0.23吨，鸡蛋总产量13.1吨。2016年，全乡年人均收入12643.4元，现金收入9483

元，实现国民生产总值8770万元，其中第一产业总收入2486万元，第二产业总收入2425万元，第三产业总收入3859万元。第一、二、三产业比例为28.3：27.7：44。

【劳务输出】 2016年，续迈乡转移劳动就业人员712人。其中，75人为自主创业、20人已报名参加尼木县“四业工程”B照升A照驾驶证培训考试、300余人在本乡施工队中转移就业，剩余317人在拉萨及尼木县城实现就业。

【维稳工作】 续迈乡党委、政府认真学习“小事不出村，大事不出乡，矛盾不上交，就地化解”的“枫桥经验”，成立以乡党委书记为组长的综治维稳工作领导小组及矛盾纠纷调解小组，制定《突发公共事件应急处置预案》等各类维稳工作方案预案，加强对“属地管理”工作的领导，明确责任，在驻村工作队、驻寺工作人员、各村第一支部书记中真正落实谁主管谁负责的原则。年初，召开重要节点期间维稳工作部署会，全年共召开专题研究会21次，强化领导责任会28次，与各村、寺庙、联户代表以及相关单位签订综治维稳责任书23份，群防群治队伍配置数190人，法制宣传教育12次，发放相关宣传册800余份，安全检查排查82次，联合续迈乡派出所、县交警支队组织维稳巡逻31次。派出续迈乡干部对各寺庙进行维稳督查，对各寺庙佛事活动进行严格把控。圆满完成了“三月重要时期”“萨嘎达瓦”“雪顿节”“巴吾活佛摸顶讲经”等重要节点期间的维稳工作。11月初，投入12500元设置各比赛奖项，成功举办第一届“续迈乡双联户”运动会，对全乡的维稳工作起到了积极的影响。

【基础设施建设】 以农田水利、电力供应、职工周转房为基建重点，着力改善群众和干部的日常生产生活条件。全年共组织3890名群众清理水渠36条、水池58个。确保2015年县重点小农水利项目强确水渠、色隆水渠、西雪水塘、查雄水渠的全面竣工，还确保了2016年新增县重点小农水利项目冲江水渠、多玛尼水塘、达仓雄水渠、色隆水渠、卡巴朗水渠的顺利开工，提前完成了续迈灌区防洪堤、安岗闸波水塘和杂机水渠的建设等。2016年在县电力公司的帮助下，山岗村更换变压器一台、尼续村迁移危险高压电线杆一个、霍德村色觉组、江组等25户村民完成通电工作。2016年，乡职工周转房建成交付，乡辖六村活动场所前期建设提前竣工。乡主要水系新建桥梁5座、维修桥梁1座、疏通泥石流掩埋路段10余次。

【民政工作】 2016年，续迈乡享有农村低保政策的人数为133户504人，其中，政府兜底人员42人；残疾人员163人；70—90岁的寿星老人225人；“五保”人员58人；25名老人供养于堆龙县福利院、供养于尼木县福利院的老人27名、散养的老人6名。截至年底，乡民政工作人员根据上级相关部门指示，经手发放的“残疾人机动轮椅车燃油补贴”“阳光家园计划”等惠民资金共75480元；通过乡政府筹划，为乡贫困户发放慰问资金共10000元；协助县民政局在“三大节日”期间为乡50个建档立卡户各发放大米2袋、米饭2袋和砖茶1块；通过“重阳节敬老、爱老”主题活动协助县民政局为乡里老人共发放衣物鞋袜50余件，折合人民币5000元等。

【精准扶贫】 根据县脱贫攻坚指挥部要求，结合续迈乡实际，对全乡206个建档立卡户的797人制定脱贫时间表和脱贫实施方案。2016年，续迈乡坚持以业脱贫，全年共实现246人的贫困人员就业转移；坚持以迁脱贫，全乡共有21户113人搬迁至县城周边；坚持以补脱贫，全乡共安排以补脱贫岗位447个；坚持以保脱贫，全乡享有政策性兜底的人员共44人；坚持以助脱贫，全年以助脱贫的人员共42人；坚持以教脱贫，全年实现以教脱贫的人员共214人等。经过近一年的努力，续迈乡共有155户645人实现脱贫，尤其是续迈村，更是取得全村50个建档立卡户221人全部脱贫的好成绩。

【种植业】 2016年，续迈乡共完成青稞种植面积

5501.49亩（其中，还包含藏青320二级种子田500亩和有机耕地22亩）、小麦种植面积289亩、豌豆种植面积260亩、油菜种植面积343.45亩及蔬菜种植面积271亩等，全面保障了续迈乡粮食的安全供给。

【养殖业】 2016年，续迈乡牲畜存栏数20503头（只），子畜成活率98.1%，成畜死亡率1.1%，牧畜良种覆盖率5.78%，出栏率37.6%，总肉类产量625.7吨，奶产量830.1吨，山羊绒产量0.23吨，牲畜产品上市率达70%。存栏藏鸡1000余只，禽蛋产量13.4吨，禽肉产量13.8吨。动物疫苗注射率100%，动物疾病控制率100%。

【畜牧业】 2016年，续迈乡共完成人工种草3000亩，退耕还草2000亩。为保证牲畜安全过冬，乡政府筹资3万元，按大畜75公斤/头、小畜60公斤/只积极购买储备复合饲料12500公斤，共完成牲畜过冬饲料储备1639.2吨。为扩大人工种草面积，乡政府主动为牧民发放草种1754.8公斤，并在霍德村开荒900亩，改善草原沙化问题。再者，积极落实上级政策，截至年底，全乡共建成保暖棚圈121间、牧畜防疫圈9间，兑现资金43.56万元；成功改良黄牛47头，村组覆盖率达90%。

【旅游业】 优化旅游资源，针对续迈村温泉开发、农家乐、度假村建设项目、安岗村温泉泡澡房以及山岗村吴久拉康寺庙维修工程等积极整合旅游资源，形成旅游特色专线。加强旅游配套设施建设，完善乡村道路、通信设施的维修维护。积极争取上级资金，借助扶贫贴息贷款项目，集思广益，拓宽旅游渠道。

【教育工作】 续迈乡完全小学现有学生441人，含学前教育在校生157人（其中，乡完小教学点有学生103人，山岗村教学点有学生54人），住校生320人。初中在校生175人。据统计，乡完小适龄儿童入学率达100%，巩固率达100%，霍德村因无学生辍学被全县通报表彰；初中生入学率达99.8%，巩固率为96.57%。乡党委、政府为保证学生上、下学路途安全，特制定《续迈乡校车行驶安全管理方案》，并按“两限一警”的规定，要求各村领导班子、各村组组长及双联户长每人负责2至6名学生的安全接送。除此之外，还配备警务人员加强对校园及周边环境的定期巡逻，还安排医务人员前往完小为师生免费体检，并在2016年“六一”儿童节和教师节期间为完小师生共发放慰问金17000元。

【卫生、妇联】 2016年，续迈乡合作医疗个人统筹资金已全部收缴，全乡参与人数4756人，参与率达100%；全乡群筹资金118900元；上交县卫生局资金95120元。截至11月2日，全乡合作医疗账面结余资金1451606.83元；医院住院费用报销97人，报销资金763748.42元；乡辖六村医疗核销资金475403.92元，报销资金19334.34元。在计划生育工作上，全乡现有育龄妇女1560人，已婚育龄妇女689人；截至年底，全乡新出生婴儿共79名，计划生育率达100%；全乡享受“一女双孩”政策补助的家庭有87户，已兑现补助资金83520元；享受特别扶助政策的家庭有15户，已兑现扶助资金30360元。

2016年，乡辖六村现有妇女干部6名（5名妇女主任，1名村委会主任兼任妇女主任）。在六村后备干部、中共党员及“双联户”代表的培养中，乡党委、政府非常重视妇女队伍的参与度，在2016年“三八”妇女节座谈会上，特意出资1000元对在妇联工作中表现优异的女性给予奖励；乡政府还出资4000元对2名贫困妇女所开商店进行扶持。在妇女脱贫工作上，尼续村开展了为期一个月的女性党员民族手工业培训班。在所获荣誉上，乡妇联荣获2015年尼木县妇女儿童目标管理考核三等奖，2名妇女荣获乡、村优秀先进双联户代表。

【环保工作】 年内，续迈乡党委、政府及时成立以书记、乡长为正负组长，各村第一书记为成员的领导小组，并制定《续迈乡生态环境保护监管制度》等5项管理制度。自小组成立以来，年初召开环保动员部署会3次，年中督导检查6次，每月27日定时召开各村环保工作汇报会1次；先后商议解决了乡辖六村垃圾箱安放、安岗村垃圾池建设、河东村垃圾掩埋点选址等多项环保基建问题；又表决通过了设置3个公益性岗位招聘3名贫困村民为乡环境保洁员的倡议，成为尼木县第一个建立环卫工清扫机制的乡镇；还在全乡六村巡回召开环保宣讲会4次，督导各村悬挂环保横幅6次，下发环保宣传手册1000余份。截至年底，全乡六个行政村全部经过审核成为自治区生态村。

【“四业工程”】 结合全乡精准扶贫工作开展情况，积极开展“四业工程”的宣传活动，并通过调查掌握农牧民所拥有的技术专长，且在劳务输出中为他们推荐对口专业的工作。对于富有劳力，但技能低下的农牧民，乡里主动对其展开技能培训，并推荐各村科技特派员、兽医、水电工等参加县举办的培训活动。经过近一年的努力，续迈乡先后让677名农牧民通过培训掌握了一技之长，712名农牧民实现了劳动力就业转移。

【党建工作】 续迈乡现有7个党支部，下设28个党小组，7个团总支，有党员406名，其中，农牧民党员368名（含正式党员343名，预备党员25名），机关干部党员38名（含正式党员34名，预备党员4名），有团员138名。年初召开2016年党建工作部署会议，下发党建指标，并与各党支部签订党建工作责任书。上半年开展了各村“党建工作交流会”，下半年召开“述职评议会”。乡辖六村积极挑选后备干部，采取“一对一”“一对多”等方式来进行培养。狠抓思想政治建设，坚持民主集中制原则。围绕决策、执行、监督三个重点环节制定细则。实行党委工作每周动态，书记、乡长每日日志。

实行乡副科级以上领导干部每人包一村、一寺，普通干部每人包一组的帮扶制度。积极鼓励引导全乡4个合作社1个公司成立党小组，不断增强了党组织的影响力和战斗力。全年共6次对368名农牧民党员进行了培训。对29名预备党员按期转正，同意29名积极分子转为预备党员，新吸收积极分子34名。2016年，全乡共有2个党支部荣获县级先进基层党支部。

【强党固基扶村工作】 结合续迈乡实际，乡党委提出“人到、心到、行到、责任到”四点要求，并根据自愿报名为主、组织分配为辅的原则，选派3名乡党委委员到村担任党支部第一书记，选拔30名优秀干部入村下沉。每季度乡里还评选出一名优秀下沉干部上报到县委组织部并发放流动红旗。为及时掌握各村最新工作动态，乡党委还要求各村干部每周报送简报信息不少于6篇、每月召开交流会议不少于1次、每季入户走访次数不少于10次。截至年底，乡辖六村已选出月优秀下沉干部11名，季优秀下沉干部3名。

【人武工作】 续迈乡人武部注重加强对各村民兵进行政治教育、业务学习和培训，提高了他们的素质和应付处置突发事件的能力。组织民兵干部和民兵在续迈乡公路进行环境整治和清理6次。重要时间乡武装部组织民兵进行巡逻次。开展民兵训练共计2天23人。

【林业工作】 在县林业局和县农牧局的大力支持下，2016年3月，续迈乡开始组织县、乡林业工作人员对全乡林业工作进行积极筹划，并深入村组实地规划植树造林工作，截至年底，全乡退耕还林补种补植幼小树苗共计31000株，成活率达90%左右。续迈乡安岗村为期1月的“围山造林”项目也已初见成效。乡退耕还林户报考驾校的人数也已突破100人，这为实现他们的收入增长和改善全乡群众的生活环境都能起到积极的作用。

【民宗工作】 续迈乡党委、政府高度重视对宗教人士的教育和引导，年初与各寺庙签订责任书3份，并联系县有关部门投资65万元为乡贵热寺庙新建僧舍。对驻寺干部实行每天签到制度，并严格执行僧尼请销假制度。对科级以上干部实行每人包一寺，并组织全乡领导干部、寺管会成员与僧尼交朋友。制定民族团结月活动方案，对乡辖各寺庙开展法制宣传活动3次，开展维稳督导检查8次，突击检查12次，开展僧尼学习培训3次。

【人大、政协工作】 2016年，续迈乡人大在县人大常委会的积极指导和乡党委的正确领导下，成立换届选举委员会、领导小组及换届选举办公室，严格按照选举程序，组织召开换届选举工作动员培训会3次，审议通过了卓玛曲宗所作的续迈乡人民政府工作报告和扎桑所作的续迈乡人民代表大会报告，并选举产生乡人大主席1名、乡长1名、副乡长4名；制定县、乡两级人大代表换届选举工作实施方案，划分选举县人大代表选区6个、乡人大代表选区18个，并采用“三增三减”法选出县人大代表15名，乡人大代表54名；积极争取上级资金，购买办公设备，创建了乡“人大代表之家”。

续迈乡现有政协委员8名，在县政协的关心指导下，乡政协委员严格按照“围绕中心、服务大局、履行职责、务求实效”的原则，高举团结、民主的旗帜，从群众普遍关心的热点、难点问题入手，开展调查研究2次，为乡政府提出良好建议2条，积极参加县政协组织的考察活动，积极参与提案，为续迈乡经济社会发展献智出力。

【“两学一做”专题教育】 年内，按照中央、区、市、县四级要求和县委专题教育活动领导小组的统一部署，续迈乡成立以乡党委书记、专职副书记为正负组长的“两学一做”专题教育督导小组和协调小组，并设办公室于党群办。自小组成立以来，多次召开专题会议，研究部署教育实践活动，及时制定了乡干部和农牧民党员“两学一做”学习计划、实施方案和反馈机制，并要求乡科级干部每周走访入户不少于1次，普通干部每周撰写民情日记不少于1篇，每周一机关干部党员必须召开“两学一做”专题学习会议、每周二必须举行藏汉“双语”学习活动。督导小组还积极争取资金为干部职工和农牧民党员购买学习笔记400余本、购买各类学习资料200余份。截至年底，全乡干部共组织集中学习32次，开展督导检查12次，撰写心得体会142篇。

【“双联户”工作】 续迈乡现有“双联户”代表89名。2016年年初，乡综治维稳办公室与各村“两委”班子成员签订《联户平安、联户增收目标责任书》及联户代表工作责任书，并对6名平时工作不履职不尽责的联户代表进行改选，又新增两名联户单位和两名联户代表；为提高联户代表的履职能力，全年共对89名联户代表开展培训190人次；在2016年11月，又成功举办续迈乡第一届“双联户”运动会，并吸引500多村民到现场观赛；截至年底，全乡共组织联户代表维稳巡逻29次，开展贫困户联帮联扶23次，清扫街道卫生32次，收集民情信息5次。因工作出色，续迈乡续迈村由此而获得市级先进“双联户”创建活动先进村的荣誉称号。

【新农保工作】 2016年年初，续迈乡农保办主动向尼木县人社局农保办申请《2016年新型农村社会养老保险满60岁待遇表》，并按时上报乡里因死亡等原因而不再享有农保待遇的人数。2016年，农保办又积极组织各村干部和劳动保障协理员一同入户收缴2016年养老保险费，并对每个参保人员实缴数额与系统应缴数额进行了一一核对，同时，又对各村新增人员档案信息进行一一录入。截至年底，续迈乡新型农村养老保险参保人数为2548人，其中，新增人数为11人，城镇户口参保人数为9人，共计2568人，收缴资金261700元，参保率达100%。

【发改工作】 2016年，续迈乡不断夯实农业基础，加大劳务输出力度，鼓励富余劳动力转入餐饮、商业等行业，实现全乡经济总收入8770万元，同比2015年增长15%，第一、第二、第三产业增长比例也更趋合理。2016年，乡党委、政府更加注重全乡基建工作：截至年底，全乡共推动和完成了5个县重点小农项目建设、续迈灌溉区防洪堤坝建设、乡职工周转房建设等项目。为提升群众生活水平，乡党委、政府组织各村群众180人对乡、村主干道进行了18次维护。在县交通局的大力支持下，为续迈乡新修桥梁5座，维修桥梁1座，疏通泥石流路段10余次。在霍德村驻村工作队的积极帮助下，为霍德江组争取到1600万元的新建沙石路的资金。乡党委、政府还积极开展家电下乡宣传工作，共为全乡村民争取到301份产品的补贴资金522821元。

（乔永春）

【领导名录】

党委书记　洛　　旦（藏族）

党委副书记、乡长

　　魏 乃 红（5月免）

　　张　　伟（5月任）

人大主席　罗布塔杰（藏族，5月免）

　　扎　　桑（女，藏族，5月任）

副 书 记　师 永 军（7月免）

　　刘 雪 石（藏族，7月任）

纪检书记　普布次仁（藏族，5月免）

　　胡　　宁（5月任）

政宣委员　达　　瓦（藏族，5月任）

组织委员　格桑卓玛（女，藏族，5月任）

副 乡 长　达　　瓦（藏族，6月免）

　　噶玛旦增（藏族，6月免）

　　次旦央吉（女，藏族　）

　　卢 蒲 军（6月任）

　　卓玛曲宗（女，藏族，6月任）

帕古乡

【概况】 帕古乡辖2个行政村，14个自然小组，共计639户，3405人（男1719人，女1686人），其中农业人口539户2887人，牧业人口100户518人，劳动力1845人。帕古乡共有干部职工49人，领导班子成员10人，借调14人、下沉干部8人、工人1人、农保专干1人、公益性岗位3人、聘用干部1人。

【党建工作】 2016年，帕古乡有基层党委1个，党支部3个，现有党员233人，入党积极分子76人（2016年发展党员11人，培养积极分子16人），农牧民党员189人，干部职工党员43名，农牧民党员所占比例82%。大专及以上文化程度42人，占党员总数的18%，中专及以下文化程度194人，占党员总数的83%。

【“两学一做”】 年内，乡机关共开展学习教育30余次（书记讲党课4次），乡机关干部撰写心得体会200余篇，设立宣传栏4个。

【落实“两个责任”】 乡党委书记严格履行党风廉政建设第一责任人的责任，做到重要工作亲自部署、重大问题亲自过问、重点环节亲自协调、重要案件亲自督办，做好党风廉政建设传达部署、专题研究、责任分解等工作；加强对班子成员及下一级党支部主要负责人的教育监管，督促落实“一岗双责”；强化责任追究，对贯彻执行责任制差距较大、廉政勤政情况较差的办公室、村，乡党委和纪委能综合运用党政纪处分和组织处理的手段，加大责任追究力度。

【严格财经制度】 规范公车管理和使用，每季度对燃修费用进行公示，接受监督。严格遵守公务接待费用专项管理机制，定期公示，接受监督。

【纪检工作】 完善机制，强化责任；健全制度，强化监督；主动谋划，着力打造廉政教育新亮点；依纪依法处理信访问题，积极主动查处违纪案件；加强基层事务阳光公开，增强工作透明度。

【宣传思想工作】 2016年，帕古乡始终围绕“两学一做”学习教育，“党代”“人代”换届选举工作，精准扶贫、精准脱贫工作，新旧西藏对比、爱国主义教育、精神文明建设等中心工作通过悬挂横幅、张贴标语等形式加大宣传力度，营造良好的舆论氛围。深入开展“中国梦”宣传教育活动、观看了《焦裕禄》《杨善洲》等爱国主义影片；完善了各村“农家书屋”；经常性开展群众性文化娱乐活动，丰富了农牧民群众的业余文化生活；组织干部职工观看了庆祝中国共产党建党95周年庆祝大会和长征胜利80周年庆祝大会；不断深入推进“藏汉双语学习”按一对一或一对多的学习方式，使广大汉族干部掌握基本的藏语知识，以便更好地服务群众，开展工作。

【团委工作】 截至年底，帕古乡团委坚持党建带团建，团建带精准扶贫、精准脱贫工作的原则，按照“低进、严管”的要求，配齐配强团组织。2016年，团乡委先后开展了“庆祝五四青年节活动”“预防青少年犯罪活动”“环境卫生综合整治”“学雷锋志愿服务系列活动”，乡团委为帕古村1组达珍，申请了西藏青少年发展基金会“国酒茅台·国之栋梁——2016年希望工程圆满活动大型公益助学活动”助学资金5000元。

【工会工作】 年内，成立乡工会工作领导小组，以“组织起来，切实维权”为工作方针，大力开展农牧民入会集中行动。截至年底，全乡农牧民入会率100%。

【妇联工作】 采取多种形式对广大农村妇女进行技术服务；以推进家庭美德建设和文明卫生为重点的宣讲，倡导妇女文明、健康的生活方式；2016年，不断加强对妇女、儿童保护等法律法规的宣传，切实保护妇女儿童的合法权益。

【保密工作】 做好文件的阅办归档，严格印章管理制度，加强计算机等电子设备管理。

【人大工作】 2016年，共收到乡人大代表建议20多条，乡政府进行了专题讨论和研究，并对收集到的意见建议给予了解释说明。依法开展好乡人大换届选举工作。5月31日，帕古乡召开第十二届人民代表大会第一次会议，选举产出了新一届乡人大主席1人，政府副乡长3人。选举产生了出席尼木县第十三届人民代表大会代表8名。7月21日，召开的第十二届人民代表大会第二次会议，会议选举乡政府乡长1人。

【经济建设】 2016年，帕古乡地区经济总收入达6637.11万元，比2015年增长12.34%。其中：第一产业3554.22万元，比2015年增长13.18%；第二产业560.1万元，同比增长26.11%；第三产业2522.79万元，同比增长8.57%。三大产业比重为53.55：8.44：38.01；农牧民人均收入12929.1元，比2015年增长19%，其中现金收入9696.8元，现金收入比重明显增多，比2015年增长18%；多种经营收入4379.42万元，比2015年增长47.6%。

【农牧业】 2016年，全乡农牧业经济总收入可达3554.22万元，同比增长13.2%；全乡耕地面积3232.69亩，草场总面积为79万亩，可利用草场面积77万亩，人工种草面积2500亩。帕古乡2016年总耕地面积为3232.69亩，总播种面积3032.69亩，其中粮食播种面积2792.99亩，粮油总产量达到98.55万公斤，比2015年增长6%；经济作物面积141.7亩；小麦种植面积127亩，产量达到7.9万斤；青稞种植面积2545.99亩，产量达到88.75公斤；豌豆种植面积120亩，产量达到3.15万公斤；油菜种植面积141.7亩，单播产量达到1.95万公斤，混播产量0.75万公斤；蔬菜种植面积98亩，产量达到21.755万公斤。良种推广面积2874.95亩，良种覆盖率达到94.8%，良种统供率85%。测土配方施肥面积870亩，高产创建示范面积870亩，藏青2000推广面积1500亩，农作物有害生物灾害损失控制率在0.1%以内。

2016年，畜牧年末存栏数25501（头、只、匹），其中大畜9687（头、匹、只），小畜15814（头、匹、只），总出栏率39.02%；幼畜成活率100%，成畜死亡率控制在0.81%。牲畜良种覆盖率5%。牛羊肉产量647.59吨，禽肉类产量1.4吨，奶产量941.7吨，山羊绒产量0.55吨，禽蛋类产量2.7吨。

【惠农资金（补贴）发放情况】 2016年，帕古乡及时将惠农补贴金发放到农民手中，极大调动了农民的生产积极性。2016年，帕古乡共发放草原生态补偿1248579.29元，21名草原监督员享受到补偿资金，每人5400元，共计113400元。

【农业保险】 帕古乡积极推进农业结构战略性调整，努力增加农业有效投入，农业经济保持了良的地发展势头，全乡农牧民群众已充分认识到新农保政策是党和政府实施的惠民政策，农牧民群众积极参保。2016年，全乡农牧民群众参保率达到100%。

【防汛抗旱】 帕古乡及时调整充实防汛抗旱领导小组，制定了防汛抗旱应急预案，负责处理汛旱期的突发事件，并根据实际情况配备编织袋、木桩、麻绳、沙袋等防汛物资。

【劳务输出】 2016年，帕古乡劳务输出人口共1100人，实现收入1185.24万元。

【林业工作】 2016年，帕古乡植树造林200亩，共投入劳动力600余人次，栽补种苗25000余株，并加强现有林地的管理，按时发放护林员补贴资金，工作成效明显。

【水务工作】 2016年，全乡水利建设项目，累计投入资金330余万元，分别为彭岗一组新修孔巴朗水塘投资84.3万元；彭岗三组新修王热水塘一条，投资35.6万元；彭岗四组新修水渠，投资180万元；帕古村一组新修勃巴水塘，投资30.1余万元；

【精准扶贫】 帕古乡总计建档立卡贫困户162户639人，其中扶贫户87户400人，扶贫低保户72户236人，低保户3户3人，计划以教脱贫188人，其中大学生9人、不等教育107人、两后生72人；以迁脱贫101户462人，其中拉萨搬迁31户140人、县城搬迁26户113人、集中搬迁44户209人；以业脱贫122户，其中豌豆糌粑加工厂项目15户、扶贫商品房建设项目58户、赛康入股分红项目26户，藏鸡蛋加工项目23户；以保脱贫14户37人，以助脱贫正在申请57人；以补脱贫总岗位354人，2016年岗位人数38人，2017年新增岗位人数316人，其中132名护林员、117名草原监督员、2名环保监督员、16名野生动物疫源疫病检测员、6名湿地管护员、22名沙化土地封禁管护员、48名水土保持检测员、5名山洪灾害设施管理员、6名公路养护员。

2016年，帕古乡脱贫136户536人，占全乡贫困户的83%。

【村集体经济】 2016年，帕古村现有村集体经济收入2万余元，村委会正在申请超市建设项目、豌豆糌粑加工厂建设项目、扶贫商品房建设项目。彭岗村现有村集体经济收入8.33万元，彭岗村铜矿土地补偿费用2016年向村民发放约170万元，平均年内人均增收1000元以上。

【教育工作】 将教育工作纳入到乡政府的重要议事程，并与乡完小负责人、村组干部召开专题会议，检查“三包”经费的使用情况确保“三包”经费用到实处；2016年全乡小学适龄儿童入学率为100%，在校生298名，在校生巩固率97%。整班移交33名学生，初中入学率100%，巩固率为97.8%，并加强与流失学生家长沟通，控辍保学取得良好成效；兑现新建幼儿园征地补偿款55891.29元，教育局兑现农牧民房屋受损补偿款6万元。

【新农保工作】 2016年，新参保人员33人，截至年底，全乡共参保人员有2242人，缴费总金额为17.38万元，每月全乡可顺利落实51150元左右的农保惠农资金。2016年，人社局下达的城乡居民参保目标数据为2245人，参保率达到99.9%。

【公共就业服务】 2016年，帕古乡劳动转移就业人数共1109人，实现收入4010500元，驾校培训33人，精准扶贫对象意愿养殖牲畜19人，物流公司招录装卸工2人，开展职业介绍人数50人。

【基本医疗情况】 截至年底，全乡人口3405，全年人口新增22人，自然增长率6.5‰，参加农村合作医疗率达100%；疾病传染率和孕产妇死亡率均为0，孕妇产妇急重症患者住院率到达100%，高危产妇转院率达100%，实现0死亡，高危婴儿及急重症婴儿及时住院率到达100%。全力协助乡卫生院进行计划生育政策法规和生殖健康知识的宣传教育，宣传覆盖率达到98%以上。经费投入情况：2016年参加合作医疗3283人，下拨家庭医疗经费82075元，门诊报销169488.94元，核销金额为398923.99元。帕古乡2016年兑现“一孩、双女”资金，采用银行卡形式，保证了资金能真正到位，享受人员共45人，每人960元。

【预防保健】 2015年11月—2016年11月出生的儿童共64人，儿童建卡64人，建卡率100%。儿童健康管理情况：全乡0—14岁儿童879人，0—3岁儿童236人，0—3岁儿童保健手册236册，建立率100%，0—7岁儿童总数500人，其中体检438人次，发放营养药960人次。产妇健康管理情况：2015年11月—2016年7月全乡出生婴儿64人，流产0人，全乡育龄妇女总数990人，已婚妇女567人，产妇79人，孕产妇保健册79册，建册率100%。筛选高危产妇13人，管理高危孕妇13人，新法接生率100%，全乡控制孕产妇死亡率为零，发放叶酸64人次。传染病和突发公共事件报告和处理以及全乡全年看病情况：2016年全乡未发现传染病人，2015年11月—2016年7月帕古乡卫生院就医人数5949人，共核销医疗合作资金398923.99元。

【住建工作】 年内，完成了农村危房改造相关统计工作，为解决新农村房屋建设提供了第一手资料；配合县住建局完成干部职工周转房建设项目；完成了小康安居工程的前期工作；完成了村级阵地建设前期工作。

【旅游工作】 年内，积极支持旅游局工作，努力探索出帕古乡潜在的旅游资源，打造富有地域和文化特色的旅游品牌。重点开发彭岗村制陶工艺；扩大彭岗望果节的影响，打造有影响力的物交平台；打造帕古庄园红色教育基地，建成重要的爱国主义教育活动场所。

【财政工作】 年内，紧紧围绕县财政局的工作要求，规范乡财务所工作制度。严格预算管理，在收入管理上，督促及时缴存，在支出审核上，参照预算规范条据，在资产资源处置和村级工程建设上，力争公开、公正、公平，确保资产资源保质增值，最大限度节约工程资金。严格规范村级财务，联合乡纪委完成了各村的财务清查，并建立和完善了村财务制度；“三公”经费使用情况公开透明，重大资金会议决定，纪委监督，全年公务接待费用和公款出国（境）费用都为零，公务车费用使用59426元，占办公经费的27%。

【环保工作】 建立健全环保工作机制，乡党委、政府召开专题研究部署环保工作，成立环保工作领导小组，制定《帕古乡环保工作实施意见》，实施目标管理，签订目标责任书；加大宣传力度，充分利用广播、宣传单、标语等多种形式，加大对环保工作的宣传力度，2016年出动宣传车5次，发放宣传单1600张，写标语12条，涂刷墙体宣传标语15次；积极开展环境环境卫生综合整治活动，修建垃圾池1个，公共厕所1处，全年组织干部群众打扫卫生、清理垃圾20余次；严厉打击环境污染行为，及时叫停了砂石厂建设项目。

【民政工作】 建立完善灾害紧急救助机制；兑现2016年5人13550元五保政策资金，2人2000元重度精神残疾资金；兑现4人12620元未办证重度残疾人补贴，兑现2人4560元残疾人机动轮椅资金；兑现9人5400元阳光家园计划托养服务补助资金；兑现了14人8400元残障儿童生活补贴资金。

【国土工作】 对违规建设进了排查，对土地违法违规行为进行整治；重视宣传教育工作，通过书写宣传标语、墙报、发放宣传资料、设置国土咨询服务台、召开座谈会等形式进行了国土法律法规知识的广泛宣传，办宣传专栏1期、设立咨询站2次、召开座谈会1次、共发放宣传资料2000余份；建立健全基本农田保护责任制，认真贯彻执行基本农田保护“五不准”制度，进一步完善目标管理责任书，对全乡3154.69亩农田进行保护巡查工作，做到面积不减、质量不降、标志完好、责任落实。

【强党固基扶村工作】 项目建设情况：乡政府争取到修建帕古村当布公路建设项目，全长16公里，投资约90万元；彭岗一组新修孔巴朗水塘投资84.2861万元；彭岗三组新修王热水塘一条，投资35.57万元；彭岗四组新修水渠，投资180万元；帕古村一组新修勃巴水塘，投资30.1万元；为民办实事情况：2016年，共发放48316元慰问资金（物资），5000元药品。政策宣讲情况：在农牧民群众中开展政策宣讲50余次，让农牧民群众明白惠在何处，惠从何来。

【藏鸡养殖】 帕古村阿佳藏鸡养殖场，现存栏藏鸡600只，截至年底，已完成鸡舍建设500平方米，鸡苗活动面积500平方米，2016年新增发放鸡苗500只；人工种草，在帕古、彭岗两村种植燕麦草，箭舌豌豆草共计2500亩；组织村干部参观泽西科技有限公司，借鉴经验、开阔眼界、拓展思路、拓宽致富渠道。

【发改工作】 做好每季度和年底统计工作，发放碘盐37.9吨，加强宣传家电家具下乡补贴资金政策，确保惠到实处，截至年底，全乡共计申报补贴户数231户。

【政协工作】 年内，加强宣传引导、确保工作取得实效，积极参加县政协组织的各项活动。

【社会综合治理】 从年初开始，帕古乡综治办在乡党委政府的正确领导下，召开2016年度综治工作动员大会，明确2016年度工作任务，和村两委层层签订工作责任书，紧密结合实际制定计划，完善制度，加强队伍建设，紧紧围绕“打防控”工作原则，扎实开展了各项治安防范工作，确保了辖区内社会稳定。

【群防群治】 加强治安防范组织的建设，在乡党委、政府的统一领导下，成立了以全乡干部职工、村两委委员、驻村工作队、联户代表、民兵等为主要力量的群防群治队伍；充分发挥群防群治，加强辖区全面稳控。特别是节假日期间和敏感节点的维稳演练、维稳值班和治安巡逻，截至年底，全乡共组织维稳应急演练1次，并组织辖区巡逻76次；发挥村两委和联户代表的工作优势，按照属地管理的原则对各类人员的管控以及各种矛盾苗头及时跟乡里和派出所进行汇报，使各种苗条隐患第一时间消除在萌芽状态。

【“双联户”工作】 截至年底，帕古乡共计联户代表63名，为确保帕古乡双联户工作取得实效；帕古乡、村两委及63名联户代表签订责任书，确保双联户目标管理责任落到实处；加强联户代表的业务水平，2016年帕古乡共组织联户代表在乡政府培训2次，通过培训有效提升了各联户代表的业务水平；深化“先进双联户”创建评选活动。

【安全生产】 2016年，帕古乡加大对安全生产大检查、大排查工作力度，通过“打非治违”活动及安全生产大检查，进一步加强各单位及其工作人员的安全意识。坚持宣传“安全第一、预防为主、综合治理”方针，截至年底，全乡共计发放宣传资料710份，悬挂横幅6条；加强日常和节假日期间的安全生产大检查、大排查。2016年全乡共计安全生产检查次数200余次，整改单位3个，并以全部落实整改；及时安排部署汛期安全生产防范工作。

【消防工作】 年内，加强组织领导与各村签订《消防安全目标责任书》，将消防安全工作纳入村年终目标考核。加强火灾隐患排查。对辖区人口聚集区进行火灾隐患排查，截至年底，开展安全隐患48次，并及时发放整改通知书，要求其整改到位。

【人武工作】 年内，多次组织民兵干部及全体民兵进行时事形势教育国情教育，并在重点节假日、敏感日组织民兵联防队开展巡逻工作；广泛宣传国防教育。

（汪治培）

【领导名录】

党委书记 伦 珠（藏族，5月免）
边巴扎西（藏族，5月任）
党委副书记、乡长
王超飞（6月免）
侯水军（6月任）
人大主席 次 仁（藏族，5月任）
副书记 云 登（藏族）
纪检书记 格桑扎西（藏族）
组织委员 汪治培（5月任）
宣政统委员
索朗白珍（女，藏族，5月任）
副乡长 索朗次仁（藏族）
嘎玛丹增（藏族）
杨 越（女，5月任）

麻江乡

【概况】 麻江乡位于尼木县北部，南邻卡如乡，东接帕古乡，北与班戈县、当雄县相连，西与南木林县交界，是尼木县唯一纯牧业乡。面积1151.69平方公里，平均海拔4500米以上。草场总面积128.5万亩。辖3个村10个组，共513户2716人。有完小1所在校师生362人，卫生院1所12人，兽医站1所1人，营业所1个3人，寺庙2座22人。乡机关共有干部职工51人。乡党委下设4个党支部、10个党小组，有正式党员257名，预备党员11人。牧民党员占全乡人口的8.2%。

【经济发展】 2016年，全乡实现社会生产总值4160.07万元，同比增长15.1%。其中一产2830.5万元，二产545.4万元，三产784.2万元。牧民人均收入14232.5元，同比增长15%；现金收入10673.2元，同比增长15%。

【牧业生产】 年内，加强牲畜疫病防治，无重大疫病发生，年末牲畜存栏35185头（只、匹）。出栏15659头（只），出栏率44.5%。成畜死亡死亡率1.1%，仔畜成活率96%。肉奶产量2328.1吨。兑现草畜平衡奖励资金、草监员工资、农牧户生产资料综合补贴、农机具补贴共计626.45万元。完成基本草原划定。农牧民涉农保险参与率100%，兑现资金11.55万元。

【教育事业】 巩固均衡教育成果，积极推进素质教育。全乡小学适龄入学率99.6%，巩固率100%；学前教育入学率38%。发放儿童节、教师节慰问金4000元。乡纪委书记普布次仁通过个人渠道，为乡完小学生争取到保暖衣物捐赠及现金补助，共计15万元。

【医疗卫生】 新型农牧民合作医疗参保率达100%。落实“一孩双女”补助、特别扶助27人，发放补助金2.24万元。优化计生服务，全乡人口自然增长率8‰。

【文化工作】 加强乡村文化活动室建设管理。投入6.5万元对乡文化站进行装修。广泛开展“3·28”西藏百万农奴解放纪念日和“五四”“七一”活动，成功举办“8·1”赛马节。赛马节是麻江草原规模盛大的传统节日，2016年8月1日—8月7日，麻江乡成功举办了“8·1”赛马旅游文化节。

【劳动就业、社会保障】 2016年，全乡养老保险参保人数1485人，征缴13.02万元，城乡居民养老保险征缴率达100%。农牧民转移就业1148人，实现收入近400万元，配合开展就业介绍36人，乡里解决3人就业。

【民政工作】 年内，将符合条件的68户305人列入低保并公示。足额兑现“五保”户、贫困户、残疾人、老年人、组长等生活补贴（工资）共

25.52万元。

【扶贫工作】 2016年，全乡建档立卡85户313人，走访调查制定帮扶措施85份。分类指导。以迁脱贫68户，以补脱贫176人，以教脱贫63人，以助脱贫5人，以保脱贫20人，以业脱贫98人（申报445万元畜产品加工项目及70万元的琼姆岗嘎牧人生活体验项目）。结对帮扶。按照“三二一”标准，广泛开展走访认亲活动，集中发放价值2.5万元生活必需品。党员干部个人不同形式进行走访慰问。严格标准。实现脱贫84户308人，脱贫率达98.8%，小康安居有意愿异地搬迁53户226人。

【基础设施】 亚米组公路、麻江组通往班戈县公路，总投资1183万元，已完工；343户高原保暖棚圈建设项目，国家投资为411.6万元，各户自筹6000元，完成自验；投资36万元建设20个村级防疫点，完工18个；乡干部职工周转房投资310万元，通过县级验收；乡幼儿园建设，总投资300余万元，完工80%；投资近10万元，改扩建乡政府食堂及保暖房。上述项目的实施，极大地改善了干部群众的生产生活条件。

【人武工作】 年内，加强民兵建设，建立班排制度，在重要节点、重点部位开展巡逻演练。借“8·1”赛马节等有利时机，大力开展国防教育，广泛征兵动员。

【环境资源保护】 年内，完成“生态村”“生态乡”申报。加强环保宣传，开展“禁白”行动，参与群众达800余人次。

【落实主体责任】 年内，坚持“书记抓、抓书记”，3次召开党建工作会议，对全乡党建工作进行研究部署，与村（机关）支部签订党建党风目标责任书，层层推动落实。

【严格执行规章】 年内，认真贯彻执行中央“八项规定”、区党委“约法十章”及相关要求，完善《麻江乡干部职工五项纪律》，无重大违规违纪发生，对1名同志解除处分。

【抓好学习教育】 年内，以“两学一做”主题教育实践活动为契机，认真组织学习党章党规、习近平总书记系列讲话。其间，集中学习54次，交流研讨6次，上党课5次，观看警示片8次，人均撰写心得体会3篇以上，做到党员全覆盖。集中开展“双语”学习教育，40余干部参与其中。

【加强干部培养】 年内，积极创造条件，参加区市县组织的各类培训30多批次、200余人次。推荐提拔副科2人，平调4人，对1名符合条件的村支部书记作了转干推荐。

【抓好党员管理】 2016年，发展预备党员11人，转正7人，培养入党积极分子28人。加强对失联党员、流动党员、口袋党员集中排查。全年收缴党费5502.4元，其中农牧民党员党费2568元。加强后进村整治，下拨党建经费1.7万元。

【村居工作】 年内，选派12名干部下沉，3人兼任驻村干部，第一书记全由乡党委委员兼任。按照七项任务，有序推进驻村工作。投入实事资金50多万元，夯实了基层基础。

【注重群团建设】 坚持以党建带群团，积极开展“三八”“3·28”“五四”“禁白”、扶贫、环保等活动10余场次，参与人数4000余人次，投入资金1.1万余元。

【圆满完成换届】 顺利召开麻江乡第一次党员代表大会和十二届一次人民代表大会，选举产生乡党委委员8名、人大主席1名、正副乡长4名，以及出席县党代会代表15名、县人代会代表7名。

【党风廉政建设】 党风正方能民心顺，政风廉才可社会安。麻江乡始终坚持党中央在新形势下对反腐倡廉工作提出的要求，立足实际，切实把党风廉政建设贯彻落实好，自觉接受人民群众的监督，让权力在阳光下运行，自觉廉洁履职，认真落实党风廉政建设主体责任，坚持勤勉履职，提高执行力和公信力，稳步推进干部作风建设，完善监督机制，强化监督职能。积极探索在新的历史条件下党风廉政建设的新方法、新途径，不断为促进党风廉政建设工作提供强有力的制度保证和纪律保障。

【综治工作】 年内，全面贯彻执行中央及区市县委维稳部署，落实目标责任，助推麻江平安和谐。坚持常态值班。认真学习领会治边稳藏重要战略思想，经常性开展维稳教育，先后11次进行安排部署，强化校园、交通、食品、油品等方面安全管理防范。突出联防联控。发挥“双联户”、护村队作用，全乡49个联户单位与所辖500余户签订综治责任书。建立完善乡科级干部村（寺庙、学校）联系点制度，抓好面上稳控工作。做好信访工作。全年排查化解矛盾纠纷90多起，其中2起交由法院处理，做到了无积压、无上访。

【寺庙管理】 年内，深入推进和谐平安寺庙建设，大力开展民族团结教育，强化寺庙法制教育。健全完善寺庙维稳工作机制，加强僧人服务管理。全年13次深入寺庙开展检查指导，向驻寺干部、僧人发放慰问金3000元。及时兑现僧人低保资金和先进僧人奖金。

【普法教育】 年内，全体乡、村干部通过上党课、板报、宣讲、专题辅导等方式，在乡、村、组三级开展法制讲堂，共发放宣传资料200余份，协调乡派出所宣讲3次，通过普法教育，增强了群众的法律意识，进一步提升群众的法制观念。

【宣传思想文化】 深入抓好群众性文化活动。以“3·28”西藏百万农奴解放纪念日、“5·23”和“七一”等节庆日为载体，深入开展了反分裂斗争教育、新旧西藏对比教育、爱国主义教育、民族团结教育活动，成功举办“麻江乡2016年‘8·1’赛马旅游文化节”等活动，各项主题教育活动和群众性文化活动的开展，不仅丰富了干部群众的精神文化生活，同时有效筑牢了干部群众共同团结奋斗思想基础。

【精神文明建设】 开展24字核心价值观教育，提高干群思想道德素质；开展“3·28”“七一”“8·1”赛马节、“我们的节日”活动，丰富群众文化生活；开展“讲文明、讲卫生、改陋习、树新风”活动，“脏、乱、差”现象得到改善；开展文明村、平安村、“五好家庭”创建活动。

【集体经济加快发展】 积极培育新的集体经济增长点。截至年底，强聂村达到3.5万元，达琼村1.7万元，朗堆村2.2万元。申报了朗堆村砖厂扩建、达琼村超市、强聂村畜产品专营店等项目，尼木县下发集体经济扶持资金45万元。

【水利工作】 积极做好“十三五”期间饮水点统计排查。加强汛期安全防范，投入抢险清淤资金1.87万元。

【安全生产监督管理】 层层落实目标责任，切实加强对道路、交通、建筑、食品、消防、危化、非煤矿区等行业领域的安全指导，开展各类安全检查94次，排查整治安全隐患77处，确保了全年安全生产平安无事故。

【国土工作】 完成农村宅基地漏测补测及牧民住房测量。完成集体土地使用证制作，对2起违规建设进行了处罚，总投资3亿元的1.5万亩土地开发项目完工并通过市县验收。

【林业工作】 完成132名护林员选聘，兑现2015年度护林员工资30.24万元。落实野生动物肇事补偿5.53万元，涉及30户。

【旅游工作】 琼姆岗嘎旅游项目获得市级批复。自治区党委常委、拉萨市委书记齐扎拉等区、市、县领导及业务部门负责人调研指导。截至年底，正在规划，近期有望投入开发。

【碘盐足额发放】 2016年，配发碘盐15.14吨，群众筹资7571元，涉及2753人，食用率100%；兑现矿区补贴，天利公司兑现草场补偿款300万元。

【民主法制建设】 完成乡人大、政府换届。乡人大全年收到意见建议22条，正在办理。积极向县人大提出意见建议。购买办公用品及发放代表生活补贴共7494元。支持政协委员履行职能，在经济社会发展中提出意见和建议。

（谢文东）

【领导名录】

党委书记　余才志

党委副书记、乡长

　　洛桑格来（藏族，5月免）

　　朗杰平措（藏族，5月任）

人大主席　帕　珠（女，藏族，3月免）

　　旦增群培（藏族，5月任）

专职副书记　旦增群培（藏族，5月免）

　　牟　飞（土家族，5月任）

纪委书记　德吉曲珍（女，藏族，5月免）

　　普布次仁（藏族，5月任）

组织委员　格　桑（藏族，5月任）

宣统政委员　索　珍（女，藏族，5月任）

人武部部长　赵　伟（5月任）

副乡长　牟　飞（土家族，5月免）

　　巴桑坚增（藏族，5月任）

　　格桑卓嘎（女，藏族，5月免）

　　普　桑（藏族，5月任）

吞巴乡

【概况】 吞巴乡位于318国道沿线，尼木县境内东部，乡域面积311平方公里，是藏文创始人吞弥·桑布扎的故乡，水磨藏香发明之地，也是西藏少有的千年古村落之一，地处自治区两个重点城市拉萨、日喀则之间，并通过藏南“黄金旅游线”——中尼公路与其相连，具备独特的资源环境优势与交通区位优势。

全乡下辖3个村委会，4个党支部（完小党支部划分到县里）、13个村民小组，1所学校、1所卫生院，全乡藏香制作户220户，藏香制作从业人员285人，水磨282个。全乡共563户，2684人。全乡共有党员228名，其中农牧民党员188名，占农牧民总人口的7%；女性党员38名，占农牧民党员数的20.2%，其中：正式党员175名，预备党员13名。2016年全乡地方经济总收入6855.37万元，同比增长16.1%，其中第一产业1136.4万元，比2015年增长12.1%；第二产业1555.2万元（其中藏香收入1086万元），比2015年增长18.7%；第三产业4163.77万元，比2015年增长16.3%；农村居民人均纯收入12684.2元，比2015年增长16.3%；农村居民现金收入9548.91元，比2015年增长16.8%。

【农业】 2016年，全乡总耕地面积3963.91亩，总播种面积3618.9亩，粮食总产量135.75万公斤。小麦播种面积242亩，单产437.1公斤，产量10.55万公斤；青稞种植面积2817.2亩，单产436.05公斤，产量122.85万公斤；豌豆种植面积90亩，单产271.5公斤，产量2.4万公斤；单播油菜播种面积297.7亩，单产211.6公斤，产量6.4万公斤；混播油菜单产97.5公斤，产量0.9万公斤；菜地面积172亩，单产2770.95公斤，产量47.66万公斤。2016年，“农机三项作业”总面积8797亩，其中：机耕3759亩，机播2640亩，机收2398亩。测土配方施肥面积达1979亩，高产创建示范田面积1979亩；良种统供率达85%，良种覆盖率94.8%。

【畜牧业】 2016年，吞巴乡畜牧业发展稳步增长，全乡牲畜总存栏5807头（只、匹），折合10768.5个绵羊单位，牲畜4372头（只、匹）。其中牛1631头，羊4132只，马驴62只；全年牲畜死亡率控制在0.5%以下；2016年年末出栏牲畜共有439头（只、匹），出栏率达7.5%。2016年，全乡口蹄疫免疫防疫率为100%，牛免疫15000头、防疫率为100%。截至年底，子畜成活率95.9%，成畜死亡率1.1%，牛羊肉产量197.3吨，奶产量205吨，山羊绒产量0.07吨，禽蛋产量22.7吨。兑现20户27头牛牲畜死亡保险10万元。

【林业】 2016年，全乡生态公益林面积为3.7万余亩。3月份从旅游景区大门到吞普村种植柳树、杨树700棵。2016年，全乡护林员22人，管护合同签订率为100%，护林员每季度累计巡山30次以上。

【旅游产业】 2016年，吞巴景区共接待国内外游客22180人次，比2015年增长15.28%；营业额达到120.5万元，比2015年增长16.42%。

【藏香产业】 2016年，全乡藏香收入1086万元，比2015年同比增长16.3%；“吞弥圣香”藏香店，截至年底销售额62.5万余元。总投资达130万元的“吞巴藏香厂”于8月正式投入使用。2016年10月，由35户每户融资1万元的“尼木吞巴藏香净土产业有限公司”正式成立，将带动吞巴乡7户33名贫困群众实现脱贫致富。

【藏鸡养殖】 2016年，吞巴乡加措藏鸡养殖专业合作社养殖藏鸡1000只，出栏880只，产值5.28万元，户均收入2640元。次桑养殖藏鸡1005只，出栏600只，产值3.6万元，户均收入达2250元；伦珠主要养殖本地藏鸡，现存栏780只，年销售藏鸡蛋2.87万枚，产值9万元，户均收入达6500元。

【基础设施】 2016年，县水务局在吞巴乡投入580万元，新修了吞普水渠和根比村水渠、水塘项目，预计2017年6月全面建成并交付使用。另外，乡政府整体搬迁工作稳步推进。2016年，乡政府综合楼、文化服务中心、农牧服务中心、两幢周转房、一幢公租房已完成验收，并投入使用，文化服务中心室内硬件设施已得到解决。

【民政资金落实到位】 2016年，共发放农村低保29.455万元，健康补贴1.3万元，17名寿星老人健康补贴1.19万元，老年人补贴2.595万元；重度精神患者和残疾人补贴资金为4.038万元，为18户特困农牧民发放救助资金3.6万元。

【卫教工作】 全乡共参加合作医疗2556人，报销122人次，金额22.339万元，其中81人获得门诊报销5.164万元。全乡新生婴儿99名，其中53名享受“一孩双女”政策，补助960元/人，26人享受家庭特别补助政策，补助2040元/人。2016年，吞巴校区在校学生111人，入学率和校巩固率均为100%；初中在校人数62人，入学率96.88%，在校巩固率100%。截至10月，兑现在校大学生学费及生活补助共计14.485万元。结合精准扶贫工作，吞巴乡以教脱贫资助在校大学生9名，发放学费资助金额3.226万元，发放生活费资助金额4.68万元。

【劳动力转移、基本养老保险】 2016年，全乡剩余劳动力转移1575人，务工收入1637.27万元。新型农村养老应参保1579人，实际参保1579人，参保率100%；2016年，征缴基本养老保险金额13.28万元，城镇居民养老保险参保5人，其中2人60岁以上。

【安全生产】 吞巴乡政府与各村委会、学校、卫生院、旅游公司、校车驾驶员等签订安全生产管理目标责任书7份，实现责任全覆盖；开展安全生产宣传教育活动3次，组织专人深入各村对农牧民群众讲解安全生产基本常识，受教育群众达2000余人次；乡政府与旅游公司、完小联合开展交通安全、防震等演练2次，参加248人，其中，学生204人次；乡安委会协同派出所开展安全隐患排查81次，出动200余人次，查出隐患25处，整改25处；开展安全生产排查整治活动，查出聂玉采石场违法开采作业1次（现已强制停业），根比村采石场无证开采，已上报县国土局；在2016年“两会”“三月份重要时期”“萨嘎达瓦”“两节”等期间联合派出所开展安全大排查，收缴管制刀具7把、导火线7米、雷管2个；共建5支义务消防队。由政治思想好、身体素质高、有奉献精神的青壮年党团员、退伍军人和民兵组成。全年悬挂宣传横幅12条，消防知识专栏3期，利用消防宣传日，向群众展出消防安全知识图片2场100张，分发消防安全资料600余份。

【环保整治】 年初，分别与各村、乡完小、旅游公司签订了环保工作责任书。下发《门前五包》制度，组织人员检查落实情况。并充分发挥村两委、双联户、党员的带头作用，开展入户宣传。利用“禁白”和“6·5”世界环境日等活动，对各村、318国道沿线、吞巴河境内的环境进行整治；全年种植柳树、杨树等苗木700余株。由乡卫生院与乡政府联合组成2个检查组，出动人员48余人次，对辖区内涉及食品、餐饮经营等食品生产经营资格、卫生状况进行“地毯式”检查。

【综治工作】 社会稳定和综合治理稳步推进。层层落实责任制，签订责任书。2016年，签订了综治责任书、维护社会稳定、安全生产、消防、应急演练、流动人口等责任书30余份；群防群治队伍人数达到217人，其中应急民兵17人，护院队28人，护村队25人，调解员34人，治保员4人，信息员4人、网格格长4人、网格工作人员25人、联户代表64人，形成全乡维稳局势网格化管理；加强信访接待和人民调解工作。全年共排查出各类矛盾纠纷7起，基层双联户户长调解4起、均为口头协调，其余3起由乡、村调委会调解，矛盾纠纷案件调处率达100%，调解成功率达到100%；成立以联户单位为基础成员的巡逻队，全年不定期对全村进行巡逻。特别对火车站沿线、学校、人员密集处等重点场所的周边区域安全隐患进行逐一排查；加大寺庙僧人关爱和管理工作。2016年，吞巴乡强才拉康寺新建，乡党委、政府协调解决寺庙僧人住宿、饮食等困难，使僧人充分感受到党和政府的关心、关怀。同时，加强对强才拉康3名编内僧人的管理，与僧人签订责任书。并在僧人中开展爱国教育活动，增强僧人爱国意识；加强民族团结，促进社会和谐稳定。2016年，乡党委组织党员干部110人次深入村组、学校、寺庙，开展民族团结教育学习，发放宣讲资料21份，并被拉萨市委、市政府表彰。

【精准扶贫】 2016年，按照摸排全面、调查翔实、登记准确、定性合理的原则，于2月初选出贫困农户名单，3月在各村公示初选；乡党委、政府按照各村上报的初选贫困农户名单，于4月初再次审核、公示贫困农户名单，最终确定吞巴乡建档立卡贫困户57户、212人。全乡以迁脱贫141人，以业脱贫132人，以教脱贫60人，以补脱贫118人，以保脱贫12人，以助脱贫15人，资助在校大学生9人。为更好地使脱贫达到精准化，严格执行市“321”机制要求，将全乡57户、212名贫困人口纳入包帮范围，覆盖率达100%。经2016年10月底再次审核，吞巴乡贫困户57户、212人全部脱贫，并通过乡一级脱贫摘帽领导小组的脱贫验收工作，现已上报县脱贫攻坚领导指挥部审核。

【抓自身建设、强民主集中】 2016年，按照上级党委安排部署，深入开展“两学一做”和党风廉政建设。全年乡党委召开党委会议18场，开展党委中心组理论学习12次，党委成员参与全乡集中学习19次，不断要求科级干部开展自学，思想觉悟、政治素质、工作水平和领导能力；严格议事规则和决策程序，对重大问题坚持集体研究、集体决策，要求班子成员讲党性、讲大局、讲原则，执行党委的决议，维护班子的团结；在4个党支部及党员中开展公开承诺活动，乡党委对下属党支部的承诺事项进行审核把关，党支部对党员承诺事项进行审核把关，确保承诺内容符合实际，切实可行。

【抓班子换届、夯实执政基础】 5月24日，吞巴乡召开中共吞巴乡第一次党员代表大会，提出了今后五年吞巴乡党委的工作思路，选举产生了新一届党委班子；5月30日，召开吞巴乡第十二届人民代表大会第一次会议，选举产生了乡长1名、人大主席1名、副乡长3名，所有候选人都满票当选。通过换届，班子结构进一步优化，能力素质进一步提高。

【开展“三个全覆盖”“强党固基扶村”工作】 2016年，吞达村集体经济收入12.43万元。其中，土地出租收入1.2万元，门面房出租收入3.23万元，政策性扶持资金3万元，其他2个项目5万元；吞普村2016年主要为门面出租房租金5.34万元。主要为门面出租房8间创收4.8万元。根比村2016年村集体经济收入为20.42万元，其中采石场租金20万元，门面房从7月起出租，每月700元，共计4200元。组织活动场所标准化建设情况。吞巴乡按照“新建一批、改（扩）建一批、修缮一批”的思路，2016年，主要对吞达、吞普村村级活动场进行修缮，现基本配备综合服务室、综合办公室、会议室、第一书记、党支部书记办公室等主体功能；但排水功能、阳光棚、互联网、绿化等附属功能相对薄弱。干部教育培训情况。根据“三个全覆盖”要求，采取分层次、分类别、分领域的方式，组织村“两委”班子成员到拉萨开展学历提升培训2批，干部教育培训11次，开展“两学一做”学习24次，党风廉政建设学习4次，开展文体娱乐活动2次，远程教育培训3次。实现188名农牧民党员教育培训全覆盖；强党固基扶村工作。2016年，吞巴乡共选派12名善于做群众工作的下沉干部，在全县范围内先行开展“强党、固基、扶村”活动。按照县委对工作的总体部署，乡党委找准定位，与驻村工作队、村两委团结协作，克服困难、扎实工作。12名下沉干部，全部在岗在位。

【加强党员管理、壮大党员队伍】 吞巴乡现有党员228名（农牧民党员188名，机关党员40名），其中正式党员213名、预备党员15名、流动党员14名、积极分子71名，无“口袋”党员。2016年全乡培养农牧民入党积极分子18名，发展预备党员13名，转正党员13名。全年收缴党费6800元，全部上缴县委组织部。在2016年“七一”活动中，利用党建专项经费，先后表彰先进党支部1个、优秀共产党员14名和优秀党务工作者4名。

【以党建带团建、发挥各类组织作用】 2016年，乡团委在党委的带领下，积极参加各类募捐、帮扶、服务活动。全年共有15名优秀青年加入团组织，从团员队伍中推优入党8名，增强党团组织的战斗力。同时，2016年新增工会会员60人，使工会会员队伍达到了660人，实现了工会组织“全覆盖”。工会发放2015年助学金54000元，使16名品学兼优、家境贫困的大学生得到资助。妇联工作方面：评选出拉萨市最美家庭2户，其中吞达村次仁分别获得自治区和拉萨市“最美家庭”荣誉称号；志愿者次仁、仓决主动看望两癌妇女并送去慰问金600元及生活用品；在市、县妇联帮助吞巴乡吞普村、根比村的两癌妇女解决1万元救助金；突出抓好“双学双促比”工作。全年共成功调解3起妇女儿童矛盾纠纷，维护了妇女、儿童权益；组织9名妇女参加技能培训。

【党风廉政建设】 2016年，吞巴乡充分发挥党委主体责任和纪委监督责任，始终把惩治和预防腐败体系建设工作作为一项政治任务来抓。抓党风廉政，强班子建设。积极开展以“党风廉政建设”为核心的廉洁教育学习活动，开展工作进度公开，考核评分公开，任职选拔公开。加强干部队伍管理。培养党员干部勤政务实，勇于担当，敢于担当，有所作为工作作风，全面促进吞巴乡各项工作的落实。坚持村党务政务村务公开制。指定专人专项负责党务、政务、村务公开工作，做到“常务”长期公开，“要务”定时公开，“急务”及时公开。严格执行中央“八项规定”。严查公车私用和“三公经费”，大力推进廉洁型政府建设。严格落实考核评价和责任追究。实行“一案双查”，进一步推进党风廉政建设和反腐败工作。

【人大、政协工作】 2016年5月，在县人大、政协和换届办的精心指导下，吞巴乡召开了人大第十二届一次代表大会，设立人大主席1人；主席团成员7人；人大代表41人，组建代表小组5个；政协委员2名。每半年召开一次人大、政协会议，专门听取工作汇报，研究部署工作。成立“人大信访接待室”和“人大之家”，主动联系代表为民办实事，极大地密切了干群关系。

【“吞弥圣香”直销店】 众所周知，藏香产业始终是吞巴乡的支柱产业。多年来，藏香制作户一直沿用传统的销售方式，并且只对藏香进行简单报纸包装，最后运送到拉萨各大小市场进行出售，这种销售方式既耽误制作时间、又卖不到好价钱。面对这种现状，在乡领导班子多方协调和沟通下，位于尼木县幸福路的“吞弥圣香”藏香直销店顺利开业。制作户可以直接通过藏香店进行销售藏香，这样既节省了时间，又能够获得丰厚的经济收入。直销店开业至今，已帮助全乡24个藏香制作户销售藏香62.5万余元。乡党委此举既创新了工作，又赢得人心。

【优化产业结构、拉动经济增长】 近年来，随着吞巴乡藏香不断引入市场，被广大消费者所熟知，藏香需求日益增加。面对当前新形势，在乡领导班子正确决策部署下，新的“吞巴乡藏香厂”于2016年6月建成，截至年底，“吞巴乡藏香厂”由“尼木吞巴藏香净土产业有限公司”经营。具备先进设备的藏香厂生产出的藏香将更为精致，更能得到消费者的青睐。为“尼木三绝”品牌推向更大的市场提供坚强保障。尼木吞巴藏香净土产业有限公司于2016年8月正式成立，公司人员35户241人。“尼木吞巴藏香净土产业有限公司”是吞巴乡成立的第一个以藏香制作、销售为一体的有限公司。通过藏香产业实施的产业扶贫，共带动吞巴乡7户33名（边缘贫困户3户13人，精准扶贫4户20人）贫困群众实现脱贫致富。

【创建“十星级联户家庭”评比】 为打造美丽吞巴、和谐吞巴、幸福吞巴、文明吞巴。2016年，由吞达村首创的“十星级联户家庭”评比活动在吞巴乡得到推行。吞巴乡以：维稳工作星、爱国爱党星、民族团结星、科学致富星、尊师重教星、遵纪守法星、计划生育星、家和邻睦星、助人为乐星、保护生态星来作为“十星”标准，涉及每户家庭生活的方方面面。通过“十星级联户家庭”评选创建活动，大家形成了以多得星为荣、少得星为耻的共识，极大地消除了“等靠要”思想，改善了整体素质，提高了劳动积极性。此举措也得到拉萨市委书记齐扎拉的高度赞扬和认可。

【先致富、做模范、助脱贫】 2014年，拉萨市“净土产业”走进吞巴。在县委、县政府的大力支持下，“双联户”代表加措、伦珠藏鸡养殖场先后成立。其中，吞达二组加措双联户藏鸡养殖场出栏藏鸡880只，根比四组伦珠双联户养殖场产本地藏鸡蛋2.87万枚。2016年，在乡党委政府的动员下，先进双联户代表次桑加入了藏鸡养殖的行列中，2016年养殖藏鸡1005只。通过他们的带头致富，成功解决28户171人的就业问题，其中有4户（14）人属于精准扶贫户。值得一提的是，加措因带头致富能力突出，被树为典型，2013—2015年，多次被评为自治区、拉萨市、尼木县“先进双联户”；2015年，被评为全国劳模。

【抓党建、献爱心、解难题】 2015年年末，由当时的村党支部第一书索朗平措，村支部书记次达发出倡议，动员全村党员和致富带头人，个体老板，合作社等爱心人士，成立了根比村“党员爱心基金”。自成立初，“党员爱心基金”共募捐14300元，成功救助了各类困难家庭。

【根培村创建妇女联合特色产业合作社】 该合作社是吞巴乡党委、政府在精准扶贫攻坚战中扶持的又一产业力作。利用吞巴乡根培村318沿线的交通便利和吞巴妇女的古典之美，成立的一家集藏餐、净土藏香藏鸡蛋销售、旅游度假休闲与藏族古董欣赏与一体的体验式客栈。通过妇女联合特色产业合作社，可以向游客展示西藏风俗民情、传播西藏民族文化。后续工作正在筹备当中，开园后此项目将使根培村妇女联合特色产业以旅游、服务、展销、个性餐饮的方式实现全面盈利。

【吞巴乡成立精准扶贫环卫队】 该环卫队于2016

年12月正式组建，截至年底，共有精准扶贫户6户6名成员，预计每户年现金收入将达到1万元以上，成功解决他们的就业难题。其目的既是为了更加巩固精准扶贫户脱贫致富，使每家都有固定的收入，也为2017年吞巴特色小城镇的全面建设打下坚实的基础。

（胡 静）

【领导名录】

党委书记 康桑达瓦（藏族）

党委副书记、乡长

张光明（5月免）

张绪刚（5月任）

人大主席 米 玛（藏族）

专职副书记 李永刚

纪委书记 次 仁（女，藏族，5月免）

次仁普赤（女，藏族，5月任）

人武部长、副乡长

格 来（藏族，5月任）

组织委员 张婷婷（女，5月任）

政统宣委员 格 桑（女，藏族，5月任）

副乡长 四郎拉珍（女，藏族）

卓嘎曲西（女，藏族，5月任）

卡如乡

【概况】 卡如乡地处雅鲁藏布江中游北岸，位于318国道4772公里处，在尼木县西南方向，距尼木县城24公里，西面与日喀则南木林县相邻，南面与日喀则仁布县隔江相望。全乡拥有国土面积875.35平方公里，耕地面积891.15亩。全乡总户数234户，总人口1395人，其中男性690个，女性705个，人均耕地仅0.64亩，是一个以农牧为主的半农半牧乡。卡如乡管辖2个行政村、7个自然组、1个牧业组。2016年，牲畜存栏4213头/只，其中大畜1155头/只，小畜3059头/只，牲畜出栏率达到38.07%。

卡如乡党委、政府现有干部职工51人（乡机关38，卫生院15人），其中副科以上干部12人（其中正科4人，包括主任科员1人；副科7人）；行政21人（在职的12人）；事业25人（在职14人）；全乡机关现有在职干部23人（乡干部19人，公益性岗位3人，聘用1人）；借调13人；下沉8人。现有1个乡党委，3个党支部，共有正式党员120人，其中预备党员12人。截至年底，全乡一所幼儿园，任职教职工5人，其中幼教3人、保育员1人、厨师1人、学生17人。卫生院一所，医务人员14名（在职7人），村医4名、公益性岗位3名。全乡仅有1座尼姑寺庙——提确林寺，寺庙派别为宁玛派。寺内包括有驻寺干部1人、驻寺民警1人、尼姑15人（籍贯尼木县的12人，仁布县3人）勤杂人员1人。

卡如乡群众的主要收入来源以种植、养殖业、经济林和外出务工为主。不存在着其他不安定因素，社会治安状况良好。

【经济发展】 2016年全乡国民生产总值为2772.6万元，人均收入12598.7元，人均现金收入9450.2元，第一产业实现777.71万元，第二产业实现370.5万元，第三产业实现1624.39万元，第一产业同比增长2.26%，第二产业同比增长1.41%，第三产业同比增长26.44%。国民经济增长362.08万元，人均收入增长2595.55元，人均现金增长1272.8元。

【党建工作】 卡如乡现有1个乡党委，3个党支部，共有正式党员120人，预备党员12人，入党积极分子27人。其中，农牧民党员87人，乡机关支部33人。全乡2016年共发展党员12名（其中机关6名、卡如村3名、赤朗村3名），新发展入党积极分子27人（其中机关9名、农牧民18名）。全年开展各项党建活动5次，召开党员会议18次参会人数达到780人次。乡党委始终注重党员干部的培养、教育、使用、管理工作。以“党员零贫困、党员领贫困”工程为平台，共设置了21名农牧民无职党员岗位，通过设岗定责，明确分工。在农牧民党员中开展技术培训20多场次，培训农牧民党员80余次，辐射带动周边农牧民400余人，有力促进了农牧民群众增收和党员脱贫致富。动员部署，共安排8名干部到村居任职，配优配强了村级组织领导班子，详细了解下沉干部任职以来各项工作的开展情况及存在问题，掌握了第一手资料，为下沉干部后续工作奠定了基础。积极开展创先争优强基础惠民生工作。卡如村驻村工作队为民办实事10件，投入经费共计15万元，慰问贫困户、低保和“三老”人员共计4万元；赤朗村驻村工作队为民办实事5件，资金15余万元。解决了群众在生产生活上的困难，进一步增进了党同群众的血肉联系，受到了群众的高度赞扬。

【党风廉政建设】 严格落实中央“八项规定”、自治区“约法十章”、市委“八项要求”等纪律规定，认真结合“两学一做”教育实践活动，以纠正“四风”问题为重点，扎实开展作风监督检查和整治工作，并督促落实整改，取得明显成效：加强公务用车管理，公车私用现象杜绝。通过精简办文办会，会议次数、会议时间明显减少。三公经费进一步规范，办公经费逐年在减少。深入开展专项行动。严厉查处慵、懒、散和损害政府窗口形象等问题。扎实开展纠“四风”专项行动，严查整治干部职工打牌赌博风、公款吃喝风和违规办酒风。认真开展“三资”清理工作，摸清底数，全面整改公款私存、公物私用等违规行为。加强惠民资金监督检查力度，年内，乡纪委组织相关部门开展惠民资金监督检查6次，分别是农村低保、民政救助、医疗行业、草场补贴、畜牧良种补贴等进行了督促检查，并建立了工作台账；及时出台规章制度。乡党委坚持用制度管人、管事，先后出台《考勤管理制度》《公车管理制度》《财经管理制度》等9项制度和规定，使全乡作风建设有章可依。

【“两委”换届工作】 年内，成立由乡党委书记任组长，党委成员为组员的换届工作领导小组及党代会筹备工作领导小组。制定了符合卡如乡实际的工作方案。为了做好乡领导班子换届工作，方案对整个换届选举的时间、方法、步骤和标准，都做了统一规定。及时召开了乡领导班子换届工作动员大会。会上对整个乡领导班子换届工作作了具体部署，并对如何搞好乡领导班子换届工作提出了具体要求，确保了卡如乡领导班子换届工作扎实有效地开展。大力宣传廉政换届，制订《换届宣传工作方案》。明确了宣传主题、工作内容和要求、实施步骤、工作目标和组织机构。将换届选举的重要意义、时间安排、党员权利和义务等作了详细的介绍，确保每位党员都能够了解换届工作及流程。组织代表观看镜鉴，确保换届风清气正。于5月26日胜利召开了中共卡如乡第一次党员代表大会，大会总结了过去五年取得的成效，提出了今后五年卡如乡党委的工作思路。选举产生了新一届党委班子。8名党委委员都满票当选，选举产生了新一届党委书记、纪委书记各1名。于6月1日召开了卡如乡第十二届人民代表大会第一次会议，选举产生了乡长、人大主席各1名、副乡长3名，所有候选人都满票当选。

【“两学一做”】 自“两学一做”学习教育活动开展以来，卡如乡根据《尼木县“两学一做”教育实施方案》要求，结合三会一课制度和党委中心组学习制定了《卡如乡“两学一做”教育实施方案》和《卡如乡“两学一做”学习计划》，并主抓落实学习教育情况。通过集中学习和自学方式，以讲党课和开展专题讨论为载体，促进全乡“两学一做”教育学习扎实有效。截至年底，工作组织集中学习30次，讲党课10次，开展专题讨论8次，撰写心得体会100余份；围绕“两学一做”深入开展谈心交心活动。全乡共开展交心谈心活动100余人次。其中，乡领导班子主要负责同志与班子成员之间交心谈心35人次，征求意见建议4条；乡党委书记与4名班子成员、2名行政村书记、第一书记以及村主任共5人进行了7次谈心交心，交换意见3条；班子成员之间相互谈心谈话15人次，交换意见8条；同乡卫生院、乡派出所主要同志谈心谈话10人次，交换意见5条。

【团建、妇建工作】 2016年，卡如乡团委全年共吸收6名优秀青年为新团员，并为起建立档案。以重大事件、传统节假日、政府活动为契机，围绕目标，突出重点，组织团员青年开展各类活动，通过活动达到教育人、磨炼人、塑造人的目的。同时，加强志愿者队伍建设，积极开展志愿者注册行动，全力开展丰富多彩的便民服务和宣传活动。乡妇联以“三八”“六一”为契机，组织乡机关、各村委开展了“学雷锋、讲文明、树新风”、环境卫生整治、慰问孤寡老人、配合民政部门做好助残等一系列丰富多彩、形式多样的活动，进一步营造了关心妇女儿童、共建美好家园和谐氛围。认真做好了弱势群体的教育、帮困和维权工作。年内，帮扶农牧民群众春耕春播和打扫卫生212人次，开展妇女培训6次，培训妇女243人，各类慰问资金共计9000元。

【精准扶贫】 2016年，卡如乡建档立卡在册人员（2016—2017年预脱贫人口）共计44户191人（卡如村建档立卡在册人员10户43人，赤朗村建档立卡在册人员34户148人）。卡如乡2016年完成脱贫目标户36户164人，达到全乡脱贫目标。工作开展情况：深入调查研究，摸清帮扶对象基本情况，对全乡44户191人扶贫对象进行了认真、细致的调研摸底，登记造册，掌握了第一手资料。确立了卡如乡开展精准扶贫工作的具体工作机制。成立了以乡党委书记为组长的精准扶贫精准脱贫工作领导小组，下设了办公室，明确了办公室负责人和驻村联络员，负责具体帮扶措施的落实和协调工作，及时制定《卡如乡关于实施精准扶贫精准脱贫工作方案》。突出重点环节，制定落实具体帮扶措施，结合精准扶贫工作，推出了“政府扶持、牧户受益、整村推进”的模式，在318国道上已建好了“整村推进”两座商品房，通过商品房出租的利润解决了卡如村贫困户8户37人的经济增收。在318国道，文化站墙上设立了藏汉双语的“精准扶贫、精准脱贫”宣传LED显示屏，为打赢脱贫攻坚战工作打下良好基础；抓产业，立足卡如乡优势、自然和文化资源，加大旅游产业推进力度，以培育带动全乡贫困群众稳定增收的致富产业为关键点，将卡如村打造成旅游观光、种养示范基地。在未来的建设中，采用“公司+合作社+贫困户”的合作模式，推进产业扶贫，保障以业脱贫工作岗位；全面推进“六脱”，对全乡9户39人进行以迁脱贫；依托尼木县“十三五”期间实施产业项目上报25户45人以业脱贫；对贫困家庭33人实施以教脱贫；将贫困家庭中42人纳入以助脱贫；将以护林员、草监员、环境监督员、野保疫源疫病监测员、湿地管护元、土地沙化封禁管护员、公路养护员、水管员、水保员等扶贫岗位对贫困户进行以补脱贫；对7户23人特困户进行社会保障兜底，通过一系列行之有效的方法，稳步推进了精准扶贫精准脱贫工作。

【综治维稳】 年内，卡如乡综治办召开部署、督察综合治理工作会议12次，签订目标责任书200余份，签订率达到100%。全年共排查社会治安重点地区40余次，发放宣传资料2400余份，解决劳资纠纷4起，化解各类矛盾纠纷23次，调处成功23次，无一起上访和越级上访、群体性上访现象，确保了“三无”“三不出”的目标。2016年，共开展铁路护路宣传10次，签订责任书150余份，投入慰问资金6000元。“双联户”工作领导小组深入村组走访100余次，做好事、办实事20余件，排除安全隐患44起，发放各类宣传资料1400余份，法制教育宣传10余次，化解矛盾纠纷23余次。深入村组、寺庙宣讲“联户平安、联户增收”工作管理模式6次，发放宣传手册150余份，悬挂横幅标语6条，张贴宣传画100余幅，制作宣传栏2个。

【精神文明建设】 2016年，卡如乡开展公民道德宣传教育、爱国主义、集体主义、家庭美德教育、革命传统教育和“崇尚科学文明、反对封建愚昧”的科普教育，不断提高了全乡干部群众的思想道德素质。加大对两村报刊、杂志、先进科技知识材料的投入，丰富群众的文化生活。同时，以重大节日和重大活动为载体，通过开展“纪念百万农奴解放日”“七一”等生动、活泼、参与面广的群众性活动。集中清理318国道两旁及乡政府周围交通沿线范围内的暴露垃圾。以“创先争优、强基惠民”“联户平安、联户增收”活动为契机，通过开展文明村、平安村创建活动，提高了村民良好的道德风尚，促进了全乡的和谐稳定。

【农、牧、林、水、电工作】 2016年，卡如乡农业生产的情况是全年播种总面积786.16亩，总产量35.1万公斤，油菜籽播种面积70亩。调备种子精选1.4万公斤、精选率达到100%；种子包衣1.35万公斤、精选率达到96.4%、化肥24吨、农家肥机造2685吨。组织全乡干部职工、各村委植树造林3000株，参加人数153人，现有护林员40人，各村护林员定期或不定期地对森林进行巡逻检查，杜绝一切火灾隐患的发生。卡如乡乡兽医站兽医积极主动与有关单位进行协调，春季共为2091头牦牛、299头犏牛、574头黄牛、4502只山羊、1295只绵羊、457只鸡注射了注射了疫苗，注射率为97%。秋季为全乡2152头牦牛、283头犏牛、573头黄牛、4510只山羊、1618只绵羊、313只鸡注射率97%。2016年，对卡如乡的所有水渠和水池进行了清淤疏通，保证了春耕的正常灌溉，自发组织群众清淤长达14公里。新修乡政府饮用水长7公里，维护卡如3组管道400米、赤朗1组管道600米，县水务局解决饮用水管道600米。完成维修了卡如村吉瓦水渠、卡如水渠、卓别水渠、赤朗夺定水渠，共计长2000米。

【发改、交通、商务工作】 2016年，卡如乡已修建乡干部职工周转房，并于10月完成验收，制订卡如乡“十三五”项目规划，并上报县发改委进行登记备案。在交通上，投资1521万元的吉瓦公路和投资743.58万元的赤朗公路已投入使用，赤朗村二组修建2座钢架桥。在商务方面，对卡如乡4个农家超市和茶馆进行规范管理，重点是加强管理指导，帮助解决具体问题。继续加强“万村千乡”工程项目后续管理工作，开展家电下乡活动，引导农牧民群众经商营商，扩大就业渠道增加现金收入。

【安居、民政、社保、“四业”工作】 截至年底，卡如乡低保户总共48户180人（其中A类39人，B类15人，C类126人）。由于精准扶贫的需要2016年10月对全乡低保户进行了大调整。清退原先低保户11户，新增7户。截至年底，卡如乡低保数据为：39户，194人（其中A类37人，B类11人，C类146人）。2016年，向低保、“五保”、兜底户、残疾人等116人共发放资金145155.8元；向89户发放救助粮食共24420公斤。推进转移就业和创业带动就业工作，加强对农牧民“四业”工程的领导和宣传，引导农牧民群众参加实用技术培训，推动了乡农牧民群众就业创业能力的不断提高、增收致富途径不断扩宽。截至年底，宣传达8场次，组织青壮年农牧民集体学习6次，按照“以业育人、以业安人、以业管人、以业富人”的原则因人因岗设岗定职，藏鸡养殖示范户培训4人，转移劳动输出类型以务工和自主创业为主，从事工种为普工和技工，就业地点主要在本县和各地区。卡如乡坚持以“政府引导、群众自愿”的原则，以稳定农牧业生产和保障农牧民收入为目标。全年政策性涉农保险理赔资金共计：14.6万余元，已全额兑现。安居工程是一项民心工程，乡政府高度重视此项工作，形成了安居工程危房改造的登记造册。2015年，危房改造12户，项目资金43万元已兑现22万元，同时兑现了2014年危房改造项目第三批款项10万元。2016年，按照上级有关部门的要求，卡如乡录入了“十三五”期间农村危房改造对象经济状况信息，卡如乡共有77户，其中卡如村18户，赤朗村59户，此次录入的对象为建档立卡户和一般贫困户为主。

【科、教、文、卫工作】 2016年，卡如乡共有科技示范户23户，科技特派员6人，县农牧局为全乡农牧民群众发放奖励化肥3.1吨。全乡全面实行“五长制”（乡长、校长、村长、组长、家长责任制）制度，确保了全乡适龄儿童入学率达到100%，在校巩固率100%；初中入学率100%，在校巩固率100%，控辍保学取得显著成效。卡如乡制定《公共卫生突发事件应急预案》，每季度定期召开卫生工作专题会议，研究部署乡卫生工作。乡卫生院联合乡妇联通过下村宣讲、送医、送药到农户等方式，加强了健康教育和优生优育宣传；加强了疾病预防，各种疫苗接种率达到100%，乡政府组织卫生院医护人员下乡为农牧民群众免费发放药品3000元左右；进一步完善了计生目标管理责任制，切实加强孕前管理和村级计生设施建设，落实独生子女系列保险及有关优惠政策。全乡体检应检人数1340人，实检人数1176人。2016年，卡如乡参与合作医疗农牧民群众为1324人，参保率达到100%。截至年底，合作医疗住院报销总计为32.17万元，其中县级住院报销36户，包括5户分娩报销，住院分娩报销率达到100%，乡级门诊报销总数为5.5万元。2016年，卡如乡一孩双女补助资金共有20160元，共21人享受（其中包括3名退出人员），本年度还有2名新增人员，将从2017年起享受。卡如乡特别扶助资金共有5640元，共3人享受。

【安监、国土、环保、住建工作】 2016年，卡如乡安全生产工作坚持每周有周报、每月有小结，经统计全乡共有企事业单位7家、寺庙1座、商铺茶馆共11家、蓄水池4座，全年共落实安居工程项目12个，在建施工单位5家，乡村道路隐患点5处，防洪泄洪隐患点5处，重点管控单位2个。2016年，卡如乡共召开安全生产专题会议15次，制订计划方案预案17个，共成立领导小组12个，悬挂横幅13个，发放宣传资料1400份，组织安全生产宣传教育8次，制作专题宣传栏4期，全年签订安全生产责任书共23份（1份为五级联动安全生产责任书）。卡如乡安委会共组织排查安全隐患132次，出动检查人员共计411人次，共排查出安全隐患68处，整改20处，未整改48处（其中47处为赤朗村农户及乡政府院内线路老化问题，1处为达噶山隧道出口处渗水问题）均以上报县相关单位，至今卡如乡境内未发生重大或中型安全事故。卡如乡认真贯彻《中华人民共和国国土管理法》《基本农田保条例》等相关规定，积极做好国土资源管理工作。主要对农村征地、违规占地和闲置土地进行了清理登记，认真做好了土地信息和地质灾害机制建设和排查工作，制定了相关责任书和应急预案，做到有备无患，同时做好卡如乡境内的不动产登记工作。环保以集中整治，强化日常工作为重点，集中清运318国道两旁、交通沿线视野范围内以及乡村卫生暴露的垃圾，使318国道卡如沿线“脏、乱、差”现象得到切实改变，逐步实现“乡风文明、村容整洁”的要求。抓好创建环保模范乡（村）的宣传，对各村组进行了6次大规模的环境清理整治工作，投入劳动力620人次。卡如乡在住建上认真落实干部职工周转房运行情况，及时缴纳房租、水（电）费，新建的职工周转房现已完成了所有工程建设正等待验收，在施工过程中，乡政府督促施工方为施工人员缴纳工伤保险费。

【旅游产业开发】 卡如乡依托318国道的便利交通，按照“围绕增收调结构、突出特色增效益”的发展思路，因地制宜，合理规划各种旅游产业发展项目：保护卡如村千年核桃林，建立观赏区，发展民宿业，打造水系村，扶持农家乐旅游接待户；建设卡如乡温泉（药用温泉和洗浴温泉各一座），不断改善其配套设施，增加卡如乡旅游带的影响力；发展元代要塞区，修建旅游步道、雕塑、烽火台；加快发展餐营业和停车场的修建管理，完善停车场泊车、洗车等业务，使其物有所值；修建赤朗村国家森林公园大门和大果圆柏保护区，打造乡村观光旅游的一条龙服务。

（刘晓玉）

【领导名录】

党委书记　王庆国

党委副书记、乡长

　　边巴扎西（藏族，5月免）

　　洛桑格来（藏族，5月任）

人大主席　米玛央宗（女，藏族）

副书记　索朗次仁（藏族）

纪检书记　次仁普赤（女，藏族，5月免）

　　高树鹏（5月任）

组织委员　穷达（藏族）

宣统政委员、副乡长

普　　桑（藏族）

党委委员 扎　　西（藏族）

副 乡 长 格桑卓嘎（女，藏族）

尹 林 华（5月任）

文化站站长

才　　让（藏族）

后勤中心主任

边　　巴（藏族）

普松乡

【概况】 “普松”系藏语译音，译为“山谷”。1960年建普松乡，1970年改公社，1984年复改乡。位于尼木县西北方向，距县城8公里，平均海拔3990米，属高原温带半干旱季风气候。

全乡辖普松、如白、曲水3个行政村，8个村民自然小组，共有408户，总人口2397人；全乡现有耕地面积为3210.16亩，林地面积6000多亩。共有机关干部职工51人（其中乡卫生院12人，公益性岗位2人，乡行政人员20人，乡技术人员15人，人社专干2人）。选派下沉干部12人，借调到县直部门12人。

全乡共有党支部4个，正式党员206人（其中，农牧民党员172人，机关党员34人）；积极分子45人（其中农牧民41人，机关干部职工4人）；团员216人。全乡有三座寺庙共计僧尼44人，寺管会干部9人。

【经济发展】 普松乡坚持稳中求进，能快则快的方针，围绕“农业增产、农民增收”两大目标，抓住机遇，知难而进，经济综合实力上了一个新台阶。2016年，普松乡农村经济总收入目标为4599.6万元，实际完成4619.1万元，比2015年增长619.5万元，增长率为15.5%，第一产业总收入1323.5万元，比2015年增长2.9%（其中农业收入608.5万元，牧业收入715万元）；第二产业总收入724万元，比2015年增长24.8%；第三产业收入2571.6万元，比2015年增长20.5%。农牧民人均纯收入为12551.97元，对比2015年实际增长1701.37元，增长率为15.7%；农牧民人均现金收入为9671.3元，对比2015年实际增长1428.7元，增长率为17.3%。

【农业】 2016年，结合全乡地理情况大力调整农业结构，普松乡农业科技推广项目指标良种推广为3044亩、藏青2000推广面积2000亩，普松村实施了250亩科技示范田，品比13、品比16各125亩，共划分两块示范田种植区域。全乡机耕面积3044亩，机播面积2258亩，总耕地面积3210.16亩，总播种面积3210.16亩，其中春青稞2436.46亩、单播油菜面积301.7亩。2016年，全乡粮油年初目标为122.25万公斤，实际总产量126.7万公斤，对比去2015增长1.7万公斤，增长率为1.36%。其中，粮食作物年初目标为115.6万公斤，实际总产量120.6万公斤，对比2015年增长0.5%，油菜年初目标为6.1万公斤，实际总产6.1万公斤（含混播油菜），蔬菜产量年初目标为44.395万公斤，实际总产量88.79万斤；完成化肥的发放工作。根据每家每户耕地的面积情况，以“村不漏组、组不漏户”的原则，逐一核对，登记造册，并于2月24日，将农牧局下拨的7.1万余公斤化肥发放到农牧民手中；完成农机具的发放工作。2016年1月发放了34台微耕机、5台小四轮、3台脱粒机，每台国家补贴分别为40800元、41500元、990元；高度重视春耕春播工作。为保障全乡农业用水，积极组织农牧民群众开展水渠清淤工作，确保农田灌溉，年初组织农牧民群众420余人次，对全乡5000余米水渠和所有水塘进行了清淤工作。

【落实春秋季动物防疫】 年内，普松乡党委、政府根据制订的《重大动物疫情和防灾减灾实施方案》，采取有效措施，严格落实“预防为主、防治结合”的方针，狠抓牲畜“口蹄疫”、家禽“禽流感”等传染性疾病的防治工作，为确保免疫注射做到“乡不漏村、村不漏户、户不漏畜、畜不漏针”。全年共接种疫苗2次，牲畜疫苗注射共7388头，防疫密度为100%；全年未发生重大动物疫情及特大灾害。

【提高牲畜出栏率】 截至年底，牲畜存栏数3694头（只、匹），其中牦牛155头，黄牛628头，犏牛124头，马45匹，驴273头，骡子5头，绵羊960只，山羊1308只。成畜年初死亡率指标1.1%，成畜实际死亡率1.1%；幼畜年初成活率指标95.9%，幼畜实际成活率95.9%；牲畜出栏率指标33.8%，实际牲畜出栏率56.6%；猪牛羊肉产量年初目标68.9吨，实际猪牛羊肉产量69.97吨；奶产量年初目标161.09吨，实际奶产量161.64吨；山羊绒产量年初目标0.04吨，实际山羊绒产量0.044吨；禽蛋产量年初目标22.3吨，实际禽蛋产量22.9吨。

【草补工作】 草补工作开展有力，草场奖励资金发放到位。为扎实做好2016年草补工作，多次以召开群众大会，走村入户等方式宣讲草补奖励政策，并在1月6日至7日对全乡的农牧民发放了草场补助奖励资金，共计150673.5元。

【林业】 全力抓好林业绿化建设，扩大绿化覆盖面积，打造绿色家园。2016年，完成四方植树任务，3个行政村共植树5000株，为全乡77名护林员发放工作补贴23.1万元整。

【民政工作】 2016年，全乡现有低保户53户，171人；残疾人45人；“五保”户5人，其中在敬老院集中供养的有2人，分散供养的有3人；“三大节日”期间，乡党委、政府为35户贫困户、三座寺庙发放大米、面粉、砖茶等慰问品，折合人民币共计22822元，共为47户，292名缺粮户兑现粮食救助总计1.626万公斤；为“五保”户5人发放供养资8130元；兑现“十二件为民办实事”资金共计2.12万元；为符合残疾人条件的45人发放补贴、救助金3.498万元。

【安全生产】 严格落实“一岗双责”的原则，及时解决安全管理工作中存在的各种隐患，大力推行安全生产责任制，多次深入农户家中宣传防火防灾、道路安全知识，同时不定期对全乡范围的水渠、河道进行了摸排；全年共开展各类检查80余次，参加检查人员230人次，发现隐患26处，已整改隐患26处。

【道路交通安全】 年内，共出动检查人员750人次，车辆100余台次，积极开展各类交通安全集中整治行动，有效净化了辖区交通环境。

【幼儿园及周边安全】 普松乡对学校安全工作高度重视，成立由园长任组长的安全工作领导小组，全面负责教学用房、学生宿舍、学生食堂等安全检查工作，发现问题及时整改，严格学生作息制度，实行校内24小时巡查制度。

【消防安全】 年内，在消防安全方面，对消防安全领导小组进行了调整充实。建立和完善了各项管理制度和措施，特别是加强了对寺庙、商店等密集人员的巡查监控，确保发生火灾能够及时发现，及时扑灭。

【食品药品安全】 配合上级有关部门对辖区各餐馆、商店、学校食堂等进行检查20余次，检查各类食品经营企业、个体工商户50余次，对违反经营食品行为的商户进行查处，同时对部分经营销售过期食品的个体户进行了思想教育，并没收其经营的过期食品，确保了全乡食品卫生安全。

【土地确权】 普松乡集体建设用地和宅基地使用权应发证309宗，其中普松村164宗，集体建设用地11宗，农户153宗。如白村75宗，集体建设用地4宗，农户71宗。曲水村70宗，集体建设用地2宗，农户68宗。发放302宗集体土地使用证，7宗在发放过程中经于土地使用权人核查信息有出入，已报国土局重新办证。普松乡在全乡范围内重新审核和排查，是否有漏户，是否有分户，是否有需重新测绘户，经发现申报县国土局进行统一测绘和申请办理土地使用证。

【人力资源和社会保障】 为提高农牧民群众的参保意识，乡党委、政府通过召开会议、入户宣讲等方式加大了对新农保的宣传力度，2016年普松乡新农保参保人数达1169人，其中新参保5人，收缴参保总金额11.76万元，参保率为100%。2016年，普松乡实现农牧民劳动力转移1225人。

【医疗卫生】 2016年，开展宣传活动达20余次，向群众发放各类计生宣传资料300余份，赠送避孕药具50份，解答法律疑问7余次。发放各类药品8000余元。

在县有关部门的帮助下开展了“农村已婚育龄妇女生殖健康免费服务活动”“国家免费孕前优生健康检查”和“儿童保健体检”活动，免费为已婚育龄妇女及0—6岁儿童进行体检，受益率98.2%。为了提高疾病控制和免疫规划接种工作效率，普松乡卫生院每月11日和12日进行免疫接种工作，现普松乡“五苗”和乙肝疫苗接种率达100%。2016年，共有2307人参保，参保率为99.6%，收缴合作医疗个人筹资款57675元，截至11月初，共核销资金420787.74元。

2016年，全乡新增1个“一孩双女”补助家庭，共落实18个“一孩双女”兑现资金1.728万元，5个“特别扶助”对象兑现资金0.972万元，共计兑现资金2.7万元。

【教育工作】 学前适龄儿童109人，已入学109人，入学率100%，在校巩固率为100%；小学适龄人数180人，入学人数180人，入学率100%，在校巩固率为100%；初中适龄人数63人，入学人数58人，入学率92%，在校巩固率99%。

“六一”儿童节乡党委、政府为乡幼儿园师生送去节日慰问品，折合人民币5000元，11月2日送去价值2.5万元的冬装111套。

【征兵工作和国防后备力量】 年内，乡党委、政府把民兵整组工作摆在重要位置，及时调整充实民兵组织领导小组及办公室成员。成立了征兵领导小组对三个行政村进行了征兵宣传，使农牧民认识到了“一人当兵、全家光荣”的思想，宣传覆盖率为100%，营造了征兵工作的浓烈氛围。对适龄青年，乡主要领导、人武专干、村组干部逐户上门进行宣传。

【实用技术培训】 年内，乡党委、政府为加大农牧民实用技能培训力度，提高农牧民转移就业培训上岗率，切实提高农牧民自我发展、务工就业、创业增收能力，加强了对农牧民的技能培训。2016年乡党委、政府积极联系上级举办举办装载机、挖掘机培训1次，15人受益；举办钢筋砌筑工技能培训班，30人受益；举办农牧民引导性培训1次，200余人受益。

【基础设施建设】 年内，普松乡在县委、县政府以及相关部门和驻村工作队的大力支持和帮助下，加大项目建设力度，争取了200余万元修缮了3个行政村水塘，争取15万元用于普松村湿地网围栏建设；争取5万元，对乡食堂进行了整修；争取5万元，对人大之家进行了整修；争取资金53万元为乡政府进行了路面硬化、大门修缮、人工种草、草地护栏等项目；积极争取29万余元，修缮乡党委办公楼、住宿楼，现该项目已批复计划年底实施；通过项目的实施提高了全乡群众和干部职工的工作生活条件。在管理农牧民自建房方面，普松乡制定了一系列建房审批制度，并严格落实了审批程序。

【环保生态】 年内，乡党委、政府对环境保护工作高度重视，成立以乡长为组长，各村第一村支部书记和乡机关环保工作负责人为成员的环境保护领导小组，制定《普松乡环境污染突发事件各项应急预案》，进一步建立健全了环保工作制度，明确了工作责任。通过开展以“普及环保知识，增强环保意识”为主题的宣传教育活动，悬挂环保宣传横幅的方式，提高了农牧民群众的环保意识。截至年底，乡党委组织全乡党员开展环湖、沿路、进村环境整治6次，参加人员达到300人次。结合乡实际实行了每月25日全乡进行环境卫生打扫活动；并对道路及水源地周边环境、湿地、草场、林地等重点部位进行了检查，确保辖区内重点部位环境得到了有效的保护。

【净土健康产业】 年内，乡党委、政府高度重视净土健康产业发展，在乡政府附近选址作为藏鸡养殖试点，全乡干部职工都积极参与到藏鸡养殖工作中，以集体经济的形式养殖藏鸡1000余只，纯收入4万元以上，为接下来向村级推广藏鸡养殖积累了经验。如白村集体养殖500余只，提高了农牧民群众散养积极性和养殖数量。

乡党委、政府认真研究了如巴湖景区开发工作及社会效益，积极争取县相关部门的支持，申报如巴湖自然景区旅游开发项目，通过项目的实施，实现依托自然环境优势，打造纯生态自然景区，吸引更多游客旅游观光，为游客提供便捷舒适的服务，进而增加农牧民就地就业、创业机会。争取15万项目资金进行如巴农家乐建设项目，项目实施后，将有效带动约1户、2人就地就业，大力推动普松乡富余劳力向第三产业转移。

【综治维稳】 年内，普松乡在调委会牵头下，每月进行一次全面的矛盾纠纷排查工作，各类重要节点期间以“双联户”联户单位为主体实行每日零报告制度。出现的矛盾纠纷首先由村调解组织进行调解，调解未成的移交到乡调委会。截至年底，普松乡人民调委会共受理0起民间纠纷案件，矛盾上交为0起。重大节假日、特殊敏感日组织护村队、护院对、民兵、联户代表进行巡逻。对刑释解教人员、工作对象每月进行一次跟踪摸排调查，尤其在重大节假日、敏感日期间，了解动态，做到情况明、底细清。

【寺庙管理】 在寺庙特派员的积极配合下，“三月重要时期”“萨嘎达瓦”期间深入开展了寺庙法制宣传教育工作，积极推动平安和谐寺庙建设工作；由乡一把手带领，到各寺庙定期检查寺庙管理、僧尼学习、制度上墙、诵经目录等情况，清查寺庙财务；严格执行各项制度，寺庙僧尼请销假、朝佛人员登记、消防、重大佛事请示等制度得到了充分落实。

【法治宣传】 除日常工作会议上进行综治维稳工作动员和宣传外，充分利用“三月综治宣传月”“六月综治宣传周”“九月综治宣传日”等契机，通过宣传栏、横幅、标语、通告、墙报等形式，大力宣传。2016年，普松乡集中开展法制宣传教育16次，参与人数达到近4000人次。

【做好综治网相关信息录入】 年内，对全乡515户，人、地、物、事、情等基本信息录入完成，截至年底，全乡43名联户代表共报送报平安信息6019个，报事件信息41个。

【流动人口服务与管理】 由于经幡产业的发展和各类项目的增多，普松乡逐渐成了流动人口大乡，对于外来人口乡党委、政府坚持以人为本、突出优质服务、扎实推进流动人口“一盘棋”，组织人员深入外来人口聚集地逐户逐人登记信息，了解情况、摸清底细、询问困难，并在能力范围内予以解决，切实帮助异乡人更好、更快地融入“第二故乡”。

【社会治安综合整治暨严打行动】 普松乡在贯彻落实好上级相关部门安排部署精神的基础上，结合实际，细化社会治安综合整治暨严打行动工作内涵，逐条内容形成方案、计划、台账，并科学安排时间组织开展行动。2016年，普松乡共组织社会治安综合整治暨严打行动8次，形成方案、计划、台账6套。

【搞好治安防范】 加强群防群治工作，建立健全群防群治组织，建立巡逻防范机制，完善“打、防、控”一体化体系建设，增强人民群众的安全感。在乡党委政府的领导下，充分发动社会的力量，采取联防互防，整体联动，发动乡治安联防队、双联户代表、护村队等治安防控力量的作用，参与巡逻防范，督促检查，落实群众防盗、防火、防自然灾害、防交通事故的“四防”措施，预防、制止和打击违法犯罪，及时处置违法事故和治安灾害事故；充分发挥村治保会、联防队员和双联户代表的作用，统一协调搭配，负责协调本村的下沉干部，开展救助和便民利民服务工作，辅助责任区民警协调民间纠纷。

【“双联户”】 为切实抓好“联户平安、联户增收”工作，2016年1月召开全乡“双联户”工作再安排再部署会议，制定下发了《普松乡2016年“联户平安、联户增收”工作模式实施方案》、领导小组名单、《普松乡2016—2017年联户代表培训规划》及培训意愿统计表，以“十星”创建评选和“幸福家园”微信平台为主，制定《普松乡2016年创建先进双联户细则》及评分标准，建立“幸福家园”微信平台使用情况登记台账，为进一步完善工作机制奠定了基础。于5月10日召开全乡“双联户”工作再安排再部署会议，并进行解读了关于《尼木县“幸福家园”双联户微信平台报送奖惩暂行办法》。及时兑现了2015年度报平安和报事件奖励5035元，截至年底，已全面开展村、乡两级“先进双联户”创评活动，共评选了2个乡级先进双联户单位20户，9个村级“先进双联户”单位82户进行了表彰，共计发放奖金1.82万元。普松乡和一名双联户代表同时获得市、县2016年度“先进双联户”先进集体和个人。

【统战民宗】 积极开展“八看”“一算账”“一揭批”“四增强”感党恩主题教育活动、开展“创建和谐寺庙，争做爱国守法僧尼”主题活动和以“爱国爱教”为主题的宗教政策学习月活动，在各类活动中穿插政治理论学习。截至年底，组织僧尼开展学习活动10余次，参加学习人数到达390人次。关心关爱僧尼工作深入。积极的帮助僧人解决存在的实际困难和问题，做好争取人心、稳住人心的工作，继续加大了解寺庙僧尼难点热点问题，积极向相关部门申请如白寺恢复重建工作；协调相关部门，将新吸收的宗教教职人员纳入到社会保障体系；慰问寺庙僧尼3次，慰问金额为3000元。

【党员干部职工建设】 乡党委、政府针对行政执法高度重视，2016年组织全乡干部职工学习3次，参加人数达80余人次，提高全乡干部职工的思想认识。开办了“藏语培训班”，挑选两名精通“双语”的优秀干部担任授课教师，组织全乡7名汉族干部学习藏语共10场，累计62人次参学。普松乡建立了“三个培养”台账对村干部和后备干部做到培养有计划、岗位有职责；开设了村“两委”班子理论学习班，教授理论知识共12场，共200余人次参学；开设汉语学习班，由驻村工作队员和下沉干部担任授课老师教授汉语各村累计开展20场，共135人次参学。此外，普松乡党委邀请市党校讲师开展理论、业务知识培训2场参学人数80余人次；乡党委组织乡党建工作人员、村“第一书记”、党支部书记、党建专员开展党建工作培训2次，18人次参学。2016年，普松乡党委深入村组调研健全更新了一系列关爱帮扶工作机制；兑现2016年“三老人员”生活补贴10.56万元；并在驻村工作队及上级各部门的帮助下慰问“三老人员”5次，慰问金额总计9900元；慰问贫困党员8次，慰问金额总计8400元；慰问村“两委”及驻寺干部3次，慰问金额6000元；慰问孤寡老人、留守儿童、残疾人等特殊人群8次，慰问金额总计3.4万元；慰问贫困群众5次，慰问品折合人民币2.4万元。形成了与孤寡老人同过佳节，帮助特殊人群务农的关怀帮扶机制。在各类节日中普松乡干部职工到各类弱势群体家中帮助务农共28人次；与孤寡老人同过佳节18人次；成立由乡党委书记任组长的保密工作领导小组，制定了保密工作的各项原则及工作制度。对新上岗涉密人员和在岗涉密人员进行业务培训和知识更新工作。并对乡机关各办公室的办公自动化设备配置、使用情况进行检查、整理，对存在隐患的及时进行整改，确定网络安全员，建立健全网络管理制度，严格执行泄露国家秘密事件报告制度，2016年普松乡没有发生一起泄密事件。

【党风廉政建设】 2016年初全面安排部署党风廉政建设工作，截至年底，共召开12次专题会议，做到及时安排部署，及时掌握工作进度，对发现的问题采取有效措施进行整改，根据本乡实际，完善《普松乡干部管理（暂行）办法》，使乡纪委执行监督责任有了更好的依据。2016年召开两次“述责述廉”报告会议，对党风廉政建设“两个责任”和党委、政府领导班子成员进行民主测评，及时反馈工作意见和建议，同时制定约谈方案，乡党委书记、乡长、纪委书记分别对班子成员和乡机关干部职工、各村第一书记进行约谈，统一了全乡干部的思想，坚定了廉洁履职的信心，全面推动了普松乡党风廉政建设工作。

【人大、政协工作】 2016年，普松乡召开了十二届第一次会议，乡人大依照法定程序、提前准备、周密计划、严密组织，确保此次会议圆满完成。

通过在人大之家召开人大代表座谈会，乡人大代表、政协委员共提案12件，截至年底，办理完成的提案7件，占总数的58.3%，正在办理的提案有5个，占总数的41.7%，未解决的提案和暂无法解决的提案0件。

在乡党委重视、政府支持下，政协工作有了新局面，为政协履行职能提供了根本保障。严格按照“维护核心、围绕中心，凝聚人心”的工作思路，充分履行政治协商、民主监督、参政议政职能，充分发挥优势作用，不断加强自身建设，积极为构建和谐美好的新普松做贡献，取得新成效。

【职工周转房】 2016年，普松乡干部职工周转房共24套，为乡政府、卫生院和派出所干部职工提升了居住环境，并制定相关办法，合理安排入住。

【人居环境】 2016年，普松乡院内草坪围栏、大门、办公楼维修、地面硬化和宿舍维修总投资近百万元，其中大门和道路50万元、办公楼和宿舍维修30万元。乡干部自我组织进行绿化建设，营造绿色普松。乡卫生院改扩建，投资80余万元。

【农田水利建设】 措杰水库属民生建设项目，投资279万元，截至年底，已完成初验，保障全乡全年生活用水和灌溉效果。普松乡如白村水渠工程，总投资100万元，已完工；曲水村七组水塘建设投资30余万元，水渠65万元，已完工；普松村水渠维修费33.3万元。

【开展各项活动】 2016年，乡开展群众文艺、文体比赛和知识竞赛等丰富多彩的活动，增进干部群众的感情和融洽，共筹资7万余元。

【强基惠民工程】 普松乡如白村被选址为“光伏电”建设项目基地，投资4亿元，整合全乡劳动力参与建设，创收集体经济效益，预计2017年8月完工，各村的15万元壮大村集体经济资金已全部启动。

全乡普松、曲水、如白3个行政村的村委会建设，截至年底，如白村主体完工，投资280万元，预计2017年7月交付使用。曲水、如白原址结束，预计2017年4月动工建设。普松村日岗组段及曲水–续迈段村组路共计投资2200余万元，全长17.8公里，于2016年6月竣工。

2016年，对全乡进行主线路改造，曲水村单独自筹资金进行全村农户线路改造。全乡各村通过出租、管理等形式集体收入均突破5万元。如白养殖藏鸡500只，创造经济效益达2万余元。

【家电下乡】 2016年，普松乡家电下乡补贴共涉及161户，219人，共发放补贴162749.875元。

（金 勇）

【领导名录】

党委书记 平　措（藏族，6月免）
　　　　 旦　增（藏族，6月任）
党委副书记、乡长
　　　　 张鹏浩（6月任）
人大主席 次仁旺堆（藏族，6月任）
专职副书记 旦增次仁（藏族，6月任）
纪委书记 白玛宗巴（女，藏族，6月任）
宣统政委员 拉　巴（藏族，6月任）
党委委员、人武部部长、副乡长
　　　　 张汝栋（6月任）
副乡长 王　丹（女，6月任）

附 录

受区（县）级以上表彰的先进集体名录

表3

获奖单位	获奖名称	表彰时间	授予单位
尼木县教育局	全国义务教育发展基本均衡县	2015年	国务院教育督导委员会
吞巴乡吞达村	全区先进基层党组织	2016年	自治区党委
市民宗局驻卡如乡赤朗村工作队	自治区级先进驻村工作队	2016年	自治区党委
尼木县教育局	自治区文明单位	2015年	自治区精神文明建设指导委员会
尼木县委宣传部	自治区级文明单位	2015年	自治区文明委
尼木县	自治区“文明县城（区）”	2015年	自治区文明委
塔荣镇妇联	2015年度全区妇联系统先进单位	2016年	自治区妇女联合会
尼木县武装部	践行强军目标先进旅团级单位	2016年日	拉萨警备区
尼木县中队	先进单位	2016年	武警西藏总队
尼木县财政局	拉萨市级优秀组织单位	2016年	拉萨市委、市政府
尼木县旅游局	拉萨市文化旅游产业先进单位	2016年	拉萨市委、市政府
尼木县政法委（综治办）	2016年度“先进双联户”创建活动先进县	2016年	拉萨市委、市政府
普松乡	2016年度“先进双联户”创建活动先进乡	2016年	拉萨市委、市政府
吞巴乡	拉萨市2016年度民族团结进步模范集体	2016年	拉萨市委、市政府
尼木县信访局	拉萨市信访工作先进县（区）二等奖	2016年	拉萨市委、市政府
尼荣村工作队	拉萨市穿创先争优强基础惠民生活动先进驻村（居）工作队	2016年	拉萨市委、市政府
尼木县中心小学	优秀基层党组织	2016年	拉萨市委

续表3

获奖单位	获奖名称	表彰时间	授予单位
尼木乡人乡政府	全市先进基层党组织	2016年	拉萨市委
吞巴乡吞达村	全市先进基层党组织	2016年	拉萨市委
尼木县公安局	全市先进集体基层党组织	2016年	拉萨市委
尼木县安监局	2015年度全市安全生产“先进单位”	2016年	拉萨市政府
尼木县食品药品监督管理局	2015年全市食品药品安全工作先进集体	2016年	拉萨市政府
尼木县中学	拉萨市第一届青少年科技创新大赛优秀组织奖	2016年	拉萨市政府
尼木县中学	拉萨市第一届青少年科技创新大赛科技实践活动竞赛项目优秀奖	2016年	拉萨市政府
尼木县中学	拉萨市第一届青少年科技创新大赛科技创意竞赛项目三等奖	2016年	拉萨市政府
卡如乡	市级精准扶贫先进集体	2016年	拉萨市政府
卡如村	市级民族团结先进集体	2016年	拉萨市政府
塔荣镇人民政府	2015年拉萨市政务服务工作示范乡（镇)	2016年	拉萨市政府
尼木县委宣传部	拉萨市2015年度精神文明建设工作先进集体	2016年	拉萨市委宣传部
尼木县公安局	全市公安机关党风廉政建设工作先进单位	2016年	拉萨市公安局
尼木县中心小学	五一劳动奖章	2016年	拉萨市工会
尼木县中学	拉萨市优秀团队奖	2016年	拉萨市教体局
尼木县	“十二五”期间重大动物疫病防控工作先进县	2016年	拉萨市农牧局
尼木县	“十二五”期间净土健康藏鸡产业推进先进县	2016年	拉萨市农牧局
共青团尼木县委员会	民族闪光先进集体	2016年	拉萨市团委
共青团尼木县委员会	预青考核第二名	2016年	拉萨市团委
尼木县公安局	全市公安局机关“两学一做”学习教育暨全面生化改革“四项建设”知识竞赛三等奖	2016年	拉萨市公安局
尼木县人民法院	2016年度全市法院第一季度办案二等奖	2016年	拉萨市中级人民法院
尼木县人民法院	拉萨市基层法院第二季度结案率第一名	2016年	拉萨市中级人民法院
尼木县人民法院	拉萨市基层法院第三季度结案率第一名	2016年	拉萨市中级人民法院
尼木县人民法院	2016年度上半年目标考评二等奖	2016年	拉萨市中级人民法院
尼木县人民法院	拉萨法院2016年度民族团结先进集体	2016年	拉萨市中级人民法院
尼木县人民法院	拉萨法院迎建党95周年文艺会演三等奖	2016年	拉萨市中级人民法院

续表3

获奖单位	获奖名称	表彰时间	授予单位
尼木县人民法院	2016年度上半年全市法院办案先进集体	2016年	拉萨市中级人民法院
尼木县麻江乡人民调委会	拉萨市先进集体	2016年	拉萨市司法局
尼木县民政局	荣获拉萨市红色遗迹保护工作先进单位	2016年	拉萨市民政局
尼木县文广局	2015年度全市广播影视工作先进集体	2016年	拉萨市广播电影电视局
尼木县公安局	尼木县民族团结模范集体	2016年	尼木县委、县政府
尼木县公安局	全县食品药品安全工作先进集体	2016年	尼木县委、县政府
尼木县公安局	2015度目标绩效考核先进党群部门第二名	2016年	尼木县委、县政府
尼木县委统战民宗	驻村工作优秀组织单位	2016年	尼木县委、县政府
尼木县财政局	2015年度目标绩效考核先进经济部门被评为第一名	2016年	尼木县委、县政府
尼木县农牧（扶贫）开发建设办公室	2016年度尼木县民族团结进步模范集体	2016年	尼木县委、县政府
尼木县委组织部	2016年度民族团结进步模范集体	2016年	尼木县委、县政府
尼木县民政局	荣获尼木县民族团结进步模范集体	2016年	尼木县委、县政府
尼木县教育局	2015年度信访工作“先进集体”	2016年	尼木县委、县政府
尼木县人民医院	2015年尼木县食品药品安全工作先进集体	2016年	尼木县委、县政府
尼木县电信局	2015年度目标绩效考核先进中直部门被评为第二名	2016年	尼木县委、县政府
塔荣镇	2015年度目标绩效考核先进乡（镇）第二名	2016年	尼木县委、县政府
塔荣镇综治办	尼木县2015年度综治维稳工作先进乡（镇）	2016年	尼木县委、县政府
塔荣镇	2016年度尼木县民族团结进步模范集体	2016年	尼木县委、县政府
林岗村	2016年双联户工作先进村	2016年	尼木县委、县政府
林岗村	全县先进基层党组织	2016年	尼木县委、县政府
塔荣村	全县先进基层党组织	2016年	尼木县委、县政府
吞巴乡	信访工作先进集体	2016年	尼木县委、县政府
根堆拉康	全县2016下半年先进寺庙管委会（专职特派机构）	2016年	尼木县委、县政府
代塔寺	全县2016下半年先进寺庙管委会（专职特派机构）	2016年	尼木县委、县政府
东嘎村	尼木县2016年度“先进双联”创建评选活动先进村	2016年	尼木县委、县政府
续迈乡达吴拉康	尼木县2016年下半年先进寺庙管委会（优秀专职特派机构）	2016年	尼木县委、县政府

续表3

获奖单位	获奖名称	表彰时间	授予单位
续迈乡贵热寺	尼木县2016年下半年和谐模范寺庙	2016年	尼木县委、县政府
续迈乡安岗村	尼木县2016年先进基层党组织	2016年	尼木县委、县政府
续迈乡续迈村	尼木县2016年先进驻村（居）工作队	2016年	尼木县委、县政府
续迈乡续迈村	尼木县2016年先进基层党组织	2016年	尼木县委、县政府
续迈乡人民政府	2015年度目标绩效考核先进乡第一名	2016年	尼木县委、县政府
续迈乡党委	尼木县创先争优强基础惠民生活动优秀组织单位	2016年	尼木县委、县政府
续迈乡党委	2016年度尼木县民族团结进步“模范集体”	2016年	尼木县委、县政府
帕古乡帕古村	尼木县2016年先进基层党组织	2016年	尼木县委、县政府
帕古乡帕古村	先进双联户创建 先进村	2016年	尼木县委、县政府
麻江乡综治维稳办	尼木县2015年度综治维稳工作先进乡	2016年	尼木县委、县政府
尼木乡人民政府	全县先进基层党组织	2016年	尼木县委
尼木县教育局	全县先进基层党组织	2016年	尼木县委
尼木县委组织部	全县先进基层党组织	2016年	尼木县委
尼木县水务局	全县先进基层党组织	2016年	尼木县委
尼木县水务局	尼木县2015年度综治维稳工作先进单位	2016年	尼木县委
尼木县委统战民宗	全县先进基层党组织	2016年	尼木县委
尼木县公安局	全县先进基层党组织荣誉称号	2016年	尼木县委
尼木县财政局	2015年尼木县食品药品安全工作	2016年	尼木县政府
尼木县人民医院	2016年尼木县创先争优强基础惠民生活动优秀组织单位	2016年	尼木县政府
麻江乡人民政府	2015年度目标绩效考核先进乡	2016年	尼木县政府
尼木县教育局	2015年尼木县食品药品安全工作“先进集体”	2016年	尼木县政府
尼木县教育系统	第七届“琼穆岗嘎”杯足球比赛亚军	2016年	尼木县政府

说明：由于各单位资料提供不全，可能有遗漏

受区（县）级以上表彰的先进个人名录

表 4

姓名	性别	民族	工作单位	获奖名称	表彰时间	授予单位
尼玛玉珍	女	藏	尼木县人民法院	2016年度全国法院藏汉双语法官培训班优秀学员	2016年	最高人民法院
洪镜伟	男	白	尼木县委组织部	组织系统2016年度优秀网宣员	2016年	中共中央组织部
旦增赤列	男	藏	麻江乡完全小学	TCL希望工程烛光奖	2016年	中国青少年发展基金会
边巴扎西	男	藏	尼木县强基办	创先争优强基础惠民生活动先进工作者	2016年	自治区党委、自治区政府
洛桑顿珠	男	藏	尼木县公安局	优秀驻寺干部	2016年	自治区党委、自治区政府
沈世阳	男	汉	续迈乡人民政府	2016年度全区社会治安综合治理“先进工作者”	2016年	自治区党委、自治区政府
徐静	女	汉	驻卡如乡卡如村驻村工作队	自治区级先进驻村工作队队员	2016年	自治区党委
坚才曲扎	男	藏	驻卡如乡赤朗村驻村工作队	自治区级先进驻村工作队队员	2016年	自治区党委
扎西	男	藏	卡如乡	自治区级精准扶贫先进个人	2016年	自治区政府
何忠星	男	汉	尼木县中学	西藏自治区优秀教师荣誉称号	2016年	自治区政府
旦增	男	藏	帕古乡完全小学	自治区优秀共产党员	2016年	自治区政府
次旦吉	女	藏	尼木县中心小学	优秀教师	2016年	自治区政府
罗布次仁	男	藏	尼木县人民医院	在2015—2016年自治区创先争优强基础惠民生活动中被评为先进驻村工作队员	2016年	自治区政府
洛桑顿珠	男	藏	尼木县公安局	个人三等功	2016年	自治区公安厅
洛桑卓嘎	女	藏	尼木县人民法院	全区法院民事审判工作办案能手	2016年	自治区高级人民法院
仓决	女	藏	尼木县中心小学	教育行业妇女岗位建功“先进个人”	2016年	自治区教育厅、自治区妇联
齐爽	男	汉	帕古乡完全小学	自治区级优课	2016年	自治区教育厅
次仁穷达	女	藏	尼木县中心小学	自治区级优课	2016年	自治区教育厅
格桑曲批	男	藏	尼木乡完全小学	全区中小学德育先进工作者	2016年	自治区教育厅
周明祥	男	汉	农行尼木县支行	营业部业务技能比赛知识竞赛荣获第三名	2016年	农行西藏分行营业部
王力	男	汉	农行尼木县支行	区分行法律知识竞赛荣获第一名	2016年	农行西藏分行营业部
索朗	男	藏	帕古乡完全小学	中小学藏语多媒体教学课件评比优秀奖	2016年	五省区藏族教育协作领导小组办公室
达瓦巴珠	男	藏	尼木县中学	拉萨市第32个教师节“优秀教师”银奖称号	2016年	拉萨市委、市政府

续表4

姓名	性别	民族	工作单位	获奖名称	表彰时间	授予单位
吕荣昌	男	汉	尼木县中学	拉萨市第32个教师节“李氏个人”铜奖	2016年	拉萨市委、市政府
普次仁	男	藏	尼木县中学	拉萨市第32个教师节“李氏个人”奖	2016年	拉萨市委、市政府
曹大权	男	汉	尼木县委宣传部	2015—2016年市级先进驻村工作队员	2016年	拉萨市委、市政府
普琼次仁	男	藏	普松村	2016年度市先进双联户代表	2016年	拉萨市委、市政府
次仁群培	男	藏	尼木县委政法委	2016年度社会治安综合治理综合治理工作先进个人	2017年	拉萨市委、市政府
多吉普桑	男	藏	尼木县信访局	拉萨市信访工作先进个人	2016年	拉萨市委、市政府
南文	男	汉	尼木县教育局	全市先进党务工作者	2016年	拉萨市委
郭百顺	男	汉	尼木县委组织部	优秀共产党员	2016年	拉萨市委
加央	男	藏	尼木县公安局	优秀驻寺干部	2016年	拉萨市委
巴桑朗杰	男	藏	塔荣镇人民政府	全市优秀村（社区）党组织第一书记	2016年	拉萨市委
孙晋英	男	汉	帕古乡	评为全市优秀共产党员	2016年	拉萨市委
张发扬	男	汉	续迈乡人民政府	拉萨市2016年度“优秀党务工作者”	2016年	拉萨市委
多吉	男	藏	尼木县安监局	2015年度全市安全生产指标控制“先进个人”	2016年	拉萨市政府
杨卓	男	汉	尼木县安监局	2015年度综治维稳工作“先进个人”	2016年	拉萨市政府
田茂飞	男	土家	尼木县教育局	民族团结先进个人	2016年	拉萨市政府
桑珍	女	藏	尼木县教育局教研室	拉萨市“优秀教师”铜奖	2016年	拉萨市政府
贡桑旺姆	女	藏	尼木县教育局教研室	“优秀教师”李氏奖	2016年	拉萨市政府
扎桑	女	藏	续迈乡完全小学	拉萨市“优秀教师”铜奖	2016年	拉萨市政府
阿旺洛桑	男	藏	续迈乡完全小学	“优秀教师”李氏奖	2016年	拉萨市政府
阿锋	男	藏	麻江乡完全小学	拉萨市“优秀教师”铜奖	2016年	拉萨市政府
噶玛多杰	男	藏	麻江乡完全小学	拉萨市“优秀教师”铜奖	2016年	拉萨市政府
次仁	男	藏	尼木乡完全小学	拉萨市“优秀教师”铜奖	2016年	拉萨市政府
陈琪	男	汉	帕古乡完全小学	民族团结先进个人	2016年	拉萨市政府
次仁	男	藏	帕古乡完全小学	拉萨市“优秀教师”铜奖	2016年	拉萨市政府
卓嘎	女	藏	帕古乡完全小学	“优秀教师”李氏奖	2016年	拉萨市政府

续表4

姓名	性别	民族	工作单位	获奖名称	表彰时间	授予单位
曲　珍	女	藏	尼木县中心小学	“优秀教师”李氏奖	2016年	拉萨市政府
仓　决	女	藏	尼木县中心小学	拉萨市“优秀教师”金奖	2016年	拉萨市政府
旦　巴	男	藏	尼木县中心小学	拉萨市“优秀教师”铜奖	2016年	拉萨市政府
琼　达	男	藏	尼木县中心小学	“优秀教师”李氏奖	2016年	拉萨市政府
扎西顿珠	男	藏	尼木县中学	拉萨市第一届青少年科技创新大赛优秀辅导员称号	2016年	拉萨市政府
次仁桑珠	男	藏	尼木县中学	拉萨市第一届青少年科技创新大赛优秀辅导员称号	2016年	拉萨市政府
刘建明	男	汉	尼木县中学	拉萨市第一届青少年科技创新大赛优秀辅导竞赛项目优秀奖	2016年	拉萨市政府
曲吉拉姆	女	藏	尼木县中心幼儿园	拉萨市“优秀教师”铜奖	2016年	拉萨市政府
次旦卓玛	女	藏	续迈乡人民政府	拉萨市2016年度基层劳动就业社会保障公共服务平台先进工作者	2017年	拉萨市政府
朗加泽措	女	藏	尼木县发改委	拉萨市2016年度招商引资工作先进个人	2017年	拉萨市政府
强巴次仁	男	藏	尼木县中心小学	优秀藏文老师	2016年	拉萨市委组织部、拉萨市教育局
曹大权	男	汉	尼木县委宣传部	2015年度宣传思想工作先进个人	2016年	拉萨市委宣传部
伦珠旦塔	男	藏	尼木县公安局	宗教工作优秀干部	2016年	拉萨市统战部、民宗局
德　央	女	藏	尼木县人民法院	拉萨市先进驻村队员	2016年	拉萨市强基办
索朗德吉	女	藏	尼木县人民检察院	拉萨市检察机关优秀本案人员	2016年	拉萨市检察院
张　尧	男	汉	尼木县人民检察院	首届民族团结进步模范家庭称号	2016年	拉萨市检察院
丹增吉梅	男	藏	尼木县人民检察院	首届民族团结进步模范家庭称号	2016年	拉萨市强基办
彭　柯	男	汉	麻江乡人民政府	优秀驻村先进个人	2016年	拉萨市强基办
杨秀花	女	回	尼木县委宣传部	拉萨市创建全国文明城市先进个人	2016年	拉萨市文明委
师永军	男	汉	塔荣镇人民政府	2016年拉萨市创建全国文明城市先进个人	2016年	拉萨市精神文明建设指导委员会办公室
次仁多杰	男	藏	曲水村党支部	市级民族团结先进个人	2016年	拉萨市文明办
伦珠旦塔	男	藏	尼木县公安局	书画作品奖	2016年	拉萨市公安局
伦珠旦塔	男	藏	尼木县公安局	绘画奖	2016年	拉萨市公安局
伦珠旦塔	男	藏	尼木县公安局	人民警察奖惩条例嘉奖	2016年	拉萨市公安局
伦珠旦塔	男	藏	尼木县公安局	书法奖	2016年	拉萨市公安局

续表4

姓名	性别	民族	工作单位	获奖名称	表彰时间	授予单位
索　　多	男	藏	尼木县公安局	个人三等功	2016年	拉萨市公安局
胡娅娟	女	汉	尼木县公安局	入警培训优秀学员	2016年	拉萨市公安局
陈玉兰	女	汉	尼木县人民法院	优秀党员	2016年	拉萨市中级法院
黄　　伟	男	汉	尼木县人民法院	优秀党员	2016年	拉萨市中级法院
尼　　玛	女	藏	尼木县人民法院	个人三等功	2016年	拉萨市中级法院
索朗罗布	男	藏	尼木县人民法院	个人三等功	2016年	拉萨市中级法院
达娃卓玛	女	藏	尼木县人民法院	拉萨法院2016年度民族团结先进个人	2016年	拉萨市中级法院
索朗德吉	女	藏	塔荣镇	拉萨市人民调解先进个人	2016年	拉萨市司法局
索朗德吉	女	藏	塔荣镇	拉萨市人民调解先进个人	2016年	拉萨市司法局
次仁央拉	女	藏	帕古乡完全小学	拉萨市微课大赛优秀奖	2016年	拉萨市教育局
拉　　珍	女	藏	尼木县中心小学	优秀辅导员	2016年	拉萨市教育局
拉巴普赤	女	藏	尼木县中学	“诵中华经典做有德之人”朗读比赛指导教师奖	2016年	拉萨市教育局
益西群珍	女	藏	尼木县中学	拉萨市首届乐高机器人“绿色城市”竞赛二等奖	2016年	拉萨市教育局
拉巴普赤	女	藏	尼木县中学	拉萨市首届教师微课大赛一等奖	2016年	拉萨市教育局拉萨市电化教育馆
扎　　珍	女	藏	尼木县中学	拉萨市首届教师微课大赛优秀奖	2016年	拉萨市教育局拉萨市电化教育馆
旦增次仁	男	藏	普松乡人民政府	市“青马工程”第十二期团干部优秀学员	2016年	共青团拉萨市委员会
达娃桑旦	男	藏	塔荣镇人民政府	2016年拉萨市优秀团干部	2016年	共青团拉萨市委员会
普格桑	男	藏	塔荣镇	拉萨市第三届净土健康产业优良奶牛竞赛一等奖	2016年	拉萨市净土办
吴　　金	男	藏	塔荣镇	拉萨市第三届净土健康产业优良奶牛竞赛二等奖	2016年	拉萨市净土办
索朗多吉	男	藏	塔荣镇	拉萨市第三届净土健康产业优良奶牛竞赛优秀奖	2016年	拉萨市净土办
普布拉姆	女	藏	尼木县电信局	2015年度中国电信集团公司拉萨分公司优秀工会积极分子	2016年	中国电信集团公司拉萨分公司
普布拉姆	女	藏	尼木县电信局	2015年度中国电信集团公司拉萨分公司优秀员工	2016年	中国电信集团公司拉萨分公司
阿　　旺	男	藏	尼木县中学	在2015—2016学年度工作中成绩优异被评为“优秀教师”荣誉称号	2016年	惠州市第八中学
朗杰卓嘎	女	藏	尼木县信访局	2016年度社会管理综合治理工作先进个人	2016年	尼木县委、县政府

续表4

姓名	性别	民族	工作单位	获奖名称	表彰时间	授予单位
索朗德吉	女	藏	尼木县人民检察院	2016年民族团结进步模范个人	2016年	尼木县委、县政府
贡嘎群旦	男	藏	尼木县司法局	“民族团结进步模范创建”模范个人奖	2016年	尼木县委、县政府
索朗云登	男	藏	尼木县发改委	优秀共产党员	2016年	尼木县委、县政府
索朗云登	男	藏	尼木县发改委	优秀公务员（2016年度）	2016年	尼木县委、县政府
巴桑德吉	女	藏	尼木县发改委	优秀公务员（2016年度）	2016年	尼木县委、县政府
边巴顿珠	男	藏	尼木县人民医院	尼木县强基惠民先进工作队员	2016年	尼木县委、县政府
卓玛初姆	女	藏	帕古乡	2015年度综治工作先进个人	2016年	尼木县委、县政府
孙晋英	男	汉	帕古乡	2016年度尼木县“民族团结进步模范创建”先进个人	2016年	尼木县委、县政府
达嘎帕珠	男	藏	塔荣镇	县级双联户工作先进个人	2016年	尼木县委、县政府
南色	男	藏	塔荣镇	县级双联户工作先进个人	2016年	尼木县委、县政府
刘印川	男	汉	塔荣镇人民政府	优秀驻村工作队员	2016年	尼木县委、县政府
巴桑朗杰	男	藏	塔荣镇人民政府	尼木县民族团结进步模范创建工作模范个人	2016年	尼木县委、县政府
张健波	男	汉	尼木乡	2016年县级优秀驻村工作队员	2016年	尼木县委、县政府
次仁措姆	女	藏	续迈乡人民政府	尼木县2016年度综治维稳工作先进个人	2017年	尼木县委、县政府
鲁茸央宗	女	藏	续迈乡人民政府	尼木县强基惠民先进工作队员	2016年	尼木县委、县政府
赤列顿珠	男	藏	续迈乡人民政府	尼木县2016年度“民族团结进步模范创建”模范个人	2016年	尼木县委、县政府
扎桑	女	藏	续迈乡人民政府	尼木县强基惠民先进工作队员	2016年	尼木县委、县政府
格桑尼玛	男	藏	续迈乡人民政府	尼木县2016年度综治维稳工作先进个人	2017年	尼木县委、县政府
尼玛	女	藏	尼木县人民法院	尼木县2016年度优秀公务员	2016年	尼木县委、县政府
尼玛玉珍	女	藏	尼木县人民法院	尼木县2016年度优秀公务员	2016年	尼木县委、县政府
陈玉兰	女	汉	尼木县人民法院	2016年度民族团结进步模范个人	2016年	尼木县委、县政府
次仁群培	男	藏	尼木县委政法委	2016年度民族团结进步模范个人	2016年	尼木县委、县政府
平孙卓玛	女	藏	尼木县委政法委	2016年度综治维稳先进个人	2016年	尼木县委、县政府
索朗卓玛	女	藏	尼木县信访局	尼木县信访工作先进个人	2016年	尼木县委、县政府
胡刚	男	汉	尼木县信访局	尼木县信访工作先进个人	2016年	尼木县委、县政府

续表4

姓名	性别	民族	工作单位	获奖名称	表彰时间	授予单位
朗杰卓嘎	女	藏	尼木县信访局	尼木县信访工作先进个人	2016年	尼木县委、县政府
吴　勇	男	汉	吞巴乡	2016年度优秀党务工作者	2016年	尼木县委
达娃桑旦	男	藏	塔荣镇人民政府	2016年基层党建工作先进个人	2016年	尼木县委
朗嘎次仁	男	藏	尼木乡	2016年度尼木县优秀党务工作者	2016年	尼木县委
洛桑卓玛	女	藏	尼木乡	2016年度尼木县优秀党务工作者	2016年	尼木县委
次仁玉珍	女	藏	尼木乡	2016年度尼木县优秀共产党员	2016年	尼木县委
陈静静	女	汉	尼木乡	2016年度尼木县优秀党务工作者	2016年	尼木县委
罗　桑	男	藏	塔荣镇人民政府	尼木县优秀共产党员	2016年	尼木县委
次仁平措	男	藏	塔荣镇人民政府	2016年基层党建工作先进个人	2016年	尼木县委
次仁卓玛	女	藏	续迈乡人民政府	尼木县2016年度“优秀党务工作者”	2016年	尼木县委
平措旦增	男	藏	续迈乡人民政府	尼木县2016年度“先进党务工作者”	2016年	尼木县委
赤列顿珠	男	藏	续迈乡人民政府	尼木县2016年度“优秀共产党员”	2016年	尼木县委
达　瓦	男	藏	续迈乡人民政府	尼木县2016年度“先进党务工作者”	2016年	尼木县委
边久久米	男	藏	续迈乡人民政府	尼木县2016年度“优秀共产党员”	2016年	尼木县委

说明：由于各单位资料提供不全，可能有遗漏

索 引

说 明

一、本索引采用主题分析法编制。索引范围包括篇目、类目、分目、条目等。

二、本索引按主题词首字汉语拼音音序（同音按音调）排列，若首字拼音相同则按第二字音序排列，以此类推。

三、索引款目后的数字表示内容所在的页码，数字后的拉丁字母（a、b）表示栏别（从左至右）。

四、篇目、类目、分目用黑体字。

A

B

C

D

E

F

G

H

J

M

N

R

S

T

W

X

Y

Z

中共尼木县委员会

2016年10月24日，拉萨市委常委、副市长暴剑调研吞巴水磨长廊，县委书记杜国君、县委常务副书记赵金祥陪同

2016年10月14日，县委书记杜国君调研贫困户

2016年11月30日，县委书记杜国君到麻江乡亚米组看望慰问贫困户

2016年10月14日，县委书记杜国君到贫困户家中调研

2016年10月14日，县委书记杜国君调研看望贫困户

2016年7月19日，县委书记杜国君到麻江乡调研

2016年8月19日，县委书记杜国君调研藏鸡产业项目

2016年11月30日，县委书记杜国君到麻江乡亚米组了解贫困户脱贫情况

2016年11月29日，县委书记杜国君到塔荣镇调研

2016年12月29日，县委书记杜国君应邀至北京做客新华网、中国政府网、国家信访局网站谈信访工作

2016年11月28日，县委书记杜国君为全县党员干部讲党课

2016年11月2日，县委常务副书记赵金祥到赤朗村调研

2016年11月16日，县委常务副书记赵金祥到综治办检查指导工作

2016年11月24日，县委常务副书记赵金祥慰问贫困老人嘎玛桑姆

2016年11月19日，县委副书记次旦贡觉到续迈乡检查维稳值班工作

2016年11月13日，县委副书记加略到人社局指导劳资纠纷调解

2016年11月16日，县委常务副书记赵金祥到续迈乡调研

2016年12月27日，县委副书记加略到卡如乡宣讲十八届六中全会、区市第九次党代会精神和精准扶贫小康安居工程

尼木县人民代表大会常务委员会

2016年6月5日，西藏自治区人大常委会副主任张晓华（右二）带队自治区换届工作检查指导组到尼木县检查指导人大、政府换届工作

2016年5月20日，拉萨市人大常委会副主任觉根（左四）带队拉萨市、县、乡换届选举督导工作组到尼木县调研督导换届选举工作

2016年10月18日，人大常委会党组书记、主任尼玛次仁到麻江乡开展“精准扶贫”入户调查

2016年5月16日，人大常委会副主任米玛潘多检查指导乡镇换届选举工作

2016年1月，人大常委会开展慰问驻寺干部、寺庙僧尼活动

2016年1月12日，人大常委会发放“人大代表之家”设备

2016年3月8日，尼木县召开第十二届人民代表大会第七次会议

2016年5月24日，人大常委会组织召开第十二届二十三次常委会议

2016年8月15日，尼木县人大、政协联合召开会议听取“一府两院”工作报告

2016年9月14日，人大常委会召开第二十六次常委会议

2016年9月19日，尼木县召开第十三届人民代表大会第一次会议

2016年11月14日，人大常委会组织召开十三届人大常委会一次会议

尼木县人民政府

2016年6月14日，县委副书记、县长普琼检查“两学一做”工作

2016年9月11日，县委副书记、县长普琼主持召开全县小康安居工程工作推进会

2016年8月3日，县委副书记、常务副县长尹世强安排部署发改委工作

2016年10月25日，县委副书记、常务副县长尹世强带队参观考察青海新能源实业股份有限生产基地

2016年10月17日，县委常委、副县长张文明向市信访局检查组汇报尼木县信访工作开展情况

2016年10月27日，县委常委、副县长郑同生参加尼续村义诊及宣讲活动

2016年11月8日，副县长张振生了解寺庙通水工程运行情况

2016年4月30日，副县长颜泽伦到吞巴乡慰问群众

2016年10月14日，副县长旦增江才到尼木乡农用水渠检查调研

2016年10月28日，副县长米玛潘多陪同市国土局及专家组对麻江乡土地开发项目进行验收

2016年3月15日，副县长布穷带队调研尼木县基层阵地建设项目选址

中国人民政治协商会议尼木县委员会

2016年9月19日，政协党组书记、主席赵志强主持召开二届一次常委会

2016年10月14日，政协党组书记、主席赵志强到普松乡指导精准扶贫工作开展情况

2016年9月22日，政协委员在中国人民政治协商会议第二届尼木县委员会第一次会议上投票选举

2016年9月19日，政协召开二届一次会议

2016年10月20日，政协委员开展“两学一做”学习座谈交流会

2016年12月13日，第二届尼木县政协委员到达孜县考察

2016年9月21日，组织第二届尼木县政协委员到乌米考察

2016年12月17日，召开专题民主生活会

2016年3月15日，开展精准扶贫调查摸底活动

2016年3月8日，召开政协一届五次会议第十四次常委会

2016年8月，联合人大办组织部分委员听取“一府两院”报告

2016年3月9日，尼木县召开政协一届五次会议

中共尼木县纪律检查委员会（监察局）

2016年8月9日，自治区纪委副书记王瑞田（后排右三）带领专项督导组对尼木县纪委“三转”落实情况进行检查

2016年5月29日，县委副书记次旦贡觉对尼木乡换届工作进行专项督导检查

2016年12月20日，县委常委、纪委书记郝蕾对拉萨市党风廉洁建设责任制考核迎检工作进行安排部署

2016年10月21日，县委常委、纪委书记郝蕾对各乡（镇）“两学一做”学习教育开展情况进行专项检查

2016年10月15日，尼木县纪委联合党校邀请拉萨市纪委副书记苏新勇开展党风廉洁建设专题培训会

2016年7月2日，尼木县纪委副书记普琼组织全体干部职工集中学习《中国共产党问责条例》

2016年11月23日，尼木县纪委副书记普琼对政务服务中心服务窗口工作人员在岗情况进行督查

2016年12月29日，尼木县纪委召开监察局局长办公会议

2016年3月6日，尼木县纪委挂牌成立四个科室

2016年9月13日，尼木县纪委召开八次全委会

2016年5月3日，尼木县组织各乡（镇）、县直各单位负责人开展纪委专题学习会

2016年10月23日，尼木县纪委组织全县纪检干部观看《永远在路上》

中共尼木县委办公室

2016年10月21日，西藏自治区档案局副局长索朗带领检查组到尼木县检查指导档案工作

2016年10月21日，县委办公室干部走访调研贫困户

2016年9月20日，县委办公室负责人到联系户慰问

2016年10月14日，县委办公室迎接保密工作大检查

2016年10月11日，县委办党支部召开支部会议讨论

2016年5月19日，县委办集体学习

2016年8月1日，聆听档案工作会议

2016年9月26日，县委办公室组织学习

2016年6月20日，县委办公室开展档案法规宣传活动

2016年7月17日，县委办公室成员户外劳动

2016年5月5日，县委办公室全体人员到县敬老院打扫卫生

2016年8月25日，办公室工作人员安全义务宣传

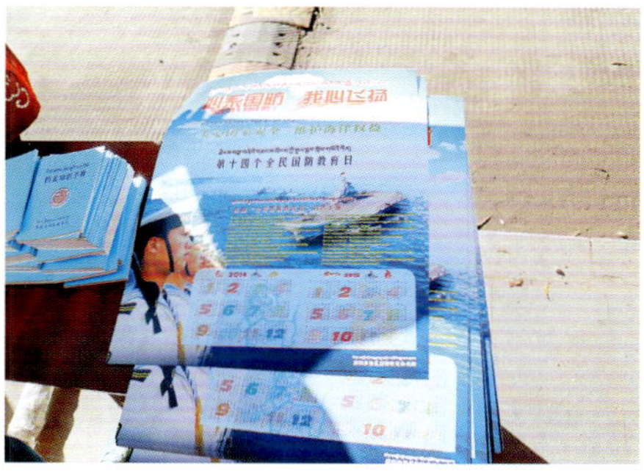

2016年9月10日，参与国防宣传

中共尼木县委组织部（编办）

2016年9月14日，西藏自治区党委组织部部务委员、纪检组组长韩春芳（右四）一行对尼木县换届工作进行检查

2016年5月27日，西藏自治区党委组织部部务委员、纪检组组长韩春芳（前排右二）一行对尼木县换届工作进行检查

2016年12月12日，西藏自治区党委组织部组织一处处长张平一行工作组对尼木县2016年基层党建进行检查考核，市委副书记、组织部部长陈军，县委书记杜国君陪同

2016年3月16日，市委副书记、组织部部长陈军（中）到尼木县调研“强党固基扶村”及县乡换届前期筹备工作

2016年10月28日，拉萨市文化局党组成员、副局长、市党改办副主任赵有鹏（后排左二）一行工作组对尼木县党的建设制度改革推进情况和“三个全覆盖”落实情况进行调研

2016年5月12日，尼木县召开县乡领导班子换届工作安排部署会

2016年8月19日，尼木县召开县乡领导班子换届、“三个全覆盖”和“强党固基扶村”工作推进会暨换届风气监督专题（培训）部署会

2016年9月14日，中国共产党尼木县第九次代表大会胜利召开

2016年7月5日，尼木县召开庆祝中国共产党成立95周年大会

2016年9月12日，中国共产党尼木县第九次代表大会预备会议召开

2016年9月12日，中国共产党尼木县第九次代表大会主席团第一次会议召开

2016年9月12日，中国共产党尼木县第九次代表大会主席团第二次会议召开

中共尼木县委宣传部

2016年10月20日，县委书记杜国军主持召开县委理论学习中心组“两学一做”学习教育研讨学习会

2016年10月9日，县委宣传部邀请拉萨市道德模范、“身边好人”到尚日村开展道德巡讲活动

2016年11月16日，看望慰问精准扶贫结对帮扶对象

2016年12月23日，“冬行西藏”全国网络媒体行到尼木县吞巴乡采访

2016年10月21日，尼木县各族干部职工集中收听收看纪念红军长征胜利80周年大会盛况

2016年11月20日，尼木县深入开展“党的十八届六中会会、区市第九次党代会精神”“精准扶贫精准脱贫、小康安居工程政策”宣讲动员培训会

2016年7月21日，县委宣传部邀请市委党校讲师团到尼木县开展“两学一做”专题讲座及学习贯彻习近平总书记“七一”讲话辅导报告

2016年3月29日，尼木县开展纪念“西藏百万农奴解放57周年”主题宣讲大会

2016年3月15日，县宣传文化系统学习贯彻习近平总书记在“党的新闻舆论工作座谈会上的讲话精神”专题学习会

2016年3月5日，县委理论中心组集中收看十二届全国人大四次会议开幕式

2016年9月29日，尼木县开展迎国庆暨第26个民族团结宣传月文艺会演

2016年3月23日，县委宣传部组织相关单位到麻江乡开展“五下乡”活动启动仪式

2016年3月28日，尼木县举行纪念西藏百万农奴解放57周年“升国旗 唱国歌”仪式

中共尼木县委统战部（民族宗教事务局）

2016年12月25日，拉萨市副市长扎西边珍（后排右三）慰问帮扶联系寺庙卓玛普日追

2016年11月16日，市委常委、统战部部长阿努次仁（中），市政协副主席、市民宗局党组书记拉巴顿珠（右二）到尼木县调研宗教工作

2016年12月21日，拉萨市政协副主席、市民宗局党组书记拉巴顿珠（后排左二）到尼木县开展宗教领域维稳督察调研

2016年12月5日，县委常委、统战部部长普布次仁慰问藏胞

2016年4月18日，尼木县政协副主席、民宗局局长旺杰看望慰问结对帮扶户

2016年11月29日，卡曲寺“古朵”佛事活动顺利结束

2016年12月1日，县妇联携手拉萨恒大医院开展民族团结巾帼添彩之“送医送药送温暖”活动

2016年12月1日，拉萨恒大医院医护人员为尼木县尼姑进行免费体检

2016年12月21日，卓瓦曲碘寺管委会对尼姑开展十八届六中全会和区市九次党代会精神宣讲

2016年8月23日，召开下半年涉宗维稳工作安排部署会

2016年8月30日，召开尼木县第26个“民族团结宣传月”动员部署会

2016年11月3日，2016年下半年和谐模范寺庙暨爱国守法先进僧尼表彰大会举行，县委副书记加略作重要讲话

中共尼木县委政法委员会

2016年11月2日，西藏自治区政法委副秘书长、区综治委委员王建雷（后排左四）带队考核验收尼木县2016年度综治维稳工作

2016年4月12日，西藏自治区政法委副秘书长、护路办主任格桑罗布（右三）到尼木县检查指导铁路护路工作

2016年2月4日，自治区公安厅巡视员、拉萨市委常委、市委政法委第一副书记、市公安局党委书记次仁旺堆（左一）到尼木县检查指导工作

2016年8月19日，拉萨市维稳办副主任曾四红（中）到尼木县检查指导重大项目风险评估工作

2016年7月1日，县委副书记加略慰问驻吞达村驻村工作队员

2016年2月6日，县委常委、政法委书记、公安局局长吴昌军春节前慰问结对帮扶对象

2016年10月24日，参加麻江乡精准扶贫、精准脱贫政策工作宣讲大会

2016年9月16日，开展“9·16”平安西藏宣传日活动

2016年12月16日，尼木县2016年度先进“双联户”创建评选活动先进集体、先进“双联户”代表和参会领导合影

2016年3月3日，政法委召开2015年度综治维稳总结表彰暨2016年综治维稳工作安排部署会议

2016年10月12日，召开尼木县迎检2016年度区市综治目标考核工作安排部署会议

2016年12月16日，召开尼木县政法工作总结暨2017年工作安排部署会议

2016年11月17日，召开尼木县“先进双联户”创建评选活动表彰大会

尼木县人民代表大会常务委员会办公室

2016年11月30日，人大常委会副主任旦平带领人大办工作人员到“七乡一镇”就代表建议办理情况开展跟踪督查

2016年1月27日，人大常委会副主任扎西旺堆、人大常委会副主任边巴看望慰问机关退休老干部

2016年4月27日，人大常委会副主任边巴联合县财政局在尼木县客运中心举行扶贫对口发放物资仪式

2016年10月18日，县委副书记、人大常委会主任尼玛次仁带领办公室工作人员到麻江乡开展“精准扶贫”入户调查

2016年4月6日，县人大常委会、办公室开展“精准扶贫”调研

2016年5月16日，人大办公室工作人员对乡镇换届选举工作检查指导

2016年5月4日，人大办公室一行到麻江乡朗堆村慰问“精准扶贫”结对户

2016年5月，人大、政府换届选举张贴候选人公示

2016年7月1日，人大常委会召开庆祝建党95周年暨“学习习近平系列讲话”专题党课

2016年4月，开展乡镇人大专项经费使用和“人大代表之家”创建调研指导工作

2016年4月13日，县人大办、县政府办、政协办联合召开2016年人大代表建议、政协委员提案交办会

2016年11月1日，人大办组织尼木代表团参加拉萨市第十一届一次人代会分组讨论会现场

尼木县人民法院

2016年11月17日，拉萨市中级人民法院党组成员、副院长陈杰（中）带队责任目标考评工作组一行到尼木县人民法院检查指导工作

2016年7月25日，拉萨市中级人民法院党组成员、副院长王永军（右一）一行到尼木县人民法院检查指导各项工作开展情况

2016年12月6日，县委副书记、县长普琼，副县长旦增江才到法院考察“十二五”审判综合楼项目工程进度

2016年10月30日，县委常委、组织部部长杜开凡到法院检查指导“两学一做”教育实践活动

2016年11月18日，县委副书记、人大常委会主任尼玛次仁带队责任目标考评工作组一行到法院检查指导工作

2016年11月29日，党组书记、院长罗红主持中心理论组学习会议

2016年8月11日，尼木县人民法院副院长尼玛及立案庭干警处理一起涉诉信访纠纷

2016年1月19日，尼木县人民法院立案庭实行快审快结机制

2016年12月4日，尼木县人民法院为“全国法制宣传日”开展“平安尼木、和谐尼木”主题法制宣传活动

2016年3月5日，尼木县人民法院开展学雷锋日法制宣传活动

2016年10月27日，尼木县人民法院审判监督委员会举办人民陪审员、人民调解委员会培训班

2016年6月8日，尼木县人民法院举行“优秀人民陪审员”表彰会

尼木县人民检察院

2016年12月5日，拉萨市检察院副检察长德吉卓嘎（左三）一行到尼木县检察院年终考核

2016年9月13日，拉萨市检察院检务督查小组组长次旺欧珠（左排左二）一行到尼木县检察院检查综合工作

2016年11月14日，副县长旦增江才等相关单位负责人对老楼改造进行验收

2016年11月29日，党组书记、检察长强巴阿旺，副检察长达娃到精准扶贫联系村了解结对帮扶户情况

2016年4月23日，党组书记、检察长强巴阿旺传达“两学一做”精神

2016年3月21日，党组书记、检察长强巴阿旺到东嘎村了解结对帮扶情况

2016年11月29日，党组书记、检察长强巴阿旺，副检察长达娃走村入户实地了解情况

2016年6月23日，副检察长达娃带队对包干区进行大扫除

2016年5月12日，检察院干警学习院规章制度

2016年9月19日，检察院干警开展法制宣传活动

2016年9月22日，尼木县检察院干警索郎卓玛参加在县职工食堂举行“迎国庆暨庆祝第26个民族团结宣传月”专题文艺会演

2016年9月13日，拉萨市检察院督查小组到尼木县检察院检查工作

尼木县人民政府办公室

2016年11月18日，政府办公室主任旦曲主持召开"两学一做"学习会

2016年11月16日，政府办公室主任旦曲到尼木县政务服务大厅检查指导工作

2016年3月27日，政府办公室主任旦曲到续迈乡走访慰问结对户

2016年4月17日，政府办公室副主任强措姆慰问结对帮扶户

2016年9月11日，政府办公室主任旦曲参加尼木县小康安居工程推进会

2016年6月14日，政府办公室工作人员对人大代表（原县委书记范永红）征求人大建议

政府办公室工作人员开展日常工作

2016年3月31日，政府办公室召开支部大会

2016年7月14日，政府办公室组织全体干部职工观看作风建设《永远在路上》专题教育会

2016年4月28日，政府办公室工作人员到农牧民家中进行一户一卡登记

政府办公室工作人员开展“3·5”学雷锋活动

2016年3月15日，开展义务植树活动

中国人民政治协商会议
尼木县委员会办公室

2016年6月22日，拉萨市政协秘书长张勤（左二）考察卡如乡经济林，县政协副主席仁金罗布陪同

2016年10月25日，政协副主席仁金罗布慰问贫困户

2016年4月25日，政协党组书记、主席赵志强带队在全县开展“禁白”督察活动

2016年5月18日，政协办公室主任扎西平措带领干部职工慰问精准扶贫帮扶户

2016年4月20日，达孜县政协委员到尼木县开展考察活动

2016年12月13日，尼木县政协委员到达孜县考察精准扶贫易地搬迁点

2016年7月8日，由政协办牵头联合政府办、环保局等六家单位开展“禁白”活动

2016年12月13日，尼木县政协委员到达孜县对精准扶贫易地搬迁点考察

2016年4月13日，在县政府二楼会议室召开人大建议、政协提案交办会

2016年10月20日，组织部分委员传达学习拉萨市政协会议精神

尼木县总工会

2016年6月12日，县、乡两级工会主席汇报村级工会组织建设和乡镇“八有”建设情况

为困难职工发放医疗救助慰问金

2016年5月16日，召开困难大学生资助金发放仪式

慰问困难职工代表

2016年3月17日，在拉萨举行村居工会组织建设动员部署会

2016年“两节”前夕，召开困难职工座谈会

尼木县妇女联合会

2016年10月17日，在吞巴乡农行支行办理妇女创业小额贷款

2016年5月8日，发放“母亲邮包”

2016年4月13日，县妇联到尼木县小学发放“春蕾生”资助款

2016年5月22日，县妇联到麻江乡开展“五下乡”活动

2016年6月1日，县妇联组织尼木县幼儿园开展儿童节文艺会演

2016年10月28日，便民警务站妇女儿童维权服务岗揭牌仪式

尼木县公安局

2016年8月1日，县委副书记、县长普琼，县委常委、政法委书记、公安局党委书记、局长黄鹤督导检查赛马节安保工作

2016年11月30日，县委常委、政法委书记、公安局党委书记、局长黄鹤到结对帮扶贫困户家中看望慰问

2016年8月1日，县委常委、政法委书记、公安局党委书记、局长黄鹤到县武警中队看望慰问官兵

2016年5月23日，公安局党委副书记、政委多吉次仁召开道路交通安全工作部署会

2016年11月16日，公安局召开执法规范化建设推进会

2016年12月15日，公安局党委组织开展向困难职工献爱心活动

2016年1月10日，公安局干警开展“110”法制宣传活动

2016年12月23日，公安局开展全县武装巡逻

2016年4月2日，公安局组织民警参观尼木县烈士陵园

2016年8月24日，公安局文艺小分队下基层慰问演出

公安局组织开展维稳应急处突演练

2016年12月18日，公安局党委组织各科、所、队、站负责人观看“警钟”警示教育片

2016年11月27日，公安局组织开展民主测评活动

2016年8月30日，公安局召开维稳工作安排部署会

共青团尼木县委员会

2016年12月5日，阿里考察团到尼木县参观创业项目

2016年7月11日，团县委到县中学举办预青法制讲座

2016年9月27日，团县委在县政府召开第六次团代会

2016年11月11日，团县委在县政府举办青年联谊活动

2016年9月22日，团县委到养老院组织开展志愿服务活动

2016年9月30日，团县委到尼木县小学组织开展向国旗敬礼活动

尼木县司法局

2016年4月18日，党支部书记、局长央青主持召开“两学一做”动员大会

2016年1月21日，党支部书记、局长张绪刚走访慰问社区矫正人员

2016年3月27日，司法局工作人员走访慰问特困刑满释放人员家庭

2016年7月22日，司法局工作人员对人民调解规范化建设进行调研

2016年3月22日，司法局工作人员参加纪念西藏和平解放65周年暨“文化、科技、卫生、法律、爱国爱教”“五下乡”活动

2016年9月18日，司法局开展全县依法行政能力培训

2016年6月4日，司法局开通短信宣传平台和“尼木司法”微信平台

尼木县发展和改革委员会

2016年3月15日，副市长林生（右四），市交通局党委书记、中石油拉萨分公司经理普玉塔（中）考察县城至帕古公路、麻江杨林油库、强聂村委会搬迁等项目

2016年9月2日，县委副书记、县长普琼，县委副书记、常务副县长尹世强参加2016年中国·拉萨雪顿节招商引资项目推介会暨集中签约仪式

2016年3月15日，县委副书记、县长普琼，副县长布穷调研尼木县基层阵地建设项目选址

2016年10月25日，县委副书记、常务副县长尹世强带队参观考察青海（弘川）新能源实业股份有限公司生产基地

2016年2月22日，副县长索朗次仁在政府二楼会议室主持召开基建、项目工作会议

2016年3月22日，发改委干部在麻江乡开展“五下乡”活动

2016年2月4日，发改委干部到达琼村看望慰问驻村干部

尼木县统计局

2016年5月28日，拉萨市统计局副局长黄树春（右四）一行到尼木县调研

2016年3月25日，统计局开展“乡（镇）卡”录入培训

2016年11月9日，统计局开展“三农普”培训

2016年8月15日，统计局工作人员参加全县粮食测产工作

2016年2月23日，统计局为2015年度统计工作表现突出乡镇颁发证书

2016年3月14日，统计局工作人员参加“法制宣传日”活动

2016年10月20日，统计局工作人员到卡如乡赤朗村慰问“结对帮扶户”

尼木县教育（体育）局

2016年11月1日，西藏自治区未成年人工作组组长杨华（右一）、拉萨市文明办格桑卓玛（右三）等到尼木县帕古乡完小乡村少年宫进行实地检查验收

2016年8月11日，拉萨市教体局副调研员刘咸春（左三）一行到尼木县检查开学工作

2016年8月15日，县委常委、副县长郑同生到各中小学调研教育工作开展情况

2016年12月2日，教体局组织开展高级职称评审工作

2016年8月11日，尼木县各中小学开展法制宣传活动

2016年9月10日， 第32个教师节表彰大会

尼木县民政局

2016年8月26日，国务院委员王勇（左一）、民政部部长李立国（左二）到三县社会福利院（尼木院）调研

2016年8月17日，西藏自治区民政厅厅长格桑仁青（左三）调研指导市三县社会福利院（尼木院）工作

2016年11月17日，拉萨市民政局局长白玛玉珍（左一）看望慰问尼木县聂玉村贫困户

2016年9月20日，民政局工作人员到县社会福利院庆祝高龄老人生日

2016年10月13日，隆重举行2016年中央财政支持社会组织示范项目——“扶残助残”

2016年11月27日，为期2天拉萨市首届残疾人运动会圆满结束，尼木县代表队取得佳绩，合影留念

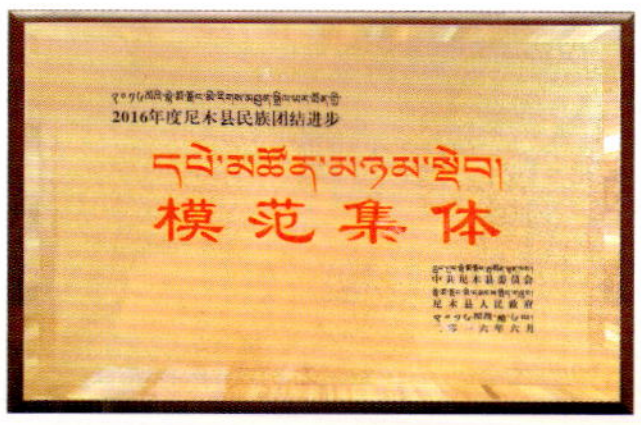

尼木县财政局

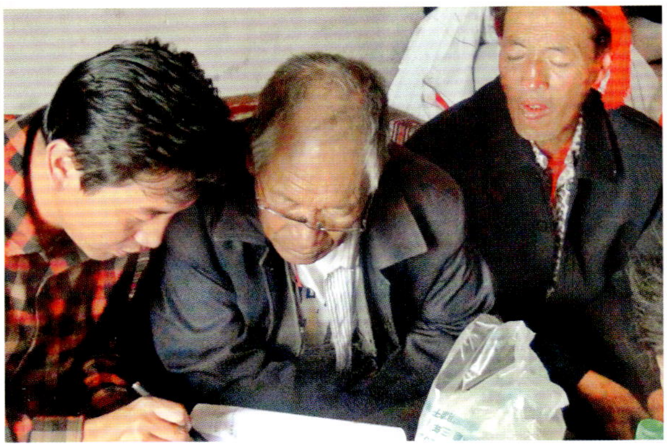
2016年4月8日，财政局局长洛布次仁讲解惠民政策

2016年1月6日，尼木县财政局副局长徐静慰问老百姓

2016年6月29日，拉萨市财政局领导到尼木县财政局指导工作

2016年8月21日，财政局全体干部学习党风廉政建设

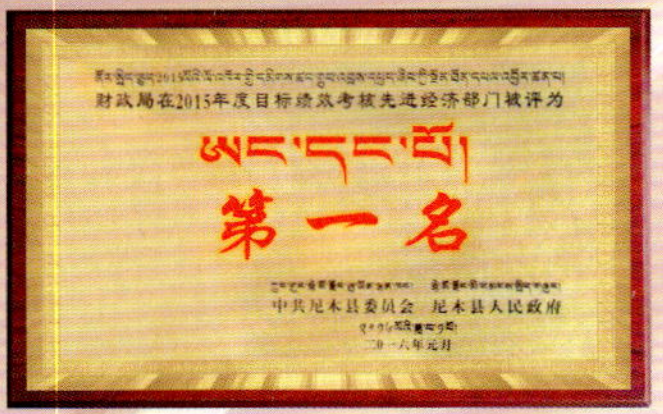

2016年11月16日，尼木县考核组一行到财政局指导工作

尼木县人力资源和社会保障局

2016年10月19日，人社局局长速绍富参加砌筑技能培训开班仪式

2016年8月5日，人社局局长速绍富给农牧民送就业岗位图画

2016年7月16日，人社局局长速绍富组织业务培训

2016年9月29日，人社局局长速绍富、副局长占旭到精准扶贫贫困户家中调研了解情况

2016年6月21日，人社局召开“两学一做”座谈会

尼木县人社局组织2016年二级技师岗位竞聘会，副县长颜泽伦参加会议

2016年8月12日，人社局干部、职工走村入户，宣传就业岗位

尼木县国土资源规划局

2016年12月22日，拉萨市国土局副局长徐安海，县委副书记、县长普琼参加尼木县不动产首发仪式

2016年6月28日，拉萨市国土局监察支队队长张林（左二）到尼木县指导地质灾害排查工作

2016年7月4日，拉萨市国土局用地科副科长鲁涛对尼木县污水处理厂进行选址，局长米玛陪同

2016年7月11日，县委书记杜国君到地质灾害现场指导工作

2016年5月4日，局长米玛在普松村兑现地质灾害群策群防人员补助

2016年5月8日，副局长杜宾在续迈乡安冈村颁发农村宅基地证书

2016年5月22日，尼木县召开农村地上房屋确权工作动员部署会

尼木县环境保护局

2016年8月23日，西藏自治区环保厅厅长罗杰（右一）到尼木县环保局检查指导工作

2016年1月6日，县委副书记、县长普琼到尼木铜矿检查指导工作

2016年1月13日，尼木县开展水质监测工作

2016年9月26日，县委副书记、县长普琼检查指导环保宣传工作

2016年9月30日，环保局开展节前环境监察工作

2016年1月8日，尼木县开展环境综合整治工作

2016年9月23日，尼木县政府召开环保工作推进会

尼木县住房和城乡建设局

2016年6月1日，西藏自治区副主席边巴扎西（左一）调研吞巴乡特色小城镇建设工作

2016年9月5日，西藏自治区住建厅副厅长李健康（右二）到尼木县检查建筑施工安全生产工作

2016年8月16日，北京大学教授赵鹏军一行受住建部委托到吞巴乡开展特色小城镇示范点调研工作

2016年11月29日，住建局召开专题会议进行2016年单位、个人工作总结

2016年12月6日，尼木县环卫工人转运政府大院垃圾收集点垃圾

2016年8月3日，住建局局长平措到施工现场检查工艺质量

2016年11月3日，尼木县城管大队整治县城商铺占道经营现象

尼木县水务局

2016年10月12日，住建部城镇供水规范化管理考核组熊易华（左二）一行到尼木县自来水厂考核工作

2016年8月29日，西藏自治区水利厅副厅长扎西平措到尼木县调研小型水利工程管理体制改革试点工作

2016年9月27日，县委副书记、县长普琼，副县长张振生陪同水利部质量建设考核组领导检查工程质量

2016年12月15日，拉萨市最严格水资源考核组考核尼木县水资源管理工作

2016年8月17日，副县长张振生检查尼木县幸福灌区建设质量

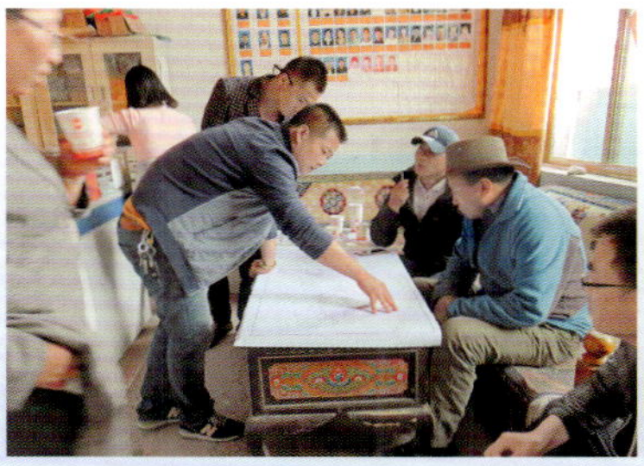

2016年6月30日，水务局局长旦平同吞巴乡人民政府、设计单位对吞巴灌区进行实地调研

2016年8月3日，水务局局长旦平同尼木乡人民政府及村“两委”班子协调解决幸福灌区建设事宜

尼木县农牧（科技）局

2016年5月17日，拉萨市科技局党组书记何镛（中）实地考察尼木县科技企业

2016年10月10日，农牧局邀请农科院专家对有机示范县创建工作进行技术指导

2016年7月7日，农牧局组织各乡镇负责人召开高原牲畜保暖棚圈建设项目专题会

2016年3月28日，农牧局组织干部职工开展“五下乡”宣传活动

2016年5月11日，科技局组织干部开展科普宣传

2016年12月1日，农牧局组织全体干部职工到桥头打扫卫生

尼木县文化广播电影电视（新闻出版、文物）局

2016年11月24日，拉萨市广电局党组书记索群到尼木县验收数字电影院建设情况，县委常委、副县长郑同生汇报建设情况

2016年12月20日，文广局党员干部学习十八届六中全会和自治区第九次党代会

2016年3月22日，电视台工作人员为群众维修调试卫星接收设备

2016年6月14日，尼木县电视台工作人员为群众发放数字机顶盒

2016年6月8日，非遗宣传

“3·28”文艺演出

2016年6月29日，尼木县文广局艺术团到续迈乡“七一”演出

尼木县卫生局

2016年12月16日，拉萨市卫生局党组副书记、局长扎西德吉（右二）到尼木县开展年底验收并检查医院工作

2016年5月10日，召开全县卫生工作会议，县委副书记、县长普琼出席并作重要讲话

2016年8月30日，召开包虫病流行情况调查工作启动会，副县长张振生出席并作动员讲话

2016年3月24日，卫生系统到帕古乡开展“五下乡”活动

2016年4月25日，在县城宣传结核病防治知识

2016年5月20日 ，县疾控中心工作人员到尼木乡聂玉村进行土壤采样

尼木县食品药品监督管理局

2016年8月18日，副县长张振生带领食安委成员单位开展“雪顿节、藏博会”食品药品安全联合执法活动

2016年3月7日，食品药品监督管理局办理食品不合格案件

2016年3月22日，组织开展“五下乡”宣传活动

2016年5月10日，组织召开食品药品监督管理工作会议

2016年12月8日，召开创建国家食品安全城市工作会议

2016年3月30日，组织召开318国道饮水安全治理工作会议

尼木县安全生产监督管理局

2016年6月1日，拉萨市安监局副局长何虎啸（右一）一行对尼木铜业公司电解车间进行安全检查，县安监局局长王万宪陪同

2016年7月5日，拉萨市安监局监管一科科长扎西平措（右三）对拉萨天利矿业公司探矿点进行安全检查，县安监局局长王万宪陪同

2016年8月10日，县委常委、副县长郑同生到尼木铜业公司采矿车间进行调研，县安监局局长王万宪陪同

2016年8月23日，安监局工作人员到聂玉采石场进行安全检查

2016年6月21日，安监局工作人员对尼木县加油站进行安全检查

2016年2月5日，尼木县召开全县安全生产工作会议

2016年6月2日，安监局召集工矿商贸企业负责人召开安全生产例会

尼木县林业绿化局

2016年7月8日，拉萨市林业绿化局副局长严芳（左一）调研尼木县森林公园工作开展情况

2016年8月13日，学习“两学一做”

2016年6月14日，兑现野生动物肇事补偿金

2016年3月23日，续迈乡造林现场

2016年4月13日，国道绿化进行补植

2016年3月5日，造林前架设网围栏

尼木县信访局

2016年10月17日，拉萨市信访局调研员法德玛（中）、市信访联合接访中心主任米玛潘多到工地检查民工工资兑现情况

2016年4月5日，县委副书记、县长普琼代表县政府与各部门签订信访工作目标管理责任书

2016年5月14日，副县长颜泽伦核实卡如村至康桑村铁路横洞所涉占地情况

2016年11月15日，县委副书记加略主持召开全县建筑工程领域“双拖欠”情况专题会议

2016年3月14日，信访局负责人多吉普桑组织开展“综治宣传月”活动

2016年4月5日，县委常委、政法委书记、公安局局长吴昌军主持召开尼木县2016年信访工作会议

2016年7月2日，信访局负责人多吉普桑带领工作人员到工地开展矛盾纠纷排查

尼木县农牧（扶贫）开发建设办公室

2016年8月20日，国务院扶贫开发领导小组赴藏督导组成员、全国总工会党组成员、组织部部长张茂华（左二）走访贫困户

2016年9月24日，拉萨市扶贫办党组书记普布顿珠（右三）到续迈乡检查扶贫项目建设情况

2016年1月4日，拉萨市扶贫办副主任次仁一行到尼木县调研扶贫开发工作

2016年4月17日，西藏自治区脱贫攻坚第二督导组一行到尼木县检查指导工作

2016年5月30日，副县长旦增江才到曲水县扶贫搬迁点参观学习

2016年4月17日，西藏自治区脱贫攻坚第二督导组一行到吞巴乡吞达村检查指导精准扶贫工作

尼木县气象局

2016年4月30日， 西藏自治区人大常委会副主任李文汉（右四）一行检查组到尼木县气象局检查气象“两个条例”贯彻落实情况

2016年10月13日，西藏自治区气象局减灾处副处长任永富一行检查组到尼木县气象局检查“三农”气象服务专项建设实施情况

2016年3月26日，尼木县气象局到帕古乡彭岗村结对帮扶点开展精准扶贫调研工作

2016年5月12日，尼木县气象局开展防灾减灾日宣传活动

2016年3月23日，尼木县气象局开展“世界气象日”主题宣传活动

2016年6月30日，尼木县气象局开展装备年检及安全检查工作

2016年12月17日，尼木县气象局到林岗村开展气象灾害应急演练和气象科普宣传工作

尼木县旅游局

2016年8月22日，西藏自治区党委常委、拉萨市委书记齐扎拉（左三），市委副书记陈军、市委常委、宣传部部长吴亚松，副市长赵涛，县委书记杜国君、县委常委、政法委书记黄鹤到五彩池调研

2016年8月12日，西藏自治区党委常委、宣传部部长边巴扎西（右一），北京市副市长陈红（左一）到格桑花花园参观

2016年8月8日，北京市委副书记、市长王安顺（中）到尼木县吞巴景区考察

2016年8月8日，县委书记杜国君，县委副书记、县长普琼到藏文字博物馆调研

2016年8月3日，市委副书记胡洪（中）、副县长颜泽伦、旅游局局长张世杰到琼穆岗嘎雪山调研

2016年9月5日，副县长颜泽伦、旅游局局长张世杰到卡如乡调研

2016年4月16日，旅游局对尼木县旅游从业人员进行技能培训

尼木县人民医院

2016年11月24日，北京专家到尼木县医院指导工作，副县长张振生陪同

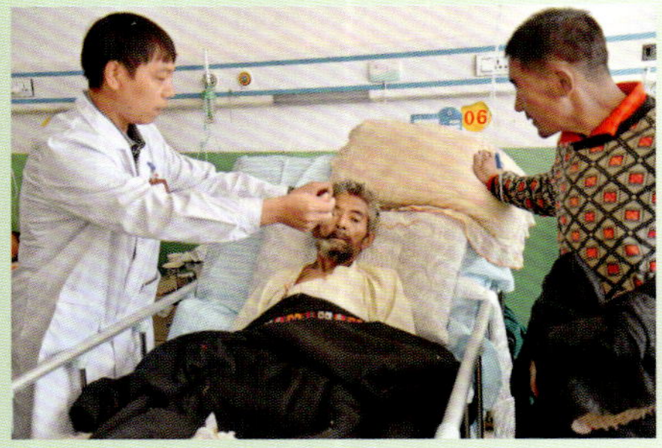

2016年11月26日，北京援藏专家王福科在教学查房

2016年9月16日，北京援藏专家刘炜讲课

2016年11月24日，副县长张振生到县医院讲党课

2016年10月20日，尼木县人民医院CT室投入使用

2016年12月16日，拉萨市卫生局党组副书记、局长扎西德吉（左一）到尼木县检查指导工作

2016年7月5日，县医院组织部分医护人员到墨竹工卡县人民医院学习交流

尼木县“四业工程”办公室

2016年11月6日，“四业”办公室主任旦平到砌筑工培训现场检查指导

2016年11月17日，“四业”办公室主任旦平到装载机培训现场检查指导

2016年9月20日，建档立卡藏香制作培训开班典礼

2016年10月17日，藏鸡养殖专家授课

2016年10月11日，精准扶贫藏鸡养殖培训塔荣镇开班仪式

2016年10月13日，建档立卡装载机培训开班典礼

2016年10月15日，精准扶贫藏式绘画培训

尼木县城乡建设投资发展有限公司

2016年6月18日，北京考察团参观手工业园区

2016年8月3日，城投公司开展“不忘初心跟党走”讨论活动

为适应社会主义市场经济要求，加快全县城乡基础设施建设以及提高社会公共事业投入，推进城镇化进程，缓解财政投入压力，科学盘活全县可经营性资产，搭建投融资平台，经尼木县人民政府批准于2014年8月成立尼木县城乡建设投资发展有限公司（尼木城投），尼木城投为国有独资公司，公司注册资本1亿元。尼木城投经过1年多的发展，实现了从单纯依赖财政的模式向“自主经营、自我积累、自筹还贷、自负盈亏”的市场主体过渡，逐步建立起利用政府注资，不断放大融资效应的融资模式。

未来几年，尼木城投将以土地开发、矿泉水开发、藏鸡养殖及藏香产业等资源开发为长效产业支柱，形成有主业、有稳定现金流、有盈利能力、有融资能力的尼木县基础设施建设板块，持续不断地为新尼木建设做出更大贡献。

2016年8月28日，城投公司干部职工集中学习

2016年1月14日，城投公司干部开座谈会

2016年10月24日，观看廉政教育片《永远在路上》

2016年6月16日，北京考察团一行到尼木县考察项目

尼木县净土产业投资开发有限公司

2016年12月24日，拉萨市副市长扎西白珍（右三）指导尼木净土健康产业

2016年3月18日，拉萨市委副书记、组织部部长陈军（前排左二）考察净土健康产业园

2016年12月23日，中央媒体代表团一行到尼木宣传报道净土健康产业

2016年9月10日，参加以“人间圣地 · 天上西藏”为主题第三届中国西藏旅游文化国际博览会

德青源藏鸡蛋产品包装

藜麦种植

尼木县创先争优强基础惠民生活动领导小组办公室

2016年9月15日，国务院精准扶贫督导组到续迈乡临山岗村检查精准扶贫工作

2016年10月2日，西藏自治区党委常委、拉萨市委书记齐扎拉到麻江乡朗堆村考察琼姆岗嘎旅游业建设项目

2016年9月15日，西藏自治区精准扶贫交叉检查组到尼木乡曲林村进行精准扶贫工作专项检查

2016年6月15日，西藏自治区第一巡回检查组检查“两学一做”驻村工作

2016年3月17日，拉萨市委副书记、组织部部长陈军督导检查基层党建工作及驻村工作

2016年11月20日，县委书记杜国君到东松村看望慰问结对认亲户

2016年10月29日，县委常委、组织部部长杜开凡检查指导驻村工作

2016年11月10日，县委主要领导为4家优秀组织单位颁奖

2016年6月20日，市委党校讲师讲授专题党课

2016年11月21日，县委“两学一做”学习教育专题学习自治区第九次党代会精神

2016年11月17日，县委“两学一做”学习教育第四专题，学做合格党员专题研讨

尼木县塔荣镇

2016年10月14日，县委书记杜国君到塔荣镇结对户家走“亲戚”

2016年10月14日，县委书记杜国君到塔荣镇调研指导精准扶贫工作

2016年6月1日，新当选的人大主席、政府班子向宪法宣誓

2016年3月9日，塔荣镇纪委书记平措达瓦对村务监督员进行考核谈话

2016年12月21日，塔荣镇村“两委”班子工作考核领导小组到各村考核

2016年6月1日，塔荣镇第十二届人民代表大会代表合影

2016年11月29日，拉萨市精准扶贫验收组一行到塔荣镇考核精准扶贫工作

2016年11月3日，塔荣镇安全生产领导小组到全镇重点区域排查安全隐患

2016年9月20日，塔荣镇政府兑现精准扶贫搬迁点征地补偿款

2016年10月9日，塔荣镇举行“最美夕阳红 爱暖老人心”慰问演出

2016年6月1日，塔荣镇召开第十二届人民代表大会

2016年12月22日，召开塔荣镇2016年村“两委”述职评议会

2016年7月1日，塔荣镇举行庆祝中国共产党成立95周年暨“七一”表彰大会

尼木县尼木乡

2016年8月3日，西藏自治区农牧厅副厅长布琼次仁（左二）一行到尼木县检查指导农牧业净土工作

2016年8月5日，西藏自治区换届检查组一行到尼木乡检查换届工作

2016年5月11日，拉萨市纪委监察局工作组一行到尼木乡调研

2016年6月16日，西藏自治区党委组织部副部长党静（中）到尼木乡调研“人才引进”

2016年12月13日，乡党委书记张同格、乡长德琼到东嘎村检查安全生产

2016年12月17日，乡党委书记张同格、乡长德琼在吉瓦公路周边进行安全隐患排查

2016年5月26日，尼木乡召开新一届党委第一次全体会议

2016年4月1日，尼木乡第一书记工作交接

2016年7月1日，优秀基层党组织和优秀党务工作者表彰大会

2016年5月26日，尼木乡党代表合影

2016年7月1日，党群干部拔河比赛

2016年4月15日，拉萨市农牧局工作组检查尼木乡草补办工作

2016年11月27日，日措村“两委”召开专题组织生活会

尼木县续迈乡

2016年10月17日，县委副书记次旦贡觉到续迈乡检查精准扶贫工作

2016年12月10日，县委常委、组织部部长杜开凡到续迈乡督导党建工作

2016年6月30日，续迈乡党委书记洛旦到续迈村指导党建工作

2016年3月25日，续迈乡召开精准扶贫工作动员会

2016年12月8日，续迈乡精准扶贫办工作人员为建档立卡户村民兑现以补资金

2016年7月6日，续迈乡文化站举办第一届藏文书法比赛

2016年12月13日，续迈乡民政办启动低保户低保金兑现工作

2016年9月27日，续迈乡党员志愿服务队为河东村修建输水管道

2016年9月13日，续迈乡住建办工作人员走村入户采集筑房数据

2016年4月3日，续迈乡召开第一季度下沉干部工作交流会

2016年3月6日，续迈乡党委召开各村第一书记基层党建工作述职评议会

2016年7月11日，续迈乡召开汛期安全生产工作部署会

尼木县帕古乡

2016年7月19日，县委书记杜国君到帕古乡调研

2016年7月19日，县委书记杜国君听取帕古乡工作汇报

2016年8月22日，县委副书记、县长普琼调研集中搬迁点

2016年7月18日，副县长旦增江才查看帕古乡档案室建设情况

2016年8月30日，党委书记边巴扎西到帕古村主持召开雪顿节安全部署会议

2016年5月25日， 中国共产党帕古乡第一次党员代表大会

2016年7月21日，帕古乡第十二届人民代表大会二次会议

2016年8月29日，帕古乡召开有机农业部署会议

2016年8月4日，帕古乡组织“两学一做”学习会

2016年1月9日，藏语培训

2016年7月17日， 帕古乡干部集中观看《作风建设在西藏》

2016年6月16日，帕古乡工作人员开展消防检查

尼木县麻江乡

2016年10月3日，自治区党委常委、拉萨市委书记齐扎拉（左三）到麻江乡考察琼姆岗嘎旅游项目

2016年5月29日，县委常委、政法委书记、公安局局长吴昌军到麻江乡检查指导换届工作

2016年4月26日，县委常委、组织部部长李德明对麻江乡干部进行考察

2016年7月1日，党委书记余才志“七一”讲党课及表彰活动

2016年5月8日，党委副书记、乡长洛桑格到多列组调解矛盾纠纷

2016年6月10日，组织村“两委”班子研究村集体经济发展

2016年12月11日，麻江乡干部向群众发放草原划定宣传材料

2016年10月28日，麻江乡政府慰问完小学生

2016年8月1日，麻江乡开展赛马活动

2016年11月2日，表彰优秀“双联户”代表

2016年8月4日，麻江乡向牧民群众进行法制宣传

尼木县吞巴乡

2016年7月29日，北京代表团，西藏自治区党委副书记、常务副主席、政法委书记邓小刚（中）到尼木县吞巴乡调研

2016年5月19日，西藏自治区工信厅厅长徐飞带队到吞巴乡水磨长廊、非物质文化遗产项目建设地和尼木县手工业园区考察调研

2016年12月12日，拉萨市委副书记、组织部部长陈军（左三）到吞巴乡检查指导党建工作

2016年12月16日，拉萨市副市长占堆（右五）到吞巴乡检查特色小城镇建设

2016年12月16日，拉萨市副市长朱建红（左二）到吞巴乡考察基础文化设施建设和非遗保护工作情况

2016年5月25日，县委常务副书记樊锋旭到吞巴乡指导中共吞巴乡第一次党代会

2016年7月4日，县委副书记、常务副县长彭松涛到吞巴乡慰问贫困党员

2016年11月28日，副县长布琼查看吞巴村级公路建设情况

2016年9月26日，副县长颜泽伦、人大常委会副主任张世杰陪同域上和美集团股东到吞巴乡调研

2016年10月12日，县委常委、常务副县长尹世强看望慰问吞巴乡贫困帮扶结对户

2016年4月17日，尼木县政协党组书记、主席赵志强到吞巴乡检查环保工作

2016年5月24日，县委常委、纪委书记次旦贡觉到吞巴乡检查换届工作

2016年6月22日，尼木县水务局局长旦平到根比三组查看汛情

2016年10月27日，吞巴乡兑现“联户报平安”奖金

格桑花

2016年11月23日，吞巴乡藏香净土产业有限公司成立仪式

吞巴景区

尼木县卡如乡

2016年10月24日，拉萨市委常委、市政府党组副书记、北京援藏指挥部副指挥暴剑（前排右三）到卡如乡调研

2016年11月23日，拉萨市民宗局副局长次仁昌菊局（右三）、市民宗局驻赤朗村工作队队长坚才曲扎（右五）一行到卡如乡赤朗村结对认亲

2016年12月1日，县委书记杜国君到卡如乡调研

2016年10月9日，县委副书记次旦贡觉一行到卡如乡督查工作

2016年10月26日，县人大常委会副主任、旅游局局长张世杰和拉萨市域上和美有限公司工作人员到卡如乡实地调研旅游产业

2016年9月19日，党委书记王庆国考察芫根

2016年12月15日，卡如乡开展精准扶贫户免费健康体检活动

2016年12月21日，卡如乡开展学习会

2016年5月26日，卡如乡召开第一次党员代表大会

2016年12月17日，卡如乡党委、政府领导到村组开展十八届六中全会精神宣讲

2016年3月28日，卡如乡庆祝“3·28”百万农奴解放日暨“五下乡”活动

卡如乡核心文化

尼木县普松乡

2016年12月15日，拉萨市副市长廖波（右一）到普松乡结对认亲察民情解民忧

2016年10月25日，拉萨市公安局党委委员、副局长单德军（左四）到普松乡检查指导工作

2016年7月11日，党委书记旦增查看乡道路破损情况

2016年12月1日，普松乡乡、村班子成员学历提升班级学习

2016年5月15日，普松乡召开第一次党代会

2016年5月29日，普松乡召开人大十二届一次会议

2016年12月21日，普松乡开展十八届六中全会和区、市第九次党代会宣讲活动

2016年3月28日，普松乡庆祝百万农奴解放日活动

2016年7月13日，拉萨市人社局驻村工作队到普松乡慰问残疾人

2016年7月1日，“七一”新入党人员宣誓活动

2016年12月5日，普松乡举办文体比赛

2016年8月25日，普松乡望果节文体活动

尼木县人民武装部

2016年2月10日，西藏军区副政委宋景远到尼木县检查指导工作

2016年7月19日，拉萨警备区司令员韩志宏到尼木县检查指导工作

2016年10月14日，县委书记杜国君和武装部部长罗立富亲切交谈

2016年11月28日，考评各乡专武工作

2016年8月11日，武装部开展夏季征兵宣传工作

2016年10月1日，武装部组织升国旗

尼木县公安消防大队

拉萨市消防支队领导到尼木县消防大队考核

消防大队官兵学习

灭火演练

“119”宣传

车辆装备

体能训练

武警尼木县中队

2016年2月25日，武警西藏总队参谋长姜波到尼木县中队检查执勤工作

2016年9月20日，武警官兵帮助驻地村民收菜

2016年2月9日，中队官兵与驻地群众共度节日

2016年4月8日，中队官兵到烈士陵园扫墓

2016年3月16日，中队与公安特警联合演练

2016年5月10日，县中队与特警队联合武装巡逻

尼木县中学

2016年3月24日，西藏自治区教工委副书记、教育厅党组书记普布次仁（右三）到尼木县检查春季开学工作

2016年8月11日，拉萨市教体局督导室主任刘咸春（中）到尼木县中学检查安全维稳工作

2016年10月26日，拉萨市教研所学科专家到尼木县中学指导工作

2016年8月15日，县委常委、副县长郑同生到尼木县中学检查工作

2016年10月16日，县中学邀请尼木县法制副校长到中学进行禁毒知识竞赛

2016年12月13日，拉萨市教体局副调研员毛雅丽（右排右三）到尼木县中学进行“素质教育”检查

2016年10月1日，尼木县中学全体师生庆祝中华人民共和国成立67周年文艺会演

尼木县国家税务局

2016年6月23日，拉萨市国税局局长孙清明（左一）一行到尼木县国税局检查指导工作

2016年4月15日，尼木县国税局进行逐户发放“营改增”宣传资料

2016年7月1日，尼木县国税局干部慰问老党员

2016年5月1日，尼木县国税局开出第一张“营改增”发票

2016年4月25日，尼木县国税局干部为纳税人进行“营改增”纳税人政策及系统操作培训

2016年12月4日，尼木县国税局向纳税人宣传小微企业税收优惠政策

尼木县工商行政管理局

2016年8月3日，拉萨市工商局副局长晋美（左一）到尼木县工商局为干部职工讲党课

2016年9月3日，拉萨市工商局商广科负责人到尼木县调研商标发展情况、并同商户代表座谈

2016年6月3日，西藏自治区工商局信息处及市工商局相关领导下乡调研

2016年3月15日，工商局组织法制宣传、发放宣传材料

2016年6月8日，区、市工商局领导到尼木县调研

2016年3月20日，工商局工作人员到学校周边食品安全专项检查

尼木县邮政分公司

经理拉巴次仁带领尼木足球队获得季军

2016年7月21日，尼木县邮储银行开业

定期组织开展晨会活动

2016年12月19日，组织开展年度总结工作会议

尼木邮政分公司组织员工开展秋季大扫除

定期组织下乡惠民活动

向警务站投递党报党刊

中国移动通信集团西藏有限公司 尼木县分公司

2016年8月4日，赤朗村基站开通，村委会赠移动公司锦旗

民族团结模范集体进步奖

2016年7月26日，工作人员到东松村开展望果节宣传活动

2016年10月27日，工作人员到卓瓦寺院宣传

“5・17”电信日活动

2016年8月26日，续迈乡移动服务站开业

联通尼木县分公司

2016年7月21日，西藏联通公司副总经理周鹏程到尼木县联通公司调研

2016年6月12日，联通公司工作人员到驾校发展联通3G业务

2016年5月17日，联通公司工作人员开展“5·17”活动

2016年3月15日，联通公司工作人员在帕古乡村开展实名制宣传

2016年11月20日，联通公司工作人员到拉萨参加实名制会议

2016年12月15日，工作人员到拉萨市联通分公司参加代理商答谢会

2016年10月1日，联通公司工作人员在普松乡如巴村宣传联通3G业务

尼木县电信局

2016年11月3日，副县长旦增、拉萨电信分公司领导、县电信局局长格桑达瓦到续迈村开展结对帮扶慰问活动

2016年11月3日，尼木县电信局员工慰问结对帮扶户

2016年9月26日，工作人员宣传周庆典活动

2016年11月14日，尼木县电信局员工到续迈乡安岗村兑现养老医疗保险

2016年7月31日，吞巴乡天翼手机卖场工作人员到吞巴乡吞达村望果节举办周庆典活动

2016年8月2日，麻江乡天翼手机卖场工作人员到麻江乡望果节举办周庆典活动

2016年7月27日，帕古乡天翼手机卖场工作人员到帕古乡彭岗村望果节举办周庆典活动

中国农业银行股份有限公司尼木县支行

2016年4月19日，中国农业银行尼木县支行召开"两学一做'学习教育会

2016年5月3日，中国农业银行尼木县支行开展金融产品推介活动

2016年6月15日，中国农业银行尼木县支行举办针对助农取款业务代理农牧民培训会

2016年11月13日，中国农业银行尼木县支行组织员工到农牧区提供金融服务

2016年7月22日，中国农业银行尼木县支行开展精准扶贫捐赠仪式

2016年9月3日，中国农业银行尼木县支行组织员工义务清扫

2016年10月8日，中国农业银行尼木县支行麻江营业所顺利实现电子化转型运营

西藏吞弥文化旅游股份有限公司

全国第一所藏文字博物馆

吞巴景区大门

西藏文旅集团的前身是西藏吞弥文化旅游股份有限公司，成立于2012年9月27日，注册资金2000万元，位于拉萨市尼木县吞巴乡，主要经营藏纸、藏香、雕刻加工销售及游览景区管理。吞巴景区有员工53人，截至2016年年底，企业已对吞巴景区投入资金4200万元，使之具备博览、旅游、体验三大功能。

吞达村距尼木县城塔荣镇14公里，紧邻318国道，对外交通联系便捷，是尼木县对外交流的窗口。建设中的拉日铁路（青藏铁路延长线）从吞达村南部通过，尼木县唯一的车站设在吞达村境内。良好的区位条件和便捷的交通联系，有利于吞达村发展成为整个尼木县旅游开发的龙头，引领带动全县旅游经济跨越发展。公司旅游发展除了充分挖掘自身内部资源价值外，还应当充分利用借鉴尼木县其他地区可以利用的资源，特别是将具有较强文化影响力的资源“嫁接”进来，丰富吞达村旅游发展的文化内涵。

公司通过将尼木县丰富的民俗活动、传统手工艺制作等集中安排在吞达村进行展示表演，以及综合各类工艺产品共同打造不同类型的旅游产品，可以使吞达村的形象将更加丰富，也能够满足游客多方面的需求，使游客更为深入地了解体验西藏民俗传统、手工工艺和民间文化。

公司依托现有黄金游线，突出特色融入区域。本公司旅游发展牢牢把握自身的核心资源，一方面是吞弥・桑布扎大师为代表的藏文和藏族历史溯源，另一方面是以手工藏香制作工艺为代表的非物质文化遗产。这两者都是吞达村未来旅游发展能够立足于区域中的核心支撑。吞达村未来开展特色乡村旅游，要始终突出在藏文、藏香两方面的天然优势，通过藏文字创立过程和吞弥大师生平的展示，反映藏族文化起源、发展、兴盛的历史；通过手工藏香制作工艺的展示，反映藏族人民的聪明智慧与精巧技艺，在区域旅游发展中形成自己的特色，塑造自身品牌。

吞达村旅游资源类型丰富多样，有神山、秀水、古树、林卡等自然景观，藏香、藏文、名人、民俗等人文资源，又有着特有的高原农耕天元景观，在加强保护合理开发的大前提下，发展文化旅游、观光旅游、生态旅游、休闲旅游、农业旅游等多种旅游形式，形成比较完整的产品体系，满足不同层次游客的需要。

藏文字博物馆

藏香水磨长廊

格桑花海

吞巴景区格桑花园

尼木县铜业开发有限责任公司

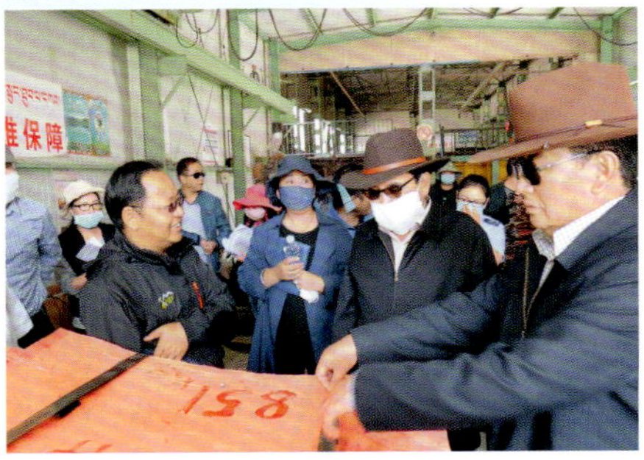

2016年8月23日，西藏自治区环保厅厅长罗杰到尼木铜业生产一线对环保工作进行调研

2016年5月1日，西藏自治区国资委副主任纪世德到尼木铜业生产一线对生产经营及安全生产情况进行调研

2016年6月20日，西藏矿业党委专职副书记仁增旺杰、副总经理布琼次仁到尼木铜业检查“两学一做”开展情况

尼木县铜业开发有限责任公司是西藏矿业发展股份有限公司（以下简称“西藏矿业”股票代码：000762）全资子公司，公司成立于1997年，是一家集铜矿开采和湿法冶炼为一体的矿山开发企业。1999年10月建成投产，并进入试生产阶段。同年11月6日通过试生产，成功生产出西藏第一片阴极铜，其纯度为Cu+Ag99.98%，达到国家一级阴极铜的质量标准，从此填补了西藏无生产阴极铜的历史空白。

截至年底，公司注册资金7亿元，总资产6.52亿元，净资产5.82亿元，资产负债率10.7%。现有职工人数173名，其中农牧民工115名，藏族167名，汉族6名，党员19名。截至2016年12月，累计生产电解铜8464.99吨，开采铜矿石282.14万吨，上缴税金8228.20万元，为当地所做贡献2.76亿元，建矿以来从未发生群体性上访事件。

公司主营业务：铜矿、金矿、银矿等有色金属及其他矿种的开采加工、销售，主要经营铜矿的开采、湿法冶炼、铜器具加工及销售。

公司秉承“对社会负责、对股东负责、对员工负责”企业精神；全员奉行“诚实、宽容、勤俭、敬业、奉献”的精神；坚持“安全第一、预防为主”的安全理念；坚持“开发与保护并举、持续恢复矿区环境”的环保宗旨；专注“铜”行业，追求“技术、管理”创新，从专业化向品牌化发展。

为合理开发厅宫铜矿资源，确保项目顺利实施，按照“立足采矿，兼顾评价”的思路，自2007年始，公司累计投入6178.74万元勘探资金，对尼木厅宫铜矿进行了全面勘探。截至年底，共计施工106个钻孔，钻探进尺41963.18米；开拓探矿平硐15个，平硐掘进量1560.60米。核实厅宫矿区保有铜金属资源储量为144.92万吨（氧化矿量为29.83万吨，硫化铜量115.09万吨），为项目的实施提供了有效的资源保证。

2016年4月19日，拉萨市、尼木县安监局组织县国土局、消防大队、治安大队、环保局等相关单位，对公司申请复产验收进行专项检查

公司办公楼

2016年4月18日，公司组织开展复工前安全生产教育培训活动